Claudia Streblow
Schulsozialarbeit und Lebenswelten Jugendlicher

Claudia Streblow

Schulsozialarbeit und Lebenswelten Jugendlicher

Ein Beitrag zur dokumentarischen Evaluationsforschung

edition recherche, Opladen 2005

Imprint im Verlag Barbara Budrich

Die Veröffentlichung dieser Arbeit wurde durch die Deutsche Kinder- und Jugendstiftung unterstützt.

Deutsche Kinder- und Jugendstiftung

Programme der Deutschen Kinder- und Jugendstiftung geben Beispiel dafür, wie Schüler, Lehrer, Eltern, Sozialpädagogen und alle, die sich engagieren möchten, Schule verändern können.
Informationen hierzu unter:

http://www.dkjs.de
http://www.schulemachen.de
http://www.ganztaegig-lernen.de

Gedruckt auf säurefreiem und alterungsbeständigem Papier.

Die Deutsche Bibliothek – CIP-Einheitsaufnahme
Ein Titeldatensatz für die Publikation ist bei Der Deutschen Bibliothek erhältlich.

www.budrich-verlag.de

ISBN 3-938094-97-4

Umschlaggestaltung: disegno visuelle kommunikation, Wuppertal – www.disenjo.de
Druck: Paper&Tinta, Warschau
Printed in Europe

Inhaltsverzeichnis

Danksagung 7

Einleitung 9

Teil A: Theoretischer Teil 15

1 Soziale Arbeit und Schule: Theoretische und praktische Diskussionen und Zugänge 17

2 SchülerInnen im Spannungsverhältnis von rollenförmigem und habituellem Handeln 37

Teil B: Untersuchungsfeld und Vorgehensweise 59

1 Die Hauptschule und deren Schulstation 61

2 Anmerkungen zur Vorgehensweise des Zugangs zum Feld 71

Teil C: Empirischer Teil – Zentrale Orientierungen der Anpassung an die Institution Schule 85

1 Sekundäre und primäre Anpassung: Definition 87

2 Sekundäre Anpassung 91
2.1 Die kontrakulturell orientierte Gruppe *Schlüssel*: eine gemischtgeschlechtliche Gruppe 92
2.2 Die subkulturell orientierten Gruppen *Mikrofon*, *Chillig* und *Weg* 118
2.2.1 Die Mädchengruppe *Mikrofon* 118
2.2.2 Die Jungengruppe *Chillig* 150
2.2.3 Die Jungengruppe *Weg* 170

2.3 Wege der sekundären Anpassung: Zusammenfassung und Diskussion 177

3 Primäre Anpassung 185
3.1 Primäre Anpassung und die Erfahrung des schulischen Abstiegs der Gruppe *Fördern*: eine Mädchengruppe 185
3.2 Primäre Anpassung und die Suche nach Vermittlung. Die Gruppe *Sprecher*: eine gemischtgeschlechtliche Gruppe 210
3.3 Primäre Anpassung und die Orientierung an Leistung und Beruf. Die Gruppe *System*: eine Mädchengruppe 234
3.4 Primäre Anpassung: Zusammenfassung und Diskussion 257

4 Etablierung eines Grenzbereichs zwischen peer-Milieu und Institution: Beobachtungsprotokolle und Praxisberichte im Vergleich 269

Teil D: Diskussion. Die Bedeutung des Schulstationsangebots für die Jugendlichen 287

Teil E: Anhang 305

1 Abkürzungsverzeichnis 307
2 Zentrale Begriffe in den Fallanalysen nach der Dokumetarischen Methode 309
3 Richtlinien der Transkription 311
4 Exemplarische Interpretation einer Gruppendiskussionspassage . 313
5 Grundriss: Hauptraum der Schulstation 319
6 Fragebogen für Schülerinnen und Schüler 321

Literatur 325

Danken

möchte ich allen, die mich bei dieser Arbeit unterstützt haben.

Insbesondere bedanke ich mich bei den Jugendlichen, den beiden Schulsozialarbeiterinnen und dem Schulsozialarbeiter, den Lehrern, Lehrerinnen und dem Schulleiter sowie den jeweiligen Vorgesetzten im Jugendamt und beim Jugendhilfeträger, ohne deren Offenheit, Unterstützung und Engagement diese Studie nicht zustande gekommen wäre.

Ich verdanke es der Aufnahme in das Alice-Salomon-Stipendienprogramm, dass ich als praktisch tätige Sozialarbeiterin die wissenschaftliche Laufbahn einschlagen konnte. Der Austausch mit den Leiterinnen und Teilnehmerinnen des Stipendienprogramms sowie die darüber hinaus gehende intellektuelle und emotionale Begleitung, Ermutigung und Inspiration durch Prof. Dr. Hilde von Balluseck und die Forschungssupervision durch Prof. Dr. Ingrid Miethe erlebte ich von unschätzbarem Wert und unvergleichlich fruchtbringend. Mich ganz der Dissertation widmen zu können, wurde mir zudem durch ein Stipendium des ‚Berliner Programms zur Förderung der Chancengleichheit für Frauen in Forschung und Lehre' und meine Eltern ermöglicht.

Prof. Dr. Richard Münchmeier bin ich für wertvolle Hinweise und Anregungen zu Beginn meiner Forschung sowie im Prozess und die überaus hilfreiche Fähigkeit, wichtige und richtige Zeitpunkte zu erkennen, sehr dankbar. Für eine rundum gelungene, motivierende und sehr engagierte Betreuung möchte ich Prof. Dr. Ralf Bohnsack von ganzem Herzen danken. Ich erlebte ein Arbeitsklima am Arbeitsbereich Qualitative Bildungsforschung der Freien Universität Berlin, von dem ich in außergewöhnlicher Weise profitierte.

Für den kooperativen Erkenntnisprozess und hoch konzentrierte Diskussionen um Interpretationen danke ich neben den TeilnehmerInnen der von Prof. Dr. Ralf Bohnsack geleiteten Forschungswerkstatt Wolfgang Dörner, Petra Wihofszky und Anja Löwe. Über unsere Auswertungsgruppe hinaus begleiteten und unterstützten mich Anja Löwe und Dr. Iris Nentwig-Gesemann in sensibler und ermutigender Weise und gaben mir kritisch-konstruktive Rückmeldungen. Wichtige Gesprächspartnerinnen und -partner innerhalb des Forschungsprozesses waren mir Rita Streblow, Dr. Silke Gahleitner, Lydia

Hardtke, Yvonne Gaffer, Dr. Arnd-Michael Nohl, Dr. Wivian Weller und Prof. Dr. Karin Schittenhelm. Dr. Bettina Fritzsche, Dr. Susanne Gerull, Isabelle Klar, Sonja Kubisch, Dr. Chris Lange und insbesondere Heide Streblow übernahmen zusätzlich das Korrekturlesen der Arbeit. Ich danke Euch! Für technische Hilfestellung bei Problemen mit dem Computer oder der Textverarbeitung danke ich Helmut Hahn, Marcus Lelle, Jens Petersen und Rita Streblow.

Unterstützung erfuhr ich auch dabei, dass aus der Dissertation ein Buch wurde: Ich danke für die unkomplizierte und kompetente Beratung durch den Verlag Barbara Budrich, die abschließende Durchsicht des gekürzten Manuskripts und die Gestaltung des Layouts durch Susanne Rosenkranz und die finanzielle Mitwirkung durch die Deutsche Kinder- und Jugendstiftung.

Peter Streblow, Mariesa Becker, Tanja Huster, Carola Kürten, Carola Rusch, Gerda Boeck, Gerhard Müller, Tanja-Maria Scheffler, Elke, Günter und Thomas Wirth, Ulla, Bruno sowie Patricia van den Berg mit Familie und P. Urban mit Team danke ich für Ablenkung, Verköstigung, neugierige Nachfragen und emotionale Unterstützung.

Widmen möchte ich diese Arbeit meiner Schwester und meinen Eltern!

Berlin, im März 2005 *Claudia Streblow*

Einleitung

„Eine Schule, die die Erfahrung von Verantwortung (...), von Arbeit und Abenteuer, vom Leben mit der Natur, von der Zugehörigkeit zu dieser heutigen Welt nicht zu geben vermag, wird einen Teil der Zeit ihrer Schüler und der ihr bisher gewährten Mittel an Einrichtungen abgeben müssen, die dies können: Pfadfinder, work-camps, Vereine, (...) Jugendfeuerwehr oder die Einrichtungen der Jugendhilfe."

Von Hentig (1998, S. 8)

Während meiner Tätigkeit als Sozialpädagogin im Allgemeinen Sozialpädagogischen Dienst eines Berliner Jugendamtes gehörte es zu meinem Arbeitsalltag, dass sich – oftmals kurz vor Beginn der Schulferien – LehrerInnen[1] bei mir meldeten und mitteilten, dass einzelne SchülerInnen die Schule schwänzen würden oder verhaltensauffällig, beispielsweise aggressiv oder autoaggressiv, gewaltbereit oder auch gewalttätig seien. Im Rahmen von Sitzungen der regionalen Arbeitsgemeinschaften tauschten wir, d.h. öffentlich Bedienstete und Beschäftigte der freien Träger sowie LehrerInnen, derartige Erfahrungen aus. Der Austausch mündete nicht nur in einen Beschluss der Bezirksverordnetenversammlung, das Bezirksamt möge die Zusammenarbeit zwischen den Schulen und den Einrichtungen der Jugendhilfe fördern und intensivieren[2], sondern zog auch die Einrichtung von Schulsozialarbeitsprojekten (Schulstationen) nach sich, so beispielsweise an einer Hauptschule. Bei den Schulstationen handelt es sich um ein Kooperationsmodell zwischen der Schule (Schulträger und Landesschulamt), dem Jugendamt und einem freien Träger der Jugendhilfe. Der freie Träger erbringt die Leistung in den Räumlichkeiten der Schule und wird aus Haushaltsmitteln des Jugendamtes finanziert. Nach Ablauf meines Zeitvertrages im Jugendamt erhielt ich die Möglichkeit, die Prozesse innerhalb der neu eingerichteten Schulstation einer Hauptschule wissenschaftlich zu begleiten. Dieser Positionswechsel veränderte meine Blickrichtung: Während zuvor die Erfahrungen und Probleme einzelner Kinder und Jugendlicher und deren jeweiliges soziales Umfeld den Fokus meiner Arbeit bildeten, standen nun die kollektiven Erfahrungen der Jugendlichen im Mittelpunkt. Die Umgangsweisen mit den Angeboten der Schulsozialarbeit können – um einer lebensweltlichen Perspektive gerecht zu werden – nicht isoliert von der schulischen Lebenswelt der Jugendlichen untersucht werden. Da die Schulsozialarbeit ein in die schulische Lebenswelt der Jugendlichen integriertes Angebot darstellt, sind die erfahrungsspezifi-

---

1 Ich habe mich in der vorliegenden Arbeit entschieden, das Geschlecht beim Erwähnen von Personengruppen kenntlich zu machen. Sofern sowohl Frauen als auch Männer bzw. Mädchen und Jungen gemeint sind, verwende ich ein großes „I".

2 Drs. Nr. 1033/ XV, 18.03.1998

schen Hintergründe des peer-Milieus der Jugendlichen von besonderer Relevanz.

Im Rahmen der Begleitung der schulischen Prozesse erlernte und verwendete ich das Gruppendiskussionsverfahren der *dokumentarischen Methode*[3]. In den Jahren 1999 bis 2001 führte ich zwölf Gruppendiskussionen mit den Jugendlichen der untersuchten Schule durch und fertigte 30 Beobachtungsprotokolle an. Hinzu kamen informelle Gespräche mit den SchülerInnen, den LehrerInnen und den SchulsozialarbeiterInnen sowie die Teilnahme an den verschiedenen Lehrfächern und Wahlpflichtangeboten der Schule. Darüber hinaus wurden mir die Konzeption der Schulstation sowie weitere schriftliche Dokumente, wie die von den SchulsozialarbeiterInnen angefertigten Jahresberichte, überlassen. Die gegenwärtigen Entwicklungen im Sozialwesen bringen es mit sich, dass die hier vorgelegten Analysen nicht mehr der personellen Ausstattung der Schulstation entsprechen. Die gute Nachricht ist jedoch, dass die Schulstation auch bei Erscheinen dieses Buches noch existiert. In der Phase meiner empirischen Erhebungen waren in der Schulstation zwei Schulsozialarbeiterinnen und ein Schulsozialarbeiter tätig. Trotz der Proteste von SchülerInnen und LehrerInnen sowie der Einschaltung politisch verantwortlicher Stellen wurde der Zeitvertrag des Schulsozialarbeiters nicht verlängert und eine Schulsozialarbeiterin an eine andere Schule versetzt. Ein bei dem freien Träger fest angestellter Schulsozialarbeiter bildete für ein Schuljahr mit der verbliebenen Schulsozialarbeiterin ein Team. Im Schuljahr 2004/2005 musste nun auch die Schulsozialarbeiterin die Stelle wechseln. An ihre Stelle trat eine Sozialarbeiterin aus dem Überhang des freien Trägers.

Zielsetzung der Arbeit

In der im Folgenden vorgestellten Arbeit erfolgt also zum einen ein empirischer Zugang zu den mehrdimensionalen Erfahrungszusammenhängen der Jugendlichen, die ihren schulischen Orientierungen, ihrem Bewältigungshandeln zugrunde liegen. Zum anderen geht es um die Beantwortung der Frage, welche Konsequenzen die Schulstationsarbeit für die Handlungspraxis der Jugendlichen hat:

- Wie *erleben* die Jugendlichen den schulischen Alltag? Wie erleben sie das Verhältnis zwischen SchülerInnen – LehrerInnen, den SchülerInnen untereinander sowie zwischen SchülerInnen und SchulsozialarbeiterInnen?
- Welche Orientierungen entfalten die Jugendlichen in Bezug auf die schulischen Anforderungen? Verfügen sie über Zukunftsentwürfe bzw. einen ‚Schulbesuchsentwurf‘?

---

3 nach Ralf Bohnsack

- Welche Bedeutung erhält die peer group für die Bewältigung des Schulbesuchs?
- Welche Fremd- und Eigendefinitionen erörtern die Jugendlichen in Bezug auf den Schultyp Hauptschule?

Der zweite Fragenkomplex bezieht sich auf die Dynamik und Evaluation der Schulstationsarbeit:

- Wie erleben und erfahren die Jugendlichen die alltagspraktische Umsetzung der Schulstationsarbeit? Welche Konsequenzen haben diese Erfahrungen für ihre Handlungspraxis?
- Welche intendierten und nicht intendierten Effekte der Schulsozialarbeit können auf der Grundlage der rekonstruierten Handlungspraktiken und Orientierungen sowie der expliziten Einschätzungen und Bewertungen der Jugendlichen herausgearbeitet werden?
- Wie erleben, beurteilen und bewerten die Jugendlichen die schulischen Rahmenbedingungen für die Schulsozialarbeit? Bildet die Schulsozialarbeit ein eigenständiges System bzw. welche Regeln kennzeichnen das System der Schulsozialarbeit?
- Wie sieht das Verhältnis zwischen den in der Konzeption angestrebten Zielen und den handlungsleitenden Orientierungen der Jugendlichen aus?

Aufbau der Arbeit

Der Aufbau der Arbeit gestaltet sich folgendermaßen:

Der *Teil A* besteht aus einer Einführung in die Thematik der Schulsozialarbeit (*Kap. A.1*). Die Entwicklung der Kooperationsbeziehung von Sozialer Arbeit[4] und Schule wird ab der Bildungsreform der 1970-er Jahre dargelegt. Entscheidende Impulse für die neuerlichen Kooperationsbestrebungen gab es im Zuge des Transformationsprozesses der deutschen Wiedervereinigung und vor dem Hintergrund des Ansatzes der *Lebensweltorientierung*, wie ihn Hans

4 Soziale Arbeit wird als Oberbegriff verwendet, der Sozialarbeit und Sozialpädagogik vereint. Sozialarbeit und Sozialpädagogik werden als historisch herzuleitende, auf Deutschland bezogene unterschiedliche Entwicklungsstränge betrachtet. Der Begriff der Schulsozialarbeit bezieht sich allerdings nicht auf eine deutsche Tradition, sondern wurde aus dem Englischen übersetzt. In den USA wurde ‚school social work‘ bereits 1906 eingeführt. Von Sozialpädagogik und insbesondere von Rekonstruktiver Sozialpädagogik soll die Rede sein, wenn Aspekte wie Bildung, Erziehung und Lernen im Vordergrund stehen. Diesem Verständnis von Sozialpädagogik lassen sich vor allem subjekt- und bildungstheoretisch argumentierende Konzepte zuordnen, die Sozialpädagogik vor dem Hintergrund bestimmen, wie Menschen dazu befähigt werden können, in Autonomie und Selbstbestimmung ihr Leben zu gestalten (vgl. Winkler 1988, 1989; Sünker 1989, 1995).

Thiersch in die sozialpädagogische Diskussion einbrachte. Das Konzept der *Lebensweltorientierung* öffnet den Blick für die alltägliche schulische Handlungspraxis und das über die *SchülerInnenrolle* hinausgehende *SchülerInnensein*. Diese Begriffe[5] greife ich in *Kap. A.2* handlungstheoretisch auf und fasse sie als *rollenförmiges* und *habituelles* Handeln. Das *habituelle* Handeln ist zentral für die empirische Analyse, da es einen Zugang zu den jugendkulturellen schulischen Umgangsformen und Aneignungsweisen ermöglicht. Die Jugendlichen erscheinen auf dieser Grundlage nicht mehr als diejenigen, die ‚aus der Rolle' fallen und sozialpädagogischer Unterstützung bedürfen. Stattdessen steht die Eigenlogik des Umgangs mit den schulisch-normativen Anforderungen im Mittelpunkt der Analyse. Hierdurch kann vermieden werden, HauptschülerInnen per se als benachteiligt und problembehaftet, „verstrickt in Entwicklungsstörungen, Benachteiligungsverhältnissen und Konfliktsituationen" (Olk u.a. 2000, S. 17) zu sehen. Die *Schule* ist also auf der einen Seite eine *Institution* mit normativen Anforderungen und auf der anderen Seite ist die *Schule* gleichzeitig ein *Erfahrungsraum* mit einer habitualisierten Praxis. Die *Schule* als *Institution* bringt Leistungskriterien der kulturellen Mittelschicht zur Geltung, sie vertritt die Prinzipien der *dominanten Moral*. In einem *Exkurs* in *Kap. A.2* gehe ich zur Situierung der empirischen Analyse auf die interaktionstheoretischen Modelle von Mead und Goffman ein und stelle den Begriff der *Rollendistanz*[6] vor. Die Distanzierung vom schulisch Geforderten, von der *dominanten Moral* (*Rollendistanz*, *sekundäre Anpassung*), bildet einen wesentlichen Bestandteil von Identitätsbewältigung. Die dabei „oft nicht bewussten Selbstverständlichkeiten" (Thiersch 2002, S. 158) und die Einbettung des Individuums in soziale Bezüge stellen hohe Anforderungen an eine Forschung, die den alltagsweltlichen Zusammenhängen Rechnung tragen will. Aus diesem Grund expliziere ich zur Vorbereitung meiner Analyse sechs Grundprämissen des Konzepts der *Lebensweltorientierung* und vergleiche diese mit den Grundprämissen des methodischen Vorgehens nach der *dokumentarischen Methode*. Die Gütekriterien einer an der dokumentarischen Methode orientierten Evaluationsforschung, die lebensweltorientiert charakterisierbar sein soll, werden deutlich.

In *Teil B* stelle ich die Hauptschule und deren Schulstation vor (*Kap. B.1*) und lege meine Vorgehensweise dar, wie sich mein Zugang zu den Jugendlichen in ihren Gleichaltrigengruppen gestaltete (*Kap. B.2*). Zur Vorstellung der Schulstation gehe ich auf die von den SchulsozialarbeiterInnen angefertigte Konzeption ein. Die darin enthaltenen Ziele übernehme ich nicht als Ziele meiner Analyse. Stattdessen nutze ich sie als Vergleichsfolie mit der in Teil C – auf der Grundlage der Orientierungen der Jugendlichen – rekonstruierten

5 Sie gehen auf Lothar Böhnisch zurück, vgl. A.2.

6 Die Kategorie der Rollendistanz wurde nicht an das Material herangetragen, sondern aus diesem generiert. Die Reihenfolge der Kapitel ist an LeserInnenfreundlichkeit orientiert und entspricht nicht dem tatsächlichen Forschungsprozess.

Handlungspraxis, um Relationen, Kongruenzen und Diskrepanzen herauszuarbeiten.

Das Kernstück der Arbeit bilden die in *Teil C* vorgestellten Interpretationen von acht Gruppendiskussionen mit Jugendlichen, die ich in Gestalt von Fallanalysen darstelle. Bei allen Gruppen sind den Interpretationen die originalen Äußerungen der Jugendlichen (Transkriptpassagen) vorangestellt, sodass die „authentischen Stimmen der Betroffenen" (Grunwald/Thiersch 2001, S. 1146) ausführlich zu Wort kommen. Ein kollektives Problem aller Jugendlichen dieser Untersuchung bilden die Erfahrungen der Degradierung, Etikettierung und Ausgrenzung aus Institutionen wie der Schule. In der Bewältigung derartiger Probleme und im Umgang mit den schulisch-curricularen Anforderungen werden zwei Typen deutlich: die *sekundäre* und die *primäre Anpassung*. In den Gruppen der *sekundären Anpassung* steht die Schule nicht als Institution der Leistung und Wissensvermittlung im Fokus der Diskurse, sondern die sozialen Bezüge, die peer group[7]. Der handlungspraktische Umgang mit der Schule und die habituellen Bewältigungsstrategien der Jugendlichen konnten im Rahmen der komparativen Analyse[8] innerhalb des Typus der *sekundären Anpassung* als *kontrakulturelle* und als *subkulturelle Orientierung* ausdifferenziert werden. Die Schulsozialarbeit erhält in allen diesen Gruppen einen hohen Stellenwert und setzt an den habituellen, aktionistischen Bewältigungsstrategien der Jugendlichen an. Die Umgangsweisen mit der Schulstation werden auf der Basis des Vergleichs präzise expliziert.

Im Gegensatz dazu ist den Jugendlichen der *primären Anpassung* gemeinsam, dass sie die schulischen Regeln und Prinzipien nicht in aktionistischer Weise austesten, sondern kommunikative Möglichkeiten zur Auseinandersetzung mit den schulischen Anforderungen suchen. Im typeninternen Vergleich lassen sich drei Formen von Erfahrungen und Orientierungen differenzieren: das Erfahren des schulischen Abstiegs, die Suche nach Vermittlung zwischen der Sphäre der peer group und der dominanten Moral sowie die Vorrangigkeit berufsbiografischer Entwürfe. In diesen Gruppen kann herausgearbeitet werden, inwiefern die Schulsozialarbeit der Vermittlung zwischen LehrerInnen und SchülerInnen dient.

Im Kapitel *C.4* werden zum einen die Erzählungen der Jugendlichen durch die Interpretation von Protokollen der teilnehmenden Beobachtung (ebenfalls auf der Basis der dokumentarischen Methode) ergänzt. Zum anderen werden die schriftlichen Dokumente der SchulsozialarbeiterInnen hinzu-

---

7 In der Literatur finden sich verschiedene Schreibweisen der jugendlichen Gleichaltrigengruppe: Peergroup, peer-group oder auch peer group. Ich habe mich nach einem Telefonat mit der Dudenredaktion für die original englische Schreibweise entschieden: peer group. Der englische Begriff geht über die deutsche Übersetzung der Gleichaltrigengruppe hinaus, da nicht das gleiche Alter, sondern die Gleichheit der Lage im Verhältnis zueinander relevant ist.

8 Von Beginn der Interpretation an erhält der systematische Vergleich (komparative Analyse) zwischen den Gruppen einen hohen Stellenwert.

gezogen, um zentrale Ergebnisse aus den Gruppendiskussionen und Beobachtungsprotokollen mit dem Handlungsprogramm der Schulstation und den Intentionen und Zielen der SchulsozialarbeiterInnen vergleichen zu können.

Dieser Vergleich wird im die Arbeit abschließenden *Teil D* auf einer anderen Ebene weitergeführt. Die empirischen Ergebnisse ordne ich zusammenfassend in theoretische Betrachtungen und Entwicklungen der Schulsozialarbeit ein mit der Intention eines „Praxis-Theorie-Praxis-Transfer(s)" (Gerull 2003, S. 9).

Im Anhang befinden sich u.a. ein Grundriss der Schulstation sowie die exemplarische Auswertung einer Gruppendiskussionspassage.

Teil A:
Theoretischer Teil

1 Soziale Arbeit und Schule: Theoretische und praktische Diskussionen und Zugänge

Schulsozialarbeit: Entwicklungsstränge und Begriff

> *„Schulsozialarbeit setzt (...) an einem zentralen Widerspruch des Bildungswesens an: dem Widerspruch zwischen dem demokratischen Gebot gleicher Bildungschancen für alle und einer der wesentlichen sozialen Funktionen der Schule in einer Gesellschaft der Ungleichen, nämlich der Legitimation gesellschaftlicher Statusunterschiede durch Bildung (...)"* *(BMFSFJ 1994, S. 220).*

Die Entwicklungsstränge einer Kooperation von Sozialpädagogik und Schule oder auch gemeinsame institutionelle Wurzeln lassen sich von der Einrichtung von *Industrieschulen* um 1800, der *Rettungshausbewegung* ab 1830, der *Schulkinderfürsorge* ab 1870 über die *Schulpflege* zu Beginn des 20. Jahrhunderts bis zur Etablierung von *Schulsozialarbeit* im Zuge der Bildungsreform der 1970 er Jahre verfolgen[1]. Im Rahmen dieser empirischen Arbeit soll es darum gehen, eine bestehende Kooperationsform zwischen Jugendhilfe und Schule zu untersuchen[2] und sie in den derzeitigen Diskurs um Schulsozialarbeit einzuordnen. Dieser Diskurs, der sich auf eine institutionalisierte Schulsozialarbeit bezieht, geht auf eine vergleichsweise kurze Geschichte von etwas über 30 Jahren zurück. Der Begriff ‚Schulsozialarbeit' wurde als Übersetzung von ‚School Social Work' durch Abels (1971) in die bundesrepublikanische Diskussion eingebracht. In den Vereinigten Staaten von Amerika wurde ‚School Social Work' bereits 1906 eingeführt[3]. Von der *National Association of Social Workers* wurden in der Folgezeit landesweit einheitliche und verbindliche „Standards for Social Work Services in Schools" entwickelt, sodass sich in den USA bereits zu Beginn des 20. Jahrhunderts ein eigenständiges Berufsfeld etablierte (vgl. Raab 1983; Mühlum 1993). Eine derartig fundierte Gesamtkonzeption von Schulsozialarbeit existiert in der Bundesrepublik Deutschland bis heute nicht. Dennoch ist Schulsozialarbeit zwischenzeitlich ein integraler Bestand der Kinder- und Jugendhilfe und die Zusammenarbeit von Jugendhilfe und Schule ist seit der Einführung des Kinder- und Jugendhilfegesetzes (KJHG) von 1990 gesetzlich geboten (§81 KJHG). Die

---

1 Vgl. zur Aufarbeitung der historischen Wurzeln von Schulsozialarbeit: Reyer 1984; Grossmann 1987; Mörschner 1988

2 Genauer muss es heißen: Die Kooperationsform wird aus der AdressatInnenperspektive der Jugendlichen rekonstruiert.

3 in Boston, New York und Hartford (vgl. Schermer 2001)

Leistungserbringung wird aus dem §11 KJHG als „schulbezogene Jugendarbeit" und/oder §13 KJHG als „Jugendsozialarbeit" hergeleitet. Die strikte Trennung von *Jugendwohlfahrt* und *Schule*, die im Reichsjugendwohlfahrtsgesetz von 1922 festgeschrieben wurde, konnte damit überwunden werden und gemäß des Elften Kinder- und Jugendberichtes besteht zwischenzeitlich

> „ein öffentlicher Konsens über die Notwendigkeit einer Zusammenarbeit von Kinder- und Jugendhilfe und Schule, wie er nicht größer sein könnte" (BMFSFJ 2002, S. 161).

In welcher Art und Weise eine Kooperationsbeziehung zwischen Jugendhilfe und Schule aufgebaut und gestaltet wird, ist abhängig von den unterschiedlichen Ausprägungen der föderalen Bildungspolitik in den 16 Bundesländern[4] resp. der konkreten Ausgangsbedingungen einzelner Schulen und Trägerstrukturen von Schulsozialarbeit vor Ort. Das Spektrum der Aufgabenbestimmung und -wahrnehmung des Verhältnisses von Sozialpädagogik und Schule reicht von der Veränderung der Institution Schule durch sozialpädagogische Profilbildung der LehrerInnen (*sozialpädagogische Schule*, Homfeldt/Schulze-Krüdener 2001, S. 21) über eine in die Schule integrierte Schulsozialarbeit als „gleichberechtigtes Miteinander" (Singe 2001, S. 343) bis hin zu einem eigenständigen Angebot der Jugendhilfe, das außerhalb der Schule verortet ist (*Schülerclubs beispielsweise*, Durdel/Zieske u.a. 2000). Diese Vielfalt findet ihren Ausdruck auch in unterschiedlichen Termini, die neben dem Begriff der Schulsozialarbeit verschiedene Kooperationsformen zwischen Jugendhilfe und Schule kennzeichnen: So ist beispielsweise von „Sozialarbeit in Schulen" (Rademacker 2002); „schulalltagsorientierter Sozialpädagogik" (Maykus 2001), „Schulsozialpädagogik" (Mühlum 1994; Schneider 1982, S. 2) oder von „Schul Soziale Arbeit [sic!]" (Singe 2001) die Rede. Im Rahmen des Elften Kinder- und Jugendberichts wird angemerkt, dass sich der Begriff *Schulsozialarbeit* als zu eng erwiesen habe, um sämtliche Kooperationsformen zwischen Jugendhilfe und Schule zu erfassen (vgl. BMFSFJ 2002, S. 161). Aus diesem Grund halte ich es für sinnvoll

> „diesen Begriff für solche Aktivitäten zu reservieren, die mit sozialpädagogisch qualifizierten Fachkräften direkt in Schulen oder zentral auf die Schule bezogen, stattfinden" (Bolay/Thiersch 1999, S. 177 mit Bezug auf Miehle-Fregin 1994).

Für die Entstehung und Weiterentwicklung von Schulsozialarbeit sind auf der einen Seite der jeweilige Kenntnis- und Wissensstand in der schul- und sozi-

---

4 Um einen hohen Grad an Allgemeingültigkeit und Verbindlichkeit in allen Bundesländern zu erreichen, finden Beratungen des Schulausschusses der Ständigen Konferenz der Kultusminister der Länder in der Bundesrepublik Deutschland (KMK) und der Arbeitsgemeinschaft für Jugendhilfe (AGJ) statt (vgl. Bekanntmachung des Ministeriums für Bildung, Wissenschaft und Weiterbildung vom 3. März 1999 [154B-51 180/31]).
Der Schulgesetzentwurf für das Land Berlin (Senatsbeschluss vom 13.05.2003) sieht in §5 (1) die Zusammenarbeit der Schule mit Trägern der öffentlichen und privaten Jugendhilfe vor. Ebenso sollen Ganztagsangebote an Grundschulen und Schulen mit sonderpädagogischem Förderschwerpunkt eingerichtet werden [§19 (1)]. Vgl. zu Schulgesetzgebung und Jugendsozialarbeit auch Rademacker 2001, S. 335.

alpädagogischen Theoriebildung bedeutsam sowie immer auch die konkreten zeitgeschichtlichen Rahmenbedingungen. Da die (konzeptionelle) Entwicklung von Schulsozialarbeit mit der Veränderung von Forschungstätigkeiten auf diesem Gebiet korrespondiert, werden die beiden Komplexe im Folgenden gemeinsam in ihren wesentlichen Grundzügen dargestellt. Hierbei unterscheide ich vereinfachend zwei Entwicklungsphasen, nämlich zunächst die Anfänge von Schulsozialarbeit vor dem Hintergrund der Bildungsreform in der Bundesrepublik Deutschland und in West-Berlin. Neue Impulse erhielt die Entwicklung von Schulsozialarbeit in einer zweiten Phase im Zuge der deutschen Wiedervereinigung zu Beginn der 1990er Jahre. Aufgrund von Praxisbeobachtungen, vorliegenden Erfahrungsberichten und Fachtagungsergebnissen ist festzustellen, dass die Praxis der theoretischen Diskussion weit vorausgeeilt ist. Die Vielzahl an Praxisdaten und -beobachtungen kann im Rahmen dieser Darstellung keine Berücksichtigung finden[5].

Zu den Anfängen von Schulsozialarbeit vor dem Hintergrund der Bildungsreform

Im Zuge der Bemühungen um eine Reform des Schulsystems in der Bundesrepublik (Begabtenförderung, Wissenschaftsorientierung, „Horizontalisierung" des Schulsystems) setzte Ende der 1960er/Anfang der 1970 er Jahre eine pädagogische Diskussion über das Verhältnis zwischen Schule und Sozialpädagogik ein (vgl. Abels 1972; Hornstein 1971; Kentler 1971, 1972; Tillmann 1976, 1982)[6]. Thematisiert und problematisiert wurden aus sozialpädagogischer Sicht eine drohende Verschulung bislang sozialpädagogischer Lernfelder (Vorschulbereich, außerschulische Jugendbildung), das gegliederte Schulsystem und die Verschärfung von Konflikten im Lern- und Leistungsbereich der reformierten Schule (insbesondere der Gesamtschule), die zu erheblichen psychosozialen Problemen bei Kindern und Jugendlichen führen müssten, sofern sie nicht sozialpädagogisch ‚abgefedert' würden. Einer der Ausgangspunkte der Diskussion war die Forderung nach einer Schule, die sich an

5 Einige Angebote von Schulsozialarbeitsprojekten sind bereits im Internet recherchierbar. Eine Auflistung hierzu findet sich bei Wulfers 2002, S. 76ff.: „Voller ungefilterter Informationen, teilweise schrill und andererseits recht bieder, so präsentiert sich Schulsozialarbeit auf den Internetseiten der Institutionen (...)" (ebd.).

6 Bereits zu Beginn der 1960-er Jahre wurde von Seiten der Sozialpädagogik aufgrund der Feststellung gesellschaftlicher Veränderungen die Kooperation zwischen Schule und Jugendhilfe zum Thema. Von Homfeldt/Schulze-Krüdener wird diese Phase retrospektiv als „gesellschaftspolitische Blindheit" (2001, S. 12) bewertet, da „die Definitions- und Ordnungsmacht Schule" (ebd.) die Kooperationsbedingungen zwischen Schule und Jugendhilfe zu bestimmen schien.

den Sozialisationsprozessen der Kinder und Jugendlichen orientierte und das Prinzip der gleichen Bildungschancen unabhängig von sozialer Herkunft oder Geschlecht (Chancengleichheit) umsetzte. Hinzu kam, dass die jeweiligen Einrichtungen, Maßnahmen, Methoden und Intentionen der Sozialpädagogik auf der einen und der schulische Lernbereich auf der anderen Seite als nahezu völlig separiert voneinander oder auch als konträr zueinander beschrieben werden konnten. In den in dieser Zeit eingerichteten Gesamtschulen (vgl. z.B. Bundesarbeitsgemeinschaft Jugendaufbauwerk 1975a), die häufig als Ganztagsschulen konzipiert waren, spielte die Einführung von hortähnlicher Betreuung eine wesentliche Rolle[7]. Die zu leistende Betreuung fiel der Schulsozialarbeit als Aufgabe zu, sodass es letztendlich vor allem um die Gestaltung des außerunterrichtlichen Bereichs durch Schulsozialarbeit ging[8]. Insbesondere an den Berliner Gesamtschulen blieb das Aufgabenfeld auf den „Außerunterrichtlichen Bereich" (AUB) beschränkt (vgl. Rademacker 1996, S. 224). Eine Konturierung des Arbeitsfeldes in Abgrenzung zu den schulischen Tätigkeiten der LehrerInnen zeichnete sich kaum ab, sodass SozialarbeiterInnen anfänglich „zu schulischen Lückenbüßern" wurden (Beraterlexikon 1977). Auch in der theoretischen Diskussion ging es vor allem darum, zu klären, was Schulsozialarbeit denn sei und was sie leisten könne[9]. Die anfänglich theoriebezogene Diskussion der Schulsozialarbeit spiegelt die Rezeption und Aufarbeitung der amerikanischen Entwicklung von Schulsozialarbeit wieder, in der die Einzelhilfe, Gruppenarbeit und Gemeinwesenarbeit den methodischen Dreiklang der Sozialen Arbeit bildeten. Während Maas (1969) das Konzept der sozialen Einzelhilfe auf die Zielbestimmung von Schulsozialarbeit übertrug und dies rollentheoretisch begründete, sieht Abels (1972) die Ziele und Aufgaben von Schulsozialarbeit in der Gruppenarbeit, die er aus einem sozialisationstheoretischen Ansatz ableitet. Eine Analyse des Verhältnisses von Schule und Jugendhilfe unter einem gesellschaftlichen Aspekt und nicht von den Bedürfnissen und Entwicklungsanforderungen der Kinder und Jugendlichen ausgehend nahm Schefold (1981) vor[10].

Noch zu Beginn der achtziger Jahre konstatiert Tillmann, dass

---

7 Inwiefern die einzurichtenden Ganztagsangebote für die Bildung und Betreuung von Kindern zu einer gleichberechtigten Aufgabenverteilung zwischen Jugendhilfe und Schule führen werden, bleibt abzuwarten.

8 vgl. hierzu ausführlich: Grossmann 1987, S. 5ff.; Tillmann 1982, S. 9ff.; Wörterbuch Soziale Arbeit 1996

9 Hierauf wird in fortdauernder Weise eine Antwort gesucht. In keinem anderen mir bekannten Gegenstandsbereich der Sozialen Arbeit werden bereits die Überschriften derart häufig als Frage formuliert wie in Bezug auf die Schulsozialarbeit; beispielsweise: Sozialpädagogische Schule versus Schulsozialarbeit? (Grossmann/Stickelmann 1981); Schulsozialarbeit – ein Plädoyer für eine verlorene Sache? (Salustowicz 1983); Schulsozialarbeit – was ist das? (Rademacker 1992)

10 Weiterführendes zu der theoretischen Auseinandersetzung mit Schulsozialarbeit in ihren bun desrepublikanischen und West-Berliner Anfängen siehe bei Grossmann 1987, S. 122ff.; Salustowicz 1986

„Schulsozialarbeit kein Begriff (ist), der in der erziehungs- und sozialwissenschaftlichen Diskussion schon feste Konturen gewonnen hat“ (1982, S. 12).

Zu dieser Zeit existierten gemäß Tillmann im Hauptschulbereich nur einige Hinweise auf Modellprojekte und es gab keine staatlich angestellten SchulsozialarbeiterInnen an Hauptschulen (vgl. ebd., S. 17). Dabei wurde die Situation der Hauptschule als krisenhaft eingeordnet und ein Kooperationsbedarf mit der Jugendhilfe gesehen (Salustowicz 1986, S. 112). Nicht nur der Hauptschule, sondern dem Schulsystem insgesamt wurde von Seiten der kritischen Sozialpädagogik nachgesagt, dass es Ausdruck von Kapitalverwertungs- und Machtinteressen sei und auch Schulsozialarbeit dazu tendiere, sich dementsprechend funktionalisieren zu lassen (vgl. Salustowicz 1986, S. 22)[11]. Schulsozialarbeit müsse aus diesem Grund parteilich handeln und „für eine Emanzipation der Verhältnisse und der Individuen ein(zu)treten“ (DJI 1982, S. 8; vgl. auch Grossmann/Stickelmann 1982, S. 59). Aus dieser der Schule gegenüber kritischen Position entwickelte Homfeldt (u.a. 1977) das Konzept der sozialpädagogischen Schule (vgl. zur sozialpädagogisch orientierten Schule auch Iben 1969), das insofern von aktueller Natur ist, da das Bundesland Sachsen anfänglich ein Schulsozialarbeitsprojekt erprobte, das dem „Konzept der Sozialpädagogischen Schule entsprach“ (Olk/Hartnuß 1999, S. 76). Die Grundidee der sozialpädagogischen Schule lag darin, dass Schulsozialarbeit kein additives Angebot für die Schule bildete, sondern die Schule selbst sich zu einer sozialpädagogischen Schule veränderte, indem die Lehrkräfte sozialpädagogische Funktionen und Tätigkeiten übernahmen. Heutzutage weist Homfeldt darauf hin, dass die sozialpädagogische Schule sich aufgrund ihres modellhaften Charakters letztendlich strukturell nicht durchsetzen konnte (vgl. Homfeldt/Schulze-Krüdener 2001, S. 22). Ein Schicksal, das schulische Reformen meiner Ansicht nach generell teilen, indem sie als Modellversuche konzipiert werden.

Neben dem Versuch, Schulsozialarbeit in emanzipatorischer Absicht zu etablieren, wurde ihre kompensatorische Funktion als weitere Kontrollinstanz gegenüber den Kindern und Jugendlichen gewertet (vgl. Grossmann/Stickelmann 1982, S. 59). Die Inhalte der schulischen Sozialarbeit wurden zumeist von schulischen Vorgaben geprägt (vgl. Malinowski/Herriger 1979, S. 79). In einer rückblickenden Einschätzung der reformerischen Absichten und Veränderungen des Schulsystems durch Raab/Rademacker heißt es, dass die Bildungsreform ein Fortschritt im geschlossenen System ohne sozialpädagogische Perspektive blieb und

„eine Öffnung weder gegenüber anderen öffentlichen Sozialisationsangeboten wie der Jugendhilfe noch gegenüber den durch soziale Ungleichheit geprägten sozialen Herkunftsverhältnissen, den Lebenswelten von Kindern und Jugendlichen in den Blick nahm“ (1996, S. 29).

11 vgl. hierzu auch die schulkritischen Anmerkungen von Tillmann 2000.

Ein sehr eindrückliches empirisches Beispiel zu den anfänglichen Schwierigkeiten[12] und Kollisionen in der Kooperation zwischen Sozialer Arbeit und Schule liefern Staufer/Stickelmann (1984). In umfassender Weise reflektieren sie nicht nur die Schwierigkeiten der Praxis, sondern auch die gleichzeitige Problemstellung der Rolle als wissenschaftliche Begleitung im Kontext von Handlungs- und Aktionsforschung an einer Gesamtschule in Frankfurt am Main. Staufer/Stickelmann setzen sich methodologisch damit auseinander, wie Erfahrungen und Perspektiven der schulischen Akteure rekonstruiert werden können. Sie suchen im Anschluss an den Verstehensbegriff von Max Weber einen Weg der „Rekonstruktion ‚von innen heraus' " als spezifisch sozialpädagogisches Erkenntnisinteresse (1984, S. 69) und fragen nach den „individuellen und kollektiven Erfahrungen" der Handelnden (ebd., S. 241). Einen Gegenstand ihrer komplexen Untersuchung bilden so genannte „*Anlaufstationen*", in denen SchulsozialarbeiterInnen arbeiten. Ein Charakteristikum dieser *Anlaufstationen* ist es, dass sie – in ähnlicher Weise wie das Schulsozialarbeitsprojekt in der vorliegenden Untersuchung – während des Unterrichts von den SchülerInnen aufgesucht werden können. Als ein Ergebnis arbeiten die Autoren heraus:

> „Die Bedeutung dieses, in der Schule erlaubten, bloß-mal-so-kommen-dürfen kann gar nicht hoch genug eingeschätzt werden, ermöglicht das Kommen-können im übertragenen Sinn" (ebd., S. 387).

In Bezug auf Regelübertretungen durch die Jugendlichen kommen die Begleitforscher zu dem Schluss, dass diese „kein zu individualisierendes Problem darstellen, sondern die ‚Lernvoraussetzungen' für das Erfahren von Orientierungen sind" (ebd., S. 259) und weisen in diesem Zusammenhang auf die wesentliche Bedeutung der peer group hin (vgl. ebd.).

Die anfänglich politisch motivierte Praxis der Schulsozialarbeit, die für strukturelle Reformen der Schule eintrat, ließ in den 1980er Jahren nach. So wurde trotz einer Praxisentwicklung vor Ort, die allerdings ohne bildungspolitische Konzeption erfolgte, teilweise von Stagnation gesprochen (vgl. Grossmann 1987, S. 13), während andererseits eine nun einsetzende schulergänzende Eigenständigkeit betont wird (vgl. Raab/Rademacker 1996, S. 31). In der sehr gründlichen empirisch-sozialwissenschaftlichen Untersuchung zur Schulsozialarbeit von Raab/Rademacker/Winzen, die von 1979 bis 1985 am Deutschen Jugendinstitut durchgeführt wurde, entstand erstmalig eine umfassende Bestandsaufnahme von Angeboten der Schulsozialarbeit in der Bundesrepublik Deutschland. Der theoretisch-analytische Beitrag der Untersuchung bestand in der Aufarbeitung von Ergebnissen zu gesellschaftlichen und sozialisatorischen Prozessen und der Vermittlung der von der Sozialisationsfor-

12 Der schwierige Stand von Modellprojekten der Schulsozialarbeit spiegelt sich bereits in der Tatsache wider, dass die von Staufer/Stickelmann untersuchte Schule als Gesamtschule aufgelöst wurde (vgl. 1984, S. 12).

schung beschriebenen Entwicklungen in die konzeptionellen und praktischen Umgangsweisen des Handlungsfeldes Schulsozialarbeit. Hier wird der Befund gestützt, dass eine Kooperation zwischen Jugendhilfe und Schule sich oftmals aus einem situativen Bedarf heraus ergab, „der durch veränderte Lebenslagen und Lebensverhältnisse bedingt ist“ (Raab u.a. 1987, S. 197) und SchulsozialarbeiterInnen mit persönlichen Schwierigkeiten von SchülerInnen, hauptsächlich in Hauptschulen, befasst waren. Zur Existenz von Jugendkultur in der Schule heißt es, dass die offizielle Schulwelt und die Subkulturen der Jugendlichen weitgehend unabhängig voneinander existieren und oppositionelle subkulturelle Cliquen in der Schule wenig verbreitet seien (vgl. ebd., S. 203; vgl. zu diesem Befund auch Frommann u.a. 1987, S. 158). Gegenüber jugendkulturellen Praktiken wird der Standpunkt eingenommen, dass die Schule sich ihnen gegenüber öffnen muss, „will sie ihre Handlungsmöglichkeiten sichern und von ihren Schülern akzeptiert sein“ (ebd.; vgl. Frommann u.a. 1987, S. 161).

Für diese erste Phase der Kooperationspraxis zwischen Jugendhilfe und Schule in Form von Schulsozialarbeit vor dem Hintergrund der Bildungsreformpolitik vor allem in den 1970er Jahren lässt sich festhalten:

– Das übergeordnete Ziel der Bildungsreform, die Verwirklichung von schulischer Chancengleichheit, konnte zwar nicht erreicht werden, dafür hat sich die „Bildungsbeteiligung erheblich erhöht“ (Münchmeier 2001, S. 106) und *Jungsein* heißt in zunehmendem Maße *SchülerInsein* (vgl. ebd.).
  Schulsozialarbeit wurde kein strukturelles Element schulischer Bildung und Erziehung. Die Befürchtung von Grossmann,

  > „daß Schulsozialarbeit ein ähnliches Schicksal erleidet wie die Schulpflege, die nach kurzer Blüte während und nach dem Ersten Weltkrieg der Vergessenheit anheimfiel“ (Grossmann 1987, S. 181)

  hat sich allerdings nicht bestätigt. Vielmehr entwickelte sich eine vielfältige Kooperationspraxis, die sich einer ‚Feuerwehrfunktion‘ allerdings nie ganz entledigen konnte. Die vorwiegend situativ-reaktive Kooperationspraxis zeigt sich auch darin, dass Schulsozialarbeit überwiegend dann implementiert wurde, wenn von schulischer Seite ‚soziale Brennpunkte‘ identifiziert wurden, und zwar insbesondere an Hauptschulen (vgl. Rademacker 1996).
– Die theoretische Diskussion wurde vorwiegend institutionell zentriert und programmatisch geführt. Unter Institutionszentrierung fasse ich die Vielzahl an Publikationen, die den Grad der möglichen Institutionalisierung von Schulsozialarbeit zu bestimmen suchten, die um Auftrag, Grundlagen, Zielsetzungen, Rahmenbedingungen und Umsetzungsmöglichkeiten kreisten oder die Gefahr der Subordination unter schulische Interessen thematisierten sowie nach der Verbreitung sowie der konzeptionellen

Ausrichtung verschiedener Ansätze fragten. Die programmatische Diskussion basierte zumeist auf dem Hintergrund einer Kritik an der Institution Schule. Selten sind dagegen Studien, die jenseits der schriftlich fixierten Praxisbeobachtungen empirisch-sozialwissenschaftlich fundiert sind und die Praxisprobleme rekonstruieren (vgl. zu dieser Kritik auch Frommann u.a. 1987, S. 12). Verschiedene fruchtbare Ansätze, wie die zunehmende Öffnung der Schule bzw. die Verortung der Schule im sozialökologischen Kontext, wurden infolgedessen theoretisch kaum reflektiert (vgl. Raab 1986). Ebenso wenig wurden die reformpädagogischen Ansätze der 1920er Jahre in Deutschland in die theoretischen Überlegungen zur Schulsozialarbeit einbezogen (vgl. Ludewig/Paar 2001, S. 517).

Neue Impulse für die Schulsozialarbeit in den 1990er Jahren

Während die Erörterung einer Zusammenarbeit zwischen Sozialer Arbeit und Schule in der ersten Dekade ihrer dargestellten Entwicklung noch zum Gegenstand hatte, ob und unter welchen Bedingungen eine Kooperation stattfinden könne, geht es nun mit zunehmender Tendenz in den Kooperationsbestrebungen darum, in welcher Art und Weise die gemeinsame Aufgabe der Erziehung und Bildung angegangen wird, oder – wie Raab formuliert:

> „Nicht ob zusammengearbeitet wird, steht (...) mehr zur Debatte, sondern nur noch wie dies zu geschehen hat" (Raab 1999, S. 252).

Diese Entwicklung ist grundsätzlich positiv zu bewerten, denn vor dem Hintergrund von Schätzungen zur Größenordnung des Anteils integrationsgefährdeter Kinder und Jugendlicher wird die Brisanz und die Reaktivität in der Zusammenarbeit zwischen Jugendhilfe und Schule deutlich. So lag „(d)er Anteil derjenigen, die in Deutschland Ende der 90er Jahre ohne Ausbildung blieben (...) nach einer Emnid-Studie bei etwa 12%. Bundesweit verlassen 9% der Jugendlichen unsere Schulen ohne Abschluss" (Rademacker 2002, S. 5).

Neue Impulse für die Weiterentwicklung der Schulsozialarbeit gab es zu Beginn der 1990er Jahre. Die Einbindung des „Lebensweltansatzes" von Thiersch (u.a. 1986) in den Achten Kinder- und Jugendbericht (BMJFG 1990) brachte mit sich, dass der Schule als alltäglichem Lebensraum von Kindern und Jugendlichen in der Theorie und Praxis verstärkt Aufmerksamkeit zuteil wurde (vgl. ausführlich Kap. A.2). Indem das Konzept den Feldbezug, die Ressourcen und den Eigensinn subjektiver Deutungen hervorhebt (Thiersch 2001, S. 788), und damit auch die Situativität und Alltäglichkeit des (sozialpädagogischen) Handelns am „Bewältigungsort" Schule (Böhnisch 2001, S. 112) theoretisch und praktisch auszudeuten vermag, konnte es die Position der Jugendhilfe sowohl in den alten als auch in den neuen Bundesländern in ihrem eigenen Selbstverständnis stärken, da es die konkreten Bedingungen der Praxis in den Blick nimmt. In den Empfehlungen der Bundesarbeitsgemeinschaft der Landesjugendämter (1993) zum Thema ‚Zusammenarbeit von Jugendhilfe und Schule' wurden die Forderungen des Achten Jugendberichts aufgegriffen und Schulsozialarbeit als „eigenständiges Angebot der Jugendhilfe" definiert, deren Schwerpunkt „außerhalb des Bildungsauftrages der Schule" liegt (BAGLJÄ 1993, S. 141f.).

Die Auswirkungen des Transformationsprozesses nach der deutschen Wiedervereinigung

Insbesondere in den neuen Bundesländern sind nach der deutschen Wiedervereinigung neue Modelle der Schulsozialarbeit initiiert worden. Hierbei handelte es sich zunächst um Reaktionen auf konkrete Problemlagen der Kinder und Jugendlichen aufgrund des Wegfalls der umfassenden sozialen Funktionen, die die Schule in der DDR ausgeübt hatte[13]. Während die Kooperationsbedingungen in den 1970-er Jahren quasi *von oben* erörtert und festgelegt wurden, kam es nun zur Etablierung einer Praxis *von unten*. Die Praxis allerdings – und dies war der Nachteil der vergleichsweise günstigen Bedingungen – war in Bezug auf die Beschäftigungssituation des Personals ungesicherter Natur und wies zunächst prekäre Rahmenbedingungen auf (vgl. Raab/Rademacker 1996, S. 37)[14]. Ein weiterer Unterschied zu der Implementierung der ersten Schulsozialarbeitsprojekte ist in einer der Schule gegenüber weniger kritischen Position und Einschätzung zu sehen. Wie Rademacker für die neuen Bundesländer schildert, hängt dies damit zusammen, dass „ein großer Teil der heute in der Jugendhilfe Beschäftigten ehemalige Lehrer" sind, die wenig Veranlassung haben, sich in ihrer professionellen Identität von der Schule abzugrenzen (Rademacker 1996, S. 234).

Mikro- und Makroebene

Von schulischer Seite kam es in den 1990-er Jahren zu einer Stärkung der Position der Einzelschule. Der Schule wurde fortan mehr Autonomie zugestanden, die sie durch Selbstgestaltung und Profilbildung auch wahrnahm und bis heute wahrnimmt (vgl. Raab/Rademacker 1996, S. 35). Schulsozialarbeit kann in diesem Prozess als ein Element von Schulentwicklung verstanden werden, in dem die Institution Schule sich in doppelter Hinsicht öffnete, und zwar sowohl auf den Unterricht als auch auf das sozialräumliche Umfeld der Schule bezogen (vgl. Hollenstein 2000, S. 28; Hartnuß 2002, S. 65).

---

13 Zur sozialen Funktion der Schule und der Jugendhilfe in der DDR vgl. Raab 1996; Flösser 1996 und zur Gestaltung des Transformationsprozesses von Seiten der Jugendhilfe vgl. Prüß/Bettmer 1996; Prüß 1997; Maykus 2001

14 Leider gilt dieser Satz häufig immer noch.

Zwischenzeitlich haben die meisten Landesregierungen der neuen Bundesländer sich der Institutionalisierung von Schulsozialarbeit angenommen (vgl. Olk/Hartnuß 1999, S. 75ff.) und auch die alten Bundesländer initiierten neue Modell- und Landesprogramme, die größtenteils wissenschaftlich begleitet werden[15]. Hollenstein/Tillmann fassen die Entwicklung auf kommunaler Ebene als „Schulsozialarbeit im engeren Sinn" (2000, S. 33) und die Entwicklung auf der Landesebene als „Schulsozialarbeit im weiteren Sinn" (ebd.). Beide Praxen subsumieren Hollenstein/Tillmann unter dem Arbeitsbegriff „Schule und Jugendhilfe-Schulsozialarbeit" (ebd.).

Die Begleitforschungen orientieren sich an den jeweiligen fachpolitischen Erfordernissen. Inhaltlich geht es dabei zumeist um Bestandserhebungen und standardisierte Befragungen von SchülerInnen, LehrerInnen, SozialpädagogInnen, SchulleiterInnen und Eltern, mit dem Ziel, die Projekte zu evaluieren, Empfehlungen zu erarbeiten und Unterstützungs- sowie Beratungsbedarf festzustellen. Auf der Grundlage umfassender Bestandsaufnahmen begründen und konzeptualisieren diese Arbeiten vor allen Dingen die Schulsozialarbeit vor dem Hintergrund von Belastungen und Problemlagen der Jugendlichen (vgl. Maykus 2001; Olk u.a. 2000). Bei Stephan Maykus geht es dabei zunächst um die Begründung eines Konzeptes und „nicht um die Überprüfung, die Rekonstruktion einer Wirkung oder des pädagogischen Handelns im Alltag" (Maykus 2001, S. 145), wie es mein Anliegen ist. Unabhängig von Begleitforschung leistet Wolfgang Mack in seiner umfassenden theoretischen Arbeit ebenfalls keine Rekonstruktion, sondern „Vorarbeiten zur Pädagogik einer Jugendschule" (Mack 1999), in der er die Hauptschule als eine Jugendschule konzipiert, deren (empirische) Existenz und Untersuchung noch aussteht.

Für die Entwicklung der Schulsozialarbeit am Ende des 20. Jahrhunderts stehen sich zwei Befunde gegenüber, die nur scheinbar widersprüchlich sind, wenn ich im Folgenden näher auf die theoretisch-empirische und praktische Situation eingehe: So hat Schulsozialarbeit für Frank Nieslony

> „einen theoretischen und professionellen Progreß vollzogen (...), auf dessen Erkenntnis in der organisierten Erziehung zu verzichten einer (schulreform-) pädagogischen Bankrotterklärung gleichkäme" (1998, S. 255). Für ihn ist „der bisher gesamtgesellschaftlich nachrangig definierte Bereich der Jugendhilfe seiner reproduktiven Stellung zugunsten einer innovativen Funktion für die Schule enthoben" worden (1998, S. 253).

Demgegenüber weist Gerhard Segel, der zur *Gründergeneration* von Schulsozialarbeitsprojekten gehört, darauf hin, dass erstaunlich wenig aus einem Vierteljahrhundert Erfahrung gelernt wurde und den Problemen der Praxis

15 Wissenschaftliche Begleitungen auf Landesebene: Brandenburg: Thimm 1999; Mecklenburg-Vorpommern: Prüß, Hartnuß u.a. 1999 sowie Prüß, Bettmer u.a. 2000; Sachsen: Elsner 1999; Sachsen-Anhalt: Olk, Hartnuß 1999; Rheinland-Pfalz: Institut für Sozialpädagogische Forschung Mainz 1999

„die gleichen Planungsfehler zugrunde liegen, wie sie seit der Pionierzeit der Schulsozialarbeit immer wieder gemacht wurden" (1999, S. 256).

Dies kann mit dem Modellcharakter von Projekten zusammenhängen, die sich stets auf konkrete örtliche Bedingungen sowie die Lern- und Lebenssituationen der SchülerInnen beziehen und in denen die Ausgestaltung der Zusammenarbeit in einem fachlichen Diskurs zwischen allen Beteiligten ausgehandelt werden muss. Diese Praxiserfahrungen erreichen kaum die breitere Öffentlichkeit, sodass Albert Mühlum 1992 in der Dokumentation des ‚Ravensburger Modells' „über das noch wenig bekannte Handlungsfeld an Hauptschulen" informierte (Mühlum 1992, S. 34), obwohl belegt ist, dass Schulsozialarbeit insbesondere an Hauptschulen sowie an Schulen mit sonderpädagogischem Förderbedarf eingerichtet worden war. Mühlum beschreibt nach einer Zielgruppen-Vollerhebung bei SchülerInnen, Eltern und Lehrern eine „signifikante Verbesserung der Lern- und Lebenssituation von Hauptschülern (...)" (ebd., S. 40)[16]. Ein gelungenes Beispiel, die Schule im Gegensatz zu einzelnen Jugendlichen in Zusammenschau mit Schulsozialarbeit zu untersuchen, liefern Bolay u.a. in ihrer Fallstudie zur Schulsozialarbeit an einer Hauptschule[17]. In ihrer Herangehensweise orientieren sie sich an der ‚grounded theory' (Glaser/Strauss 1979) und bilden Theorien bzw. Schlüsselkategorien aus Befragungen von LehrerInnen, SchülerInnen und SozialarbeiterInnen. Als ein Ergebnis arbeiten sie heraus, wie

„zentral die Notwendigkeit für die Schulsozialarbeit (ist), immer neu *Vertrauen* (H.i.O.) zu gewinnen und zu ermöglichen, und dies nicht nur im Hinblick auf die Schüler/innen, sondern auf alle Beteiligten. Als ebenso zentral stellt sich die Aufgabe heraus, zwischen Beteiligten, Institutionen und unterschiedlichen Interessen zu *vermitteln*. Durch die Plazierung (sic!) der Schulsozialarbeitsstelle vor Ort ergibt sich die Anforderung einer *Allzuständigkeit* respektive *Allansprechbarkeit*, und somit einer extrem hohen *Flexibilität* im Hinblick auf die Angebote und Tätigkeiten" (Bolay u.a. 1999, S. 128).

Auch in der vorliegenden Studie ist die Schulsozialarbeit „vor Ort" in die Schule integriert, sodass eine „Allansprechbarkeit" hinsichtlich der von den Jugendlichen in den Gruppendiskussionen artikulierten Themen in dieser Arbeit präzisiert werden kann.

Die praktischen Konsequenzen sozialpädagogischer Fachlichkeit im Sinne der Lebensweltorientierung wurden – dem Konzept entsprechend – niemals pauschal festgelegt, sondern für jeden Bereich der Jugendhilfe separat bzw. auf die Schulsozialarbeit bezogen in profilbildender Abgrenzung von außerschulischen Einrichtungen der Jugendarbeit (vgl. Coelen 2002) betrachtet. Für die Veränderung der *Jugendhilfelandschaft* kann festgehalten werden, dass die notorische (Selbst-)Kritik an den eigenen Prozessen der Institutiona-

---

16 Mühlum berichtet beispielsweise von einem Rückgang aggressiven Verhaltens aus der Sicht der SchulleiterInnen und wachsendem Vertrauen der Eltern in die Schule.

17 Die Untersuchung ist in einem weiteren Aspekt beispielgebend, denn sie ist das Ergebnis eines Seminars an der Universität Tübingen.

lisierung die Entwicklung der sozialpädagogischen Fachlichkeit stets vorangetrieben hat. Kennzeichnende Prozesse der Institutionalisierung von Schulsozialarbeit sind anhaltende Erörterungen der Trägerstrukturen, Definitionsversuche, Qualitätssicherung, zunehmende Zielgruppenspezifik sowie Versuche einer Zusammenführung von Fachtheorie und Empirie. Auf die genannten Dimensionen werde ich nacheinander eingehen, ohne den Anspruch auf Vollständigkeit zu erheben:

Trägerstrukturen

Die Diskussion der rechtlichen Verortung von sozialer Arbeit an Schulen erfolgt vor dem Hintergrund des Kinder- und Jugendhilfegesetzes von 1990 zumeist in Verbindung mit der Frage nach der Trägerschaft von Schulsozialarbeit (Bothmer 1994; Wulfers 1996). Um Unabhängigkeit von Schule und Jugendhilfe zu erlangen, möchte beispielsweise Nieslony (vgl. 1997, 1998a, 1998b) Schulsozialarbeit in privater/freier Trägerschaft[18] umgesetzt wissen. Demgegenüber ordnet Glanzer (1993, 1997) Schulsozialarbeit in schulischer Trägerschaft ein, die als schulisches Regelangebot von schulischer Seite zu erbringen und zu verantworten ist. Eine dritte Trägerkonstruktion ist mit der Anbindung von Schulsozialarbeit an das örtliche Jugendamt gegeben (vgl. Oelerich 1996), wobei die meisten AutorInnen keine der Trägervarianten von vornherein ausschließen wollen, sondern von einem thematisch breit angelegten Verständnis von Schulsozialarbeit ausgehen (vgl. Thimm 1999; Braun/Wetzel 2000, S. 79; Olk/Speck 2000, S. 53). Die verschiedenen Kooperationspraxen und -felder einschließend, ergibt sich daher eine Tendenz der Erweiterung des Begriffs Schulsozialarbeit, der nun als „Schulbezogene Jugendhilfe" oder als „Jugendsozialarbeit" (vgl. Prüß 1998; Maykus 2001; BMFSFJ 2002) gefasst wird, um die Autonomie der Jugendhilfe gegenüber der Schule zu kennzeichnen und Jugendhilfe als eigenständigen Faktor der Schulentwicklung zu bestimmen.

Definitionsversuche

Die Definitionsversuche sind (weiterhin) so vielfältig wie das Spektrum der Arbeitsansätze. Ohne auf die verschiedenen Definitionen vertiefend einzuge-

18 Bei Hollenstein finden sich Hinweise auf die vielfältigen Konstellationen freier Träger für Schulsozialarbeitsprojekte: „Wohlfahrtsverbände, Jugendverbände, Kultur- und Sportvereine, Fördervereine" (2000, S. 79). Auf der Grundlage der Begleitforschung von Projekten im Land Thüringen gibt Hollenstein wieder, dass „umfangreiche Erfahrungen im Jugendhilfebereich (.) nicht zwingend eine qualifizierte Trägerschaft" nach sich zogen (ebd.). Vgl. zu Vor- und Nachteilen verschiedener Trägerkonstellationen auch Wulfers 1996, S. 66ff.

hen[19], möchte ich zwei Arten unterscheiden. So sind zunächst die Definitionen zu nennen, die auf die inhaltliche Ausgestaltung von Schulsozialarbeit eingehen und übergeordnete Ziele sowie Zielgruppen benennen. Eine Definition dieser Gattung legte z.B. Wilfried Wulfers in seiner Untersuchung zu Entwicklungsstand, Formen und Bedingungen von Schulsozialarbeit im Kreis Marburg/Biedenkopf vor:

> „(...) Schulsozialarbeit (wird) als ein Oberbegriff verwendet, der alle Aktivitäten einschließt, die dazu geeignet sind, Konflikte und Diskrepanzen bei SchülerInnen, Eltern und LehrerInnen auf der Grundlage adäquater Methoden der Sozialarbeit (bzw. Sozialpädagogik) innerhalb der Schule oder auf die Schule bezogen abzubauen. So kann die unterrichtliche, soziale und psychische Situation der genannten Personengruppen verbessert werden. Die gewählten Aktivitäten sollten gleichzeitig zu einer Öffnung der Schule nach innen und außen beitragen und eine soziale Verbesserung des Schullebens erwirken. Eine Zusammenarbeit mit anderen öffentlichen und privaten Einrichtungen, die in diesem Bereich arbeiten, ist unabdingbar" (Wulfers 1996, S. 28).

Erich Hollenstein und Jan Tillmann merken hierzu an, dass ihrer Auffassung gemäß Schulsozialarbeit keinen „Oberbegriff" bilden kann, „sondern sich der Kooperationspraxis von Jugendhilfe und Schule nachordnet" (Hollenstein/ Tillmann 2000, S. 31). Nach meinem Verständnis geht Wulfers an dieser Stelle nicht auf die institutionelle Verortung oder Trägerkonstellation von Schulsozialarbeit ein, sondern erweitert die Definition von Anne Fromman von 1984, die Schulsozialarbeit ebenfalls als „(...) Oberbegriff (...) für eine Gruppe verschiedener Aktivitäten innerhalb von Schulen (...)" (S. 871) fasste. Im Vordergrund stehen die jeweiligen Aktivitäten, die Konflikten nachgeordnet werden, und nicht die Überordnung von Schulsozialarbeit über die Jugendhilfe. Hollenstein/Tillmann beziehen sich wohl eher auf die weitere Definitionspraxis, die Schulsozialarbeit als „berufliche Sozialarbeit in und mit Schulen" (Mühlum 1993, S. 213) oder als „Sozialarbeit in Schulen" (Rademacker 2002, S. 1) begreifen. Diese – auf den ersten Blick tautologisch anmutenden – Definitionen unterstreichen, dass Schulsozialarbeit sich von anderen Formen der Sozialen Arbeit lediglich durch den Ort – die Schule – unterscheidet, an dem die Erbringung oder auch Vermittlung der Leistungen erfolgt. Rademacker schlussfolgert, dass die Zielgruppe der Kinder und Jugendlichen die Rede von Jugendsozialarbeit rechtfertigt, bei der „es sich nach Inhalt und Auftrag eindeutig um eine Leistung der *Jugendhilfe* (H.i.O.)" (Rademacker 2002, S. 1) handelt. Dieser Legitimationszusammenhang erweist sich als wichtig, damit Schulsozialarbeit nicht auf Betreuungsangebote, Unterstützung bei den Hausaufgaben oder nachmittägliche Freizeitangebote reduziert wird (vgl. ebd. 2002, S. 2). Um eine derartige reduzierende Aufgabenzuschreibung zu vermeiden, werden verstärkt Qualitätsstandards für Schulsozialarbeit gesucht. Derartige Standards sollen einer Überprüfung, Entwick-

19 Verschiedene Definitionen werden beispielsweise von Wulfers 1996, S. 25ff.; Maykus 2001, S. 18ff. sowie bei Drilling 2002, S.94ff. vorgestellt und diskutiert.

lung sowie Sicherung der Arbeit dienen (vgl. Hentze u.a. 1998; Hartmann 1998; Olk u.a. 2000).

Dabei „fehlt es weitgehend an empirischen Studien, die die Wirkungen des Einsatzes von SchulsozialarbeiterInnen am Ort der Schule analysieren" (Olk u.a. 2000, S. 206).

Oftmals stehen die *Beschreibung* und die *Dokumentation* (vgl. Hartmann 1998, S. 266) anstelle einer interpretativen *Rekonstruktion*, wie sie dieser Arbeit zugrunde liegt, im Vordergrund. Auf die kaum vorhandene methodologische Auseinandersetzung im Rahmen von qualitativer Evaluation (vgl. Lüders/Haubrich 2003) gehe ich ausführlich im letzten Kapitel dieser Arbeit ein, in dem das *Forschungsdesign* der Evaluation mit der eigenen methodischen Vorgehensweise zusammengeführt wird.

Zielgruppen und Schwerpunkte in Theorie und Empirie

Eine Abkehr von einer auf Betreuung reduzierten Funktion wird auch insofern erkennbar, indem die theoretische (und praktische) Diskussion sich bestimmten Zielgruppen von Schulsozialarbeit zuwendet, beispielsweise im Zusammenhang von Schulverweigerung (vgl. Thimm 1998, 1999, 2002; Simon/ Uhlig 2002; Uhlig 2003), Verhaltensstörungen bei Kindern (vgl. Hasemann/ Meschenmoser 1996; Baur 1997) oder im Kontext von Gewalt an Schulen (vgl. Schubarth/ Kolbe/Willems 1996) bzw. im Rahmen der (erneuten) Debatte um Koedukation (vgl. Lemmermöhle 1997; Paar 1999, S. 269). Zur Förderung von Kindern und Jugendlichen mit Verhaltensproblemen wurden in Berlin im Rahmen eines von der Bund-Länder-Kommission für Bildungsplanung und Forschungsförderung von 1992-1995 durchgeführten Modellversuchs zur „Förderung verhaltensgestörter Kinder und Jugendlicher im Schulalter in Kooperation von Schule und Jugendhilfe" die ersten Schulstationen „zur Erhöhung der allgemeinen Förderfähigkeit von Schulen" eingerichtet (Hübner 1996, S. 16; vgl. Hasemann 1996, S.17). Bis heute handelt es sich bei diesem „neuartige(n) Angebot der Jugendhilfe in Berlin" (von Balluseck 2003, S. 256) im Wesentlichen um eine in Grundschulen etablierte Kooperationsform.

In einer Bilanzierung der Fachdiskussion hinsichtlich der wenigen[20] theoretischen Schwerpunkte fällt auf, dass neben vereinzelten systemtheoretischen Anstößen (vgl. Brunner 1992; Prüß/Bettmer 2000) eine „Neuverteilung der Erziehungsaufgaben" (Braun 1994, S. 107) vorrangig vor dem Hintergrund der bereits erwähnten Theorie[21] der Lebensweltorientierung nach Hans Thiersch (vgl. Kap. A.2) erfolgt. Zur Beschreibung lebensweltkonstituierender Bewältigungsanforderungen werden Sozialisationsbedingungen bezüglich der Kindheits- bzw. Jugendphase analysiert und in ihren Auswirkungen sowie Relevan-

20 Vgl. hierzu die anschauliche Tabelle bei Maykus 2001, S. 28ff.

21 Hans Thiersch bezeichnet seinen Entwurf einer lebensweltorientierten Sozialen Arbeit vorsichtigerweise als „Theorieströmung" (2002).

zen für das Sozialisationsfeld Schule dargestellt (vgl. Mühlum 1995; Hollenstein 2000, S. 81ff.; Maykus 2001; Prüß u.a. 2000). Als wesentliche Sozialisationsinstanz findet neben der Familie und Schule auch die peer group Berücksichtigung, und zwar sowohl als Belastungs- als auch als Unterstützungsfaktor[22]. „Lebensweltorientierung" wird von den Autoren generell auf einen – teilweise nicht näher präzisierten – ‚gelingenderen Schulalltag' bezogen. Wie sich eine lebensweltorientierte forschungsbezogene Vorgehensweise methodologisch umsetzen lässt, ist nicht Gegenstand der Untersuchungen[23].

Mit den Ergebnissen der wissenschaftlichen Begleitung zum Modellprojekt „Schulsozialarbeit" im Landkreis Sachsen-Anhalt (Olk u.a. 2000) wurde erstmals eine Studie – die sich ebenfalls dem Lebensweltansatz verpflichtet sieht – vorgelegt, in der ein systematischer Schultypvergleich (Sekundarstufe I und II) vorgenommen wurde. Die Autoren beschreiben einen gesellschaftlichen Differenzierungsvorgang, in dem die lebensweltliche Integration der Schule verloren geht. Gleichzeitig entwickelt aber das System Jugendhilfe Integrationsfelder als zentrale Aufgabe. Eine auf diesem Hintergrund naheliegende und notwendige Kooperation zwischen Jugendhilfe und Schule hätte – so die Autoren – immer diese strukturelle Differenz zu berücksichtigen.

Während die Mehrheit der Studien einen Eindruck von der Vielzahl an Projekten vermittelt sowie Einstellungen von Jugendlichen und die Häufigkeit des Aufsuchens der jeweiligen SchulsozialarbeiterInnen erfasst, fehlen Untersuchungen, die auf die Handlungspraxis bezogen Orientierungen von Jugendlichen rekonstruieren und die identifizierten Orientierungsmuster in ihrer Relevanz für Schulsozialarbeit analysieren[24].

Die in der schulischen Handlungspraxis stattfindenden Formen der zwischenmenschlichen Begegnung präzisieren Braun/Wetzel[25] als *„offene schulische Milieubildung* (H.i.O.)" (2000, S. 92 mit Verweis auf Böhnisch 1994[26]) unter Betonung der zentralen Bedeutung der Beziehungen der Gleichaltrigen untereinander. Unter *„offener* Milieubildung" verstehen Braun/Wetzel zum einen „verschiedenartige Cliquenbildungen und peer-groups und damit auch Milieus"

22 Teilweise kann allerdings nicht zwischen peer group und Klassenverband unterschieden werden. Diese Schwierigkeit wird beispielsweise von Prüß u.a. 2000 im Rahmen ihrer breit angelegten repräsentativen Studie für das Bundesland Mecklenburg-Vorpommern problematisiert. In die Untersuchung wurden die Klassenstufen 5-10 aller allgemeinbildenden Schulen einbezogen (vgl. Maykus 2001, S. 143).

23 Mein Vorgehen konturiere ich in dieser Hinsicht im folgenden Kapitel.

24 Dieser Befund einer nicht vorhandenen empirischen Datenbasis gilt ebenso für die – in meiner Studie nicht berücksichtigte – Seite der LehrerInnen: vgl. Schermer/Weber 2003; Braun/Wetzel 2000, S. 53ff.; zur Analyse der Kooperationsbeziehungen von LehrerInnen und SozialpädagogInnen aus machttheoretischer Sicht: Maykus 2003.

25 In der „Einführung in die Grundlagen und Konzepte der Schulsozialarbeit" von Karl-Heinz Braun und Konstanze Wetzel (2000) erfahren die Einzelerkenntnisse aus wissenschaftlichen Begleitungen eine konzeptionelle Verallgemeinerung.

26 Vgl. zu schulischen „Lernkulturen als offene Milieubildungen" auch Böhnisch 2001b, S. 221-234

(ebd., S. 94) und zum anderen „die *Öffnung* hin zum Schulumfeld, zum Gemeinwesen“ (ebd.). Indem die Beziehungen der Jugendlichen im schulischen Kontext zumeist der „Hinterbühne“ zugeordnet werden, gehören ihre darin gesammelten Erfahrungen nicht zum bewusst gestaltbaren Bereich des Schulalltags (vgl. Kap. A.2). Demgegenüber fordern Braun/Wetzel, dass der schulische „Hinterbühnenbereich“ bewusst in den schulischen Alltag integriert wird, denn

> „nur, wenn er es wird, können in den Phasen des Alltagszyklus der Kinder/Jugendlichen, die in der Schule stattfinden und von ihr (mit-)bestimmt werden, jene Zeiten und Orte verankert werden, die den Heranwachsenden zuverlässige Möglichkeiten der zwischenmenschlichen Begegnung sowie der Selbsterfahrung und Selbstreflexion bieten. (...) Solche Arten von sozialen Beziehungen in den Cliquen und peer-groups, besonders wenn sie den Charakter von Freundschaften annehmen, können aber nur entstehen, wenn die Kinder/Jugendlichen sich dafür *Zeit nehmen* – und anderen auch *Zeit lassen*, sich auf solche Formen der intensiven zwischenmenschlichen Begegnung, also des wirklichen Kennenlernens einzulassen“ (ebd., S. 92f.).

Ein Projekt, das eine institutionell forcierte Trennung in Vorder- und Hinterbühne obsolet erscheinen lässt, ist die „Stadt-als-Schule-Berlin“ (Liebau/Mack 2000). An drei Tagen pro Woche lernen die Jugendlichen, die bereits mit dem traditionellen Bildungswesen in Konflikt geraten sind, an unterschiedlichen Orten in der Stadt, beispielsweise in Betrieben, die Praxisplätze anbieten (vgl. ebd.).

Der Stellenwert der zwischenmenschlichen Begegnung wird – und somit sind wir bei der Debatte der Jugendhilfe am Beginn des 21. Jahrhunderts angelangt – innerhalb der Jugendhilfe auch im Hinblick auf den Bildungsbegriff ausgedeutet (vgl. Mack 1999; Münchmeier u.a. 2002; Streblow 2003a). Die Studie von Wolfgang Mack ist ein Beleg dafür, dass der Bildungsdiskurs in der Jugendhilfe nicht erst durch die internationale Schulstudie PISA ausgelöst wurde (Mack 1999). In seinen „Vorarbeiten zu einer Pädagogik der Jugendschule“ analysiert Wolfgang Mack (ebd.) ein von ihm historisch hergeleitetes dialektisches Verhältnis von ‚Bildung‘ und ‚Bewältigung‘. Ein bildungstheoretischer Anspruch auf eine selbstbestimmte Entwicklung und Entfaltung des Subjekts ist demnach nur möglich, wenn das Bewältigungshandeln gelingt. Die Hilfen zur Lebensbewältigung leistet nach Ansicht des Autors die Sozialpädagogik. Durch die Integration der Sozialpädagogik in die Schule kann es gelingen, dass die Schule benachteiligte und gefährdete Jugendliche unterstützt. Auf diese Weise kann die Hauptschule nach Einschätzung von Wolfgang Mack zu einer „Jugendschule“ werden und an den Lebenslagen der Jugendlichen ansetzen (vgl. Streblow 2003b). Während Mack den Bildungsbegriff von Seiten der Jugendhilfe sozusagen ‚unangetastet‘ lässt und durch den Komplementärbegriff ‚Bewältigung‘ flankiert, gibt es andere Bestrebungen, den Bildungsbegriff selbst auf seinen Stellenwert in der Jugendhilfe hin zu diskutieren (vgl. Münchmeier u.a. 2002; Böhnisch/Schröer 2001). Hier wird der Bildungsbegriff beispielsweise dahingehend erweitert, dass er auch informelle Lernprozesse einschließt, die unter bestimmten Bedingungen als „wildes Lernen“ gefasst werden (Lindner 2002, S. 11; Böhnisch/Schröer 2001, S. 185f.)[27].

Konkrete Reformimpulse innerhalb des Bildungssystems waren trotz andauernder heftiger Kritik am Bildungssystem vor der Veröffentlichung der Ergebnisse der PISA-Studie (Deutsches PISA-Konsortium 2001) nicht zu verzeichnen. Die bisherigen Anstrengungen können im Resultat als Korrekturversuche und nicht als nachhaltige Bemühungen um Veränderungen gewertet werden. Es ist bemerkenswert, welche (anhaltende) öffentliche Resonanz das „Programme for International Student Assessment“ (PISA) ausgelöst hat, obwohl beispielsweise die TIMMS-Studie (Baumert u.a. 1997) bereits erkennen ließ, dass deutsche SchülerInnen im internationalen Vergleich in Mathematik und Naturwissenschaften nur unterdurchschnittliche Leistungen erzielten. Von politischer Seite wurden kritische Befunde (die von schulischer oder auch von jugendsozialarbeiterischer Seite vorgebracht wurden) tendenziell dahin gehend ausgelegt, dass es gelte, lediglich Auswüchse im System der Bildung zu berichtigen. Im folgenden – abschließenden Abschnitt dieses Kapitels – werde ich die bildungstheoretische Diskussion in der Jugendhilfe vor dem Hintergrund der Hauptbefunde der PISA-Studie(n) vorstellen. Im zweiten Kapitel wird die Bedeutung von sozialen, nicht formellen Bildungsprozessen hinsichtlich der eigenen Vorgehensweise konturiert.

Die Pisa-Studie als Herausforderung für Hauptschule und Jugendhilfe

Zu den – auch öffentlich diskutierten und in dieser Arbeit nur kurz skizzierten – Hauptbefunden der PISA-Studien von 2001 und 2003[28] zählt, dass in Deutschland die Differenz zwischen den ‚besten‘ und den ‚schwächsten‘ SchülerInnen am größten ist, wobei die besten SchülerInnen im internationalen Vergleich nur noch im mittleren Bereich wiederzufinden sind. Besonders alarmierend sind die Ergebnisse in Bezug auf die Indikatoren ‚Migrationshintergrund‘ sowie ‚soziale Herkunft‘. Ein großer Teil der Jugendlichen aus Familien mit Migrationshintergrund beherrscht die deutsche Sprache nicht entsprechend des besuchten Bildungsganges. Besonders negativ wirkt es sich aus, wenn die Testsprache nicht der Familiensprache entspricht. In Deutschland ist es offenbar nicht gelungen, die Kinder von Eltern nichtdeutscher Herkunft angemessen in das Bildungssystem zu integrieren.

Der Migrationshintergrund als alleinige Ursache scheint allerdings nicht auszureichen, da auch ein hoher Anteil von Jugendlichen deutscher Herkunft

27 Die Autoren beziehen sich implizit auf Schütze, der biografische Bildungsprozesse in Gestalt von „wilden Wandlungsprozessen“ beschreibt (Schütze 1994). Vgl. auch Nohl 2001

28 Die Lesekompetenz bildete den Schwerpunkt der ersten Untersuchung des Pisa-Konsortiums (2001). Im Jahr 2003 stand der Bereich der mathematischen Grundbildung im Zentrum. Die naturwissenschaftlichen Kenntnisse werden im Jahr 2006 intensiv betrachtet.

das niedrigste Kompetenzniveau nicht erreicht. Dies hängt gemäß der Befunde mit dem Einfluss der sozialen Herkunft auf die Lesekompetenz der Jugendlichen zusammen, die sich in keinem anderen Land als derart ausschlaggebend erwies. Als ausschlaggebend für eine niedrige Lesekompetenz wurden vom PISA-Konsortium kumulative Disparitäten bezüglich der sozialen Herkunft, des ethnischen Hintergrundes sowie des Geschlechts (zu Ungunsten der männlichen Schüler in Bezug auf die Lesekompetenz) identifiziert (Deutsches PISA-Konsortium 2001, S. 399).

Insbesondere die Risikogruppe der bildungsfernen Jugendlichen verweist nicht nur schulsystembezogen auf die Arbeit der Hauptschulen, sondern auch auf den Zusammenhang von Schulkompetenz und Lebenskompetenz. Die auf der Grundlage der empirischen Ergebnisse erarbeiteten Vorschläge der PISA-Studie beziehen sich im Wesentlichen auf den Bereich der Lern- und Leseförderung. Derartige Vorschläge werden in der Entwicklung nationaler Bildungsstandards aufgegriffen. Darüber hinaus geht es den Autoren allerdings auch um ein „Lernen für das Leben" (Deutsches PISA-Konsortium 2001, S. 242f.) sowie um die Bedeutung des *selbstregulierten Lebens für das schulische Lernen* (Artelt/Demmrich u.a. 2001). Ein Befund, der auf die Entwicklung basaler Kompetenzen von SchülerInnen und lebensweltorientierter Arbeit von Schulen verweist.

Auf die Notwendigkeit der Entwicklung grundlegender ‚Lebenskompetenzen' sowie einer lebensweltorientierten Arbeit verweisen ebenfalls die Ergebnisse des Projekts „Schulentwicklung und Lebenswelten" (Mack 2002, S. 428)[29]. Ein Ergebnis der Studie lautet, dass „(d)as Verhältnis der Schule zu den außerschulischen Lebenswelten ihrer Nutzer, den Schülerinnen und Schülern und ihren Eltern, (...) insgesamt nicht besonders gut entwickelt" ist, wobei der „größte Entwicklungsbedarf" an Hauptschulen festgestellt wurde (Mack 2002, S. 433).

Neben einer Bedarfsfeststellung von schulischer und sozialpädagogischer Seite bzw. der „Wiederentdeckung eines alten Themas" (Knauer 2003, S. 12) gibt es bereits konkrete politische Beschlüsse zur Ausgestaltung der Schule als ‚Lern- und Lebensort', die eine flächendeckende Versorgung mit Ganztagsschulen voranbringen sollen. Der in Deutschland festgestellte hohe Zusammenhang zwischen sozialer Herkunft und Basiskompetenzen soll auf diese Weise verringert werden. So beschloss die Bundesregierung im Mai 2003 das Programm „Zukunft, Bildung und Betreuung – Argumente für mehr Ganztagsschulen"[30], im Rahmen dessen die Bundesländer in den kommenden

29 Die Studie beinhaltet einen Vergleich unterschiedlicher sozialer Milieus, da „sechs Stadtteile in Dresden, Duisburg und München" miteinander verglichen wurden (Mack 2002, S. 429). U.a. wurden qualitative Interviews mit SchulleiterInnen, ElternsprecherInnen sowie mit VertreterInnen aus der Jugendhilfe, aus Arbeitsämtern, Kultureinrichtungen und der Polizei durchgeführt (ebd., S. 432).

30 Der Text des Programms kann eingesehen werden unter: http://www.barthel-spd.de/Themen/ArgumentefuermehrGanztagsschulen.pdf (Zugriff 02.06.03). Die inhaltliche und pädagogische Begleitung des Programms hat die Deutsche Kinder- und Jugendstiftung über-

fünf Jahren mit vier Milliarden Euro beim Aufbau von Ganztagsschulen unterstützt werden. Die Kultusministerkonferenz berücksichtigt bei ihrer Definition[31] von Ganztagsschulen sowohl den Aspekt der ganztägigen Beschulung als auch den der Betreuung. Demnach sind Ganztagsschulen diejenigen, „bei denen im Primar und Sekundarbereich I

- über den vormittäglichen Unterricht hinaus an mindestens drei Tagen in der Woche ein ganztägiges Angebot für die Schülerinnen und Schüler bereit gestellt wird, das täglich mindestens sieben Zeitstunden umfasst,
- an allen Tagen des Ganztagsbetriebs den teilnehmenden Schülerinnen und Schülern ein Mittagessen bereit gestellt wird,
- die nachmittäglichen Angebote unter Aufsicht und Verantwortung der Schulleitung organisiert, in enger Kooperation mit der Schulleitung durchgeführt werden und in einem konzeptionellen Zusammenhang mit dem vormittäglichen Unterricht stehen“ (Kultusministerkonferenz 2004, S. 4).

Ganztagsschule kann verschiedene Formen der Ausgestaltung umfassen und wird je nach Bundesland in eigener Weise praktiziert (föderales Schulsystem): So gibt es die voll gebundene Ganztagsschule, in der SchülerInnen verpflichtend am Ganztagsangebot teilnehmen im Unterschied zu offenen (oder teilweise gebundenen) Formen. Hier sind die nachmittäglichen Angebote freiwilliger Natur und werden oftmals lediglich additiv dem Unterricht nachgeordnet. Das Bundesjugendkuratorium prophezeit, dass es hierdurch „zu einer verstärkten Konkurrenz zwischen schulischen und sozialpädagogischen Angeboten für Kinder am Nachmittag“ kommen wird (Bundesjugendkuratorium 2002, S.169). Denn gerade die Ganztagsschule bietet die Chance nicht mehr nur auf den einen Pädagogen – die Lehrkraft – zu setzen, sondern Raum, Zeit (Rhythmisierung des Schultages jenseits eines 45-Minuten-Taktes) und weitere erwachsene BegleiterInnen einzubeziehen. In Berlin existieren sowohl offene als auch gebundene Ganztagsschulen, jedoch können in dieser Stadt nur Grundschulen Gelder vom Investitionsprogramm der Bundesregierung abrufen.

Im Unterschied zur Einrichtung von Ganztagsschulen in den 1970er Jahren ist das eigenständige offensive Leistungs- und Bildungsverständnis der Jugendhilfe festzuhalten[32], in dem auch die jugendliche Gruppe als „ein Bildungsort mit vielfältigen Bedeutungen“ definiert wird, etwa als

---

nommen. Im Rahmen von „Ideen für mehr! Ganztägig lernen“ bietet die Stiftung allen Schulen in Deutschland, die Ganztagsschulen sind oder werden wollen pädagogische Beratung und Begleitung an. Informationen unter: www.ganztaegig-lernen.de oder auch www.dkjs.de (Stand: Oktober 2004)

31 Beschluss der Kultusministerkonferenz vom 02.01.2004: Bericht über die allgemein bildenden Schulen in Ganztagsform in den Ländern der Bundesrepublik Deutschland, Schuljahr 2002/2003 (IVD – DST 1933-4(20))

32 Selbstverständlich ist mir bewusst, dass eine gleichberechtigte Zusammenarbeit von LehrerInnen und SozialarbeiterInnen bereits aufgrund der unterschiedlichen Bezahlung sowie

„Gleichaltrigengeselligkeit, Treffpunkt- und Rückzugsmöglichkeiten usw. Jugendliche müssen die Gruppe als einen möglichst offenen Sozialraum nutzen können, der nicht völlig verplant und pädagogisch organisiert sein, sondern informellen, selbst organisierten Aktivitäten Raum bieten muss“ (Bundesjugendkuratorium 2002, S. 169f.).

Für die Kooperationspraxis zwischen Jugendhilfe und Schule seit den 1990er Jahren lässt sich festhalten:

- Die rechtliche Grundlage im Kinder- und Jugendhilfegesetz sowie eine schulische Orientierung an den Lebenswelten der Jugendlichen schufen neue Rahmenbedingungen für die Soziale Arbeit als ein Angebot der Jugendhilfe. Die praktische Weiterentwicklung wurde in wesentlicher Weise durch den Transformationsprozess im Zuge der deutschen Wiedervereinigung beeinflusst, und zwar sowohl in den neuen als auch in den alten Bundesländern.
- Die Notwendigkeit einer Kooperation wird weder von Seiten der Schule noch von Seiten der Jugendhilfe in Frage gestellt, vielmehr geht es um die qualitative Form der Ausgestaltung. Die Implementierung von Schulsozialarbeit wird nicht mehr als eine ‚Brennpunktarbeit', sondern als ein Qualitätskriterium definiert.
- Es existieren verschiedene Trägerkonstellationen, die auf der einen Seite für die Vielfältigkeit der Praxis stehen, jedoch auf der anderen Seite Beleg für die prekären Rahmenbedingungen sind, da die jeweilige Arbeit den Status des befristeten ‚Modellcharakters' nicht überwindet.
- Empirische Forschung beschränkt sich weitgehend auf den Bereich der Begleitforschung, wobei die AdressatInnenperspektive wenig Berücksichtigung findet oder ausschließlich – zur Handhabung der oftmals großen Datenmengen – in standardisierter Weise erhoben wird. Eine theoretische Auseinandersetzung mit Schulsozialarbeit findet kaum statt.
- Die jugendhilfetheoretische Debatte am Beginn des 21. Jahrhunderts wendet sich den Bildungsprozessen der Kinder und Jugendlichen zu, wobei die Jugendhilfe einer theoretischen Engführung des Bildungsbegriffs entgegentritt.
- Das Arbeitsfeld Schulsozialarbeit wird sich durch die (erneute) Einrichtung von Ganztagsschulen verändern, die vor dem Hintergrund der (alarmierenden) Befunde der PISA-Studie vorgenommen wird.

Beschäftigungssicherheit erschwert wird. Auch fühlen sich SchulsozialarbeiterInnen, die alleine für eine Schule zuständig sind, häufig als EinzelkämpferInnen.

2. SchülerInnen im Spannungsverhältnis von rollenförmigem und habituellem Handeln

Kapitelüberblick

In diesem Kapitel geht es um die Einführung und Erörterung der metatheoretischen Kategorien, die für die empirische Erhebung von Relevanz sind und zu einer sensibilisierten Evaluationsperspektive, die ich als rekonstruktiv-lebensweltorientiert entwerfe, beitragen können. Zunächst wende ich mich der Identifizierung der Funktion und Bestimmung der Institution Schule im sozialpädagogischen Diskurs zu. Im Rahmen dieses Diskurses überwiegt eine starke Dichotomisierung zwischen der Schule als Institution und der Schule als Lebenswelt für die Jugendlichen. Ein Problem des Differenzansatzes wird insbesondere dann gesehen, wenn ein sozialpädagogischer Hilfebedarf unabhängig von den Jugendlichen und ihren schulischen Erfahrungen identifiziert wird. Zur allgemeinen Charakterisierung der Jugendphase gehe ich deshalb auf die jugendtheoretischen Ausführungen von Bohnsack ein. Vor dem Hintergrund der institutionellen Erfordernisse des Bildungssystems führe ich die für die Analyse zentralen Kategorien *SchülerInnenrolle* und *SchülerInnensein* (Böhnisch) mit der handlungstheoretischen Unterscheidung in *kommunikativ-rollenförmiges* und *konjunktiv-habituelles Wissen* (Bohnsack) zusammen, wobei auch die Bedeutung von *Geselligkeit* (Sting) im Kontext von Bildung in der Sozialpädagogik herausgearbeitet wird. Der sich anschließende Exkurs zum Rollenhandeln auf der Grundlage der interaktionstheoretischen Modelle von Mead und Goffman bereitet die empirische Analyse hinsichtlich zentraler Kategorien wie die der *Rollendistanz* (Goffman) vor. Die Weiterführung dieser Rollenmodelle im sozialpädagogischen Diskurs der *Lebensweltorientierung* (Thiersch) wird genutzt, um Gütekriterien einer lebensweltorientierten Forschung zu erörtern. Anhand von sechs Merkmalen werden die Vorannahmen des Konzepts der *Lebensweltorientierung* mit den metatheoretischen Vorannahmen der *dokumentarischen Methode* (Bohnsack) verglichen und eine *dokumentarische Evaluationsforschung* konturiert.

Schule zwischen Institution und Lebenswelt

Schwierigkeiten im Verhältnis zwischen *Jugend* und *Schule* sind nicht ausschließlich aktueller Natur, sondern kennzeichnen die gesellschaftliche Ausdifferenzierung der schulischen Institution und damit den Umgang von Jugendlichen mit öffentlichen Institutionen schon seit längerer Zeit. Die Normalitätserwartungen des Bildungssystems sind „Ausdruck eines Wertesystems, das westliche Kulturen heute kennzeichnet" (Fend 1997, S. 87). Die Schule als eine Institution, die Werte und Prinzipien der *Mittelschicht* (vgl. Böhnisch 1999, S. 171) vertritt, benachteiligt insbesondere Jugendliche, deren habituelle Gewohnheiten des Herkunftsmilieus nicht diesen Prinzipien entsprechen (vgl. Liebau 1987, S. 87), sie werden von vornherein benachteiligt. Selbst die Hauptschule hat sich in der Art und Weise der Unterrichtsvermittlung am Gymnasium orientiert (vgl. ebd.). Eine daraus resultierende Diskrepanz zwischen sozialisationsgeschichtlichen Erfahrungshintergründen von Kindern aus bildungsfernen Milieus und der schulisch normativen Kultur wurde vielfach beschrieben[1]. Eckart Liebau benennt unter Bezug auf Pierre Bourdieu die Begegnung der SchülerInnen mit den Prinzipien der „legitimen Kultur" (vgl. Liebau 1987, S. 71). Ich habe mich entschieden, in dieser Arbeit nicht den Begriff der „legitimen Kultur" zu verwenden, da davon abweichendes Verhalten in Gefahr geraten würde als illegitim abqualifiziert zu werden. Stattdessen werde ich den Terminus der *dominanten Moral* verwenden, um die Prinzipien der institutionell schulischen Ebene zu kennzeichnen.

Die Kennzeichen der Institution Schule wurden in der sozialpädagogischen Diskussion in der Vergangenheit häufig als Defizite herausgearbeitet (vgl. Raab 1998, S.1). Zusammenfassend lassen sie sich folgendermaßen skizzieren[2]: Die hoheitlich organisierte Pflicht, zur Schule zu gehen, führt Jugendliche[3] als „altershomogene Zwangsvergemeinschaftung" (Bolay u.a. 1999, S. 18) zusammen und nicht in einer natürlich gewachsenen peer-Kultur. Die Schule greift ohne Rücksicht auf soziale Beziehungen und individuelle Voraussetzungen in den Alltag der Jugendlichen ein[4]. Der von Erwachsenen als Funktionsträge-

1 vgl. Herriger 1987, S. 162f.; Fend 1997, S. 89; Furtner-Kallmünzer/Hurrelmann 1984, S. 27

2 vgl. vor allem Thiersch 1992; Böhnisch 1994; Thimm 1999; Grossmann 1987

3 Natürlich sind stets auch Kinder mit gemeint. Aufgrund der eigenen Untersuchung an einer Oberschule soll jedoch nur von Jugendlichen die Rede sein.

4 Münchmeier bemerkt in diesem Zusammenhang für die Jugendarbeit: „Je weniger der Anspruch der Bildungsreform eingelöst wurde, Schule zu einem Lebensort umzugestalten und Leben, Lernen und Handeln zu integrieren, desto weniger erwies es sich als möglich, das pädagogische Profil der Jugendarbeit in die Schule zu integrieren und in schulischen Formen zu realisieren" (1992, S. 379). Die Jugendarbeit stabilisiert somit in gewisser Weise die Funktionslogik von Schule durch Arbeitsteilung. Inwiefern die Jugendlichen von unterschiedlichen Funktionslogiken der Schule und Schulsozialarbeit profitieren bzw. inwiefern sich Unterschiede (oder Gemeinsamkeiten) auf ihre Handlungspraxis auswirken, ist Gegenstand dieser Untersuchung.

rInnen vermittelte Schulstoff ist als ein zweckrationales Instrument auf das nachschulische Leben hin orientiert (programmiert). Zum einen kommt es hierdurch zu Reibungspunkten mit der Gegenwartsorientierung der Jugendlichen, und zum anderen bietet die Zukunft keinen verheißungsvollen Horizont (mehr), sondern ist selbst fragil und risikobehaftet geworden. Dieses offizielle (zweckrationale) Schulprogramm vernachlässigt Emotionen und Bedürfnisse (beispielsweise nach sozialer Anerkennung) der Jugendlichen. Durch den schulischen Anspruch auf Unparteilichkeit geraten auch Themen wie Geschlechtlichkeit und Körperlichkeit in den Hintergrund, denn in einer Schule, die „glaubt, schicht- und geschlechtsneutral zu sein" (Böhnisch 1999, S. 171) werden SchülerInnen noch viel zu häufig als „a-sexuelle Wesen" betrachtet (Hornstein 1990, S. 116).

Schule, Jugendhilfe und adoleszente Praktiken

Die bereits erörterte Rede der schulisch-institutionellen Defizite wird häufig benutzt, um von sozialpädagogischer Seite die Notwendigkeit der Zusammenarbeit zwischen Jugendhilfe und Schule, insbesondere in Form von Schulsozialarbeit, herzuleiten. In der Konsequenz beansprucht Schulsozialarbeit einen Zugang zur Lebenswelt der Jugendlichen. Da der Bezug auf die Lebenswelt der SchülerInnen über eine polarisierende Gegenüberstellung von Schule und Jugend erfolgt, entsteht leicht der Eindruck, dass diese Form der Dichotomie, die Benennung der Differenz, eine notwendige Bedingung darstellt, um Soziale Arbeit an Schulen zu begründen. Schule und Soziale Arbeit befinden sich in diesem Argumentationsgang in einem deutlichen Gegensatz[5], zu dessen Verringerung wiederum Soziale Arbeit beitragen soll. Ein Problem des expliziten Differenzansatzes liegt nun darin, dass er die Lebenspraxis der Jugendlichen implizit als defizitär bewertet:

> „Während Kinder und Jugendliche im System der Schule fast ausschließlich in ihrer Rolle als Schüler in den Blick genommen werden, im Hinblick auf ihre Leistungsfähigkeit und – bereitschaft bewertet und mit unterschiedlichen Bildungszertifikaten ausgestattet werden, sieht Jugendhilfe sie vornehmlich in ihren lebensweltlichen Bezügen als verstrickt in Entwicklungsstörungen, Benachteiligungsverhältnissen und Konfliktsituationen (...)" (Olk u.a. 2000, S. 17).

---

5 Es existieren auch Argumentationen, die die Gemeinsamkeiten von Schule und Sozialer Arbeit hervorheben. Ihr gemeinsames Ziel besteht „(...) in der Arbeit an Bildungsgeschichten, an der Entdeckung und Stabilisierung von Lebenssouveränität" (Thiersch 1992, S. 144). Soziale Arbeit ist allerdings auch in diesem Verständnis „gleichsam vom worse case der gesellschaftlichen Entwicklung her bestimmt (...) und, jedenfalls ihrer strukturbedingten Tendenzen nach, ausgesetzt und offen für Entwicklungen, Wandlungen und Krisen im Jugend- und (Gesellschafts-)Leben" (ebd.).

Auf die Jugendphase wird nicht nur von Seiten der Lernanstalt Schule unzureichend reagiert, sondern die Lebensphase Jugend wird gemäß der Beobachtung von Thomas Olk (u.a.) in der Sozialen Arbeit per se als problembelastet und problemverursachend gesehen, sodass Jugend*hilfe* erforderlich wird. Handeln außerhalb der SchülerInnenrolle bzw. ein Handeln, das über die Rollenfunktion hinausweist, wird damit negativ bewertet. Jugendlichsein ist keine Phase, in der experimentelle Suchprozesse ihren Platz finden, die durch Schulsozialarbeit kultiviert werden, sondern eine Phase potenziell negativer Verstrickung[6]. Die im Zitat anklingende Orientierung an der Lebenswelt im Rahmen von Jugendhilfe geht mit einer an Störungen und Konflikten orientierten Definition von Lebenslagen einher.[7]

Eine derartige Betrachtung der Adoleszenzphase vernachlässigt allerdings die Handlungspraxis der Jugendlichen zwischen Kindheit und Erwachsensein, die Eigenlogik des Handelns in dieser Zeit. Das Handeln ist experimenteller, probehafter Natur und kann theoretisch-deskriptiv nur schwer in adäquater Weise gefasst werden.

Die Phase ist im weitesten Sinne von Suchbewegungen begleitet, die als „Suche nach habitueller Sicherheit", nach „habitueller Übereinstimmung" und nach „Milieuzugehörigkeit" charakterisiert werden können (vgl. z.B. Bohnsack/Nohl 2001, S. 17ff.). Das Handeln verweist auf eine Ebene, die nicht durch Zweckrationalität gekennzeichnet ist, sondern atheoretischer Natur. Dieses nicht-habitualisierte, sondierende oder experimentell-richtungsoffene Handeln wurde im Konzept des *Aktionismus*[8] handlungstheoretisch fundiert. In Aktionismen werden Differenzen zwischen Milieu und Institution, zwischen Habitus und Norm handlungspraktisch bewältigt.

> „Aktionismen sind nicht nur in einer unspezifischen Weise ‚kreativ'; vielmehr noch stellen sie eine ernstzunehmende Lösung von Orientierungsproblemen [im Rahmen von Adoleszenzkrisen, C.S.] dar" (Bohnsack/Nohl 2001, S. 18).

Im Zentrum von aktionistischem Handeln steht in allen Fällen die Suche nach *habitueller Übereinstimmung* (ebd., S. 21). Über das gemeinsame Handeln können verschiedene und auch differierende Erfahrungsdimensionen integriert werden. Hierzu gehört neben der bildungsspezifischen Dimension auch die geschlechts-, entwicklungs- und migrationsspezifische.

Das aktionistische Handeln in dieser Phase dient in generationstypologischer Hinsicht gesehen immer weniger der Abgrenzung von der Elterngeneration als der Selbstverortung innerhalb der eigenen Generation. Ein Kennzei-

---

6 „Defizite von Moral, Lernen und Erziehung" rückten durch die Pädagogisierung der Sozialarbeit in den Blick (Münchmeier 1981, S. 9).

7 Aus systemtheoretischer Perspektive heißt es hierzu: „Die Orientierung der Programme am ‚Alltag' von Bedürftigen zeigt, daß die Hilfepraxis in allen Winkeln der ‚Lebenswelt' nach Lebenslagen Ausschau hält, die sie als defizitär definieren kann" (Weber/Hillebrandt1999, S. 202).

8 vgl. z.B. Bohnsack/Nohl 2001; Schäffer 1996; Bohnsack u.a. 1995; Gaffer/Liell 2001

chen der Jugend ist nach den Worten von Richard Münchmeier, dass sie „verjugendlicht" (Münchmeier 2001, S. 107), indem sie sich immer mehr auf sich selbst bezieht. Der hohe Stellenwert der peer group[9] in diesem Zusammenhang ist auch im Rahmen der schulischen Sozialisation

> „keineswegs ein ‚mitlaufender Effekt' innerhalb der Schullaufbahn von Schülerinnen und Schülern, sondern ein Faktor, der sowohl das Gelingen bzw. Mißlingen von Schullaufbahnen mitbestimmt als auch Einfluß nimmt, und das ist entscheidender, auf gelingende bzw. mißlingende Identitätsentwicklungen" (Hollenstein 1999, S. 104).

Die Existenz der Jugendlichen in Gleichaltrigengruppen bildet also auch innerhalb der Schule für die Entstehung schulischer Kultur einen wesentlichen Faktor (vgl. Hornstein 1990; Hurrelmann 1995; Böhnisch 1999). Gerade im Zusammenhang von Desintegration und Erosion besitzt die Gleichaltrigengruppe eine identitätsstiftende Funktion. In eindrücklicher Weise und für die vorliegende Untersuchung beispielgebend hat Paul Willis bereits 1977[10] mit „Learning to labour" eine Studie vorgelegt, die bis heute nicht an Bedeutsamkeit eingebüßt hat. In eindrücklicher Weise zeichnete er die Umdefinition offizieller pädagogischer Arrangements durch eine männliche Jugendgruppe nach, die sich hierdurch mit der Klassenspezifik als Arbeiterjugendliche auseinander setzte.

Dass die Schule gleichzeitig eine *Institution* und ein *Erfahrungsraum* ist[11], wird also auch darin erkennbar, dass die Kinder und Jugendlichen jugendkulturelle Übungs- und Experimentierräume *in* der Schule suchen und leben. Um den Begriff des Erfahrungsraums im hier verwendeten Sinne in Abgrenzung zur rollenförmig organisierten Beziehungsebene zwischen LehrerInnen und SchülerInnen zu verdeutlichen, gehe ich im folgenden Abschnitt auf das sich gegenseitig bedingende Verhältnis von SchülerInnenrolle und SchülerInnensein ein.

9 Nach Breitenbach werden unter dem Begriff „peer group verschiedene Beziehungsformen gefasst: Freundschaften, Cliquen, Gleichaltrigengruppen in der Schulklasse (...)" (Breitenbach 2000, S. 15). In meinen Erhebungen gehen die Gruppenbeziehungen über die Schulklasse hinaus, die institutionell gleiche Lage ist relevant.

10 Die deutschsprachige Ausgabe erschien 1979 unter dem Titel „Spaß am Widerstand: Gegenkultur in der Arbeiterschule".

11 Dies gilt im Übrigen nicht nur für die Schule, sondern für jede Institution, selbst für „totale Institutionen" wie Gefängnisse. Anhand der Beispiele von Goffman in einer geschlossenen psychiatrischen Klinik (Goffman 1972) wird das besonders deutlich. Die Schule wird in der Literatur teilweise mit einer „totalen Institution" verglichen (vgl. Jackson 1975).

SchülerInnenrolle und SchülerInnensein

Die Vermittlung eines dominanten bildungsmilieuspezifischen Habitus findet im Bild – oder genauer: „Phantombild" – des fleißigen Schülers bzw. der fleißigen Schülerin aus dem intakten Elternhaus seinen pointierten Ausdruck. Von „Phantombild" soll deshalb die Rede sein, weil im Sinne von Goffman (1991) derartige Normalitätsentwürfe als virtuelle Entwürfe einen Phantomcharakter aufweisen, die Goffman als „Phantom Normalität" („phantom normalcy") bezeichnet. Niemand wird solchen Erwartungen letztlich gerecht, obschon jedeR solche Erwartungen hegt. Vor einem Hintergrund oder „Gegenhorizont" derartiger virtueller Normalitätserwartungen weist die Konstruktion bzw. Bildung der SchülerInnenpersönlichkeit dann zwangsläufig Abweichungen auf. Das heißt aber auch, dass die Gefahr, als abweichend etikettiert zu werden, den schulisch notwendigen Typisierungsvorgängen immanent ist. Aus diesem Grund bezeichnet Walter Hornstein die SchülerInnenrolle[12] auch als „Kunstfigur" (1990, S. 10) und Lothar Böhnisch sieht die Ausübung der SchülerInnenrolle zwischen „Konformitätsdruck" und „Abweichungsrisiko" (1999, S. 171) verortet. Da sich die Schule nur auf einen schulisch relevanten Ausschnitt in der Wahrnehmung der Jugendlichen beziehe („SchülerrInnenrolle") und nicht auf die gesamte Lebenslage der Kinder und Jugendlichen als SchülerInnen, stellt Lothar Böhnisch der Rollenfunktion das „Schülersein" gegenüber (Böhnisch 1994, 1999). In Anlehnung an Herman Nohl benutzt Lothar Böhnisch den Begriff des „Seins" und meint

> „die jeweilige Befindlichkeit sowohl in der Schüler-, Lehrer, Sozialarbeiter- und Frauenrolle und über diese hinaus (aber mit ihr verbunden) als Zustand der Gesamtpersönlichkeit" (Böhnisch 1996, S. 63).

Diese Befindlichkeit als ein „diffuses aber fühlbares Sein" (ebd., S. 63) entzieht sich pädagogischer Kalkulation, einem zweckrationalen Zugriff; sie ist oftmals atheoretischer Natur. Im SchülerInnensein sind die Kinder und Jugendlichen unterscheidbar, während sie in der SchülerInnenrolle austauschbar sind. Mit der Orientierung an der institutionellen SchülerInnenrolle versagt sich die Schule dem SchülerInnensein und damit dem Lebenszusammenhang der SchülerInnen, der über die Rolle nicht zugänglich wird (vgl. ebd., S. 78). Diese Orientierung an der Rolle ist allerdings notwendig und funktional, da es um die Vergleichbarkeit und die Bewertung von Leistungen geht, in einem „Set von Verhaltenserwartungen und Verhaltenszumutungen, die unabhängig von der Persönlichkeit des Schülers existieren" (ebd., S. 75), die sich in Reglementierungen und Leistungsstandards wiederfinden (vgl. Böhnisch 1994, S. 84/Böhnisch 1996, S. 78/Böhnisch 1999, S. 168ff.).

---

12 Zur Systemstabilisierung der Schule durch generalisierte Verhaltenserwartungen, die sich als generalisiertes Leitbild in Rollen wiederfinden, fand eine ausführliche Auseinandersetzung bereits in den 1970-er Jahren statt: vgl. exemplarisch Feldhoff 1974; Wellendorf 1974

Die Form der Beziehung zwischen LehrerInnen und SchülerInnen in der Ausübung ihrer jeweiligen Rolle kann mit Bohnsack als „kommunikative Beziehung" charakterisiert werden, die sich durch Normierung und Zwang auszeichnet:

„*Kommunikative* Beziehungen sind rollenförmig organisiert und über eine Orientierung an Normen vermittelt, deren Charakter sich primär – wie vor allem bei Durkheim beschrieben – durch den Charakter der Exteriorität und des Zwanges auszeichnet" (Bohnsack 2004).

Der Umgang mit den schulischen Erwartungen, den zweckrationalen Ablaufmustern, und die Bearbeitung der Differenzen zwischen der Institution und den Handlungsweisen der SchülerInnen vollzieht sich dabei nicht nur in den von der Institution vorgesehenen Rollen, sondern immer – und dies ist die zweite entscheidende Ebene – in den Erlebniszusammenhängen der schulischen Akteure, im „Medium der konjunktiven Erfahrung und des habituellen Handelns" (Bohnsack 1997, S. 57). Konjunktive Erfahrungen bzw. Erfahrungsräume bilden sich auf der Grundlage gemeinsamen Erlebens.

„*Konjunktive* Erfahrung ist jenseits der institutionalisierten und rollenförmigen Wissensbestände angesiedelt, jenseits der ‚*kommunikativen*' Wissensbestände"

wie Ralf Bohnsack im Anschluss an die Wissenssoziologie Karl Mannheims ausführt (1997, S. 53, H.i.O.). Das gemeinsame (schulische) Erleben führt zu kollektiven Wissensbeständen und Orientierungen. Im *SchülerInnensein* (Böhnisch) kennzeichnen die Jugendlichen die Schule als „*Erfahrungsraum*" (von Hentig), und zwar im Sinne des *konjunktiven* Erfahrungsraums (Bohnsack). Dieser Erfahrungsraum resultiert aus den gemeinsamen Erfahrungen der Jugendlichen in der Schule, aus ihren Handlungs-, Diskurs- und Interaktionspraktiken, in der sie mit den normativen Anforderungen der Schule umgehen und sich die schulischen Vorgaben und Inhalte aneignen.

„Kinder und Jugendliche werden in ihrer Persönlichkeit und Befindlichkeit – in ihrem Schülersein – von der Schule ergriffen (...)" (Böhnisch 1999, S. 171)

und gehen mit ihr in aktiver und auch kreativer Weise um. Das SchülerInnensein erwächst aus der Praxis, aus dem Handeln der Jugendlichen. Diese daraus resultierende konjunktive Erfahrungsebene basiert auf der Verschränkung mehrerer Dimensionen. Hierzu gehören beispielsweise geschlechts-, alters-, migrations- und bildungsspezifische Erfahrungen, wobei in der eigenen Untersuchung nur ein Bildungsmilieu gegeben ist. Konjunktive Erfahrung auf der einen und die kommunikative Beziehung auf der anderen Seite können als Handlungs- und Sinnzusammenhänge gefasst werden, die sowohl einen Zugang zu dem bezeichneten Spannungsverhältnis zwischen SchülerInnenrolle und SchülerInnensein als auch ihrer gegenseitigen Beeinflussung und Verschränkung ermöglichen.

Sowohl für die schulische Integrationsfunktion als auch für die Qualifikationsfunktion ist die kollektive Sozialität des SchülerInnenseins von wesentlicher Bedeutung. Die gesellschaftliche Integration der Jugendlichen hängt in entscheidendem Maße von dem Umgang bzw. der Aneignung von tradierten Wissensbeständen ab. Die Tradierung gelingt, wenn sie ihren Niederschlag in der Handlungspraxis findet. Diese Einbindung in die Praxis „geschieht vor allem in Form von Ritualen" (Bohnsack 2004)[13]. Durch die Erweiterung der Beziehungsformen in der Schule, die von Seiten der SchulsozialarbeiterInnen geleistet werden kann, werden die experimentellen Ritualisierungen der Jugendlichen potenziell Möglichkeiten der Erweiterung oder auch Habitualisierung erfahren.

Neben den rituellen Handlungen der schulischen Akteure ist die kollektive Ebene auch für die schulische Qualifikationsfunktion entscheidend: So existieren in der Sozialen Arbeit Tendenzen, die soziale Präfiguration von Bildungsprozessen Jugendlicher theoretisch aufzugreifen (vgl. Kap. A.1). Zum einen werden die informellen Praktiken von Jugendlichen im Hinblick auf ihre spezifischen Formen einer Praxis von Bildung ausgedeutet (vgl. Münchmeier 2002; Thiersch 2002a). Zum anderen identifiziert Stephan Sting die „nicht-formelle" Bildung (Thiersch 2002a) als „soziale" Bildung (Sting 2002). Bildung ist nach seinem Verständnis „viel stärker sozial präfiguriert als bisher angenommen", denn das menschliche Handeln ist

> „über kulturelle Identifikationsprozesse mit kollektiven Gedächtnisformierungen, Wir-Gefühlen und der Konstitution von sozialen Gruppen verschränkt (...)" (Sting 2002, S. 235).

Sting sieht Bildung mit sozial „differierenden Gesellungsformen verknüpft" (Sting 2002, S. 235). Eine Voraussetzung für Bildungsprozesse ist ihm gemäß die „soziale Interaktion". Die spezifischen Ausprägungen von „*Geselligkeit*" (Sting 2002, S. 235, H.v.m.) sind fundiert in eigenen Interaktionsformen, Wert- und Normhierarchien, welche „im Rahmen des interaktiven Geschehens in konkreten Gruppenkontexten" (Sting 2002, ebd.) zu ihrer Entfaltung kommen. Die verschiedenen Formen *geselliger* Praxis, die Sting als wesentliche soziale Bedingung für Bildungspraxen beschreibt, lassen sich empirisch mit der Kategorie des konjunktiven Erfahrungsraums fassen. Indem es Sting gelingt, einen nicht normativen Bildungsbegriff zu entwerfen, der die „Bearbeitung von Differenzen" (ebd., S. 235f.) in interaktiven Aushandlungsprozessen als zentral erkennt, führt er die sozialpädagogische Diskussion um die grundlegenden Handlungsformen von *Bildung* und *Bewältigung* auf eine neue Ebene, die der hier entworfenen Konzeption sehr nahe kommt. Denn in der Konsequenz können sowohl Bildung als auch Bewältigung sich auf keine normativen Ideale berufen, sondern sind nur „sozial differenziert zu begreifen" (ebd., S. 235). Sting bezieht sich auf den sozialpädagogischen Diskurs, in welchem in seiner Perspektive der Schule ein rein normativer formeller Bildungsbegriff zuerkannt wird, der sich in einer Distanz zum Alltag erweist.

---

13 Die Rituale lassen sich wiederum in *kommunikative* und *konjunktive* Ritualformen unterscheiden (vgl. ebd.).

Demgegenüber bildet die Sozialpädagogik sich „neben der Schule als System vielfältiger Hilfen zur Lebensbewältigung“ aus (Thiersch 2002a, S. 64), sodass eine ‚Bildungstrias‘ entsteht, die sich in „informelle Bildung“ (Alltag), „nicht-formelle Bildung“ (Sozialpädagogik) und „formelle Bildung“ (Schule) aufspaltet. Die Formen der „informellen“ bzw. „nicht-formellen“ oder auch „sozialen“ (Sting 2002) Bildung werden im Rahmen dieser empirischen Studie nicht bildungstheoretisch erörtert[14] – dies würde den Rahmen der Untersuchung überschreiten – sondern als grundlegende Interventionsform der Sozialen Arbeit, wie sie Fritz Schütze neben der sozialen Therapie und der sozialen Dienste zur unterstützenden Gestaltung von Lebenssituationen fasst:

> „Das Handlungsmuster der Bildung richtet sich auf die Herstellung und Gestaltung von außerfamilialen und außerunterrichtlichen Milieus des Lernens und der individuellen, gruppenspezifischen und kollektiven Identitätswandlung in inter- und insbesondere intragenerationalen Übertragungskontexten (ebenso auf die Anbindung der Bildungssubjekte an entsprechende Unterstützungsinstanzen wie stabilisierende Gruppen, signifikante Andere oder Fremdheitserfahrungen und Wandlungsimpulse vermittelnde soziale Welten sowie auf die Förderung der Zugänglichkeit, Attraktivität und Wirkmächtigkeit dieser Instanzen für einzelne Bildungssubjekte)“ (Schütze 1994b, S. 259).

In welchem Zusammenhang stehen nun (Identitäts-)bildungsprozesse und Rollenhandeln? Kann Rollenhandeln auch als kreatives Handeln gefasst werden? Insbesondere das von Goffman entwickelte Modell der Rollendistanz ist von metatheoretischer Bedeutung für die Beantwortung der Fragen. Aus diesem Grund möchte ich das Rollenhandeln und das damit verbundene Konzept der Identitätsbildung in einem Exkurs zur interaktionstheoretischen Perspektive einführen, um anschließend die Weiterentwicklung im sozialpädagogischen Konzept der Lebensweltorientierung aufzugreifen. Dabei geht es nicht um das vielschichtige Konzept, wie es von Hans Thiersch in den sozialpädagogischen Diskurs eingebracht wurde als solches, sondern um die Vorbereitung einer sozialpädagogisch-rekonstruktiven Vorgehensweise im Kontext von Evaluationsforschung.

Exkurs: Rollenhandeln, Identität und Selbst aus interaktionstheoretischer Perspektive

Innerhalb der Interaktionstheorie[15] nach Mead ist die Kategorie des sinnhaften Handelns intersubjektiv begründet und als soziales Handeln untrennbar mit dem Begriff Identität bzw. dem Begriff des Selbst verbunden. Die Entwick-

---

14 vgl. zur bildungstheoretischen Diskussion aus sozialpädagogischer Sicht vor allem Mack 1999

15 Vgl. zur schulischen Sozialisation in interaktionistischer Sicht auch Tillmann 1999, S. 132ff.

lung des „Selbst" in der Interaktion resultiert aus dem Zusammenspiel, der Balance zwischen dem (sozialen) „me" und dem (emotional-personalen) „I"[16]. Anhand der kindlichen Entwicklung arbeitet Mead heraus, wie sich die Identität auf dem Wege der Internalisierung des verallgemeinerten Anderen (vgl. Mead 1968, S. 196) entwickelt: Erst in der Reaktion von anderen auf das individuelle Handeln entwickelt das Individuum ein Bild von sich selbst. In der Übernahme der Perspektive anderer erkennt es sein eigenes Handeln, gewinnt das Handeln einen Sinn. Indem die handelnde Person sich auf den Standpunkt einer anderen Person stellt, lernt es, sich selbst als ein Objekt, ein „me" wahrzunehmen (vgl. ebd., S. 200ff. sowie S. 270). Auf dem Weg der Identitätsentwicklung unterscheidet Mead zwei allgemeine aufeinander folgende Stadien. Die beiden Stadien exemplifiziert er über die Unterscheidung zwischen dem Spiel als erster Phase (im Original: „play") und dem Wettkampf, als einem organisierten und phasentypisch nachfolgenden Spiel (im Original: „game"). In der ersten Phase des „play" handelt es sich um „nachahmendes Spiel" (ebd., S. 192), in dem das Kind „verschiedene Rollen einnimmt", es spielt „‚Mutter', ‚Lehrer', ‚Polizist' (...)" (ebd.). In dieser Phase geht es also um ein Nachahmen, um eine Einübung in die Kommunikation mit (imaginären) PartnerInnen, die im Kind „die gleiche Reaktion auslösen wie in anderen" (ebd., S. 193), ohne einen übergreifenden Zusammenhang aufzubauen. Im Gegensatz dazu lernt das Kind innerhalb der Situation des Wettkampfes, des „game", mit widersprüchlichen, pluralen Bedeutungen und Verhaltenserwartungen umzugehen, sodass es persönliche Identitätsanteile mit sozialen Identitätserfordernissen ausbalancieren kann, auch wenn diese widersprüchlich scheinen:

> „In einem Wettspiel mit mehreren Personen aber muß das Kind, das eine Rolle übernimmt, die Rolle aller anderen Kinder übernehmen können. Macht es beim Baseball einen bestimmten Wurf, so muß es die Reaktionen jeder betroffenen Position in seiner eigenen Position angelegt haben. Es muß wissen, was alle anderen tun werden, um sein eigenes Spiel erfolgreich spielen zu können" (ebd.).

Die von Alter übernommene Perspektive auf das Handeln von Ego kann Ego als Erwartung anderer, als Rollenerwartung antizipieren; diese Erwartungen wirken sich handlungsleitend aus.

Davon zu unterscheiden ist spontanes, nicht antizipiertes Handeln. Ego erfährt sich selbst als spontan handelnd, indem die Handlung – im Nachhinein – mit dem sozialen Erwartungszusammenhang des „me" in einen Vermittlungsprozess gebracht wird. Das „I" ist somit nicht bewusst, sodass sich das Selbst, die Identität des Handelnden, zwischen den spontanen Handlungen des „I" und dem intersubjektiven und zugleich reflexiven Bezug des „me" in

16 Es handelt sich der Genauigkeit halber um die Originalbegriffe aus Meads Veröffentlichung „Mind, Self and Society" (1934), obwohl ich mich ansonsten auf die deutsche Übersetzung beziehe. Dort wurden „me" und „I" mit den zu Verwirrung verleitenden Begriffen „ICH" und „Ich" übersetzt.

diesem sozialen Prozess ständig neu herausbilden muss und somit zur Selbst-Erfahrung wird.

> „Das ‚me' ist gleichsam Sprachrohr der Gesellschaft im ‚self', während das ‚I' freie Initiativen und innovatorisches Verhalten ermöglicht. (...) In einem ständigen Dialog zwischen ‚I' und ‚me' pendelt sich das Handeln des Menschen ein, wobei immer der spontane Wille des ‚I' auf eine konkrete Situation zu reagieren, sich anpassen muss an die Vorstellung von dem kontinuierlichen Bild, das von dem Betroffenen gleichsam in der öffentlichen Meinung angetroffen werden kann" (Helle 2001, S. 82).

Dieser Vorgang des reflexiven Bezugs auf das eigene Handeln, die Selbst-Erfahrung, findet im methodischen Handeln der Sozialen Arbeit seine aktuelle Entsprechung, indem das traditionelle Doppelmandat aus „Kontrolle und Hilfe" reflexiv erweitert und die biografische Potenz des Subjekts betont wird, wenn nun von „Selbstkontrolle und Selbsthilfe" (von Wensierski/Jakob 1997, S. 11) die Rede ist. Sting spricht im Kontext von sozialer Bildung als Aufgabe der Sozialpädagogik von „autobiographische(r) Gestaltungsarbeit" (Sting 2002, S. 233). Nach Sting „geht Bildung von einem Vorrang der Selbstbildung aus" (ebd., S. 237). Allerdings wird mit Selbstbildung auch noch eine weiterführende Unterscheidung ausgedrückt, und zwar die selbstbildungsbezogene Komponente von Bildung in Unterscheidung von der statusbezogenen Komponente von institutionalisierten Bildungsgängen (vgl. Zinnecker 2000, S. 273).

Das aktive, spontane und kreative Moment der Ausgestaltung einer Rolle wurde von Turner als „role-making" (bei Mead das „I") akzentuiert. Innerhalb dieses Verständnisses des Rollenhandelns geht es nun weniger um den

> „einfachen Prozeß des Ausführens einer vorgeschriebenen Rolle, sondern (um die) Art und Weise, wie man das eigene Handeln auf der Basis einer unterstellten Rolle des anderen plant und entwirft" (Turner 1976, S. 118).

Den Meadschen Begriff des „taking the role of the other", der für die Rollenübernahme steht, fasst Turner als „role-taking". „Role-taking" beinhaltet bereits auch immer die Fähigkeit des „role-making", es handelt sich also um ein für die Identitätsbildung notwendiges symbiotisches Zusammenspiel. Die Konstrukte des „role-making" und der Rollendistanz (Goffman 1973[17]) werden auch bei der Erklärung von Rollenkonflikten herangezogen. Inwieweit die AkteurInnen in der Lage sind, Rollenkonflikte über Rollendistanz oder role-making zu lösen, hängt von den persönlichen Fähigkeiten und Erfahrungen ab. Vor allem geht es in diesem Zusammenhang um die Fähigkeiten von *Empathie*, *Ambiguitäts-* und *Frustrationstoleranz* (vgl. Krappmann 2000), also die Fähigkeit, Mehrdeutigkeiten auszuhalten und interpretative Spielräume zu nutzen. In der Bewältigung von Situationen strebt der oder die Handelnde danach, die Identität zu wahren. Die Wahrung der Identität wird in Situationen, in denen Individuen ihre Identität bedroht sehen, besonders prekär. Dies kann

17 Original: 1961

beispielsweise durch nachhaltige Nichtbestätigung einzelner Bestandteile des Selbstbildes einer Person (z.B. ein gesellschaftlich negativ bewertetes Stigma) oder auch durch Entindividualisierungserfahrungen durch die Behandlung als Massenmensch (z.B. Inhaftierung) geschehen.

Nach Goffman gewinnt die Akzentuierung des Selbst durch die wachsende Komplexität von Interaktionen in der modernen Gesellschaft an Bedeutung. Mit dieser Problemstellung beschäftigt sich Mead nur randständig. Allgemein betrachtet, arbeitet Goffman die Art und Weise heraus, wie Individuen sich den Anforderungen der sozialen Identität[18] gegenüber verhalten, wie sie die sozialen Identitäten miteinander ‚kombinieren' und in eine Beziehung zueinander zu bringen vermögen. Auf diese Weise wird das Individuum persönlich identifizierbar, es erhält eine persönliche Identität.

An mehreren Beispielen arbeitet Goffman (1973) heraus, dass es notwendig ist, einen Unterschied zu machen zwischen denjenigen Handlungen, die notwendig sind, um die mit der Rolle verbundenen Verpflichtungen zu erfüllen, das heißt die Qualifikationen zu zeigen, die für die Erfüllung der Rollenverpflichtungen notwendig sind und den implizierten Handlungen der Äußerungen, vor allem der Gestik und der Mimik, in der sich eine Bindung an die Rolle, eine Verhaftung mit der Rolle dokumentiert oder aber das Gegenteil. Eine derartige Distanz, die Goffman als „Rollendistanz" (ebd., vgl. insbesondere S. 136ff.) bezeichnet, ist aber nicht nur Merkmal des je individuellen Rollenhandelns, sondern kann zur typischen Rolle dazugehören: Die Distanz ist der Rolle inhärent, wird also bereits miterwartet, so auch innerhalb des Prinzips der SchülerInnenrolle. Es gehört zur typischen Rolle bzw. genauer zur *typischen sozialen Identität von SchülerInnen*, den normativen Leistungserwartungen zwar in gewissem Sinne nachzukommen, sich aber zugleich von diesen normativen Erwartungen der Rolle zu distanzieren, um beispielsweise nicht als StreberIn stigmatisiert zu werden[19].

Die von Goffman gewählten Beispiele belegen die Alltäglichkeit des Vorgangs von Rollendistanz, so auch sein Karussellfahrbeispiel (1973, S. 122ff.): Die Kinder, Jugendlichen und Erwachsenen, die auf einem Karussellpferd reiten, entwickeln je nach Altersstufe verschiedene Techniken der Rollendistanz. Sie können es sich nicht leisten, sich ungebrochen mit der Rolle als KarussellfahrerIn zu identifizieren, also auf eine irgendwie zum Ausdruck gebrachte Distanz zwischen sich und der Rolle zu verzichten. Dies würde bedeuten, dass sie sich mit dem mit der Rolle verbundenen Selbst eines Kindes

18 Goffman unterscheidet zwei Dimensionen der Ich-Identität: die „personal identity" von der „social identity". Die soziale Identität meint „die (mehr oder weniger stereotypen) Erwartungen, Entwürfe, die Fremdidentifizierungen oder Fremdbilder, mit denen der Einzelne sich auseinandersetzt, die er übernimmt oder von denen er sich distanziert, wie Goffman (1961) in seinen Untersuchungen zur Rollendistanz gezeigt hat" (Bohnsack/Nohl 2001, S. 18).

19 Derartiges SchülerInnenverhalten („Schülertaktiken" Thimm 1999, S.30) ist seit den 1970er Jahren gut erforscht (vgl. exemplarisch Heinze 1976; Holtappels 1987).

identifizieren. Denn das Fahren auf einem Karussellpferd verweist auf das Selbst eines jüngeren Kindes. Diesen Unterschied gegenüber Verhaltensweisen von Kindern wollen und müssen die Jugendlichen und Erwachsenen auf dem Karussell kenntlich machen. Es muss ihnen also gelingen, ihre Distanz zum Ausdruck zu bringen, das Handeln sozusagen in Klammern zu setzen.

Die Handelnden werden nicht vollständig von der Rolle erfasst, sind nicht auf die Rolle reduzierbar oder ihr verhaftet, vielmehr verteidigen sie ihre Handlungsspielräume und Identitätsentwürfe. Wir haben es mit einem Unterschied zwischen Rollenerwartungen und tatsächlichem Rollenhandeln (role-making) zu tun. Weniger die Tatsache der Distanzierung als solche bringt ein kreatives, ein individuelles Moment in die Interaktion, sondern die Art und Weise, *wie* die Distanz für andere sichtbar gemacht wird. In der Art und Weise des *wie* findet sich das spontane kreative Element im Sinne des „I" bei Mead wieder. In der Rollendistanz dokumentiert sich ein gewisses Maß an Handlungsfreiheit, kann die Individualität zum Ausdruck gebracht werden. Die Verbindung von unterschiedlichen Rollen erfolgt dabei dergestalt, dass andere sich darauf einstellen können, ihr Handeln in gewisser Weise ausrichten können. Die Handelnden haben somit Einfluss auf ihre persönliche Identifizierung[20] und können als Jugendliche beispielsweise zeigen, dass sie unter der angenommenen Normalitätserwartung nicht subsumierbar sind. Die Rollendistanz bildet somit einen wesentlichen Bestandteil kommunikativer Identitätsbewältigung. Um eine Veränderung von institutionellen Normen und Regeln geht es dabei allerdings nicht:

> „Die Distanzierung von der schulischen Gehorsamsbewährung ist ( ) keinesfalls als eine Distanzierung von den damit verbundenen imaginären Entwürfen zu verstehen. Vielmehr eröffnet sich in der oppositionellen Positionierung gegenüber dem schulisch Geforderten ein Erfahrungsraum lebenspraktischer Autonomie. Es ist demnach kein Kampf um schulische Veränderung, den die oppositionellen Schüler führen, sondern es ist ein Kampf um die Erfahrung der Autonomie eigener Lebenspraxis" (Böhme 2000, S. 266).

Ein Infragestellen normativer Erwartungen oder eine ernsthafte Bedrohung von Handlungssystemen ist mit der Rollendistanz demzufolge nicht zwangsläufig verbunden. Durch Ausübung von Rollendistanz beispielsweise durch das Zeigen von demonstrativer Nichternsthaftigkeit in der Schule machen die Jugendlichen deutlich, dass sie die normativen Regeln nicht ernsthaft in Frage stellen.

Des Weiteren verweist Karlheinz Thimm mit dem Begriff der „diffusen Opposition" (1999, S. 57) zurecht darauf, dass opponierende Jugendliche oftmals nicht absichtsvoll im Sinne von zweckrational handeln, sondern eher diffus in ihr Handeln hineingleiten. Derartiges beobachtete ebenfalls bereits die Arbeitsgruppe Schulforschung:

---

20 Goffman bezeichnet dies im Zusammenwirken von Interaktion und Geschlecht auch als eine „Identifikationsetikette" (1994, S. 107).

„Bei versagenden Hauptschülern sind (...) Anzeichen einer kritischen Distanz gegenüber der Institution Schule zwar nicht auf einer reflektierten, aber auf der konkreten Handlungsebene sichtbar" (Arbeitsgruppe Schulforschung 1980, S. 112).

Das Modell der Rollendistanz, wie es von Goffman verwendet wird, kann diese Form des Handelns, das sich unterhalb einer intentionalen Ebene abspielt, nicht in den Blick nehmen, da es – im Gegensatz zu Mead – der zielgerichteten Selbstdarstellung der Identität, dem Identitätsmanagement, verhaftet bleibt. Den Akteuren werden damit kommunikative Absichten unterstellt.

Die häufig nicht vorhandene Intentionalität dieses Handelns lässt sich allerdings auch nicht in adäquater Weise als ‚diffuses' Handeln fassen, da die nicht-reflexive Handlungspraxis durch eine eigene Rationalität gekennzeichnet ist. Die hier beschriebene Form des Handelns verweist auf die *konjunktive* Handlungsebene, in der es um die Herstellung des persönlichen Habitus geht. Bohnsack benutzt in diesem Zusammenhang den Begriff des *persönlichen Habitus* in Abgrenzung zur Goffmanschen Terminologie der persönlichen Identität, da Goffman – wie dargestellt – auf einer Ebene verbleibt, in der er das Handeln als intentionales Handeln fasst (Bohnsack 2003, S. 67).

Diese erfahrungsräumliche Dimension wird aus institutionszentrierter Perspektive allerdings immer wieder in den Hintergrund gedrängt. Dies spiegelt sich auch in der Differenzierung zwischen schulischer Vorder- und Hinterbühne wieder (Zinnecker 1978[21]), die ebenso in der Schulsozialarbeit Beachtung findet (vgl. Bolay 1999; Maykus 2001).

„Die Bühne dieser Auseinandersetzung mit den Anforderungen von Schule stellen vor allem die interaktiven Beziehungen im Schulalltag her sowie spezifische Settings, die die schulisch normierte Interaktion herstellen sollen, genauso wie die Hinterbühne, das Sich-Entziehen und Ausleben jugendkultureller Stile in Abgrenzung zu institutionellen Normen" (Maykus 2001, S. 132).

Die habituellen Umgangsformen werden über diese Differenzierung einer inoffiziellen Ebene zugerechnet, die häufig als sanktioniert aufscheint. Die inoffizielle Ebene macht sich in einem „hidden curriculum" (Zinnecker 1975) bemerkbar. Interessant ist der definitorische Wandel, welche Prozesse jeweils als inoffiziell oder hintergründig bestimmt werden. So stand bei Dreeben (1980) und Jackson (1973) die Beziehungsebene zwischen LehrerInnen und SchülerInnen im Vordergrund. Demnach lehrt das „hidden curriculum" die Jugendlichen, sich innerhalb des Klassenverbandes daraufhin zu beobachten, wer wie die größten Erfolge bei der Lehrkraft erzielt und wer wie seine Schwächen zu dissimulieren vermag. In dieser Auslegung des „hidden curriculum" geht es um Wohlverhalten, die inoffiziellen (Erfolgs-)regeln, die „so-

---

21 Zinnecker nimmt hier Bezug auf die Goffmansche Terminologie von *Vorder- und Hinterbühne*, die er allerdings nicht explizit benennt. Goffman definiert die *Hinterbühne* „als der zu einer Vorstellung gehörige Ort, an dem der durch die Darstellung hervorgerufene Eindruck bewußt und selbstverständlich widerlegt wird" (1969, S. 104).

zialen Regeln, Regelungen und Routinen" (Jackson 1975, S. 29) und weniger um Leistung. In den Worten von Jackson geht es um generelle institutionelle Anforderungen, die also nicht schulspezifisch, sondern institutionsspezifisch sind und zeigen, „dass, in Schulen wie Gefängnissen, gute Führung lohnt" (Jackson 1973, S. 22f.). In einer neuerlichen Verwendung des Begriffs *hidden curriculum* durch Jürgen Zinnecker geht es nicht mehr um die Beziehungsebene zwischen LehrerInnen und SchülerInnen, sondern es geht um die Jugendlichen selbst, um die peer group. Die Sozialisation innerhalb der peer group wird als entscheidende Sozialisationsinstanz gesehen (gemäß Zinnecker als Selbst- im Gegensatz zur institutionell in ihrer Bedeutung zurückgehenden Fremdsozialisation[22]): „Heute sind die Träger des zweiten Curriculums die peers und ihre Interaktionen" (Zinnecker 2000, S. 284). Die peer group in ihrer Bedeutung dem *hidden curriculum* zuzurechnen, geht mit einer institutionellen Ambivalenz einher, denn der Gleichaltrigengruppe wird auf diese Weise keine offizielle Bedeutsamkeit zuerkannt. So werden die Gleichaltrigenbeziehungen zwar als wesentlich, jedoch als hintergründig (*Hinterbühne, zweites Curriculum*) definiert, sodass sie einen opaken Charakter erhalten. Die Orte des offiziellen (Vorderbühne) und des inoffiziellen Geschehens (Hinterbühne) werden unabhängig von der Perspektive, respektive den Erfahrungsräumen der SchülerInnen definiert. Es ist demzufolge nicht zugänglich, welche Differenzierungen die SchülerInnen in ihrer Handlungspraxis vornehmen, ob nicht im Rahmen ihrer Handlungen und Aktionismen die schulische Vorderbühne eine Hinterbühne bildet. Genau an diesem Schnittpunkt, dem Wechselspiel zwischen schulischer Vorder- und Hinterbühne, setzen Angebote der Schulsozialarbeit an.

Um dieses Wechselspiel inmitten der schulischen Lebenswelt(en) von Jugendlichen in fruchtbarer Weise in der empirischen Analyse rekonstruieren zu können, werde ich im folgenden Abschnitt dieses Kapitels meine Vorgehensweise handlungstheoretisch-methodologisch in Auseinandersetzung mit dem Konzept der Lebensweltorientierung verankern. Denn bevor es im Rahmen dieser Arbeit darum gehen kann,

> „wie die Schule ihre Schülerinnen und Schüler aktiv bei Bewältigungsaufgaben und -problemen unterstützen kann, sollte das Problem, wie Jugendliche als Schülerinnen und Schüler Schule bewältigen thematisiert werden" (Mack 1999, S. 281).

---

22 In diesem Zusammenhang ist auch von einer „Entpädagogisierung des Diskurses um Sozialisation" (Zinnecker 2000, S. 276) die Rede, die als Gegensatz zur „Pädagogisierung aller Lebensbereiche" (Krüger 1998, S. 323) gefasst werden kann.

Lebensweltorientierung

Das Konzept der Lebensweltorientierung in der Sozialen Arbeit hat deren Entwicklung seit den 1970er Jahren in wesentlichem Maße beeinflusst und bildet ein Rahmenkonzept sowohl für die Theorie- als auch die Praxisentwicklung (vgl. Thiersch 2002, S. 128). Die Lebenswelt- und Alltagsorientierung in der Sozialpädagogik geht einher mit der als „Alltagswende" bezeichneten Entwicklung im Bildungs- und Sozialwesen sowie in der Erziehungswissenschaft, die auf die Phase der Suche nach emanzipatorischen Begriffen von Erziehung im Rahmen der kritischen Wissenschaft folgte (vgl. Thiersch 1986, 1978).

Schule ist nach Thiersch ein Segment des Alltags von Kindern und Jugendlichen, stellt eine spezielle Alltagswelt, eine institutionalisierte Alltagwelt mit explizitem Bildungsbezug, dar. Der alltagsweltliche Zusammenhang von Schule verweist auf eine interaktionistische Sichtweise, die Schule als Alltagswelt kennzeichnen und darin stattfindende Alltäglichkeit identifizieren will. In dieser Identifikation von Alltäglichkeit bezieht sich auch Lebensweltorientierung auf die „normale(n) Belastungen heutiger schwieriger Normalität" und auf die individuelle „Arbeit an einer schwierigen Identität" (Thiersch 2000, S. 533).

Der Wechsel vom Fall- zum Feldbezug erweist sich als wesentlich, da auf diese Weise nicht nur die Verarbeitung von Lebensverhältnissen, sondern auch die Lebensverhältnisse selbst in das Zentrum der Analyse rücken.

> „(D)ie Einbettung des Individuums in soziale Bezüge z.B. der Geschlechtsgenossen oder der peergroup blieb lange vernachlässigt; daß z.B. Jugendkriminalität primär ein Gruppenphänomen ist und keine Einzelhandlung, bestimmt bis heute weder die Praxis der Jugendhilfe noch der Beratung" (Thiersch 1986, S. 206).

Die Lebensweltorientierung auf einer weiteren Ebene findet ihren Ausdruck in einem „lebensweltnahen Netz von Einrichtungen" (Münchmeier 1992, S. 141) und zeigt sich darin, dass Soziale Arbeit

> „als lebensweltorientierte Dienstleistung in der Erfüllung von Rechtsansprüchen selbstverständlicher und notwendiger Teil unserer Sozialstruktur (geworden ist). (...) Tagesstätten z.B. sind prinzipiell heute ebenso selbstverständlich wie (...) die Zusammenarbeit von Schule und Jugendhilfe (...)" (Thiersch 2000, S. 530).

Spätestens seit dem Achten Jugendbericht (BMFSFJ 1990) avancierte die ‚Lebensweltorientierte Soziale Arbeit' zu einem „Fachlichkeitschiffre" (Rauschenbach, S. 226) als programmatische Antwort auf die Modernisierungserfordernisse der Sozialen Arbeit, die im „Primat des Subjekts" zwischen Gesellschaft und Subjekt vermittelt (Thiersch 2002, S. 34/Thiersch 2001, S. 779). Nach den obigen Ausführungen ist das „Primat des Subjekts" nicht als einschränkende Individuumszentrierung fehl zu interpretieren. Da es eine Lebensweltorientierung *für* die AdressatInnen dem Wortsinn nach gar nicht geben kann, sondern immer nur eine Lebensweltorientierung gemeinsam *mit* allen Beteiligten, kann ein Lebenswelt-Begriff, der nicht konsequent intersubjektiv entworfen wird, die intersubjektive Dynamik der Sozialität nur beschreibend aufgreifen, nicht aber rekonstruktiv durchdringen.

Lebensweltorientierung und dokumentarische Evaluationsforschung

Lebensweltorientierte Forschung steht nun insofern in einem Zusammenhang zu einer lebensweltbezogenen sozialpädagogischen Praxis, da sie die Handlungsmuster des Alltags nicht „im Vorhinein (...) konkretisiert" (Thiersch 2002, S. 156), sondern sich als offener Prozess des Suchens darstellt, in welchem

> „Lebensweltorientierte Forschung (...) nach Bewältigungsmustern im Doppelaspekt von Pragmatik und oft nicht bewussten Selbstverständlichkeiten (...) in Routinen" fragt (ebd., S. 158).

Eine Konkretisierung, auf welche Weise ForscherInnen einen Zugang zu den „nicht bewussten Selbstverständlichkeiten" erlangen können, wird von Hans Thiersch nicht vorgenommen, sondern er verweist zurecht auf die „vielfältigen und breit differenzierten Möglichkeiten qualitativer Verfahren" (ebd., S. 157). Der lebensweltorientierte Diskurs in der Sozialen Arbeit intendiert „eine breite Anschlussfähigkeit zu unterschiedlichen sozialphilosophischen und sozialwissenschaftlichen Diskursen" (ebd., S. 130), sodass eine gemeinsame analytische Grundhaltung mit den qualitativen Methoden und Methodologien existiert, die ebenfalls in ausgewiesenen Traditionen verankert sind. Im Rahmen einer qualitativ sozialpädagogisch orientierten Forschung im Kontext von Ethnomethodologie und Symbolischem Interaktionismus reicht die Traditionslinie des Ansatzes der „Rekonstruktiven Sozialpädagogik" bis in die 20-er und 30-er Jahre der „Chicago School" zurück (vgl. von Wensierski 1999, S. 88ff)[23].

Bei der Wahl eines methodischen Verfahrens ist es in der (Evaluations-) Forschung[24] zur Schulsozialarbeit – die sich als lebensweltorientiert versteht –

---

23 Allerdings gilt, dass „(...) im Gegensatz zum Beispiel zur Jugendforschung, wo insbesondere in den 80er Jahren eine dezidierte Methodendiskussion zu beobachten war und über die Angemessenheit von qualitativen und quantitativen methodischen Verfahren aufs heftigste diskutiert wurde, (...) die sozialpädagogische Forschung auf eine ausgewiesene methodenorientierte Diskussion nicht verweisen" kann (Thole 1999, S. 236 mit Verweis auf Jakob 1997).

24 Trotz der außerordentlichen Vielfalt an Definitionsversuchen von Evaluation (vgl. Lüders/Haubrich 2003) besteht Konsens darüber, Evaluation von Evaluationsforschung zu unterscheiden. Evaluationsforschung beinhaltet die „explizite Verwendung wissenschaftlicher Forschungsmethoden und -techniken für den Zweck der Durchführung einer Bewertung" (Wottawa/Thierau 2003, S. 13).

bisher noch nicht geleistet worden, die Vorannahmen des theoretischen Konzepts der Lebensweltorientierung im Vergleich mit den metatheoretischen Vorannahmen der gewählten methodischen Verfahrensweise zu explizieren[25]. Infolgedessen erfolgte weder eine Auseinandersetzung über die verwendeten Grundbegriffe von Rahmentheorie und Methode noch die Klärung von Zugangskriterien zur Institution Schule und ihren Akteuren.

Im Folgenden werde ich daher die Konturen einer lebensweltorientierten Forschung im Zuge der Explikation von *sechs Merkmalen* vorstellen. Die Explikation der Grundprämissen des methodischen Vorgehens erfolgt auf der Basis der dokumentarischen Methode der Interpretation nach Ralf Bohnsack. Die hier vorgelegte Analyse nimmt ebenfalls Bezug auf die jüngste Verwendung der dokumentarischen Methode im Rahmen von Evaluationsforschung (dokumentarische Evaluationsforschung, vgl. Kap. B.2):

1. Verständnis vom Handeln

Sowohl das Konzept der Lebensweltorientierung als auch die dokumentarische Methode stehen (u.a.) in der Tradition der Ethnomethodologie[26]. In einer gemeinsamen Grundhaltung werden Menschen in ihren alltäglichen Verhältnissen, in ihrer Lebenswelt gesehen, die sie durch ihr Handeln in aktiver und kreativer Weise ausgestalten und bestimmen (vgl. Thiersch 2002, S. 131; Bohnsack 2003, S. 32ff.). Auch provokativ anmutendes Handeln wird nicht im Vorhinein als abweichendes Verhalten desavouiert, sondern der Fokus liegt dort, „wo das Fremde in seiner andersgearteten milieugebundenen Normalität begriffen werden soll (...)“ (Bohnsack 1999, S. 100). Im Sinne des hier vertretenen Ansatzes einer *rekonstruktiven Sozialpädagogik* geht es

> „(...) um das Verstehen und die Interpretation der Wirklichkeit als einer von handelnden Subjekten sinnhaft konstruierten und intersubjektiv vermittelten Wirklichkeit (...)“ (von Wensierski 1997, S.9).

2. Handlungen und gesellschaftliche Normierungen

Forschung, die als lebensweltorientiert verstanden werden will, sollte Handlungen im Kontext gesellschaftlicher Normierungen interpretieren können, denn

> „(d)ie Frage nach der Lebenswelt zielt auf Deutungs- und Handlungsmuster, in denen der Mensch sich in seinen Verhältnissen zu arrangieren versucht, zielt auf die Schnittstelle der subjektiven Bewältigungsmuster im Alltag und der objektiv gegebenen, historischen und sozialen Strukturen“ (Thiersch 2002, S. 155).

---

25 Dies mag damit zusammenhängen, dass im Rahmen von Begleitforschung für methodologische Reflexion keine Zeit bleibt, und es von den AuftraggeberInnen auch nicht verlangt wird.

26 Die dokumentarische Methode bezieht sich daneben vor allem auf die Wissenssoziologie von Karl Mannheim. Das Konzept der Lebensweltorientierung verbindet die Ethnomethodolgie mit der hermeneutisch-pragmatischen Pädagogik und den Modernisierungstheorien.

Forschungsmethodologisch zielt diese Prämisse auf eine vermittelnde Stellung zwischen Objektivismus und Subjektivismus. In der dokumentarischen Methode der Interpretation wird eine vermittelnde, relationale Position zwischen Subjekt und Objekt eingenommen, da eine Differenz zwischen dem theoretischen Wissen der Akteure einerseits und der Sinnstruktur der Handlungspraxis andererseits gesehen wird (vgl. Bohnsack 2003, S. 187ff.[27]). Dabei wird davon ausgegangen, dass auch die objektive Struktur bei den Akteuren selbst, in ihrem Wissen und Handeln, vorhanden und repräsentiert ist. Die entscheidende Datenbasis des Zugangs zu diesem Handeln ist daher die direkte Beobachtung der Handlungspraxis bzw. die Tonbandaufzeichnung[28]. Letztere dient der Analyse von möglichst detaillierten Erzählungen und Beschreibungen eben dieser (Handlungs-)praxis. In der Rekonstruktion von Erzählungen über eine solche Handlungspraxis, die – wie von mir praktiziert – durch teilnehmende Beobachtung ergänzt werden kann, gewinnt man Zugang zu vorreflexivem, kollektiv geteiltem Handlungswissen der Akteure.

3. Forschungsdeutungen und Lebenserfahrungen

Thiersch fordert, dass Forschungsdeutungen nicht über Lebenserfahrungen gesetzt werden und mit dementsprechender Vorsicht agiert wird (vgl. Thiersch 2002, S. 158). In der dokumentarischen Methode gibt es kein höherwertiges Forschungswissen, da die ForscherInnen

> „nicht davon aus(gehen), daß sie mehr wissen als die Erforschten, sondern davon, daß die Erforschten selbst nicht wissen, was sie da eigentlich wissen" (Bohnsack 2001a, S. 337).

Auf diese Weise ist es möglich, nicht über Verhaltenseinstellungen auf das Handeln der Jugendlichen (fehl) zu schließen, sondern zum Handeln in seiner eigenen Sinnhaftigkeit einen Zugang zu gewinnen.

4. Selbstdeutungen bzw. Bewertungen und Handlungsmuster bzw. Werthaltungen

Lebensweltorientierte (Praxis und) Forschung wendet sich den „Selbstdeutungen und Handlungsmustern" (Thiersch 2002, S. 129) der AdressatInnen zu im Zuge

> „der radikalen Frage nach dem Sinn und der Effizienz sozialer Hilfen aus der Perspektive ihrer Adressat/innen" (ebd.).

Mit der Bewertung des Sinns und der Effizienz sozialer Hilfen durch die AdressatInnen ist ein zentraler Aspekt von Evaluation angesprochen. In der dokumentarischen Evaluationsforschung ist von der Perspektive der AdressatInnen, ihren expliziten Bewertungen, das implizite atheoretische handlungsleitende Wissen zu unterscheiden. Das heißt, auf der Ebene des habituellen Han-

27 Vgl. auch Bohnsack/Nentwig-Gesemann/Nohl 2001, S. 13

28 Oder auch Videografie, vgl. z.B. Wagner-Willi 2004.

delns, der bereits erwähnten „nicht bewussten Selbstverständlichkeiten" (Thiersch 2002, S. 158) lassen sich die *Werthaltungen*[29] der Akteure rekonstruieren. Dies ist der zentrale Zugang einer dokumentarischen Evaluationsforschung (vgl. Bohnsack 2004a, Bohnsack/Nentwig-Gesemann 2005) und stellt eine Besonderheit des Ansatzes dar. Die Perspektive der AdressatInnen der Sozialen Arbeit auf ihr eigenes Handeln, das sie begrifflich bzw. theoretisch explizieren können, kann im Zuge eines Vergleichs in einen Bezug zum impliziten Wissen gebracht werden. Das Vorgehen nach der dokumentarischen Evaluationsforschung beinhaltet also sowohl die Rekonstruktion der begrifflichen bzw. theoretischen Explikation der Erforschten (was sagen die Jugendlichen zu den Angeboten der Schulsozialarbeit) als auch die Rekonstruktion der Handlungspraxis auf das dieser Praxis zugrunde liegende habitualisierte, symbolisch strukturierte und zum Teil inkorporierte Orientierungswissen (wie wird die Perspektive der Akteure in der Praxis, in der Interaktion mit den SchulsozialarbeiterInnen hergestellt?). Wie bereits erwähnt, ist das atheoretische, praktische Wissen, über Erzählungen zugänglich, die oftmals einen metaphorischen Charakter aufweisen. Das habitualisierte Orientierungswissen gestaltet das Handeln relativ unabhängig vom subjektiv gemeinten Sinn, von den Intentionen der Akteure. So können die Jugendlichen auf einer intentionalen Ebene die Angebote der Schulsozialarbeit ‚gut' oder ‚schlecht' empfinden und bewerten. Diese Bewertung der Jugendlichen wird innerhalb der Rekonstruktion nicht (als ein für sich stehendes Forschungsergebnis) übernommen.

Stattdessen wird die Genese von jeweils konkreten Situationen, in denen die Jugendlichen Erfahrungen mit der Schulsozialarbeit sammeln, ins Zentrum der Analyse gestellt. EvaluationsforscherInnen selbst müssen sich schließlich ebenfalls dem Problem der Bewertung stellen, weshalb Ralf Bohnsack auch vom Gesprächscharakter der Evaluation spricht (vgl. ebd.). Hiermit ist gemeint, dass EvaluatorInnen im Sinne eines responsiven Vorgehens (vgl. Stake 2004)[30] die Ergebnisse den Beteiligten und Betroffenen in Gesprächen vorstellen. Im Rahmen eines derartigen Austauschs kann mit EvaluationsforscherInnen über die vorgenommene Bewertung diskutiert und an einer gemeinsamen Einschätzung gearbeitet werden, die in die Entwicklung von Handlungsempfehlungen mündet. Da Evaluationsforschung sowohl auf dem Gebiet von rekonstruktiver Forschung in Deutschland (vgl. Lüders/Haubrich 2003) als auch im theoretischen Rahmen von Lebensweltorientie-

---

29 Die Unterscheidung von *Werthaltung* oder *Wertorientierung* im Unterschied zur *Bewertung* geht zurück auf Bohnsack, der „Grundlagen einer dokumentarischen Evaluationsforschung" ausdifferenziert hat (2004a, Bohnsack/Nentwig-Gesemann 2005).

30 Responsive evaluation „gets acquainted with the concerns of stakeholders by giving extra attention to program action, to program uniqueness, and to the cultural plurality of the people. Its design usually develops slowly, with continuing adaptation of evaluation purpuse ..." (Stake 2004, S. 86).

rung (vgl. Grunwald 2004) noch wenig verbreitet ist, hat die Untersuchung in dieser Hinsicht explorativen Charakter. Ein explorativer Charakter kommt ihr auch deshalb zu, weil die Erfahrungen der Jugendlichen im Vordergrund stehen, ihre Lebenswelten. Da die Schulsozialarbeit ein in die schulische Lebenswelt der Jugendlichen integriertes Angebot darstellt, sind die erfahrungsspezifischen Hintergründe des peer-Milieus der Jugendlichen, die Frage, ob sie über ‚Schulbesuchsentwürfe' verfügen, zentraler Bestandteil der Rekonstruktion. Im Verständnis einer zielfreien Evaluation („goal-free evaluation", Sanders 2000, S. 234) ohne externen Auftrag geht die Evaluation mit einer grundlagentheoretischen Fragestellung einher (vgl. hierzu Kap. B.2).

5. Erfahrung und Forschung
Im Rahmen rekonstruktiv-lebensweltorientierter Forschung ist die

„Trennung zwischen Erfahrung und Forschung, zwischen unmittelbarem Erleben und distanzierter Rekonstruktion" (Thiersch 1995, S. 251) notwendig.

Die Differenz zwischen dem, *was* für die Jugendlichen eine gesellschaftliche Tatsache ist und der Frage, *wie* diese Tatsache im sozialen Prozess hergestellt wird, wurde von Niklas Luhmann mit der erkenntnislogischen Differenz zwischen alltäglicher und wissenschaftlicher Interpretation als Beobachtung *erster* Ordnung im Unterschied zur Beobachtung *zweiter* Ordnung auf den Begriff gebracht (Luhmann 1990, S. 86f.). In diesem Sinne ist der erkenntnislogische Prozess einer dokumentarischen Evaluationsforschung „als ein Beobachten der Beobachtung" (Bohnsack 2003, S. 201) zu verstehen[31]. Der vorliegenden Evaluationsforschung als *praktischer Kunst* (vgl. Widmer 2004, S. 83ff.) wurden zur Sicherung dieser fünften Prämisse zudem die Standards des ‚Joint Committee on Standards for Educational Evaluation' (Sanders 2000) zu Grunde gelegt, deren Übertragung auf deutsche Verhältnisse sowie den Bildungs- und Erziehungsbereich bereits geprüft wurde (Widmer 2004, S. 92).

6. Umgang mit der Subjektivität der Forschenden
In der Forschungspraxis muss mit der Subjektivität oder *Seinsverbundenheit* des jeweiligen Wissens – auch der Forschenden – umgegangen werden. Die

„Tatsache, daß lebensweltorientierte Forschung als interpretative Forschung unaufhebbar befangen bleibt in der Subjektivität des Forschers" (Thiersch 1998, S. 88f.)

---

31 An dieser Stelle erläutert Bohnsack auch den Zusammenhang zwischen Konstruktionen ersten und zweiten Grades (Schütz) im Unterschied zu Beobachtungen erster und zweiter Ordnung (Luhmann).
Auch in der eigenen Herangehensweise ist die Operation des Beobachtens auf eine Grenzziehung zurückzuführen, d.h. auf eine Unterscheidung von zwei Seiten, die Luhmann als „blinden Fleck" bezeichnet. Allerdings treten an die Stelle des Vergleichshorizonts der eigenen Erfahrungen empirisch beobachtete Vergleichsfälle (z.B. Gruppen des jeweils anderen Geschlechts).

wird im hier vorgestellten Vorgehen nicht nur in Bezug auf eine ergebnisverzerrende Wirkung hin versucht methodisch zu kontrollieren, sondern sie wird auch hinsichtlich ihrer „Potentiale(n) der Kreativität" (Bohnsack 1999, S. 198) betrachtet. So werden beispielsweise auch die Konstruktionen in Form von Äußerungen der Forschenden in die Interpretation einbezogen. Vor dem Hintergrund der auf Karl Mannheim zurückgehenden Annahme der *Standortgebundenheit des Wissens und Denkens* auch der ForscherInnen können deren Erwartungshorizonte nicht als Gegenfolie für die Orientierungen der Befragten gelten. Ihre Normalitätsvorstellungen werden als ebenso wenig ‚objektiv' angesehen wie die der ProbandInnen (vgl. Bohnsack 2003, S. 27). Daher kann das Spezifische eines Falles nur durch eine konsequente komparative Analyse mit weiteren Fällen hervortreten. Nicht nur die Wahl der Fälle, sondern auch die Vergleichshorizonte der Interpretation sind in der Konsequenz empirisch fundiert (Bohnsack 2000, S.152f., 182). Die Alltagspraxis der Forschung wird nicht ausgeklammert, sondern bildet eine wesentliche Quelle der Erkenntnis, in der sich die ForscherInnen selbstreflexiv dem eigenen Vorgehen zuwenden (vgl. Bohnsack 2003, S. 24). Rekonstruktiv-lebensweltorientierte Forschung findet

> „im offenen Suchen, im Prozess, (...) in Stufen allmählicher Annäherung an den Gegenstand" statt (Thiersch 2002, S. 156f., vgl. Kap. B.2).

Dieser Prozess vollzieht sich in einem ständigen Wechselspiel zwischen Interpretationen und Literaturrecherchen sowie der Bildung von Theorien, die nicht inhaltlich-gegenstandsbezogener, sondern metatheoretischer Art sind (Bohnsack 1999, S. 36)[32]. Das Design responsiver Evaluationsforschung entwickelt sich langsam unter kontinuierlicher Anpassung an den Evaluationsgegenstand (vgl. Stake 2004, S. 86). Eine Anwendungsorientierung der Ergebnisse der Arbeit im Hinblick auf jugendliche Orientierungen in der Schule und insbesondere der Schulstation und damit verbundene Prozessverläufe stehen im Mittelpunkt.

---

32 Es ist nicht möglich, diesen Prozess in seiner Komplexität umfassend zu dokumentieren, ohne die Lesbarkeit einer Arbeit einzuschränken. Die vorliegende Darstellung entspricht also nicht dem realen Forschungsverlauf, sondern wurde in chronologischer Weise aufbereitet.

Teil B:
Untersuchungsfeld und Vorgehensweise

1 Die Hauptschule und deren Schulstation

Vorstellung der Schule

Im Rahmen von Evaluation und Selbst-Evaluation hat die Beschäftigung mit einzelnen Institutionen/Organisationen im Bereich der Sozialen Arbeit zugenommen (vgl. Heiner 1996; Müller, C.W. 1998). Diese Entwicklung korrespondiert gleichzeitig mit der in Kap. A.1 erwähnten Hinwendung zur Einzelschule in der Schulforschung (vgl. Raab/Rademacker 1996 sowie Diederich/Tenorth 1997). In meiner Herangehensweise bildet allerdings nicht die Institution Schule *den Fall*. Vielmehr sind es die Milieus der Jugendlichen, die ich rekonstruieren werde, um Aussagen über den Stellenwert von Schulsozialarbeit treffen zu können.

Die untersuchte Hauptschule (H-Schule)[1] befindet sich in einem außerhalb der Innenstadt gelegenen Bezirk von Berlin. Die Schule besteht aus einem vierstöckigen Altbau, der ungefähr 1920 erbaut wurde und aus einem 1975 errichteten zweistöckigen Neubau. Die SchülerInnen betreten die Schule durch einen Eingang im Altbau.

Im Erdgeschoss des Altbaus befindet sich nur die Schulstation, der dort drei ehemalige, nebeneinander liegende große Klassenräume zur Verfügung stehen. Im Neubau sind in den oberen beiden Stockwerken die Klassenräume, das Lehrerzimmer und die Schulleitung mit Sekretariat gelegen sowie im Erdgeschoss die Fachräume für Arbeitslehre (Küche, Holz-, Textil-, Metallwerkstatt sowie ein Maschinenraum) und die Cafeteria. Der Alt- und der Neubau sind durch einen beiderseits verglasten Gang miteinander verbunden. Auf der einen Seite des Ganges führt eine Tür zum Schulhof, auf der anderen Seite zum Parkplatz, zur Turnhalle und einem Sportplatz. An der in die Räumlichkeiten der Schule integrierte Schulstation gehen die SchülerInnen mindestens zweimal täglich vorbei, nämlich beim Eintreten und wieder beim Verlassen der Schule.

Die Schule befindet sich in einem Gebiet mit hohem Baumbestand und ist hauptsächlich von Einfamilienhäusern umgeben. Ein U-Bahnhof und einige Einkaufsläden sind in ca. fünf Minuten Fußweg von der Schule aus erreichbar. Da innerhalb des Einzuggebietes der Schule nur geringer Bedarf am

1 Die untersuchte Schule wird im Folgenden in dieser Arbeit H-Schule genannt.

Schultyp *Hauptschule* besteht, sind der Schule ca. 25%[2] der SchülerInnen aus anderen Berliner Bezirken/Stadtteilen zugewiesen worden. Sie werden wegen Überfüllung anderer Schulen oder aufgrund eines freiwilligen/unfreiwilligen Wechsels von einer zuvor besuchten Real- oder Hauptschule an der untersuchten H-Schule unterrichtet. Demzufolge haben die SchülerInnen teilweise weite Schulwege zurückzulegen.

Aufgrund dieser Praxis an der Schule, schwankt die Anzahl der SchülerInnen, die an der Schule angemeldet sind, auch während eines Schuljahres. Über den Zeitraum der Erhebungen hinweg kam es zu einem leichten Anstieg der SchülerInnenschaft. Die Klassen 7-10[3] werden zweizügig geführt. An der Schule unterrichteten im Februar 2000 *10 Lehrerinnen* und *7 Lehrer* sowie der Schulleiter.

Anzahl der SchülerInnen[4]

	Weiblich	**Männlich**
Deutsche Staatsangehörigkeit	34	69
Nichtdeutsche Staatsangehörigkeit	20	76
Gesamt	54	145

Von den 199 SchülerInnen besuchten im Februar 2000 *41 Jungen* und *8 Mädchen* Förderklassen zum Erlernen der deutschen Sprache[5]. Gemäß der Tabelle, ist der Anteil der Jugendlichen nichtdeutscher Herkunft in den übrigen Klassen prozentual in der Minderheit[6]. Aus meinen Erhebungen geht hervor, dass die Mehrheit der Jugendlichen zwar die deutsche Staatsangehörigkeit besitzt, allerdings häufig ein Migrationshintergrund gegeben ist[7].

Bezüglich der Zusammensetzung der SchülerInnenschaft an der H-Schule vermerken die SchulsozialarbeiterInnen außerdem in der Konzeption:

2 Diese und die folgenden Zahlenangaben beziehen sich auf den Erhebungszeitraum von Januar 1999 bis April 2001.

3 In Berlin beginnt der Sekundarbereich sämtlicher Schularten mit der 7. Klasse (mit Ausnahme einiger Gymnasien, die ab der 5. Klasse beginnen). In der 7. Klasse durchlaufen auch die SchülerInnen der untersuchten Schule ein Probehalbjahr.

4 Diese Angaben konnte ich der schulisch geführten Statistik entnehmen.

5 Der offizielle Name lautet: Förderklassen für Schüle nichtdeutscher Herkunftssprache in der Mittelstufe (Landesschulamt 2001). An der H-Schule sind in diesen Klassen größtenteils Aussiedlerkinder bzw. -jugendliche sowie Kinder und Jugendliche, die aus Kriegs- und Krisengebieten geflohen sind (teilweise als minderjährige unbegleitete Flüchtlinge). Derartige Klassen werden laut Auskunft des Schulleiters vom 05.04.2001 nur an wenigen Berliner Haupt- und Gesamtschulen angeboten (siehe auch die nachstehende Tabelle).

6 Im Februar 1999 beispielsweise waren es 33 Jungen (13 verschiedene Nationalitäten) und 12 Mädchen (acht Nationalitäten) nichtdeutscher Herkunft.

7 Diesem Umstand ist in Erhebungen Rechnung zu tragen.

„ca. 40% der Schülerinnen und Schüler (...) aus instabilen Familienverhältnissen oder aus Trennungsfamilien, davon leben ca. 40 Schülerinnen und Schüler in Einrichtungen [der Jugendhilfe, C.S.]“ (Konzeption[8] vom 14.01.1999).

Zum Vergleich ergibt sich hinsichtlich der prozentualen Verteilung der SchülerInnen an den öffentlichen allgemeinbildenden Schulen in Berlin für das Schuljahr 2000/2001[9] folgendes Bild:

Schulart	Insgesamt	Männlich	Weiblich	AusländerInnen[10]	darunter Ausl. in Förderklassen männlich	Darunter Ausl. in Förderklassen[11] weiblich
Hauptschule	15.663	9.380 (59,9%)	6.283 (40,1%)	4.285 (27,4%)	283 (1,8%)	181 (1,2%)
Realschule	29.968	15.533 (51,8%)	14.435 (48,2%)	3.365 (11,2%)	62 (0,2%)	54 (0,18%)
Ges.schule	52.471	26.809 (51%)	25.662 (49%)	6.365 (12,1%)	123 (0,2%)	111 (0,2%)
Gymnasium	82.192	36.747 (44,7%)	45.445 (55,3%)	5.765 (7,0%)	/	/

Landesschulamt 2001, eigene Berechnungen

Wie aus der Tabelle hervorgeht, besuchten im Schuljahr 2000/2001 im Vergleich zum Gymnasium weniger als 1/5 der SchülerInnen eine öffentliche Berliner Hauptschule. Zudem ist ersichtlich, dass SchülerInnen, die im Ausland ein Gymnasium besuchten, keine Möglichkeit haben, ein Gymnasium mit einer Klasse zum Erlernen der deutschen Sprache zu besuchen (vgl. Kap. C.3.3, Gruppe *System*).

An den öffentlichen Berliner Hauptschulen unterrichteten am 01.11.2002:

Altersgruppe	Lehrer	Lehrerinnen
Unter 30	1	5
30-34	40	116
35-39	66	164
40-44	73	160
45-49	119	219
50-54	195	239
55-59	103	118
60-64	25	26

Sen BJS A 2.08

Die prozentuale Verteilung der Altersgruppen entspricht ungefähr der Lehrerschaft der H-Schule.

8 Auf die Konzeption gehe ich im übernächsten Abschnitt genauer ein.

9 Unberücksichtigt bleiben die privaten Schulen sowie die Schulen für Lern- und/oder geistig Behinderte SchülerInnen sowie die (übrigen) Sonderschulen.

10 Die in der Statistik ausgewiesenen AusländerInnen werden nicht nach dem Geschlecht differenziert.

11 Förderklassen für Schüler nichtdeutscher Herkunftssprache in der Mittelstufe

Aufgaben und personelle Zusammensetzung der untersuchten Schulstation

Grundverständnis

In Berlin existieren Schulstationen als „ein neuartiges Angebot der Jugendhilfe“ (von Balluseck 2003) überwiegend im Grundschulbereich (vgl. Kap. A.1). Die ersten Schulstationen wurden 1995 im Rahmen eines von der Bund-Länder-Kommission geförderten Modellprogramms eingerichtet (vgl. Hasemann/ Meschenmoser 1996). Im Jahr

> „2001 gab es an den über 900 Schulen in Berlin schon insgesamt 160 Schulstationen, die allerdings zumeist über Arbeitsbeschaffungsmaßnahmen finanziert wurden“ (von Balluseck 2003, S. 256).

Ebenfalls im Jahr 2001 beschloss der Senat von Berlin im Rahmen der „gesicherte(n) Zukunft in der ‚Grundschule 2000‘“ die Regelfinanzierung von Schulstationen an Grundschulen (Senat von Berlin 2001). Für Hauptschulen existiert kein vergleichbares Programm. Im Hauptschulbereich existieren überwiegend Projekte für schuldistanzierte Kinder und Jugendliche oder anderweitig reformorientierte Modelle[12], sodass für die Untersuchung keine empirischen Vergleichsdaten herangezogen werden können.

Im Zuge von Evaluation geht es vor allem um die intendierten und nicht intendierten Auswirkungen, Prozesse und Aufgabenwahrnehmungen der Schulstationsarbeit und damit um die Frage, inwiefern die von den SchulsozialarbeiterInnen sowie deren Vorgesetzten benannten Handlungsziele erreicht werden. Die Handlungsziele sind beispielsweise über Konzeptionen oder Dokumentationen der Arbeit zugänglich. Für die untersuchte Schule existiert eine Konzeption vom 14.01.1999 (im Folgenden Konzeption genannt). Sie wurde von einem freien Träger, der mit der Durchführung der Schulsozialarbeit beauftragt wurde, gemeinsam mit den SchulsozialarbeiterInnen erarbeitet und von der Projektleitung des freien Trägers sowie der Schulleitung unterzeichnet. Da freie Träger ihre Arbeit ausführlich dokumentieren müssen, um eine weitere Finanzierung ihrer Projekte zu gewährleisten, liegen ausführliche Tätigkeitsberichte vor, in denen die SchulsozialarbeiterInnen ihre Arbeit darlegen[13]. Die empirische Rekonstruktion der AdressatInnenperspektive ermöglicht eine Kontrastierung der Zielsetzungen des Schulstationskonzepts mit der Handlungspraxis der Jugendlichen einschließlich ihrer Erfahrungen mit den Angeboten von Schulsozialarbeit. Die Dokumentationen und Berichte mit den darin enthaltenen Geltungsansprüchen der SchulsozialarbeiterInnen werden

12 Auskunft der Senatsverwaltung für Bildung, Jugend und Sport/Herr Seidel, 14.07.2003

13 Die Konzeption nebst der Berichte und schriftlichen Dokumente des Schulstationsprojekts wurden mir freundlicherweise sämtlich zur Verfügung gestellt.

nicht übernommen, sondern im Rahmen des *erklärenden Verstehens* (Bohnsack u.a. 1989, S. 445) interaktiver Abläufe eingeklammert, sodass die Arbeit im Idealfall die Kriterien von Evaluationsforschung erfüllt (vgl. Kromrey 2001 sowie Kap. B.2). Neben der Vorstellung der Handlungsziele gehe ich auf die Dimension der *Strukturqualität*[14] ein, die sich über räumliche und personelle Rahmenbedingungen erfassen lässt.

Ziele der Schulstationsarbeit

Wie bereits in Kapitel A.1 deutlich wurde, stellt die Schule ein mögliches Handlungsfeld für Jugendsozialarbeit als ein Angebot der Jugendhilfe dar. Auf diese Grundlage bezieht sich auch das untersuchte Projekt und formuliert das eigene Grundverständnis der Arbeit gemäß §13Abs.1 SGB VIII[15] i.V.m. § 14 AGKJHG[16] (Konzeption S. 2):

> „Um eine ganzheitliche pädagogische Förderung der Schülerpersönlichkeit zu bewirken, darf Schule als zentraler alltäglicher Lebensort und wichtige Sozialisationsinstanz von Kindern, Jugendlichen und jungen Erwachsenen im Hilfeprozeß weder ausgeklammert werden noch isoliert dastehen. Die *Jugendsozialarbeit* richtet sich daher nach dem Prinzip der *Lebensweltorientierung* (H.v.m.), was bedeutet, daß die gesamten Bedingungen, unter denen Kindheit und Jugend gelebt wird, Berücksichtigung finden müssen. Diese sind einerseits gesamtgesellschaftlicher Natur, reichen aber auch bis in die kleinsten Familienstrukturen hinein und beeinflussen gravierend die seelisch-geistige und auch körperliche Entwicklung von Kindern und Jugendlichen.“

Das in Kap. A.2 eingeführte und erläuterte Prinzip der Lebensweltorientierung fungiert auch als Handlungsmaxime für die untersuchte Schulstationsarbeit (vgl. den Halbjahresbericht vom 04.09.2000 bis 02.02.2001, S.3) und entspricht damit der im Senat von Berlin verwendeten Begriffsbestimmung von Schulstationen[17]. Eine Entscheidung darüber, ob die Angebote und Leistungen der Jugendhilfe in der Schule sich als lebensweltorientierte Jugendsozialarbeit qualifizieren lassen, ist damit noch nicht getroffen, sondern abhängig von der Erreichbarkeit der Zielgruppe, von den Interaktionsbezügen zwi-

---

14 Im Rahmen von *Qualitätsentwicklung* wird auch in der Sozialen Arbeit zwischen den Dimensionen Struktur-, Prozess- und Ergebnisqualität unterschieden (vgl. zur Qualitätsentwicklung in der Schulsozialarbeit Hentze u.a. 1998; Kraimer 2003; Olk u.a. 2000). Es wird danach gefragt, auf welche Weise die inhaltlichen Ziele am besten erreicht werden können und wie dies gesichert, überprüft und weiterentwickelt werden kann. Vgl. zur Qualitätsentwicklung im Rahmen von Evaluation Kap. A.2. und B.2.

15 Das SGB VIII (Sozialgesetzbuch) ist das Kinder- und Jugendhilfegesetz.

16 Gesetz zur Ausführung des Achten Buches des Sozialgesetzbuches – Kinder- und Jugendhilfe

17 Diese Begriffsbestimmung bezieht sich auf einen Beschluss über die „gesicherte Zukunft für Schulstationen in der „Grundschule 2000“. Für Grundschulen heißt es: „Schulstationen sind ein integratives, sozialpädagogisches, lebensweltorientiertes Angebot von Schule und Jugendhilfe für alle Schülerinnen und Schüler“ (Senat von Berlin 2001, S. 2).

schen SozialarbeiterInnen und SchülerInnen. Hierzu ist es notwendig, den Bedarf von konkreten Zielgruppen zu ermitteln und die Angebote daran auszurichten. Die Verantwortlichen und MitarbeiterInnen der Schulstationsarbeit identifizieren einen Bedarf nicht nur vor dem Hintergrund außerschulischer Faktoren („Zerfall der Familie, Armut, emotionale und kognitive Überflutung durch Medien, Werteverlust durch kulturelle Entfremdung (...)“, Konzeption S. 2), sondern auch aufgrund eines sich grundsätzlich verändernden Verständnisses von Schule, in dem eine Zusammenarbeit von Schul- und Jugendhilfepersonal die Chance birgt, „den ‚Lebensraum Schule‘ qualitativ weiterzuentwickeln“ (Konzeption S. 2) und zwar sowohl auf die individuelle Unterstützung und Begleitung der SchülerInnen bezogen als auch auf die Schule als „Ort des Gemeinwesens mit interner und externer Öffnung“ (ebd.). Dieses Verständnis der Wahrnehmung von Aufgaben im Rahmen von Schulsozialarbeit findet sich auch bei Homfeldt/Schulze-Krüdener wieder, die eine Ausrichtung „nach innen“ von einer „Ausrichtung zum Gemeinwesen“ unterscheiden (2001, S. 18).

Rahmenbedingungen

Im Folgenden stelle ich die strukturqualitativen Merkmale der Schulstationsarbeit vor:

Räumlichkeiten/Öffnungszeiten
Für die Schulstation der untersuchten Schule stehen drei Räume kostenfrei zur Verfügung, deren Gestaltung den zuständigen MitarbeiterInnen in Zusammenarbeit mit den SchülerInnen obliegt. Der Schulstation steht ein Telefon zur Verfügung (zu weiteren Merkmalen der Ausstattung der Schulstation vgl. die Skizze im Anhang). Die Schulstation ist montags bis freitags von 7.30 Uhr bis 14.00 Uhr, bei Bedarf bis 16.00 Uhr geöffnet. In der Zeit von 8.00 bis 14.00 Uhr sind zwei MitarbeiterInnen anwesend, vorher und nachher mindestens eine/r.

Am Dienstag zwischen 9.00 und 12.00 Uhr ist eine Telefonsprechzeit *verbindlich* angesetzt. Grundsätzlich ist die telefonische/persönliche Erreichbarkeit jedoch während sämtlicher Öffnungszeiten gewährleistet. Am Nachmittag können Regelangebote, insbesondere für Gruppen und Arbeitsgemeinschaften, erfolgen. Für Kooperation mit Eltern, LehrerInnen oder MitarbeiterInnen bezirklicher Fachdienste etc. werden darüber hinaus bei Bedarf auch Termine außerhalb der Öffnungszeiten vereinbart.

Personelle Ausstattung
Der freie Träger hat sich verpflichtet, die Schulstation mit ausgebildeten SozialpädagogInnen zu besetzen, und zwar in einem gemischtgeschlechtlichen Team mit zwei Planstellen.

Die Planstellen waren während des Erhebungszeitraums folgendermaßen besetzt:

- 1 Diplom-Sozialarbeiter mit 28,875 Wochenstunden
- 1 Diplom-Sozialarbeiterin mit 28,875 Wochenstunden
- 1 Diplom-Sozialarbeiterin mit 19,250 Wochenstunden

Die Dienst- und Fachaufsicht übt der freie Träger aus, der auch die Rechnungslegung und Verwaltung durchführt.

Das Personal kann um ABM-Kräfte, PraktikantInnen und Honorarkräfte erweitert werden. Während des Erhebungszeitraums war eine Sozialarbeiterin im Anerkennungsjahr vom 01.10.1999 bis 31.03.2000 in der Schulstation tätig und ab September 2000 erweiterte ein Erzieher im Rahmen einer ABM-Stelle für ein Jahr das Team.

Die SchulsozialarbeiterInnen erhalten Supervision durch den Anstellungsträger; die Teilnahme an Fortbildungsveranstaltungen wird gewährt. Urlaubszeiten und Fortbildungen werden nur in den dringendsten Fällen außerhalb der Ferienzeiten genehmigt (vgl. zu den aufgeführten Rahmenbedingungen Konzeption S. 6f.).

An der Schule wird das Modell „Schule in erweiterter Verantwortung" praktiziert. Dazu gehört, dass die Schulstunden anstelle von 45 Minuten nur noch 40 Minuten dauern. Die frei werdende Arbeitszeit der Lehrkräfte wird neben der Durchführung von Wahlpflichtveranstaltungen und Arbeitsgemeinschaften dafür verwendet, dass zwei Lehrkräfte sich für zwei Stunden in der Woche an der Schulstationsarbeit beteiligen. [Aufgrund der zeitlichen Verkürzung des Unterrichts endet ein Schultag mit sechs Schulstunden bereits um 12.55 Uhr.]

Die Rahmenbedingungen, unter denen die Schulstationsarbeit stattfindet, entsprechen den für Schulsozialarbeit entwickelten und geforderten Qualitätskriterien (vgl. Hentze u.a. 1998; Olk u.a. 2000; Prüß/Maykus 2000) und sind längst kein selbstverständlicher Standard von Schulsozialarbeit. Sowohl die Anzahl und Größe der zur Verfügung stehenden Räume als auch die Anstellung von SchulsozialarbeiterInnen in einem gemischtgeschlechtlichen Team sind eher eine Ausnahme als die Regel (vgl. Senat von Berlin 2001).

Personenkreis und Problemlagen

Die SchulsozialarbeiterInnen wenden sich mit ihren Angeboten an alle an der Schule angemeldeten SchülerInnen (vgl. Konzeption S. 3). Sie identifizieren aufgrund von Problemlagen Zielgruppen, auf die sie ihre Arbeit „ursächlich" beziehen:

„Der Personenkreis, für den die Schulstation ursächlich angelegt ist, umfaßt Schüler und Schülerinnen mit Problemen im schulischen, sozialen und/oder emotionalen Bereich. Entweder werden sie als aggressiv und gewalttätig oder als ängstlich, hilflos und zurückgezogen erlebt. Gemeinsam ist beiden Gruppen eine mehr oder weniger stark ausgeprägte Selbstwertkrise, in der Interaktions-, Beziehungs- und Aufmerksamkeitsstörungen zu Tage treten" (Konzeption, S. 3).

Die Problemlagen der SchülerInnen werden aufgefächert in:

Konflikte in der Familie, Trennungssituationen – Konflikte mit LehrerInnen – Konflikte mit SchülerInnen – Spannungen zwischen Schülern/Schülerinnen unterschiedlicher Herkunft (Gefühl von Minderheit und Benachteiligung sowohl bei ausländischen als auch bei deutschen Schülern) – Ängste, mangelndes Selbstwertgefühl – Beziehungslosigkeit, Beziehungsunfähigkeit – Psychosomatische Symptome – Lernschwäche, Konzentrationsunfähigkeit – Perspektivlosigkeit – Mangelnde Lernmotivation, fehlende Identifikation mit der

Schule – Schwänzen, Verweigern, Stören – Aggression, Zerstörung, Gewalt – Resignation, Depression – Straffälligkeit – Autoaggression – Drogenkonsum (Konzeption S. 3).

Sozialarbeiterische Ziele

Die Hilfestellungen im Rahmen von Schulsozialarbeit

„sollen dazu beitragen, sowohl schulische als auch familiäre Defizite abzubauen. Die Maßnahmen haben dabei auch in der Altersstufe der Oberschüler durchaus präventiven und integrativen Charakter, gerade im Hinblick auf das Erreichen eines Schulabschlusses und auf die Eingliederung ins Ausbildungs- bzw. Berufsleben. Methodisch gilt es, die Defizite des Einzelnen nicht in den Mittelpunkt zu stellen, sondern sie durch Erschließung und Förderung von individuellen Ressourcen und Kompetenzen abzubauen.

Im engeren Sinne will Schulstationsarbeit die Unterrichtsfähigkeit des Schülers/der Schülerin durch das Auffangen von Konflikten und Streßsituationen und die Reduktion psychischer Problemlagen wiederherstellen. Insofern muß dazu beigetragen werden, Verhaltensänderungsprozesse auf den Ebenen des Denkens, Fühlens und Wahrnehmens als Voraussetzung adäquaten Handelns und der Verbesserung der Gesamtbefindlichkeit des Schülers/der Schülerin in Gang zu setzen“ (Konzeption S.4).

In der Benennung von Problemen der Jugendlichen und der Zielsetzung der Schulstationsarbeit wird das bereits in Kap. A.2 benannte Dilemma sozialarbeiterischer Praxis deutlich. Auf der einen Seite verfolgen SozialarbeiterInnen den Anspruch, sich an der Lebenswelt der AdressatInnen zu orientieren und nach ganzheitlichen Lösungsansätzen zu suchen. Das niedrigschwellige Angebot der Schulstationsarbeit impliziert bereits das Anliegen, jenseits von Defizitzuschreibungen handeln zu wollen, indem Soziale Arbeit in die Lebenswelt der Jugendlichen integriert wird. Im Rahmen von Konzeptionen und Stellungnahmen im behördlichen Kontext hat sich demgegenüber eine Abkehr von einem kausalgenetischen zu einem lebensweltorientierten Sprachgebrauch noch nicht durchgängig durchgesetzt. Insbesondere wenn es darum geht, dass freie Träger ihre Arbeit gegenüber öffentlichen Geldgebern darstellen und legitimieren, unterwerfen sie sich den normativen Vorgaben und Routinen ihrer AuftraggeberInnen[18]. So bleibt in der Praxis die Beschreibung von Defiziten notwendig, um Hilfsangebote und Projekte durchsetzen und etablieren zu können. Es wird in der Empirie zu überprüfen sein, ob die professionellen Problemdeutungen sich reifizieren und

„zur Ausbildung von sozialen Erwartungsstrukturen führen, die die Hilfebedürftigkeit der Klienten grundsätzlich fördern“ (Kleve 1999, S. 274).

Der Prozess der *Klientifizierung* der AdressatInnengruppe der SchülerInnen geht einher mit einer Abkehr von der Intersubjektivität der Prozesse, insbe-

18 Hierbei handelt es sich nicht um ein spezielles Problem der Jugendhilfe, sondern um eine Dilemmasituation sozialarbeiterischen Handelns seit der Existenz von privater und öffentlicher Fürsorge (vgl. Gerull 2003, S. 70).

sondere zwischen den SchülerInnen untereinander als auch zwischen LehrerInnen und SchülerInnen. Beispielsweise steht die Veränderung auf Seiten der SchülerInnen im Vordergrund und nicht das Verstehen auf Seiten der LehrerInnen, wie es beispielsweise Homfeldt/Schulze-Krüdener als eine Aufgabe von Schulsozialarbeit vorsehen. Sie favorisieren eine biografisch-diagnostische Vorgehensweise, wodurch

„bei Lehrkräften Verstehen und Verständnis für unpassende Normalitätszumutungen in Bezug auf diese Gruppe (Jugendlicher bzw. SchülerInnen, C.S.) wachsen" kann (Homfeldt/Schulze-Krüdener 2001, S. 18).

Aufgaben, Inhalte, Methoden

„Die Schulstation ist Anlaufpunkt für Kinder und Jugendliche mit dem Wunsch/Ziel, individuelle Konfliktlagen zu entschärfen und/oder zu überwinden. Eskalierenden Auffälligkeiten soll vorgebeugt und der Aussonderung von Schülerinnen und Schülern begegnet werden. Somit werden zwei wesentliche Arbeitsweisen sichtbar: Krisenintervention bzw. Konfliktmanagement und Prävention.

Aus Probleminhalten und Bedarfssignalen lassen sich folgende Aufgabenkomplexe ableiten:

- Beruhigung und Deeskalation in Konfliktsituationen (z.B. Angst- oder Gewaltsituationen) durch Gesprächsintervention, Ablenkung, Gesellschaftsspiel. Motorische Entladung durch Spiel und Sport.
- Konfliktbearbeitung, Konfliktlösung durch Einzelgespräch, Reflexion, Erarbeitung von Bewältigungsstrategien, Rollenspiel, Einübung problemgerechten Handelns. Einbeziehung von Vertrauenspersonen und Klassenkameraden, ggf. von Konfliktpartnern.
- Förderung im schulischen Lern-/Leistungsbereich in Zusammenarbeit mit den Lehrern, Organisation von Möglichkeiten zum Nachlernen individuell wichtiger Inhalte und zur Schularbeitshilfe. Förderung der Lernbereitschaft, Kontaktaufnahme zu Schwänzern.
- Übergangshilfe von der Schule zur Berufswelt, Einübung von Bewerbungs- und Vorstellungssituationen. Angebot von Beratung und Hilfe in der Zeit nach dem Schulabschluß und für Schulabgänger ohne Abschluß.
- Beobachten und Erkennen von Gruppenstrukturen und -prozessen. (Klein-) Gruppenarbeit, Gruppengespräche.
- Zusammenarbeit mit Lehrern, Schülerinnen und Schülern in gemeinsamen Arbeitsgemeinschaften. Beteiligung an Wandertagen. Entwicklung und Stützung positiver sozialer Beziehungen. Förderung gemeinsamer Aktivitäten von ausländischen und deutschen Jugendlichen.
- Steigerung des Selbstwertgefühls der Schülerinnen und Schüler durch Kompetenzvermittlung und Hilfe zur Selbsthilfe. Erlernen von Verbalisierung der eigenen emotionalen Befindlichkeit. Aufbau von realistischer Selbsteinschätzung, positivem Selbstbild, Leistungsbereitschaft, Mitverantwortung und Kritikfähigkeit.
- Beobachten und Erkennen des körperlichen, intellektuellen, emotionalen und sozialen Entwicklungsstandes der Schülerinnen und Schüler.
- Beratung der Lehrerinnen und Lehrer, unmittelbare Unterstützung. Gemeinsame Erarbeitung von Problemlösungsstrategien. Unterrichtshospitationen und gemeinsame Reflexion in Einzelfällen nach Absprache mit den Unterrichtenden.

- Aufsuchende Sozialarbeit und Einbeziehung von Eltern, Erziehern und/oder Angehörigen im akuten (und ursächlichen) Problembewältigungs- bzw. Hilfeprozeß.
- Bei Bedarf Einbeziehung der Mitarbeiterinnen und Mitarbeiter des Bezirkes (Schulpsychologischer Dienst, Allgemeiner Sozialpädagogischer Dienst, Erziehungs- und Familienberatung, Kinder- und Jugendgesundheitsdienst, Kinder- und Jugendpsychiatrischer Dienst) im Hilfeprozeß und Zusammenarbeit mit freien Trägern, Jugendfreizeiteinrichtungen und Vereinen" (Konzeption, S. 4f.).

2 Anmerkungen zur Vorgehensweise des Zugangs zum Feld

Der Zugang zur untersuchten Schule war problemlos und bereits in der Gründungsphase des Schulstationsprojekts gegeben, da ich in dem Schulbezirk als Sozialarbeiterin des Allgemeinen Sozialpädagogischen Dienstes tätig war. Ferner erhielt ich die Erlaubnis zur Durchführung der Untersuchung von der zuständigen Berliner Senatsverwaltung für Schule, Jugend und Sport.

Trotz der überschaubaren Größe des Untersuchungsfeldes strebte ich keine statistische Repräsentativität für diesen Untersuchungsgegenstand an, da ich mich entschied, anhand von ausgewählten Fällen aus einem erhobenen Spektrum die im Untersuchungsfeld vorhandene Heterogenität über die Identifizierung von minimalen und maximalen Kontrasten darzustellen (vgl. Kelle/ Kluge 1999, S. 99). In einer ersten Orientierungsphase von Januar bis März 1999 nahm ich an den wöchentlichen Dienstbesprechungen der SozialarbeiterInnen teil und protokollierte diese[1]. Ferner ergaben sich aufgrund meines Aufenthalts in der Schule diverse Kontakte zu den SchülerInnen. Zu Begegnungen kam es dabei überwiegend in der Schulstation, auf dem Pausenhof und ab März 1999 auch in der neu eröffneten Cafeteria. Oftmals sprachen SchülerInnen mich an, um zu erfahren, mit wem sie es zu tun hätten. Dabei war die Örtlichkeit des Treffens ausschlaggebend für die Formulierung der Fragestellung seitens der SchülerInnen. In der Schulstation erkundigten sich die SchülerInnen beispielsweise, ob ich dort mitarbeiten würde; während mir auf dem übrigen Schulgelände die Rolle einer Lehrerin zugeschrieben wurde. Die Darlegung meines Forschungsinteresses (in dem ich nicht herausstellte, nur an *einer* Schule mit Jugendlichen zu sprechen) und der Verweis auf eine Arbeit bzw. ein Buch über „Jugend und Schule" löste Reaktionen aus, die in ähnlicher Weise immer wieder zu beobachten waren:

Die Jugendlichen erkundigten sich, ob diese Schule „so schlimm" sei, ob es in meiner Arbeit um Gewalt und/oder Drogen gehen solle oder ob ich von ‚der Zeitung' käme. Auch fragten einige SchülerInnen von sich aus nach der

1 Die SchulsozialarbeiterInnen erhielten die jeweiligen Protokolle als gemeinsame Diskussionsgrundlage. Im Rahmen der Vorstellung einzelner Jugendlicher (Fallbesprechungen im Team) und ihrer familiären Hintergründe erstellte ich nach den Angaben der SchulsozialarbeiterInnen Genogramme der Familiengeschichte der Jugendlichen.

Durchführung von Interviews oder verwiesen auf Mitschüler (nur Jungen), die viel zu berichten wüssten, wobei auf Drogen, Diebstahl u. Ä. angespielt wurde. Ich legte Wert auf die Möglichkeit des wechselseitigen Kennenlernens, sodass ich an verschiedenen Aktivitäten teilnahm (z.B. Masken basteln am 10.03.1999) oder Arbeitsgemeinschaften beobachtete (z.B. die von einem Lehrer und dem Schulsozialarbeiter geleitete Fußball AG am 12.05.1999). Ich wollte in der Lage sein, das Unvertraute wahrzunehmen und zwar in voluntativer Abkehr von einer fraglosen ‚Reziprozität der Perspektiven'. Bei diesen Anlässen fertigte ich keine Protokolle im Sinne von ‚teilnehmender Beobachtung' an, sondern erstellte Memos mit Notizen zu den jeweiligen Veranstaltungen bzw. spontanen Eindrücken und hielt auch erste Voranahmen fest, um beispielsweise ‚Besonderes' von ‚Typischem' und ‚Wiederkehrendem' zu unterscheiden. Auf die Fragen nach Interviews ging ich ein und erzählte Näheres zur Durchführung von Gruppendiskussionen und wies bereits auf die Anonymisierung der Daten hin.

Meine Grundhaltung gegenüber dem Untersuchungsfeld möchte ich im Sinne von Karin Schittenhelm als „aufsuchende Sozialforschung" (2001) bezeichnen. Die sich an die ‚aufsuchende Sozialarbeit' anlehnende Formulierung soll verdeutlichen, dass es sich hier um ein Vorgehen handelt, in dem Forschung am Ort des Geschehens und nicht jenseits der Praxis der Erforschten stattfindet. Ein laufendes Projekt wird begleitet und soll unterstützt oder verbessert werden (*formative Evaluation*)[2]. In diesem Verständnis werden auch die Kriterien der Fallauswahl nicht dem Forschungsprozess ex ante gebildet, sondern die theoretische Strukturierung des Forschungsgegenstandes erfolgt von den Forschungssubjekten ausgehend. Dieses Vorgehen entspricht den generellen Prinzipien rekonstruktiver Forschungsansätze, die von Christa Hoffman-Riem als „Prinzip der Offenheit" und „Prinzip der Kommunikation" (1980, S. 342) im Sinne von Grundprämissen gegenüber dem Untersuchungsgegenstand gefasst wurden. Theoretische und empirische Analyse stellen keine separaten Phasen dar, sondern bilden sich gegenseitig bedingende und befruchtende Suchbewegungen: Die Fragestellung mündet in keine Hypothesenbildung, sondern erste, probeweise erhobene Daten führen zur Entwicklung erster Interpretationsideen, die wiederum die weitere Fallauswahl und Vorgehensweise beeinflussen und schließlich der Generierung von Hypothesen bzw. Theorien dienen.

Zentral für diesen forschungspraktischen Prozess ist das von Glaser und Strauss entwickelte Verfahren der „Grounded Theory" (1996, orig. 1990). Ein wichtiges Konzept der „Grounded Theory" zur Umsetzung der theoretischen Sensibilität („theoretical sensitivity") ist das theoretische Sampling („theoretical sampling"), nach der die Stichprobenauswahl vorgenommen

2 Von der *formativen* Evaluation ist die *summative* Evaluation zu unterscheiden, bei der gegen Ende des Projekts die Effekte gutachterlich- bilanzierend untersucht werden (vgl. Kromrey 2000, S. 32f.).

werden kann. Das theoretische Sample wird nicht nach vorab definierten Kategorien und Stichprobengrößen gebildet. Die Auswahl entwickelt sich stattdessen im Forschungsprozess selbst über die gezielte Auswahl einzelner, auf die Generierung von Theorien abzielender Fälle. Diese zu rekonstruierenden Fälle werden nach dem Kriterium der Vergleichbarkeit auf der Grundlage von minimalen und maximalen Kontrasten ausgesucht. Die Entscheidung über den minimalen und den maximalen Vergleich ist keineswegs statischer Natur, sondern erfolgt vor dem Hintergrund der Fragestellung sowie der vorgefundenen Kontraste[3]. Um diese Vorgehensweise zu verdeutlichen, gehe ich im Folgenden kurz auf die Kriterien der Fallauswahl in Zusammenhang mit dem gewähltem Erhebungsverfahren in dieser Studie ein.

Der Zugang zu den Gruppen und der Stellenwert der ‚Spontangruppe'

Im Rahmen der Explorationsphase führte ich Probeinterviews mit den 10. Klassen durch. Da die Jugendlichen im Erhebungszeitraum in kleinen Klassen mit durchschnittlich 16 SchülerInnen unterrichtet wurden, fanden die ersten Interviews klassenweise statt.

Insbesondere anhand der Probeinterviews wurde mir die Bedeutung der schulischen peer group bewusst. Die verschiedenen konjunktiven Erfahrungen der einzelnen peer groups innerhalb der Klasse deuteten auf eine je eigene Wahrnehmung der Angebote der Schulsozialarbeit hin. Die verschiedenen generativen Muster der einzelnen Gruppen verschränkten und überlagerten sich allerdings dergestalt[4], dass sich kein gemeinsamer Orientierungsrahmen rekonstruieren ließ bzw. kein Habitus der Schulklasse als Gruppe erschließbar war. Auch meine Beobachtungen innerhalb und außerhalb des Unterrichts verwiesen auf den Stellenwert der kollektiven Ebene jugendlicher Handlungspraxis sowie der kollektiven Sozialität des SchülerInnenseins, sodass ich mich entschied, das *Gruppendiskussionsverfahren* ergänzt durch die Methode der *teilnehmenden Beobachtung* anzuwenden[5]. Das Vorgehen korrespondierte mit dem Anliegen einiger Jugendlicher, nicht alleine, sondern im Freundeskreis interviewt zu werden.

3 Die Suche nach Vergleichen erfolgt bis zum Erreichen der „theoretischen Sättigung", das heißt, dass keine neuen Kontraste mehr gefunden werden.

4 Ferner war eine Transkription stellenweise nicht möglich.

5 Die zusätzlich durchgeführten narrativen Interviews werden nicht in die Arbeit einbezogen. Die Auswertung von narrativen Interviews mit Jugendlichen, die nicht an einer Gruppendiskussion teilnahmen, würden den Rahmen der Arbeit sprengen. Zudem erwies sich von den zwei Interviews mit Kerncharakteren der Gruppen eines als wenig gehaltvoll, bei dem anderen Interview fehlt mir die Einverständniserklärung der Eltern.

Die Erhebung und Auswertung der Gruppendiskussionen sowie der Protokolle der teilnehmenden Beobachtung erfolgte im Rahmen der „dokumentarischen[6] Methode der Interpretation", wie sie von Ralf Bohnsack ausgearbeitet wurde (Bohnsack 2000, Bohnsack u.a. 2001). Eine an der dokumentarischen Methode orientierte Evaluationsforschung erweist sich als gut übertragbar auf mein Erkenntnisinteresse, da die Methode in besonderer Weise ein wertschätzendes Verfahren ist. Das implizite, handlungsleitende Erfahrungswissen der Jugendlichen wird jenseits ihrer Argumentationen und Bewertungen rekonstruiert und damit wertgeschätzt (vgl. Bohnsack 2004a, Bohnsack/Nentwig-Gesemann 2005 und Kap. A.2).

Der Zugang zu natürlichen Gruppen, zu „Realgruppen", entspricht „dem Prinzip der Naturaliszität in der qualitativen Methodologie" (Lamnek 1993, S. 147) und erfüllt das Kriterium der Umsetzung einer offenen Herangehensweise. Die einzige Vorgabe zur Zusammensetzung der Gruppen bezog sich – neben der Freiwilligkeit der Teilnahme – auf die Beschränkung der Gruppengröße auf sechs SchülerInnen. Die tatsächliche Größe der interviewten Gruppen umfasst zwei bis fünf SchülerInnen. Die unterschiedlichen Gruppengrößen (zur Definition von sozialen Gruppen siehe Fuchs-Heinritz 1994, S. 255) beeinträchtigen die Vergleichbarkeit der Handlungs- und Orientierungsmuster nicht. Insbesondere Mädchen der untersuchten Altersstufe neigen zu Dyaden, und Problemlagen werden aufgrund der großen Vertrautheit zur Sprache gebracht. In der Konstellation der Dyade findet ebenfalls Interaktion statt, kollektive Strukturen treten hervor, sodass nicht die individuenspezifische Besonderheit, sondern Kollektivität im Vordergrund steht. In meinem Sample (siehe Grafik am Ende des Kapitels) entschlossen sich auch Jungen zu Zweierkonstellationen, allerdings ohne den wechselseitigen Status des ‚besten Freundes' hervorzuheben, wie es die Mädchen taten.

Das zweite Kriterium war die selbstständige Gruppenzusammensetzung durch die Jugendlichen, die an einer Gruppendiskussion Interesse zeigten. Als wesentlich für die Durchführung der Diskussionen erwies sich die Selbsteinschätzung als ‚befreundet'[7]. Das Vorgehen ermöglichte es, an Realgruppen zu

---

6 Sowohl in der Wissenschaft als auch im Alltag interpretieren Menschen Erscheinungen, indem sie diese innerhalb eines während der Sozialisation erworbenen/angeeigneten Rahmens/Musters betrachten. Die Erscheinung wird erst in diesem Rahmen verständlich, gleichzeitig aber ist die Erscheinung auch ein Hinweis oder Dokument für den Rahmen. „Jede der beiden Seiten" – Dokument wie Rahmen – „wird benutzt, um die je andere auszuarbeiten" (Garfinkel 1973, S. 199, zit. nach Bohnsack 1999, S. 64f.).

7 Eine Ausnahme zu diesem Vorgehen stellt das Interview mit den SchulsprecherInnen der Schule dar, die ich in ihrer Funktion als SchulsprecherInnen ansprach (Gruppe *Sprecher*). Des Weiteren versicherte ich mich anfänglich nicht ausreichend bei den Jugendlichen über den Prozess der Zusammenstellung der Gruppe bzw. ihren Freundschaftsstatus. Hierdurch entstanden nicht verwendbare Interviews. Beispielsweise hatten mir vier männliche Jugendliche angekündigt, an einer Diskussion teilzunehmen. Zur Aufnahme kam ein fünfter Jugendlicher dazu. Er störte und unterbrach die Gruppendiskussion in massiver Weise.

gelangen, die auch jenseits einer Bindung an eine Klassenstufe existieren. Im Rahmen einer GesamtlehrerInnenkonferenz am 28.04.1999, in der ich mein Vorhaben vorstellen konnte, wurde die gemeinsame Vereinbarung getroffen, dass die Gruppendiskussionen auch während des Unterrichts durchgeführt werden konnten, um allen SchülerInnen eine potenzielle Teilnahme zu ermöglichen. Hierdurch wurde eine enge Absprache und Kooperation mit den Lehrkräften notwendig.

Nachdem die ersten Gruppen überwiegend das Schulfach Mathematik für die Zeit der Erhebung auswählten, klärte ich mit den einzelnen FachlehrerInnen der TeilnehmerInnen an einer Gruppendiskussion den jeweiligen Termin ab, was sich dank der hohen Kooperationsbereitschaft der Lehrkräfte als unkompliziert erwies[8]. Ferner wurde eine Liste mit den Namen und Klassen der interviewten Jugendlichen angelegt, die beim Schulleiter hinterlegt wurde. Die Liste war insbesondere dann hilfreich, wenn Gruppendiskussionen sich über mehrere Schulstunden erstreckten und vorab nicht alle FachlehrerInnen informiert waren[9]. Für einige Gruppen mag der ‚Tausch' von Unterricht gegen ein Interview eine zusätzliche Motivation gewesen sein, an einer Diskussion teilzunehmen. Während der Gruppendiskussionen waren die Jugendlichen allerdings derart engagiert, dass sich das schulische Setting nicht unmittelbar auswirkte bzw. lediglich die Schulglocke die Beendigung einiger Interviews beschleunigte.

Neben dem Schneeballprinzip erfolgte eine gezielte Ansprache einzelner Jugendlicher durch mich oder auch die SchulsozialarbeiterInnen. Hierbei handelte es sich um Jugendliche, die sich mit Problemstellungen an die SchulsozialarbeiterInnen gewandt hatten.[10]

Das theoretische Sample umfasst:

- SchülerInnen aller Jahrgangsstufen
- Berücksichtigung beider Geschlechter, inklusive gemischtgeschlechtlicher Gruppen
- SchülerInnen mit und ohne Migrationshintergrund
- SchülerInnen, die Angebote der Schulsozialarbeit genutzt haben
- SchülerInnen, die Angebote der Schulsozialarbeit noch nicht genutzt haben
- SchülerInnen, die mir von LehrerInnen oder SozialarbeiterInnen benannt wurden

---

Später stellte sich heraus, dass es sich um einen Jugendlichen handelte, vor dem die ursprünglichen Teilnehmer der Gruppe Angst hatten und den sie deshalb gewähren ließen.

8 Die SchülerInnen durften auch weiterhin die Mathematikstunde gegen eine Gruppendiskussion ‚eintauschen', allerdings in offizieller Absprache zwischen SchülerInnen, LehrerInnen und mir und sofern keine Klassenarbeit vorbereitet oder geschrieben wurde.

9 Die Diskussion mit der Gruppe *Mikrofon* erstreckte sich beispielsweise über den ganzen Schultag.

10 Interviews bzw. Gruppendiskussionen wurden selbstverständlich nicht in Phasen von akuter Belastung durchgeführt (die Einschätzung erfolgte zumeist durch die SchulsozialarbeiterInnen).

Die Gruppendiskussionen

Für sämtliche Gruppendiskussionen wurde mir ein Raum der Schulstation zur Verfügung gestellt, in dem die Interviews zumeist ungestört stattfinden konnten.[11] Gegenüber den in den jeweiligen Klassen durchgeführten Probeinterviews war es vermutlich auch der Atmosphäre des Raums zu verdanken (eine Couch mit drei Sitzen, ein Zweisitzer sowie ein Sessel um einen Couchtisch gruppiert, auf dem das Aufnahmegerät platziert wurde), dass die SchülerInnen motiviert waren zu erzählen und beispielsweise weniger argumentierten, als dies im Klassenverband der Fall war. Auch konnte ich an diesem Ort besser vermitteln, dass es während der Tonaufzeichnung nicht um ‚richtige' oder ‚falsche' Antworten ging, wie dies innerhalb des Unterrichts der Fall ist. Im Gegensatz zum Unterricht, in dem der Essensverzehr nicht erlaubt ist, war dies während der Gruppendiskussionen möglich. Häufig besorgte ich vor Beginn einer Diskussion Müsliriegel o. Ä. in der von SchülerInnen betriebenen Cafeteria der Schule.

In der ersten Erhebungs- und Auswertungsphase im September/Oktober 1999 hatte ich mich vor allem auf die SchülerInnen der höheren Jahrgangsstufen konzentriert. Ich nahm an, dass sie den größten schulischen Erfahrungsschatz besitzen und Vergleichshorizonte hinsichtlich der Zeit vor der Initiierung von Schulsozialarbeit und nach der Implementierung des Angebots bilden können. Als ein vorläufiges Ergebnis der ersten Phase zeichnete sich ab, dass Mädchen nicht in gleicher Weise wie die Jungen von den Angeboten der Schulsozialarbeit profitierten (Mädchengruppe *Fördern*). Daraufhin wurden die Mädchengruppen einer intensiveren Auswertung unterzogen.

Die weitere Durchführung und Interpretation von Gruppendiskussionen ab Februar 2000 war bereits stärker von der fallübergreifenden komparativen Analyse[12] und der Suche nach weiteren Kontrasten geprägt. Die gezielte Auswahl einzelner Fälle erfolgte auf der Grundlage von „minimalen" und „maximalen" Vergleichen (Glaser/Strauss). Die komparative Analyse stellt eine der zentralen methodologischen Komponenten der dokumentarischen Methode dar. Über die Eröffnung von Vergleichshorizonten wird es möglich, die ver-

---

11 Zwei narrative Interviews fanden auf Wunsch des jeweiligen Schülers nicht in der Schule, sondern in der Freien Universität Berlin (in der ‚Pädagogischen Werkstatt') statt.

12 Neben der fallübergreifenden komparativen Analyse erfolgt die fallinterne komparative Analyse. Innerhalb des fallinternen Vergleichs geht es darum, zu prüfen, ob das Orientierungsmuster für die Gruppen von genereller Relevanz ist, d.h. in ganz unterschiedlichen Situationen der Alltagspraxis Relevanz gewinnt (z.B. sowohl in der Interaktion mit den MitschülerInnen als auch mit den SozialarbeiterInnen). Wenn unterschiedliche Themen einer Gruppendiskussion (bzw. eines Interviews) immer wieder innerhalb desselben Orientierungsrahmens behandelt werden, reproduziert sich also der herausgearbeitete Orientierungsrahmen der Gruppe. Man kann davon ausgehen, die Struktur des Falles erfasst und empirisch belegt zu haben.

schiedenen Dimensionen, also Geschlecht, Migration und Alter in ihrem sich wechselseitig durchdringenden und überlagernden Bezug zu rekonstruieren. Die Mehrdimensionalität der Rekonstruktion bietet ein analytisches Instrumentarium an, das es ermöglicht, die unterschiedlichen Dimensionen, an denen die einzelnen Jugendlichen teilhaben (also Geschlecht, Alter, Bildungsverlauf), voneinander zu trennen, bzw. in ihrer gegenseitigen Überlagerung sichtbar zu machen und somit zu vermeiden, dass die Jugendlichen mit einer Dimension ‚total' identifiziert werden. (vgl. hierzu auch Bohnsack 2001 b, S. 50).[13] Der Vergleich zwischen verschiedenen Gruppen ist auch deshalb ein wesentliches Kriterium, da bei der Interpretation von Gruppendiskussionen nicht mehr nur die eigenen Erfahrungen der ForscherInnen[14] als Vergleichshorizonte dienen. An die Stelle der impliziten Vergleichshorizonte treten empirisch beobachtete Vergleichsfälle. Auf der Grundlage dieser Vorgehensweise kristallisierten sich zwei Formen des Umgang mit der Institution Schule heraus, die in einem direkten Zusammenhang mit der Nutzung der Schulsozialarbeit stehen. Die Umgangsformen ließen sich als *primäre* und *sekundäre* Formen der *Anpassung* (Goffman 1972) an die Institution Schule rekonstruieren.

Die Gruppendiskussionen wurden auf Tonband aufgezeichnet und dauerten im Durchschnitt zwei Schulstunden. Meine ‚Vorrede' vor Beginn der Gruppendiskussionen wurde ebenso aufgezeichnet wie die Gespräche während des Ausfüllens des Fragebogens zur Erhebung von Sozialdaten, den ich im Anschluss an die Gruppendiskussionen aushändigte. Häufig entstand während des Ausfüllens des Fragebogens (siehe Anhang) eine erneute Diskussion zwischen den Jugendlichen. Ein Teil der Jugendlichen hatte Schwierigkeiten, den Fragebogen auszufüllen (aufgrund von Lese- bzw. Verständnisproblemen).

Vor dem Eingangsstimulus legte ich dar, dass die Jugendlichen nach der Eingangsfrage alles erzählen könnten, was ihnen in den Sinn käme. Denn mich würde alles interessieren, was auch für sie von Interesse sei. Nachfragen meinerseits kämen erst, wenn ihnen nichts mehr einfiele. Eine zunehmende Vertrautheit mit den Jugendlichen machte es erforderlich, mein tatsächliches Fremdsein ihrem schulischen Erfahrungsschatz gegenüber explizit zu machen. Ich sicherte Anonymität zu und ließ Gelegenheit für Fragen im Vorfeld der Gruppendiskus-

13 Welche Erfahrungsdimensionen sich bei den Fällen jeweils überlagern, welches also die existenziellen Hintergründe sind, innerhalb derer die (Sozio-) Genese von Orientierungen und kollektiver Handlungspraxis verankert ist – ob sie z.B. lebenszyklischer, geschlechts- oder milieutypischer Art sind – können in dieser Arbeit nur sehr bedingt getroffen werden, da die Jugendlichen mindestens zwei Dimensionen miteinander teilen, nämlich die lebenszyklische Phase der Adoleszenz sowie das Bildungsmilieu. Eine umfassende Typologisierung auf der Ebene der (Sozio-)genese ist im Rahmen der Prozessanalyse zur Schulsozialarbeit allerdings auch nicht intendiert.

14 Luhmann bezeichnet dies als „blinden Fleck“, d.h. die ForscherInnen interpretieren auf der Grundlage ihrer eigenen Standortverbundenheit (Mannheim 1980).

sion. Ferner kündigte ich den Fragebogen am Ende des Interviews an. Da einige der Jugendlichen sich sehr dafür interessierten, wie die Aufnahmen bzw. ihre Stimmen denn ‚klingen' würden, erhielten die Gruppen in der Regel eine Kopie der Aufnahme[15]. Die ersten Diskussionen (Gruppen *Fördern* und *Stärke*) wurden vollständig transkribiert und von insgesamt zwölf Gruppendiskussionen der thematische Verlauf notiert. Bei den Erhebungen, die daraufhin für eine intensivere Auswertung in Frage kamen, wurden in der Regel mindestens drei inhaltlich und formal in sich geschlossene Passagen transkribiert:

- Eingangspassage;
- Passagen, die sich auf das Erkenntnisinteresse oder die Fragestellung bezogen bzw. die thematische Vergleichbarkeit mit entsprechenden Passagen aus anderen Gruppendiskussionen gewährleisteten;
- Passagen mit hoher metaphorischer Dichte und Selbstläufigkeit. Diese äußert sich in einem hohen (emotionalen) Engagement der Beteiligten und die Sprecher unterbrechen sich wechselseitig, es entsteht eine hohe interaktive Dichte. Häufig haben die Äußerungen auch metaphorischen Charakter, sie sind bildhaft und plastisch. An diesen Stellen kommen die für die Gruppen zentralen Orientierungen in besonders prägnanter Weise zum Ausdruck, in dem Sinne handelt es sich um *Erlebnis- und Orientierungszentren* der Gruppen. Derartige Passagen bilden eine „Fokussierungsmetapher" (Bohnsack 1999, S. 152):

  > „Jene Orientierungsfigur bzw. die sie konstituierenden Gegenhorizonte, die im Focus des Diskurses stehen und somit den Rahmen konstituieren, kommen am prägnantesten in jenen Passagen zum Ausdruck, die sich durch besondere interaktive und metaphorische Dichte auszeichnen, den sog. *Focussierungsmetaphern*"[16].

Um die thematische Vergleichbarkeit zu erhöhen und die im Folgenden vorgestellten Diskursbeschreibungen im Hinblick auf die Beantwortung meiner Fragestellung übersichtlich zu gestalten, entschied ich mich, die Passagen der Gruppendiskussionen unter den folgenden thematischen Rubriken zu subsumieren (wodurch es teilweise zu Abweichungen vom *originalen* Diskursverlauf in der Darstellung kommt):

- Haltung zur Schule/Selbstverortung
- Schulischer Alltag (Verhältnis zu den MitschülerInnen/Verhältnis zu den LehrerInnen)
- Schulsozialarbeit

---

15 Ein Teil der Jugendlichen hörte sich erstmals selbst über ein Tonbandgerät. Über die Gruppendiskussion hinaus bat mich die Gruppe *Mikrofon*, mein Tonbandgerät nochmals mitzubringen, um eine weitere Tonaufnahme eigenständig durchzuführen, was auch gelang.

16 Auf der Grundlage der neuen Rechtschreibregeln entspricht „Fokussierungsmetapher" der derzeitigen Rechtschreibung.

Der *Erzählstimulus* der Gruppendiskussionen wurde etwa folgendermaßen formuliert:

> Könnt ihr einmal erzählen, was ihr so erlebt habt, seit ihr zur Schule geht und was sich seitdem alles ereignet hat, was für euch gleich geblieben ist oder sich verändert hat in eurem Schulleben? Insbesondere interessieren mich eure Erfahrungen, die ihr an dieser Schule sammelt. Vielleicht beginnt ihr mit der Einschulung und erzählt bis jetzt einfach darauf los!

Die Ausgangsfragestellung gibt eine Themenzentrierung auf schulisches Erleben vor (den konjunktiven Erfahrungsraum der Jugendlichen), ohne die Erfahrungen mit den SchulsozialarbeiterInnen und der Schulstation zu fokussieren. Diese Vorgehensweise resultiert aus der Frage nach einem Zusammenhang zwischen der Form der Bewältigung des Schulalltags und dem Erleben bzw. dem eigenen aktiven Umgang mit den Angeboten der Schulsozialarbeit. Zudem ist von Interesse, ob und in welcher Weise die SchülerInnen von sich aus die Schulsozialarbeit thematisieren. Gleichzeitig ist es mittels der Rekonstruktion der Genese der Orientierungen der SchülerInnen möglich, Handlungserfordernisse der Sozialen Arbeit in der Schule herzuleiten.

Die einer biografischen Fragestellung ähnelnde Eröffnung der Gruppendiskussion, die die Gruppe nicht auf den gemeinsam erlebten Hauptschulbesuch beschränkt, führte teilweise dazu, dass zunächst Einzelerzählungen folgten, ehe die TeilnehmerInnen aufgrund gemeinsamer Erlebnisschichtung untereinander zu kommunizieren begannen. Obwohl dies für eine Gruppendiskussion zunächst einen Widerspruch darstellen kann, wurde es auf diese Weise möglich, zu erfahren, wie die SchülerInnen bisherige Statusübergänge (von der Grund- zur Oberschule) erlebt haben und ob beispielsweise Migrationserfahrung vorhanden ist. Individualbiografische ausführliche Narrationen waren dabei nicht ausschlaggebend und in der Gruppendiskussion nicht intendiert. Der konjunktive Erfahrungsraum der SchülerInnen [17] geht über die allgemeine Existenz in der Institution Schule, die die GruppenteilnehmerInnen verbindet, hinaus bzw. verweist auf das in Kapitel A.2 entworfene SchülerInnensein nach Böhnisch. Dies zeigte sich auch in den Erzählungen der Jugendlichen, die sich bereits nach kurzer Zeit auf Zentren gemeinsamen Erlebens ‚einpendelten', sodass es schnell zu einem Verschmelzen der einzelnen Redebeiträge kam und die kollektiven Orientierungen in den Vordergrund traten (vgl. Bohnsack 1999, S. 155).

---

17 Vgl. Kap.2: Mannheim (1980) unterscheidet die „konjunktive Erfahrung" von der „kommunikativen Beziehung": Die SchülerInnen sind durch gemeinsame Erlebens- und Erfahrungsbereiche miteinander verbunden und müssen Intersubjektivität nicht erst durch wechselseitige Interpretation herstellen.

Die teilnehmende Beobachtung

In den Gruppendiskussionen kann die Handlungspraxis der Jugendlichen nur auf der Grundlage von zentrierten Interaktionen rekonstruiert werden. In der Ergänzung durch die Interpretation von Protokollen der teilnehmenden Beobachtung wird es möglich, auch Formen der nicht-zentrierten Interaktion (vgl. Goffman 1971, S. 35) bzw. „*nonverbale Handlungsdimensionen*“ (Bohnsack 2003, S. 131, H.i.O.) wie die *leiblich-räumliche* Aneignung der Schulstation durch die Jugendlichen in die Analyse einzubeziehen. Die teilnehmende Beobachtung lässt „den jeweiligen *Handlungskontext*“ (Bohnsack 2003, S. 21, H. i. O.), die Reaktionen, Handlungsweisen und Handlungsmethoden seitens der SchulsozialarbeiterInnen evident werden. In der Regel ist damit zu rechnen, dass die Jugendlichen in den Gruppendiskussionen nicht ausführlich über Ereignisse und Handlungspraxen erzählen, die für sie selbstverständlicher, alltäglicher Bestandteil der Schulsozialarbeit sind.

Über die Anfertigung von Beobachtungsprotokollen „auf dem Niveau *detaillierter* erzählerischer Darstellung“ (Bohnsack u.a. 1989, S. 435, H.i.O.) sind die impliziten Regeln der Schulsozialarbeit einer Interpretation zugänglich und häufig wiederkehrende Situationen können typologisch geordnet werden. Es geht also auf der einen Seite um

> „das intuitive Wissen, das mit Regelkompetenz in der Art eines Know how gegeben ist (...)“ (Habermas 1971, S. 71 zit. n. Staufer/Stickelmann 1984, S. 113)

und auf der anderen Seite um den Handlungskontext in natürlichen Situationen, die

> „entstehen, wenn gegenseitig beobachtet wird, sie vergehen, wenn die zweitletzte Person den Schauplatz verläßt“ (Goffman 1971, S. 29).

Auch Situationen definieren sich dabei als Kommunikationsgeschehen. Sie bestehen aus Gesten, Mimiken, Schreien, Lauten etc., sofern hierdurch weitere Anschlüsse an Kommunikation ermöglicht werden, also ein erneuter Laut, eine Bemerkung oder anderes folgt (vgl. Weber / Hillebrandt 1999, S. 21 mit Bezug auf Luhmann 1995).

Neben den bereits erwähnten Notizen bzw. Memos, die nach jedem Feldkontakt angefertigt wurden, verabredete ich gezielt mit den LehrerInnen und SozialarbeiterInnen Termine zur teilnehmenden Beobachtung[18]. Die Mitschrift während der Beobachtungen gestaltete sich unproblematisch. Zur Protokollierung nutzte ich abwechselnd einen Schreibblock im DIN-A4-Format und Karteikarten. Die Karteikarten hatten den Vorteil, dass ich sie unauffälliger bei mir tragen konnte. Ich fertigte Notizen z.B. direkt im Anschluss an ein

18 In dieser Arbeit finden ausschließlich Protokolle, die in der Schulstation entstanden, Berücksichtigung.

Tischfußball-Match mit Schülern an. Wenn ich nicht in Aktionen involviert war, hielt ich meine Beobachtungen nach Möglichkeit sofort fest. Anfänglich interessierten sich einzelne SchülerInnen dafür, was ich aufschrieb. Sie wunderten sich über die Belanglosigkeit der Notizen, wenn sie beispielsweise erfuhren, dass der Gang zur Stereoanlage vermerkt wurde. Während ich anfänglich intuitiv Situationen fokussierte wurde das Protokollieren bei Fortschreiten der Feldarbeit zunehmend selektiver und die Wahrnehmung bewusster. Die Ausarbeitung der ausführlichen Protokolle erfolgte jeweils am Tag der Beobachtung[19]. In der Beobachtungssprache in Form von detaillierten chronologisch sequenzierten Darstellungen galt es Motivunterstellungen zu vermeiden, um Fehlinterpretationen (fehlerhaften Motivunterstellungen) vorzubeugen.

Die Namen der SchülerInnen in den Beobachtungsprotokollen wurden mit Buchstaben versehen[20], und zwar auch dann, wenn sie aus den Gruppendiskussionen bekannt waren. Neben der Wahrung des Datenschutzes wird auf diese Weise deutlicher, dass es nicht um die individuellen Biografien einzelner Jugendlicher geht, sondern um die kollektiven Orientierungen.

Übersichten: Vorgehensweise und Sample

Unter Zusammenfassung des Gesagten kann das *heuristische* Vorgehen folgendermaßen dargestellt werden:

19 Diese Handhabung entspricht dem allgemeinen Vorgehen im Rahmen von teilnehmenden Beobachtung (vgl. Bohnsack u.a. 1995; Legewie 1995, S. 192).

20 Ein kleines „f" weist auf das weibliche Geschlecht hin, ein kleines „m" steht für das männliche Geschlecht.

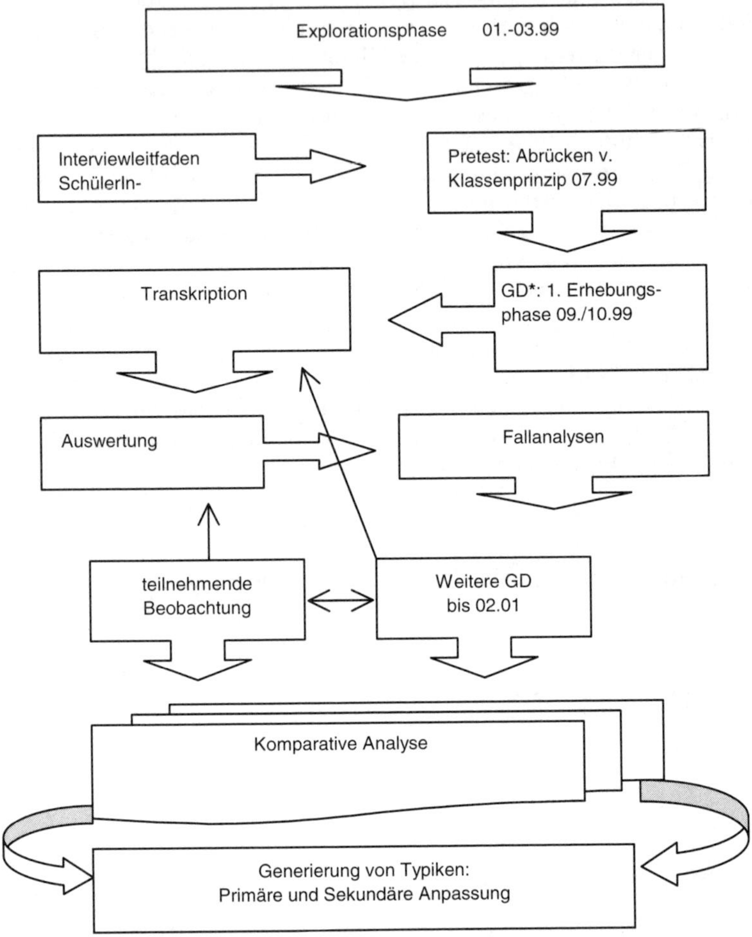

** GD: Gruppendiskussionen*

Im Rahmen dieser Vorgehensweise wurden 12 (verwertbare) Gruppendiskussionen erhoben, von denen sieben in die komparative Analyse einbezogen wurden und zu sechs Gruppendiskussionen eine Fallanalyse[21] erstellt wurde, wie aus der folgenden Übersicht hervorgeht:

21 Fallanalysen von Gruppendiskussionen werden auch Diskursbeschreibungen genannt, vgl. Bohnsack 1989

Gruppe	Alter	Klassen-stufe	Zuvor besuchte Schule[22]	Kontakt zur Schulstation	Migrations-hintergrund	Schulische Anpassung
Die Storymaker		7. Klasse				sekundär
Petar, m[23]	14		RS	manchmal	ja	
Mark, m	15		RS	selten	nein	
Kids		7. Klasse				sekundär
Fumler, m	14		Ges.sch.	noch keine	nein	
Nico, m	13		GS	eigenen	nein	
Schelly, f	13		GS	Erfahrungen	nein	
Blondi, f	13		GS		nein	
Taty, f	14		GS		nein	
Weg **		7. Klasse				sekundär
Daniel, m	15		HS	täglich	nein	
Patrick, m	14		Ges.sch.	täglich	nein	
Schlüssel *						**sekundär**
Corinna,f	**13**	**8. Klasse**	**GS**	**täglich**	**nein**	
Lilo, f	**13**	**8. Klasse**	**HS**	**täglich**	**nein**	
Tanja, f	**15**	**8. Klasse**	**HS / GS**	**täglich**	**nein**	
Andi, m	**14**	**7. Klasse**	**RS**	**wöchentlich**	**nein**	
System						**primär**
Pute, f	**17**	**9. Klasse**	**Ges.sch.**	**Selten bei Unter-**	**nein**	
J. Flo, f	**15**		**Gymn.**	**richtsausfall**	**ja**	
Iwanna, f	**16**		**Gymn.**		**ja**	
Sprecher						**primär**
Anna, f	**15**	**9. Klasse**	**GS**	**selten**	**n. bekannt**	
Jamal, m	**16**	**10. Klasse**	**RS**	**selten**	**ja**	
Stärke		9. Klasse				sekundär
Odog, m	16		RS	wöchentlich	nein	
Asos, m	16		HS	täglich	nein	
Käne, m	15		RS	häufig	nein	
Fördern		**9. Klasse**				**primär**
Barbara, f	**16**		**GS**	**bei Unterrichts-**	**ja**	
Sarah, f	**16**		**RS**	**ausfall**	**ja**	
Chillig		**10. Klasse**				**sekundär**
Lette, m	**18**		**Ges.sch.**	**manchmal**	**nein**	
MC Casto, m	**17**		**HS**	**täglich**	**nein**	
Sir Sobieski, m	**17**		**Gymn./RS**	**häufig (unregelm.)**	**nein**	

22 Zuvor besuchte Schulen: GS = Grundschule/Ges.sch.= Gesamtschule/HS = andere Hauptschule/RS = Realschule/Gymn. = Gymnasium

23 Es handelt sich um die codierten Namen, die sich die Jugendlichen teilweise selbst ausgedacht haben. Ein „m" hinter dem Namen steht für das männliche Geschlecht, ein „f" für das weibliche Geschlecht; * Fettdruck: die Fallanalyse wird vorgestellt; ** Kapitälchen: zwei Passagen werden zur komparativen Analyse hinzugezogen

Gruppe	Alter	Klassen-stufe	Zuvor besuchte Schule[24]	Kontakt zur Schulstation	Migrations-hintergrund	Schulische Anpassung
Mikrofon		**8. Klasse**				**sekundär**
Meral, f	**14**		**RS**	**manchmal**	**ja**	
Sylvia, f	**14**		**GS**	**täglich**	**ja**	
Blondi, f	**14**		**GS**	**manchmal**	**nein**	
Trio		8. Klasse				primär
Janin, f	14		GS	manchmal	nein	
Dulciata, f	14		HS	manchmal	ja	
Olivia, f	14		RS	häufig	ja	
The Gang		10. Klasse				sekundär
Jürgen Drews, m	18		Ges.sch.	nein	nein	
King, m	18		RS	manchmal	ja	
Leo, m	17		RS	täglich	ja	
Rufus, m	17		HS	bei „Rauswurf“	ja	
Sneaker, m	16		RS	täglich	nein	

24 Zuvor besuchte Schulen: GS = Grundschule/Ges.sch.= Gesamtschule/HS = andere Hauptschule/RS = Realschule/Gymn. = Gymnasium

Teil C:
Empirischer Teil –
Zentrale Orientierungen der Anpassung
an die Institution Schule

1. Sekundäre und primäre Anpassung: Definition

Ziel der in diesem Kapitel vorgestellten empirischen Analyse ist die Generierung einer Typologie der Lebenswelten von SchülerInnen, innerhalb derer ihre unterschiedlichen kollektiven Erfahrungsräume in ihrem Verhältnis zueinander betrachtet werden. Dies führt zur Unterscheidung grundlegender Typen von Orientierungen und Lebenswelten bzw. Milieus, die insbesondere das Verhältnis zur dominanten Moral der Schule betreffen. Dass alle interviewten Gruppen sich mit ihrem Verhältnis zur öffentlichen, dominanten Moral der Schule auseinandersetzen würden und die verschiedenen Formen der Schülerkultur in direktem Zusammenhang mit der Annahme der Angebote der Schulsozialarbeit stehen, war zu Beginn der Untersuchung weder bekannt noch intendiert. Erst allmählich kristallisierte sich heraus, wie die Jugendlichen es auf unterschiedliche Weise schaffen, sich in der Institution Hauptschule zu behaupten, ihr „Selbst"[1] nicht zu beschädigen. Um die kulturelle Originalität von Formen der Rollendistanz zu verdeutlichen, wird die in Kapitel A.2 vorgestellte Terminologie verwendet und in den vorgestellten Fallbeschreibungen fortschreitend auf die Tradition der Chicagoer Schule zurückgegriffen. Die auf Goffman zurückgehende Differenzierung zwischen *sekundärer* und *primärer Anpassung* bildet die Basistypik.

Goffman entwickelte die Kategorie der *sekundären Anpassung* in seiner Untersuchung über Anpassungsformen von PatientInnen in einer psychiatrischen Klinik, die eine *totale Institution*[2] darstellt. Er definiert die *sekundäre Anpassung* in der Psychiatrie dabei als verzweifelte Versuche, eine gewisse „Schranke zwischen dem Individuum und der sozialen Einheit zu errichten", um auf diese Weise „eine gewisse Individualität und persönliche Autonomie" zu bewahren (ebd., S. 299). Selbstverständlich sind die Bedingungen, mit de-

1 Die für die empirische Analyse zentralen Kategorien des Selbst (Mead) und der Rollendistanz (Goffman) wurden bereits in Kapitel A.2 vorgestellt.

2 Totale Institutionen sind nach Goffman Gefängnisse, Konzentrationslager, Klöster, Arbeitslager etc., „in denen der Insasse seinen ganzen Lebenslauf auf dem Gelände zubringt und seinen vorgeschriebenen Tagesablauf in unmittelbarer Gesellschaft einer Gruppe von Menschen seines eigenen institutionellen Status durchläuft" (Goffman 1972, S. 146). Die Institution Schule wäre gemäß Goffman zu den unvollständigen und harmlosen totalen Institutionen zu zählen.

nen sich PatientInnen in der Psychiatrie auseinander zu setzen haben, nicht mit den Anforderungen vergleichbar, auf die SchülerInnen in der Auseinandersetzung mit der Institution Schule stoßen. Allerdings legt Goffman selbst dar, dass die Analyse der sekundären Anpassung auf alle Institutionen anwendbar ist (vgl. ebd., S. 198). Die nachfolgend zitierte Definition wird daher für diese Arbeit übernommen: *Sekundäre Anpassung* bietet den Individuen die Möglichkeit, „sich der Rolle und dem Selbst" (ebd., S. 185) zu entziehen, „welche die Institution für es [das Individuum, C.S.] verbindlich hält" (ebd., S. 185). Die SchülerInnen errichten dabei nicht nur eine „Schranke" zwischen sich und der schulischen Institution, sondern gehen auf diese Weise gleichzeitig mit der Institution in aktiver Weise um. Die aktiven Umgangsformen innerhalb der sekundären Anpassung lassen sich noch einmal in zwei Haltungen differenzieren: *kontrakulturell* und *subkulturell.*

Die Jugendlichen des *kontrakulturellen Milieus* – am Beispiel der Gruppe *Schlüssel* vorgestellt – finden zu einer Orientierung erst über die Umkehrung der Perspektive der dominanten Moral. Sie benötigen stets ein gegenüber. So finden sie das „lustig", was in der dominanten Moral als „schlimm" gilt, beispielsweise den Aufenthalt eines Jugendlichen in einer Jugendstrafanstalt. Über Provokationen, in denen die Jugendlichen ihr Gegenüber – beispielsweise die Lehrer – austesten, können sie sich als aktiv definieren. Auch unter den Bedingungen von Ausgrenzung. Demgegenüber nutzen die Jugendlichen der *subkulturellen Haltung* – am Beispiel der Gruppen *Mikrofon*, *Chillig* und *Weg* vorgestellt – die Schule eher selbstverständlich für die eigenen Belange, beispielsweise auf der Suche nach geschlechtsspezifischer Identität. Oder sie probieren sich in kriminalisierungsfähigem Handeln im Schonraum der Schule. Sie nutzen und funktionalisieren die schulischen Ressourcen für ihre Belange. Die Lehrer erscheinen in diesen Gruppen weniger als Gegner, sondern insbesondere bei den Mädchen geht es um die Überwindung von Status- und Milieuunterschieden in der Kommunikation mit den Lehrern. Die Schulsozialarbeit trägt derartigen kollektiven Erfahrungen der Jugendlichen Rechung und eröffnet ihnen neue Möglichkeiten, und zwar im Hinblick auf die zentralen Problemstellungen der Degradierung und Etikettierung. Darauf wird innerhalb der Falldarstellungen, ergänzt durch Protokolle der teilnehmenden Beobachtung, ausführlich eingegangen.

Den maximalen Kontrast zur *sekundären Anpassung* bilden diejenigen Gruppen, die sich an den dominanten moralischen Prinzipien, an der Ausübung der SchülerInnenrolle orientieren. Die Form der Anpassung an die Schule kann mit Goffman als *„primäre Anpassung"* (Goffman 1973, S. 185) charakterisiert werden. Und zwar dann,

> „(w)enn ein Mensch auf kooperative Art und Weise eine verlangte Tätigkeit für eine Organisation leistet (...), (...) verwandelt er sich in einen Mitarbeiter; er wird zum ‚normalen', ‚programmierten' oder zugehörigen Mitglied" (ebd., S. 185).

Selbstverständlich ist die Unterscheidung zwischen der *primären* und *sekundären* Anpassung an die Institution Schule „eine Frage der sozialen Definition" (ebd., S. 189). Die Grenze zwischen beiden Handlungsweisen ist nicht eindeutig zu entscheiden. Auch umfassen die beiden Anpassungsmodi nicht alle Möglichkeiten, wie z.B. die der übersteigerten Rollenerfüllung, einer Rollenerfüllung ohne Rollendistanz (in der Schule wäre die Rolle des ‚Strebers' zu nennen).

In den für die *primäre Anpassung* beispielhaft vorgestellten Gruppen *Fördern*, *Sprecher* und *System* steht im Fokus der Diskurse dem gemäß nicht die Rollendistanz, sondern Umgangsweisen der Rollenerfüllung bzw. das Scheitern daran. Auch hier lassen sich für diesen Typus charakteristische Aneignungsweisen der Schulsozialarbeit rekonstruieren. Zunächst wird das an der Schule dominante Milieu der *sekundären Anpassung* in seinen spezifischen Ausprägungen vorgestellt.

2 Sekundäre Anpassung

Der *Typus der sekundären Anpassung* lässt sich an Gruppen weiblicher und männlicher Jugendlicher herausarbeiten und umfasst sowohl ältere als auch jüngere SchülerInnen[1]. Die Ausdifferenzierung des Typus wird am Beispiel der gemischtgeschlechtlichen Gruppe *Schlüssel* in komparativer Analyse mit den Gruppen *Mikrofon* (weibliche Jugendliche) und *Chillig* (männliche Jugendliche) vorgestellt. Zur Konturierung der Wahrnehmung der Angebote der Schulsozialarbeit durch die Jugendlichen wird eine Passage der Gruppe *Weg* (männliche Jugendliche) einbezogen.

Als eine zentrale Komponente dieses Typus erwies sich, dass die Schule nicht als Institution der Leistung und Wissensvermittlung im Fokus der Diskurse steht, sondern die sozialen Bezüge, die peer group, das „Unterleben" (Goffman 1972, S. 194) der Institution Schule. Von den Jugendlichen wird nicht der Lern- und Leistungsaspekt problematisiert, sondern der „Ruf" der Schule als ein Dokument der Auseinandersetzung zwischen ihrem (Herkunfts-) Milieu und der gesellschaftlichen Öffentlichkeit. Die Art und Weise, wie die Jugendlichen mit den institutionellen Normen jonglieren und die schulische Organisation „unterleben", kann als Form der „sekundären Anpassung" (ebd., S. 185) identifiziert werden. Ein weiteres Kennzeichen der *sekundären Anpassung* an die Institution ist die Bindung biografischer und gesellschaftlicher Selbstverortung an die soziale Situation, an die situative Szenerie, nicht an biografische Entwürfe und Ablaufmuster. Dies betrifft auch eine nicht vorhandene vorherige Auseinandersetzung mit dem Hauptschulbesuch. In allen zu diesem Typus gehörenden Gruppen erhält das Angebot der Schulsozialarbeit einen sehr hohen Stellenwert und bildet einen fokussierten Höhepunkt in den Diskursen der Jugendlichen, und zwar im Hinblick auf die zentralen Problemstellungen von Degradierung und Etikettierung. Neben Ausgrenzungserfahrungen geht es auch um Aspekte der Geschlechtsidentität, die mit den SchulsozialarbeiterInnen verhandelt werden (vgl. Gruppe *Mikrofon*).

---

1 Die wiederum teilweise über einen Migrationshintergrund verfügen.

2.1 Die kontrakulturell orientierte Gruppe *Schlüssel*: eine gemischtgeschlechtliche Gruppe (*„ich war den ganzen Tag in der Schulstation“*)

Die Gruppe *Schlüssel* besteht aus einem Jungen und drei Mädchen der unteren Jahrgangsstufen. Die Gruppendiskussion wurde am 13. Oktober 1999 von 13.15-14.20 Uhr in der Schule geführt, und zwar in einem der drei zur Schulsozialarbeit gehörigen Räume (Schulstation). Zum verabredeten Termin hatte ich Müsliriegel aus der Cafeteria besorgt. Die Gruppe selbst hatte Sonnenblumenkerne mitgebracht, die die Jugendlichen während des Interviews aßen, sodass die Aufnahme durch ein fortwährendes Knistern gekennzeichnet ist. TeilnehmerInnen: Alle vier Jugendlichen besitzen die deutsche Staatsangehörigkeit und wohnen im Schulbezirk. Ein Berufswunsch wird von niemandem angegeben.

Corinna, Klasse 8.1: 13 Jahre alt. Sie ist nach der Grundschule auf die Hauptschule gekommen und strebt den Hauptschulabschluss an. Zigaretten-, Alkohol- und Drogenkonsum[2] werden verneint. Sie wohnt bei ihrer Mutter und deren Partner. Ihre Mutter ist vormittags berufstätig; ihr leiblicher Vater ist arbeitslos.

Lilo, Klasse 8.1: 13 Jahre alt. Vorheriger Hauptschulbesuch in einem anderen Bundesland/Umzug der Familie im Sommer 1999 nach Berlin. Sie möchte den Realschulabschluss erreichen (Zusatzbemerkung auf dem Zeugnis). Alkohol-, Zigaretten- und Drogenkonsum werden verneint (mit dem Hinweis „zur Zeit“). Sie wohnt bei ihren Eltern, die beide berufstätig sind (Mutter halbtags/ Vater ganztags).

Tanja, Klasse 8.2: 15 Jahre alt. Sie hat zuvor bereits – aufgrund von Wohnungswechseln – sieben verschiedene Schulen besucht; darunter auch eine Hauptschule (5. Klasse) außerhalb Berlins, ehe sie dann von einer Berliner Grundschule auf die jetzt besuchte Hauptschule wechselte. Abschlussziel: Realschulabschluss (Zusatzbemerkung). Alkohol-, Zigaretten- und Drogenkonsum werden bejaht.

Sie wohnt bei ihrer Mutter, die eine Ganztagsstelle als Hausmeisterin hat. Vor einem Jahr hat sich ihre Mutter von ihrem Partner getrennt. Zu ihrem leiblichen Vater gibt Tanja an, dass er „schwul“ sei (vom Fragebogen übernommen).

Andi, Klasse 7: 14 Jahre. Er ist von einer Realschule auf die Hauptschule gewechselt und strebt den Hauptschulabschluss an. Zigaretten-, Alkohol- und

---

2 Der Konsum von Drogen und Alkohol wurde mir als ein Problem sowohl von den LehrerInnen als auch von den SozialarbeiterInnen benannt. Daher wurde die Frage in den Fragebogen aufgenommen.

Drogenkonsum werden bejaht. Er lebt derzeit in einem Heim (Jugendhilfeeinrichtung). Zuvor war er bei Pflegeeltern gewesen. An seine leiblichen Eltern kann er sich nicht erinnern.

Herstellung des Kontakts zu der Gruppe

Die Vereinbarung der Gruppendiskussion erfolgte über Tanja. Tanja kannte ich aufgrund ihrer diversen Aufenthalte in der Schulstation. Der häufigste Grund hierfür war der Verweis aus dem Unterricht. Oftmals kam sie nicht alleine, sondern in Begleitung von MitschülerInnen. Während einer Unterrichtshospitation meinerseits am 7. Okt. 1999 (Fach: Arbeitslehre/Nähen) wies die Lehrerin Tanja aus dem Unterricht und in die Schulstation, als sie einen Rock anprobieren wollte, obwohl sie eine andere Aufgabe erhalten hatte. Als Tanja dabei war, den Raum zu verlassen, sprangen Lilo und eine weitere Schülerin auf, um sie zu begleiten. Die Lehrerin erklärte mir gegenüber, sich nun besser auf die Schülerinnen[3] konzentrieren zu können, die zur Mitarbeit bereit seien, und sich ohne Störungen mit mir unterhalten zu können (Beobachtungsprotokoll vom 07.10.1999). Nach einem anschließenden – meinerseits gewünschten – gemeinsamen Gespräch mit den Schülerinnen und der Lehrerin zur Klärung meiner Rolle bei Unterrichtshospitationen sprach ich Tanja an, ob sie sich vorstellen könne, an einer Gruppendiskussion teilzunehmen. Ich gab ihr Zeit zum Überlegen und zum Ansprechen von MitschülerInnen. Wir verabredeten uns zum nächsten Tag in der ersten großen Pause in der Cafeteria. Dort sagte sie mir zu, dass ihr Freund Andi (der mit am Tisch saß) und zwei Freundinnen auch Lust hätten, bei einer Gruppendiskussion mitzumachen.

Haltung zur Schule/Selbstverortung

Diese Gruppe verarbeitet bzw. bewältigt Erfahrungen der Degradierung und Etikettierung im schulischen Zusammenhang durch einen vorwiegend aktiv-provokativen Umgang mit der Schule. Das Handeln der Jugendlichen erhält dabei erst auf dem Weg der Auseinandersetzung mit den Regeln und Prinzipien der Institution Schule seine Struktur. Das heißt, die Jugendlichen setzen sich dezidiert mit den Anforderungen, Normen und Regeln der gesellschaftlichen Öffentlichkeit (dominante Moral), wie sie sich ihnen in kondensierter Form in der Schule darbieten, auseinander. Den dominanten Rahmen bildet in dieser Gruppe (bzw. auch innerhalb dieses Typus) das Überschreiten der institutionellen Grenzen. Die Jugendlichen identifizieren die Grenzen und suchen in der Provokation, insbesondere der Provokation der LehrerInnen, das Wesen des Gegenübers auf handlungspraktische Weise zur Entfaltung zu bringen. In der Provokation

3 Es waren nur Mädchen anwesend.

klopfen die SchülerInnen die institutionellen Regeln (die Prinzipien der dominanten Moral) auf Konsistenz und Authentizität hin ab.

Die kollektive Handlungspraxis konstituiert sich also vorwiegend im „Gegenleben" und lässt sich als *kontrakulturell* bezeichnen. Die *Kontrakultur* ist ebenso wie die von ihr zu unterscheidende *Subkultur*, die am Beispiel der Gruppe *Mikrofon* dargestellt wird, handlungspraktischer Natur. Kontrakultur meint eine Existenzweise, die von den institutionalisierten Normen, Erwartungen und Symbolen einer differenzierten Gesellschaft abweicht, indem sie die Werte und die Moral einer Gesellschaft oder Gruppe gezielt verletzt (vgl. Sack 1971, S. 264)[4]. Sub- und seltener noch Kontrakultur werden in der Sozialpädagogik (vgl. Peukert 1986) mit Bezug auf die Kriminologie und Soziologie verwendet, um häufig mit der Jugendphase entstehendes auffälliges Verhalten als „Frage nach den überindividuellen Kräften, die den Menschen in seinem Handeln bestimmen" (Sack 1971, S. 265) in kultureller Hinsicht klären zu können.

Für die Kontrakultur ist dabei der ‚Konflikt mit den Werten der Gesamtgesellschaft' (Yinger 1960, S. 629)[5] zentral. Im Gegensatz zur Subkultur, die relativ eigenständig gegenüber den moralischen Prinzipien der dominanten Kultur existiert, kann die Kontrakultur nur über ihre interaktive Auseinandersetzung mit dem dominanten Milieu verstanden werden (Yinger 1960, S. 629)[6]. In der Subkultur ist die Verletzung der Normen der Mittelschicht nicht als der zentrale Kristallisationspunkt anzusehen. Vielmehr handelt es sich um „ein Nebenprodukt bei Handlungen, die in erster Linie an dem Unterschichtsystem orientiert sind" (Miller 1968, S. 359), sodass *„automatisch gewisse gesetzliche Normen"* (ebd., S. 358; H.i.O.) verletzt werden. Das normverletzende Handeln entspringt also nicht einer zweckrationalen Entscheidung zum Normbruch, sondern bildet sich als Konformität mit der Kultur der Unterschicht in habitueller Weise aus,

4 Die Begriffe Sub- und Kontrakultur wurden innerhalb ihres Entstehungskontextes klassentheoretisch benutzt. Deshalb konnte auch relativ unproblematisch von einer dominanten Moral gesprochen werden. In der vorliegenden Arbeit geht es allerdings nicht um eine Zuordnung zu bestimmten, möglicherweise tradierten Herkunftsmilieus, sondern um den Umgang von Jugendlichen mit einer gesellschaftlichen Institution. Die LehrerInnen vertreten aufgrund ihrer Position diese Institution und demzufolge auch die gesellschaftlichen Prinzipien, die sich für die Jugendlichen als dominant erweisen. Die kollektiven Erfahrungen der Jugendlichen mit dieser gesellschaftlichen Institution bringen Handlungsmuster hervor, die „für alle gesellschaftlichen Mitglieder einer Gesellschaft, die zur gleichen Zeit oder auch zu einem anderen zukünftigen Augenblick in eine gleiche Situation geraten" (Sack 1971, S. 274) verfügbar sind, sodass die analytischen Begriffe zur kategorialen Bestimmung des Problemlösungsprozesses seitens der Jugendlichen auch jenseits einer klassentheoretischen Fassung hilfreich erscheinen.

5 Im Original lautet das Zitat: „(...) I suggest the term contraculture wherever the normative system of a group contains, as a primary element, a theme of conflict with the values of the total society (...)" (Yinger 1960, S. 629).

6 Original: „(...) a contraculture can be understood only by giving full attention to the interaction of the group which is its bearer with the larger society" (Yinger 1960, S. 629).

sodass reflexiv-theoretische Normbrüche bzw. Regelverletzungen von habituellen Normverletzungen zu unterscheiden sind.

Der *kontrakulturelle* zentrale Orientierungsrahmen der Gruppe *Schlüssel* lässt sich sowohl innerhalb der peer group, in der Auseinandersetzung mit der Institution Schule als auch in der Positionierung gegenüber der Interviewerin während des Interviews rekonstruieren, wie sich zeigen wird.

Die Eingangspassage wird aufgrund ihrer Relevanz für den weiteren Diskursverlauf dargestellt, in der die Haltung zur Schule in Zusammenschau mit ihrer Selbstverortung bereits zum Ausdruck kommt. Die Untergliederung in drei Teile erfolgt der Übersichtlichkeit halber. Im Anschluss an die üblicherweise gestellte Eingangsfrage[7] (nach dem schulischen Erleben seit sie zur Schule gehen bis zu den aktuellen schulischen Erfahrungen) entsteht folgende Situation:

[Schlüssel, Eingangspassage: 8-24]

8	?:	((Prusten,3))
9	Tanja:	#@Oh, ne ganze Menge@#
10	div:	#@ (4) @# ((Kichern))
11 12	I:	Und ob ihr mir da was erzählen könnt. (4)((Flüstern))
13 14	Tanja:	Fang du ma an erst ma, ich muss ma überlegen.
15	Andi:	Mhm mhm (3)
16	Corinna:	Ja:, also
17	Tanja:	@Ja@ @(2)@
18	Lilo:	Keine Ahnung. (3)
19 20 21 22 22	Tanja:	Ich bin erst ma in ne scheiß Klasse gekommen. ((Kichern)) ((belustigt:)) Was war dann? (2)Dann hab ich irgendwann sie kennen gelernt. (4) Streitigkeiten und ((Lachen)) #@keine Ahnung@#, also
24	Corinna:	#((prustendes Lachen))# (2)

Die Eröffnung der Diskussion ist dadurch gekennzeichnet, dass hier der Darstellungsmodus der Gruppe eine inhaltliche Ebene (das Erzählen gemeinsamer Erfahrungen) überlagert, die eigene Positionierung der Interviewerin gegenüber relevant wird. Die der Gruppe durch die Interviewerin überlassene kommunikati-

7 Zur Formulierung der Eingangsfrage siehe Kap. B.2

ve Entfaltungsmöglichkeit führt demzufolge nur vordergründig zu einem inhaltlichen Aushandlungsprozess oder gar einer inhaltlichen Unsicherheit.

Bereits an dieser Stelle wird die Rollenverteilung innerhalb der Gruppe deutlich: Tanja wird von der Gruppe als „Vortänzerin" gesucht und akzeptiert. Da diese Einzelspezifik für das Charakteristische der Gruppe einen Stellenwert (eine in der komparativen Analyse generalisierungsfähige Orientierung) erhält, gilt es die Gruppenpositionen der Jugendlichen ebenfalls in die Interpretation einzubeziehen. Tanja lässt sich ihre Position zunächst von den anderen bestätigen, indem sie ihre MitschülerInnen gleichsam vorschickt: *„fang du ma an ..."*. Zu dieser Eröffnungszeremonie gehört es, dass von den übrigen Gruppenmitgliedern keine Proposition eingebracht wird, sodass schließlich Tanja den Diskurs inhaltlich eröffnet, *„erst ma in ne scheiß Klasse gekommen"*.

Der erste Eindruck der Schule, welcher der Interviewerin vermittelt wird, ist negativ geprägt und auf die unmittelbar sie umgebende SchülerInnenschaft bezogen. Die Frage nach den schulischen Erfahrungen und Ereignissen wird sofort als gemeinsames schulisches Erleben verstanden und auf den aktuellen Schulbesuch eingeschränkt. Der Aussagegehalt der Äußerung wird allerdings erst durch das Kichern und den belustigt gesprochenen Fortgang der Antwort durch Tanja verständlich: Nach außen hin handelt es sich um eine „*scheiß Klasse*", eine Wahrnehmung die der Diskussionsleiterin quasi stellvertretend für die gesellschaftliche Öffentlichkeit unterstellt wird. Diese Außenperspektive wird allerdings durch eine Innenperspektive ergänzt bzw. mit der eigenen Perspektive kontrastiert, denn Tanja findet es lustig, in dieser als „Scheiße" etikettierten Klasse zu sein. Die Auseinandersetzung mit einer institutionalisierten Sichtweise, einer Außenperspektive bzw. institutionellen *Vorderbühne*, in Kontrastierung mit der Binnensicht der Gruppe bzw. der *Hinterbühne* weist bereits auf ein konstitutives Merkmal, den zentralen *kontrakulturellen* Rahmen der Diskussion hin und tritt im Verlauf des Diskurses noch konturierter hervor, worauf dann an den jeweiligen Stellen eingegangen wird.

Tanjas Überlegung, auszuwählen, worüber sie und die Gruppe berichten, versucht sie nun zeitlich zu lösen unter dem eigenen Anspruch, dass eine chronologische Entwicklung eingesetzt hat. So formuliert sie die Frage, was *„dann"* geschah, an sich und die Gruppe. In der sie umgebenden – nicht näher spezifizierten – negativ etikettierten Klasse lernt Tanja schließlich ihre Mitschülerin Corinna kennen. Indem Tanja nach einer viersekündigen Pause mit einer Aufzählung („*Streitigkeiten*") fortfährt, könnte bereits ein erster Hinweis auf die Form der Freundschaftsbildung gegeben sein, in der Aktionismen im Zentrum stehen. Es handelt sich zudem um eine erste Solidarisierung unter den Mädchen. Corinna weiß genau, worum es Tanja geht, wie ihr prustendes Lachen dokumentiert. Die Interviewerin wird aus diesem gemeinsamen Erfahrungsraum allerdings noch herausgehalten, eine Erklärung folgt nicht.

Nach einer weiteren gruppeninternen Aushandlung, wer mit einer Erzählung fortfährt, bringt schließlich Corinna eine neue Proposition ein:

[Schlüssel, Eingangspassage: 29-40]

29 Corinna: Stress mit den Lehrern

30 Lilo: zum Beispiel

31 Andi: ja genau. (.) Also is für mich also
32 unhöflich zu den Lehrern. (.)

33 Tanja: Dann fängt man an zu rauchen auf dieser
34 Schule. (2)

35 Andi: Gras zu rauchen. (1)

36 Corinna: Also Drogen.

37 Lilo: Bier zu trinken.

38 div.: @2@

39 Tanja: Also Alkohol.

40 div: @3@

Der von Corinna benannte „*Stress mit den Lehrern*“ einigt die Gruppe und wird kollektiv validiert. Der „*Stress*“ geht von den SchülerInnen aus: sie sind „*unhöflich zu den Lehrern*“ wie die Exemplifizierung von Andi verdeutlicht. Gleichzeitig erinnert die Formulierung an eine Fremdperspektive, da sie von eigenen Erfahrungen abstrahiert und nicht alterstypisch wirkt. Dem Duktus des Diskurses folgend dokumentiert Andi eine an ihn – im Sinne des Labeling Approach[8] – gerichtete Zuschreibung bzw. Etikettierung. Er selbst empfindet sich nicht als unhöflicher Schüler, aber er sieht sich dem Prozess ausgesetzt, zu einem solchen gemacht zu werden.

Für diese Interpretation spricht auch die weitere Elaboration an dieser Stelle, an der nun in sehr augenfälliger Weise die *Hinterbühnen*-Perspektive der Gruppe mit einer der Interviewerin – als Vertreterin der Öffentlichkeit – unterstellten Perspektive kontrastiert wird. Während es sich in der erfahrungsgebundenen Perspektive von der Gruppe *Schlüssel* um „*Gras*“ oder „*Bier*“ handelt, sind dies in kommunikativ-generalisierter Hinsicht „*Drogen*“ oder „*Alkohol*“. Dabei wird die Schule als Auslöser für den Beginn des Rauchens thematisiert. In der Gruppe *Schlüssel* dokumentiert sich darin bereits die Wahrnehmung der *Schule als Milieu* mit ihren spezifisch erfahrungsgebundenen Aspekten[9]. In dieser Passage sind es die *Hinterbühnenaktivitäten* des Rauchens und Trinkens, durch welche sich ein schulisches Milieu konstituiert.

---

8 vgl. Böhnisch 1999

9 Demgegenüber wird in den Gruppen der *primären Anpassung* unter ‚*dieser Schule*‘ die Schule als Institution mit ihren kommunikativ-generalisierenden Aspekten verstanden.

Des Weiteren wird „*Rauchen*“ sofort mit Drogenkonsum in Verbindung gebracht (dies ist ebenfalls ein Kennzeichen des Typus). Die ironische Darstellungsweise der Interviewerin gegenüber, in der sie eine gemeinsame, kollektiv geteilte Form der Diskursorganisation finden, zeugt von ihrem Stolz des fließenden Übergangs von Genuss- zu Suchtmitteln, der ihnen auf dieser Schule gelungen ist. Sie spielen der Interviewerin gegenüber regelrecht mit der Form der Darstellung, in der sich zweierlei dokumentiert: Zum einen erlangen ihre Aktivitäten „*Gras*“ zu rauchen und „*Bier*“ zu trinken erst Relevanz (und werden enaktiert) vor dem Hintergrund, dass es sich um „*Drogen*“ und „*Alkohol*“ handelt und als solche auch in dieser Form von der Öffentlichkeit – und die Schule ist eine öffentliche Institution – wahrgenommen werden. Zum anderen stellen sie dar, dass diese exteriore Perspektive nicht mit ihrem Gruppenhabitus übereinstimmt, denn für sie handelt es sich um „*Gras*“ und eben nicht um Drogen in einem allgemeinen Sinn. Sie verdeutlichen mittels ihres kollektiven Lachens, dass es sich um einen nicht moralisierten gemeinsamen Erfahrungsraum handelt.

Nach dieser Zwischenkonklusion ist es erneut Tanja, die den Anstoß zum Fortgang der Diskussion gibt und damit die Rolle der Interviewerin übernimmt:

```
[Schlüssel, Eingangspassage: 41-56]

Tanja:    Ähm, was gibts noch? (3) Na erzählt doch
          mal, was war bei euch so an der Schule? (3)

Corinna:  Ja, dis war auch bei uns ne scheiß Klasse,
          ich war dis einzige Mädchen. (.) Aber (2)

Tanja:    Nee, wir warn zwei Mädchen. (3) Die andere,
          @die war so lustig@, @3@, @war so behindert@
           (3)

Lilo:     Dann gibts n Mädchen, das wird gehänselt.
          (3)

I:        Mhm. (2)

Tanja:    Die wird immer schön fertig gemacht. (2)

Corinna:          Gibt zwei. (1)

Lilo:     Zwei? Wer noch?

Corinna:          ((sehr leise:)) °Fatma und Andrea.°

Tanja:    Ja, bei uns is es Alina und Nadine.(.)Die
          andern beiden. (3)
```

Corinna greift die Eingangsproposition von Tanja („*scheiß Klasse*“) auf und liefert eine Erklärung für diese Einschätzung: Der Schulbesuch ist für Mädchen schwieriger zu bewältigen als für die Jungen. Im weiteren Diskurs wird deutlich, dass es sich hierbei um ein die Mädchen dieser Gruppe einigendes gemeinsames Thema handelt, dass sie jedoch lösen können. So wie die Jungen in der im Folgenden vorgestellten Gruppe *Chillig* sich von den Jungen absetzen, die „*krank*" sind, setzen sich die Mädchen ebenfalls von anderen Mädchen ab, und zwar von denen, die von ihnen als „*behindert*" betrachtet werden. Diese Mädchen bilden einen negativen Gegenhorizont, demgegenüber sie sich als „tough" darstellen können, bzw. gegenseitig bestätigen, nicht diskriminiert oder Opfer zu sein. Die Mädchen, die zu Opfern werden, bilden jedoch auch einen – ihre eigene Selbstverortung bestätigenden – Bezugspunkt: Sie dienen der allgemeinen Belustigung („*war so lustig*"), werden „*gehänselt*" oder „*immer schön fertig gemacht*". Durch ihre namentliche Aufzählung wird deutlich, dass die Rollen verteilt sind und Opfer sich ihrer ihnen zugesprochenen Funktion nicht so schnell entledigen können (bzw. auch dürfen). Über die Aufteilung der Mädchen in diejenigen, die „fertig machen", gegenüber denen, die „fertig gemacht werden", besteht innerhalb der Gruppe Konsens.

Diese anhand der Eingangspassage dargestellte Orientierung der Schule gegenüber wird im weiteren Verlauf der Gruppendiskussion vor dem Hintergrund einer milieuspezifischen Auseinandersetzung mit der Schule elaboriert. Die im Folgenden dargestellten Passagen wurden aufgrund des thematischen Interesses ausgesucht. Sie werden in der Reihenfolge aufgegriffen, wie sie innerhalb der Gruppendiskussion auftauchen. Hierdurch soll gewährleistet sein, dass die Dramaturgie des Diskurses in ihrem Gesamtgehalt innerhalb der Rekonstruktion Berücksichtigung findet.

Nach einer Frage durch die Interviewerin, was den Jugendlichen an der Schule gefällt oder nicht gefällt, entwickelt Tanja, unterstützt durch die Gruppe, gegenüber der Schule folgende Orientierungstheorie, in der der Drogenkonsum der Gruppe vor dem Hintergrund einer tagesstrukturierenden Funktion der Schule verhandelt wird:

```
     [Schlüssel, Passage Tagesablauf/Schulstation: 57-67]
     Tanja:   also wenn Schule da wäre und man nich hin
              müsste, würde ich gar nicht erst hingehen
              (1), w-denn würd ich wahrscheinlich an
              Langeweile sterben, also geh ich dann
              trotzdem hin. (1) Dis is so langweilig, weil
              man (1) man kann ja nich jeden Tag nur
              Scheiße bauen und rauchen und kiffen und was
              trinken, dis is ja langweilig dann
              irgendwann, also @ gibt's
              #die Schule, da is es nich so langweilig @#
              Lf, Cf, Am:    #@(3)@                      #
```

Tanja ist (bereits) in der Lage, sich eindeutig positiv an einer negativ etikettierten Schule (siehe nachfolgende Transkriptionsausschnitte) zu verorten, da sie sich eines negativen Gegenhorizonts gewahr ist. Sie baut einen fiktiven negativen Gegenhorizont eines Alltags ohne Schule auf. Vor diesem Hintergrund erscheint die Schule insgesamt (nicht nur diese Schule) positiv. Denn erst durch die Auseinandersetzung mit der Schule (mit der dominanten Moral) findet sie zu einer Struktur, erfährt sie überhaupt erst eine Struktur (im Kontrast zu Haltlosigkeit).

Tanja nimmt die Schule als Aktionsfeld wahr, wo sie ein Gegenüber hat und Reaktionen erhält. Dies ist ein erneutes Dokument für die *kontrakulturelle Orientierung*, in der das Handeln erst auf dem Weg der Auseinandersetzung mit der dominanten Moral – der Schule in diesem Fall – eine Struktur erhält. Die Unsicherheit einer eigenen Orientierungsstruktur im Sinne einer fehlenden milieuspezifischen Einbindung drückt sich in der gedankenexperimentellen Überlegung von Tanja aus: Ohne Schule „*würd ich wahrscheinlich an Langeweile sterben*" (59). Diese Langeweile würde neben „*Scheiße bauen*" aus einer rauschhaften Übersättigung bestehen (Rauchen, Kiffen, Trinken), die sie scheinbar alternativlos überkommen würde, wenn es die Schule als Institution der Verhinderung von Langeweile bzw. milieuspezifischer Auseinandersetzungsmöglichkeit nicht gäbe. Von der Gruppe wird diese Wahrnehmung der Institution Schule gut geheißen (gemeinsames Lachen).

In der Fortsetzung durch Tanja wird deutlich, dass die Schule ihr bessere Selbstkontrolle/-disziplinierung durch einen maßvolleren Umgang mit Genussmitteln ermöglicht:

[Schlüssel, Passage Tagesablauf/Schulstation: 70-90]

Tanja: Ich meine ma, wenn ich den ganzen Tag nur
schlafe is ja auch scheiße, is ja
langweilig. ((Räuspern)) (2) Denn bezieht
sich mein Leben nur noch auf Essen,
Rauchen, Schlafen, Kiffen und Rau-Saufen und
wieder schlafen @und so weiter, hihi, dis
war denn mein Tagesablauf@ und so is es
dann aufstehen, Schule, (2) vielleicht ab
und zu mal einen rauchen, mal was trinken,
normale Zigaretten rauchen (1)

Lilo: °Normale Zigaretten°

Cf; Lf: @(3)@

Tanja: N paar Jugendliche doof anmachen und sich da
fast n paar auf die Schnauze hauen lassen.
Und #dann abhauen#

Andi: #Und dann# die Jugendlichen mit
Flaschen bewerfen.

```
Tanja:  @ Und dann genau, Jugendliche mit Flaschen
        bewerfen@ ((Lachen)) Und naja dann
        irgendwann nach Hause gehen, essen, schlafen
        (2)
```

Indem Tanja vorgibt, dass sie ohne Schule den ganzen Tag schlafe, wird eine mentale Abwesenheit, ein benebelnder bzw. rauschhafter Zustand beschrieben. Ihre einzigen Bezugspunkte während dieses „Schlafs“ wären oraler Natur: *Essen*, *Rauchen*, *Kiffen*, *Saufen*. Der Schlaf wird in verschiedene Formen von Zuständen eingereiht, die Bedürfnisse befriedigen können, aber auch in Rausch-, Traum- und Trancezustände versetzen. Aus diesem gedankenexperimentellen negativen Gegenhorizont weckt sie die Schule auf bzw. sorgt die Schule für eine Unterbrechung, verhilft zu einem Tagesablauf (76). Auf diese Weise wird die Schule positiv für ihr derzeitiges Leben bewertet, sodass es zu einer bewussten Enaktierung, nämlich zur Schule zu gehen, kommt[10].

Die unkontrollierte Befriedigung von Bedürfnissen („Animalität“) wird an den Rand gedrängt, sie raucht und trinkt nur ab und zu (Zigarettenrauchen ist demnach besser als Kiffen.). Der Rausch ist nicht mehr notwendig, da sie sich in der Schule als aktiv Handelnde erfahren kann, wie der Fortgang der Diskussion zeigt:

Nach dem zwischenkonkludierenden Lachen durch Lilo und Corinna kommt es zu einem Einschnitt in der Erzählweise, denn der Passivität folgt nun die von starkem Aktionismus geprägte szenische Darstellung der Auseinandersetzung mit anderen Jugendlichen. Wie in den anderen Gruppen ist auch die Kontaktierung Gleichaltriger, also die Konstitution der peer group, und die aktionistische Auseinandersetzung mit anderen Jugendlichen an den Ort der Schule gebunden. Erst in der Schule wird es möglich, einen stetigen Aktivitäts- und Aktivismuspegel zu halten, der den Kontrast zur rauschhaften Passivität ohne Schule bildet. Tanja und Andi suchen den Reiz im Risiko, gerahmt von einer sozialräumlichen Suche nach einem Gegenüber. Während für Tanja zunächst noch eine Wechselwirkung zwischen Provokation („*doof anmachen*“) und Entweichen („*und dann abhauen*“) besteht, hebt Andi eine aggressive Komponente hervor („*die Jugendlichen mit Flaschen bewerfen*“). Durch den Einsatz von Flaschen wird deutlich, dass nicht ein Kampf im Vordergrund steht, bei dem es darum geht, gegenseitige Anerkennung herzustellen (vgl. Gruppe *Chillig*), sondern einseitige Provokation aus der Distanz.

Tanja und Andi stellen für diese Kämpfe eine Regelhaftigkeit her, ein Hinweis auf die Ritualisierung des Agierens bzw. Provozierens (viermal hintereinander und sich gegenseitig ins Wort fallend äußern sie: „*und dann*“). Es handelt sich um ihren (schulischen) Alltag, der sie so lange in Anspruch

10 Tanja führt gleichzeitig das schulische Selektionsprinzip ad absurdum, denn sie hat im vergangenen Schuljahr 172 Tage geschwänzt, „ohne von der Schule geflogen zu sein“, wie sie stolz verkündet.

nimmt, bis sie *„nach Hause gehen, essen, schlafen“*. Die willkommene Abwechslung und der gesuchte Aktionismus werden auf diese Weise noch einmal unterstrichen.

In direktem Anschluss an diese Passage elaboriert Tanja ihren Mitschüler Andi als einen negativen Gegenhorizont, das heißt, eine in der Gruppe anwesende Person wird negativ attribuiert. Die sozialisatorische Funktion der peer group und die Funktionalisierung einer gegengeschlechtlichen Freundschaft wird an dieser Stelle besonders deutlich.

[Schlüssel, Passage Tagesablauf/Schulstation: 91-104]

Andi: Bei mir is eigentlich so ähnlich.

Tanja: Ähh, er geht in die, er geht in die, er er
steht auf, kommt zu mir nach Hause, frisst
sich erst mal voll, geht dann in die Schule
mit mir zusammen, kommt nach der Schule
wieder mit zu mir, frisst sich wieder voll,
geht dann erst mal ins Heim, frisst sich da
noch mal voll, dann kommt er wieder zu mir,
frisst sich wieder bei mir voll und in der
Zeit schläft er denn immer noch ein und dann
irgendwann geht er dann nach Hause. @(3)@
Aber vorher frisst er sich wieder voll und
dann geht er nach Hause und frisst sich bei
sich voll, so is dis bei ihm.

Als Andi mit der Feststellung anschließt, dass sein Tagesablauf dem von Tanja ähnelt, er sich also auf eine Stufe mit ihr stellen möchte, kann Tanja dies nicht zulassen. Sie muss für ihn eine Struktur schaffen und übernimmt daraufhin seine Erzählung. Indem Tanja Andi als extrem passiv und triebgesteuert darstellt (*„Fressen“* als seine Struktur), definiert sie sich ihm *gegen*über. Sie schafft es bereits eine Struktur zu sehen und einen Tagesablauf zu gestalten. Es wird deutlich, dass nicht die bloße Existenz von Schule ausreicht, um den Tag strukturieren und sich mit den dominanten schulischen Prinzipien auseinandersetzen zu können, denn Andi geht mit Tanja in die Schule. Tanja markiert einen Entwicklungsvorsprung gegenüber Andi, einen Zustand, den Andi in Tanjas Augen noch nicht erreicht hat. Einen biologischen Vorsprung von Mädchen gegenüber Jungen in diesem Alter beschreibt Tanja als einen sozialen Vorteil. In der Beziehung zu Andi erfährt Tanja einen sekundären Gewinn. Im Gegensatz zu ihr besitzt Andi keinerlei Selbstkontrolle, sondern verbleibt im triebhaft Animalischen. Sie muss sich nicht mehr um sich selbst und ihre eigenen Probleme kümmern, sondern kann sich an Andi – sowohl im Diskurs als auch in der Praxis – „abarbeiten“ (Akribie in der Erzählung), sich um ihn kümmern (*„mit mir zusammen“*, *„wieder mit zu mir“*) und sich selbst über ihn – *gegen*über ihm – positiv definieren. Dass es sich um eine Funktion handelt, die Tanja hier beschreibt, wird daran deutlich, dass sie Andi zu einem namenlosen „*er*" degradiert. Diese positive Selbstverortung von Tanja in Abgrenzung zu Andi stellt implizit einen Bezug zur kollektiv geteilten Perspektive auf die Schule, die als „Scheiße" in der Öffentlichkeit wahrgenommen wird, her. Tanja allerdings setzt sich von dieser (öffentlichen) Perspektive ab, sie sieht sich in der Lage, eine Position *gegen*über (sie beansprucht die *Kontrakulturalität* für sich) einzunehmen.

Interessant innerhalb des Diskurses ist es, dass Tanja die Gruppe nutzt, um einen Überlegenheitsanspruch zu dokumentieren, während Andi Fremdetikettierungen aufnimmt (beispielsweise durch die Lehrer, wie weiter oben dargestellt wurde), diese sogar sucht[11] und Etikettierungen auch innerhalb der Gruppe ausgesetzt wird. Die beiden Pole der Selbstverortung gilt es anhand von weiteren Passagen und vor dem Hintergrund der anderen Gruppendiskussionen herauszuarbeiten. Die hier verhandelte Dyade zwischen Tanja und Andi tritt in den Hintergrund, sobald die Mädchen der Gruppe eine Möglichkeit sehen, eine geschlechtsspezifische Solidarität herzustellen, um einer Etikettierung von außen entgegenzuwirken. Die geschlechtsspezifische Haltung gegenüber der Schule ist dabei in einem milieuspezifischen Zusammenhang zu sehen (das bereits in der Eingangspassage angesprochene Thema „Mädchen" wird nun aufgegriffen):

```
      [Schlüssel, Passage Veränderungen/Wünsche: 121-130]

121 I:          (.) Ähm, würdet ihr denn auch was an der
122             Schule verändern wollen, dass ihr sagt
123                  #         # ( Angebote)zum Lernen?

124 Corinna:         #Mhm, die#                     Klassen

125 I:          Die Klassen?

126 Lilo:       Mehr Mädchen!

127 Corinna:         Mädchen ja.

128 Andi:       Mehr Jungen.

129 Lilo:       Paar Jungs rausschmeißen.

130 Corinna:         Ja, ja, ja ((leises Kichern)) (3)
```

Da die Interviewerin nicht nur zukunftsorientierte Wünsche nach Veränderung und Überlegungen der Partizipation seitens der Jugendlichen erfragt,

---

11 So erzählt Andi an späterer Stelle, dass es ihm im Heim nicht gefällt. Als ‚Lösung' will er sich rausschmeißen lassen. Die Etikettierung „*für das Heim untragbar*" will er zur Bewältigung eines Problems nutzen. Nach dem gleichen Muster verfuhr er auf der vormals besuchten Realschule. Er wählte „*Schwänzen und Schmieren (...) Taken*" als Bewältigungsverhalten, denn „*da hats mir nich gefallen*".

sondern auch die im schulischen Kontext zweckrational konnotierte Dimension des Lernens heranzieht, könnte die von Corinna eingebrachte Proposition „*die Klassen*" (124) darauf hinweisen, dass sich in den Klassen zu viele leistungsschwache SchülerInnen befinden, bzw. SchülerInnen, die sie vom Lernen fernhalten. Die interaktive Elaboration der Proposition „*mehr Mädchen*" (Lilo, 126) an der Schule haben zu wollen, erstaunt zunächst. Sofern die Äußerung auch auf das Lernen bezogen werden kann, dokumentiert sich darin, dass Jungen per se als Störenfriede wahrgenommen werden. Das Milieu wird von Jungen dominiert, deretwegen vernünftige Arbeit nicht möglich ist. Auch Andi lässt sich auf den Diskurs und die Behandlung des Themas ein. Komplementär zu Lilo fordert er „*mehr Jungen*" und übernimmt die Funktion, als Junge die Rechte der Jungen wahren und stärken zu wollen. Obwohl er das Gegenteil von den Mädchen aussagt, übernimmt er keine oppositionelle Rolle, sondern eine antithetische Haltung (aus demselben Orientierungsrahmen heraus) innerhalb des Diskurses, die die Interaktion aufrecht erhält und nicht hemmt. Gegen Andi opponierend finden die Mädchen eine Lösung, nämlich Jungen „*rausschmeißen*". Ein die Mädchen einender kollektiver Rahmen wurde gefunden (positive Bekräftigung und Kichern). Die Mädchen werden von den weiblichen Gruppendiskussionsteilnehmerinnen als die Personengruppe generalisiert, die für schulische Qualität steht.

Nach einer Pause von drei Sekunden erkundigt sich die Interviewerin, ob denn an der Schule „*so wenige Mädchen*" seien, markiert eine Unkenntnis und fordert zu einer Plausibilisierung auf. In sofortigem Anschluss an die Frage elaborieren die Mädchen gemeinsam eine Erklärung für die geringe Anzahl der Mädchen an der Schule:

[Schlüssel, Passage Veränderungen/Wünsche: 132-143]

I: Sind hier so wenige Mädchen?

Corinna: Mhm, aber dis kommt von dem Ruf der
Schule.

Tanja: Die Schule hat n scheiß Ruf

Lilo: aber
richti#ger#

Tanja: #Die# Schule hat schon so gut wie gar
kein Ruf mehr (3), deswegen kommen die
Mädchen nich.

Corinna: Weil die Eltern schicken ja nur Mädchen auf
ne Schule, wenn er nen guten Ruf hat. (.)

Tanja: Nich so nen schlechten Ruf wie wir.

Andi: (dädädädä)

Die Jungen verbürgen sich für den schlechten Ruf der Schule. Dieser schlechte Ruf bildet den Hintergrund für das Fernbleiben der Mädchen von der Schule. Die Mädchen bilden eine zirkuläre Konstruktion einer Erklärung: Die Schule hat einen schlechten Ruf, deshalb wird sie nicht von Mädchen besucht bzw. schicken die Eltern ihre Töchter erst gar nicht auf eine solche Schule, *und* weil so wenige Mädchen die Schule besuchen, besitzt die Schule diesen Ruf.

Tanja und Lilo greifen diese argumentative Linie des der Schule oktroyierten Rufes auf. Durch die Art und Weise der Interaktion, in der die Herkunft des Rufes nicht elaboriert wird, erlangt er eine stereotypisierte Allgemeingültigkeit. Tanja führt die Außenperspektive auf die Schule fort und stilisiert diese zu einem Superlativ, in dem eine Bedrohung der eigenen Existenz zum Ausdruck gebracht wird („*so gut wie gar kein Ruf mehr*", 137f.). Von einem nicht definierten Äußeren der Schule werden sie scheinbar nicht mehr wahrgenommen, was zu einer „Ruflosigkeit" führt. Es wird nicht (mehr) über sie geredet, und zwar noch nicht einmal in schlechter Weise. Dies scheint einem Wunsch nahe zu kommen, der lauten könnte, lieber einen schlechten Ruf zu haben (den man sich dann zueigen machen kann) als sich einer Gleichgültigkeit ausgesetzt zu sehen oder zu fühlen. Sofern eine öffentliche Reaktion nicht vorhanden ist, wird die Handlungspraxis der Jugendlichen gefährdet, da der Pol der handlungspraktischen Auseinandersetzung – auch unter der Bedingung von Etikettierung – fehlt. Interessanterweise unterstellen die Mädchen im Folgenden auch den Eltern die Unterscheidung in zwei Geschlechterkulturen. Ihre Äußerungen enthalten die Implikation, dass die Eltern meinen, wenn mehr Mädchen die Schule besuchen, dann haben es ihre Töchter besser.

Tanja ist schließlich diejenige, die den Diskurs über die Außenperspektive mit der eigenen Perspektive verschmelzen lässt und zu einer Deckungsgleichheit führt: „*Nich so nen schlechten Ruf wie wir*" (142). Tanja wird ein Teil des schlechten Rufs und setzt sich von der Geschlechterkultur zugunsten einer milieuspezifischen Kultur ab. Sie nimmt den schlechten schulischen Ruf auf sich und identifiziert sich in pointierter Weise mit denen, die den schlechten Ruf verkörpern. Dabei geht es ihr nicht um die Identifikation mit der Schule als Institution, sondern zum einen um die Abgrenzung gegenüber der Interviewerin[12] und zum anderen um die Gruppe, das heißt um ihre Stellung in der Gruppe. Sie kann einen anderen Blick auf die schulische Handlungspraxis werfen, denn sie löst sich von der Außenperspektive, der öffentlichen Moral. Die anderen Gruppenmitglieder sind im Gegensatz zu ihr Betroffene, die der Außenperspektive noch verhaftet sind.

Andi begegnet den Äußerungen der Mädchen mit Schadenfreude, denn nun kann die vorherige Distinktion zwischen Mädchen und Jungen nicht mehr

12 Diese Abgrenzung von der Interviewerin tritt im weiteren Verlauf des Diskurses noch konturierter hervor.

ohne weiteres aufrecht-erhalten werden, sie befinden sich quasi „in einem Boot".

Nachdem die Gruppe den Ruf der Schule erwähnt hat, der in den Gruppendiskussionen generell virulent für die SchülerInnen ist, stellt die Interviewerin eine immanente Frage nach diesem „*schlimmen Ruf*" in Erwartung einer Plausibilisierung. Anhand der Interviewführung innerhalb der folgenden Passage, die nicht mehr den Regeln der Herstellung einer offenen Diskussion entspricht, lässt sich der kontrakulturell geprägte Umgang der Jugendlichen mit der Institution Schule in pointierter Form rekonstruieren.

Die provokative Evozierung des persönlichen Habitus am Beispiel der Fremdheit der Interviewerin

[Schlüssel, Passage Schlimmer Ruf: 144-184]

I: Wieso hat die H-Schule [die untersuchte
Schule ist gemeint] so nen schlimmen Ruf?
(4)

Corinna: Schlimm.

Lilo: Schlimmer.

Andi: Am schlimmsten.

Tanja: @er hier@ ((Kichern)) (3)

Lilo: So die Leute, die hier drauf #sind#

Corinna: #war# auch
schon mal ne Razzia, waren auch schon welche
im Knast

Tanja: Wenn unser Kumpel da wäre, wär es
wieder lustig. (3)

I: Der geht hier auch auf die Schule?

Andi: War.(.) Naja, #er war fünf Minuten, fünf#

Corinna: #in unserer Klasse war er#

Andi: Minuten war er da.

Lilo: #(Nicht sehr lang.)#
((jemand summt: hämhämhäm))#

Corinna: Der war einen Tag in der Schule. Bei
uns in ner Klasse und denn hatte er Tusche
gefuttert und denn is er rausge#flogen#

Tanja: #Ja, dis# hat

a aber vorgehabt. Er wollte wieder gehen, er
wollt nich einfach ((Leiser:)) (   )

I: Und seitdem geht er nich mehr zur Schule?

Corinna: Ja (4)

I: Und zu dem habt ihr Kontakt?

Corinna: Ähm, im Augenblick nich. Nur zu den
Eltern.(4)

I: Und warum zu ihm nich?

Tanja: @Ja:, weil@

Andi: der sitzt.

Tanja: Der sitzt grad in U-Haft.(5)

I: Da habt ihr ja guten Kontakt!

Tanja: ((Kichern)) @Ja, zu@ den Leuten, die da
mitsitzen schon, da kenn ich ja einigen von
@denen@, aber sonst (3)

Lilo: ((flüsternd:)) °Hat jemand mal nen
Taschentuch?° (4)

Corinna: Lass ma. Haha. (5)

In dieser Passage zeigt sich in zweifacher Weise die für die Gruppe konstitutive Teilung der *kontrakulturellen Orientierung* der Jugendlichen gegenüber der wahrgenommenen öffentlichen Position: Auf der einen Seite geht es um die verschiedenen Blickwinkel auf die schulische Handlungspraxis bzw. den schulischen Ruf, auf der anderen Seite geht es um die Fremdheit der Interviewerin, die die Gruppe ausnutzt, um das Absetzen von öffentlicher Degradierung zu verdeutlichen.

Die verschiedenen Blickwinkel auf die schulische Handlungspraxis dokumentieren sich schon im Anschluss an die Frage durch die Interviewerin. Die performative[13] Inszenierung durch Corinna, Lilo und Andi, die nach einer viersekündigen Pause beginnt, steht im Kontrast zu dem auf Andi bezogenen kichernden Kommentar „*er hier*" durch Tanja. Corinna, Lilo und Andi sind dem der Schule anhängenden Ruf (noch) verhaftet. Sie sind nicht in der Lage, ihn zu explizieren oder sich von ihm zu distanzieren, sondern können ihn nur echoartig (nach vier Sekunden Pause) wiederholen und steigern. Tanja dagegen distanziert sich von dieser Dramatisierung, indem sie ironisch damit umgeht. Andi dramatisiert ohne sie und wird von ihr – als Überlegene – belächelt.

---

13 Unter performativ wird in der Sprechakttheorie der Sprechakt in seinem Handlungsvollzug betrachtet (vgl. Austin 2002, S. 166ff.).

Nach einer erneuten kurzen Pause setzen Lilo und Corinna an, um den schlechten Ruf der Schule zu belegen. Sie betrachten die etikettierte und kriminalisierte Seite der Schule aus einer Außenperspektive, „*so die Leute, die hier drauf sind*“ (151), die bereits Öffentlichkeitswirksamkeit erreichte, „*ne Razzia*“ (153)/„*Knast*“ (154). Dieses Milieu wird durch Tanja umdefiniert, sie ist in der Lage es anders zu erleben, nämlich von einer lustigen Seite. Mittels der Exemplifizierung eines „Kumpels“ kontrastiert sie „*schlimm*“, das seitens der Interviewerin erfragt wurde, durch „*lustig*“. Sie finden das „lustig“, was in der Perspektive der öffentlichen bzw. dominanten Moral „schlimm“ ist. Dieser „Kumpel“ verkörpert in exponierter Weise die Schüler, die für den negativen Ruf der Schule stehen. Obschon der Mitschüler in eine „totale Institution“ (Goffman), ein Gefängnis, kommt (in dem er sich zum Zeitpunkt des Interviews befindet), wird in der Darstellung durch Tanja die Schule zur „totalen Institution“, der er entfliehen konnte und das Gefängnis zur Freiheit verheißenden Institution. Diese Informationen werden nicht in eine Erzählung gekleidet, sondern gewinnen ihren Stellenwert *gegen*über der Interviewerin, also durch die *kontrakulturelle* Konfrontation mit ihr. Die Gruppe weiß sofort, wen Tanja meint, wie sich aus ihrer Reaktion auf die Nachfrage der Interviewerin nach dem Schulbesuch des „Kumpels“ erkennen lässt. Die Besonderheit des Kumpels wird zunächst an der Kürze seines Schulbesuchs festgemacht. Seinen kurzen – im wahrsten Sinne des Wortes – Auftritt in der Schule entfaltet die Gruppe interaktiv sehr dicht (Fokussierungsmetapher). Das Erleben des „Kumpels“ hat die ganze Gruppe beeindruckt, er wird zu einem positiven Gegenhorizont funktionalisiert. Während sie stets aufs Neue auf die Reaktionen der Lehrkräfte angewiesen sind bzw. diese provozieren (wie anhand des weiteren Verlaufs des Diskurses noch deutlicher wird), konnte er sich der Institution Schule entziehen. Er wurde nicht von der Schule verwiesen, sondern sein Fortgang war intentional beabsichtigt.

Die weitere Entwicklung dieses Jugendlichen erfolgt nicht mehr in selbstläufiger Darstellung, sondern als Reaktion auf Nachfragen der Interviewerin. Die Funktion, die die Gruppe der Interviewerin bisher implizit zugedacht hat, nämlich Vertreterin einer mittelschichtspezifischen öffentlichen Moral zu sein, nimmt die Interviewerin nun realiter ein und bestätigt wiederum den Gruppenhabitus, sich gegen diese Öffentlichkeit, vertreten durch die mittelschichtspezifische Institution Schule, zu positionieren. Die Interviewerin beteiligt sich an dem Prozess der Degradierung und Etikettierung (*„Und zu dem habt ihr Kontakt?“, „Da habt ihr ja guten Kontakt“)*, indem keine offenen (wertneutralen) erzählgenerierenden Fragen mehr gestellt werden. Dieser Ansatz zur Degradierung wird allerdings von der Gruppe im Keim erstickt; sämtliche – nicht nur auf die Interviewerin bezogenen – Versuche der Etikettierung oder Degradierung werden nicht erleidend hingenommen, sondern laufen entweder ins Leere oder werden zur eigenen Inszenierung genutzt. Das Wissen um den Gefängnisaufenthalt des Jugendlichen behält sich die Gruppe als Triumph vor. Die Interviewerin wird in Unkenntnis gelassen, um den Diskurs steigerungsfähig zu gestalten und sie herauszufordern bzw. regelrecht „auflaufen“ zu lassen.

Im Abschluss der Passage wird – wiederum – deutlich, dass es nicht nur um die Abgrenzung gegenüber der Interviewerin geht oder um das schulische Milieu, sondern auch um die Gruppe. Tanja lässt nicht nur den Kommentar der Interviewerin – und damit die Interviewerin selbst – auflaufen, sondern übertrifft auch die Gruppe, indem sie den – von der Interviewerin gewerteten – Kontakt zum „Kumpel“ auf das Kennen des (kriminellen) Milieus insgesamt bezieht (die „Leute“ im Gefängnis stehen für das Milieu) und positiv konnotiert. Lilo und Corinna können an dieser Stelle nicht mehr mithalten und suspendieren den Diskurs, wenden sich einem (neutralen) Taschentuch zu. Die Probleme mit dem „Ruf“ der Schule betreffen also nicht die Leistung, sondern das Aufeinandertreffen der „Suspendierung einer moralischen Einstellung“ (Bohnsack 1999) von Seiten der Jugendlichen mit den moralischen Bewertungsmaßstäben seitens der Schule bzw. der ortsgesellschaftlichen Öffentlichkeit.

Schulischer Alltag

Die Schule bildet einen Aktionsraum für die Jugendlichen, der genutzt wird, um Spaß zu erleben und sich handlungspraktisch zu individuieren:

```
[Schlüssel, Passage Schulalltag: 200-210]

I:        Was macht denn noch zur Zeit alles Spaß in euerm Leben? (2)

          ((Gelächter)) (3)

Tanja:    Ja (4), was macht dir so Spaß in letzter Zeit, mhm?

Lilo:     Hoho.

Tanja:    Und dir?

Corinna:  °Lehrer zu ärgern°.

          ((allgemeines Gelächter))

Tanja:    O.k. Lehrer ärgern ist cool, Frau N rausekeln aus der Klasse is lustig. (2)
```

Die Gruppe hatte unmittelbar vor diesem Ausschnitt eingebracht, dass es Spaß macht, MitschülerInnen zu ärgern. Die daraufhin durch die Interviewerin gestellte obige Frage stellt insofern Kontinuität her als das Thema „Spaß haben“ aufgegriffen wird. Durch die allgemeine Bezugnahme auf das Leben der Jugendlichen war der Gruppe die Möglichkeit gegeben, dieses Thema innerhalb eines anderen Rahmens weiterzuentwickeln. Stattdessen bleibt der schulische Bezug erhalten. Die Jugendlichen haben im schulischen Kontext ein ritualisiertes Verhalten entwickelt, das einen festen Stellenwert in ihrer derzeitigen Phase erhält. Die Reformulierung der Fragestellung durch Tanja unter Hinzufügung der Formulierung „*in letzter Zeit*" (203) deutet bereits darauf hin, dass es auch einmal anders sein oder auch gewesen sein könnte. Eine diesbezügliche Entwicklung der Gruppe lässt sich im passageninternen Vergleich vermuten.

An dieser Stelle greift die Gruppe die Proposition „*Lehrer ärgern*", die von Corinna eingebracht und von Tanja sozusagen genehmigt („*o.k.*") wird, auf. Das noch allgemein gehaltene „*Lehrer ärgern*" beruht auf einem reichhaltigen Erfahrungshintergrund, sodass Tanja sogleich mir einer Exemplifizierung anschließen kann: Die Lehrerin, Frau N, bildet eine ideale „Zielscheibe", um den Pegel des lustvollen Aktionismus in Balance zu halten. Tanja versteht es in diesem Zusammenhang das institutionalisierte Rollenverständnis umzudrehen bzw. darzustellen, dass nicht sie in Gefahr sind, Degradierung ausgesetzt zu sein, sondern die LehrerInnen. Ihre SchülerInnenposition ist so machtvoll, dass sie die Lehrerin aus der Klasse „*ekeln*" können. Vor dem Hintergrund der Funktion der Schule als Arena der Auseinandersetzung zwischen öffentlicher (dominanter) und milieuspezifischer Moral hat die rituelle Provokation der Lehrkräfte die Funktion des Austestens und damit auch ein Kennen lernen der öffentlichen Moral, wie auch die folgenden Exemplifizierungen zeigen:

[Schlüssel, Passage Schulalltag: 211-222]

Tanja: Äh, am besten mal Walkman
#hören, laut reden# (.)

Lilo: #((Lachen #))

Tanja: ähm

Andi: ne Zigarette anmachen,

Tanja: paar Stühle durch die Gegend schmeißen, denn
#fliegt man schon °raus°.#

Corinna: #Oder pampige Antworten ge#ben

Tanja: oder wenn, wenn Frau N uns mal anguckt, dann
sagen Jeanette und ich immer, ähm, ob fragen
wir sie immer, ob sie lesbisch is und denn
schmeißt sie uns auch immer raus.

Das rituelle Provozieren der Lehrkräfte bildet eine gemeinsame Erfahrungsbasis der Gruppe. In einer gemeinsamen Praxis testen die Jugendlichen aus, welches moralische Fundament das formelle institutionelle Regelwerk der Schule hat. In konjunktiven Ritualen solidarisieren sich die Jugendlichen gegenüber den Prinzipien der dominanten Moral[14]. Obwohl die SchülerInnen der Gruppe *Schlüssel* nicht eine Klasse besuchen, handelt es sich um eine zentrale, sie verbindende Erfahrung, die eine Fokussierungsmetapher bildet, wobei obiges Transkript nur einen kleinen Ausschnitt aus einer insgesamt dreieinhalb Minuten dauernden Fokussierungspassage bildet. Um derartiges Verhalten im Rahmen des Erfahrungsraums der Gruppe als sinnvolles Verhalten verstehen zu können, bietet sich der passageninterne Vergleich an, anhand dessen auch die Einbettung der Schulsozialarbeit in die schülerseitigen Rituale dargestellt werden kann.

Schulsozialarbeit

Die Schulsozialarbeit wird neben der Cafeteria von der Gruppe eingebracht, als die Interviewerin nach Veränderungen an der Schule fragt. Diese beiden Orte werden allerdings nur aufgezählt, sodass der Eindruck entsteht, die Gruppe hat im Sinne von Erwünschtheit geantwortet. Im Anschluss daran kommt die Interviewerin mittels einer immanenten Frage auf die Schulstation und die Cafeteria zurück:

[Schlüssel, Passage Schulstation: 301-315]

301 I: Und ähm (1) wie findet ihr dis, also
302 Schulstation und Cafeteria, wie
303 #ähm is dis#?

304 Andi: #Pffhh, ähm, naja.#

305 Tanja: Cafe#teria# könnte besser sein.

306 Andi: #Ja.#

307 Corinna: Ja, die Cafeteria könnte besser
308 sein.
309 #Dis Essen schmeckt nich.#

310 Tanja: #Schulstation is eigentlich# in Ordnung.
311 Naja Essen weiß ich nich, die rotzen immer
312 alle #aufs Essen rauf.#

313 Corinna: #Dis is kein Essen#, dis is
314 eklig.

315 Lilo: Dis is. (6)

Innerhalb sehr kurzer Zeit gelingt es der Gruppe in interaktiver und metaphorischer Dichte (Fokussierungsmetapher), ihre zentrale Orientierung der Stili-

14 Zur Unterscheidung zwischen kommunikativen und konjunktiven Ritualen vgl. Bohnsack 2003a sowie Wagner-Willi 2003.

sierung einer Abwehr gegenüber der Institution Schule zu entfalten. Zwar nutzen sie die Cafeteria, aber die von Tanja, Andi und Corinna eingebrachte negative Einstellung der Cafeteria gegenüber (negativer Gegenhorizont) reduziert diese auf das funktionale Angebot des Essens. Dieses Essen wird aktiv entwertet, es wird darauf „gerotzt", und zwar von LehrerInnen und SchülerInnen gemeinsam „*die rotzen immer alle...*" (311)[15]. In der kollektiv dargestellten Verabscheuung dieses Essens durch das körperlich extreme Gefühl des Ekels zeigt sich, dass die SchülerInnen das Angebot nicht als ihr eigenes annehmen können. Vielmehr handelt es sich um einen unangenehmen Fremdkörper, der von außen kommt. Der NutzerInnenkreis fühlt sich nicht einbezogen – im Sinne von Partizipation – sondern wiederum wird eine Differenz zwischen dem schulisch-institutionellen und dem eigenen Milieu hergestellt[16]. Mehr ist diesem Thema nicht hinzuzufügen, sodass Lilo die Ausführungen sachlich konkludiert („*dis is*").

Diese Stilisierung einer Differenz wird im Vergleich mit dem positiven Gegenhorizont der Schulstation besonders deutlich. Zunächst wird diese positive Wahrnehmung durch Tanja lediglich angedeutet (309), auf Nachfrage der Diskussionsleiterin (die nach einer sechs Sekunden dauernden Pause erfolgt) jedoch elaboriert:

```
[Schlüssel, Passage Schulstation: 316-340]

I:        Und die Schulstation, wann nutzt ihr die so?

Corinna:      ((prustet))

Tanja:    Jedesmal, wenn ich rausfliege(1), also fast
          jeden zweiten Tag.(2) Ich flieg einfach so
          raus, weil ich die Lehrerin nich mag.

I:        Mmhh.

Tanja:    Ich flieg eigentlich, ich bin bin bis jetz
          nur bei ihr rausgeflogen und einmal bei Herr
          P.(.) Da hab ich Walkman gehört, ne: da hab
          ich gegessen. Mitten in ner Stunde gegessen.
          (1) Da war ich n bißchen angetrunken und bin
          in die Schule gekommen. Mit drei andern
          ((lacht)),
          #die sind auch gleich rausgeflogen.#
```

15 Die Cafeteria wurde von der Schulleitung über Sponsorengelder initiiert und wird von LehrerInnen betrieben. Teilweise bereiten die SchülerInnen selbst – unter Anleitung des jeweiligen Lehrers – das Essen vor, das in den Pausen zum Verkauf angeboten wird.

16 vgl. hierzu auch die exemplifizierende Erzählung der Gruppe *Fördern* zur schulischen Ausstattung im Zusammenhang mit sozialen Einrichtungen

Lilo: #Ich war fast mein ganzes anderes # Schuljahr in der Schulstation, @hätt ich eigentlich übernachten können@, ich war den #ganzen# Tag in der Schulstation.

Corinna: #Mmhh#

Andi: Ja.

Corinna: ((Rascheln)) Wir machen hier unsere Hausschlüssel.

Lilo: @(2)@

Div.: @(4)@
(5)

Die ganze Gruppe verfügt über Erfahrungen in der Schulstation bzw. mit der Schulsozialarbeit. Wie Corinna durch ihr Prusten darlegt, amüsiert sie sich über die zeitliche Ausrichtung der Frage, da sich die SchülerInnen der Gruppe täglich, beinahe ständig in der Schulstation aufhalten. Wie für den Diskursverlauf typisch, ist es Tanja, die den ersten Redebeitrag abgibt. Der Zugang zur Schulstation erfolgt für Tanja über die Schule in Abhängigkeit von der Institution bzw. einer Vertreterin der Institution, einer Lehrerin, um die Milieudifferenzen regelrecht zu inszenieren wie im Folgenden dargestellt wird. Durch die zeitliche Festlegung *„fast jeden zweiten Tag“* unterstreicht Tanja die eingetretene Ritualisierung. Dieses Ritual ist zwar erwartbar, allerdings nicht planbar (*„einfach so“*), ein Hinweis auf den (Inter-)Aktionismus zwischen Lehrerin und Schülerin sowie eine nicht vorhandene Intentionalität des Normbruchs. Interessanterweise äußert Tanja, dass sie ihre Lehrerin nicht mag und deshalb den Verweis aus dem Unterricht provoziert. Dies steht im Gegensatz zu anderen Gruppen, deren TeilnehmerInnen berichten, dass die betreffende Lehrkraft sie nicht mag. Indem die Jugendlichen negative Reaktionen, Stigmatisierungen und Ausgrenzungen provozieren, erfahren sie sich, auch unter den Bedingungen der Ausgrenzung, als die Aktiven. So ist es auch zu erklären, dass die Jugendlichen Ausgrenzungsprozesse selber in Gang bringen, wie es sich in Tanjas Äußerung, dass sie die Lehrerin nicht mag, dokumentiert. Die SchülerInnen definieren die Situation, auf die von den LehrerInnen nur noch reagiert werden kann. Und zwar in einer Art und Weise, die durch die SchülerInnen bestimmt wird, in eine durch ihre Provokation gelenkte Richtung. Die Stigmatisierten, die zumeist „ihr Selbst als Folge“ erleben, können so in der Vorwegnahme fremder Festlegungen „das eigene Selbst als Ursache erfahren“ (Matza 1990, S. 189).

In der Exemplifizierung eines Verweises aus dem Unterricht in die Schulstation bei Herrn P wird der positive Gegenhorizont der Schulstation als nicht den schulischen Regeln zugehöriges Territorium besonders deutlich. Es scheint für Tanja wichtig zu sein, darauf hinzuweisen, dass sie im Unterricht nicht Walkman gehört, sondern gegessen hat und angetrunken war. Aus einem passageninternen Vergleich lässt sich rekonstruieren, dass Tanja diese Aktivitäten als die ihr ureigenen aufgezählt hatte, denen sie ausschließlich nachkommen würde, wenn es keine Schule gebe. Durch den Vergleich dieser Passagen lässt sich vermuten, dass Essen und Trinken die schlimmeren Regelverstöße sind, mit denen die Institution Schule in Frage gestellt bzw. jugendlich „unterlebt" (Goffman 1972) werden soll. Mit derartigen Verhaltensweisen konfrontiert und provoziert sie die LehrerInnen in offener Weise. Während des Unterrichts zu essen und angetrunken sein, muss durch die Schule diszipliniert werden. Gleichzeitig weist Tanja über den metaphorischen Gehalt von Essen und Trinken auf den geforderten Bedürfnisaufschub seitens der Schule hin, den sie nicht gewillt ist hinzunehmen. Die Disziplinierung ihres Verhaltens gilt für die schulische „Vorderbühne", für die Schulsozialarbeit als „Hinterbühne" trifft dies nicht zu. Angetrunken sein führt nicht zur Ausgrenzung durch die Schulsozialarbeit. Eine nicht existente Erzählung über die Reaktionen seitens der SchulsozialarbeiterInnen verweist darauf, dass diese sich nicht provozieren lassen und somit keine interessanten Reaktionen zeigen. Tanjas ergänzende Bemerkung, dass sie nicht alleine war, sondern mit drei Mitschülern gemeinsam aus der Klasse geschickt wurde, verdeutlicht nochmals, dass es sich um kollektive Prozesse und Provokationen handelt.

Der Aufenthalt in der Schulstation wird im Folgenden zu einem dramaturgischen Höhepunkt geführt. Lilo ergänzt und steigert Tanjas Ausführungen hinsichtlich der in der Schulstation verbrachten Zeit. Indem Lilo anführt, während eines Schuljahres nicht nur täglich, sondern auch den *„ganzen Tag"* in der Schulstation gewesen zu sein – und dort auch hätte übernachten können – zeigt sich zweierlei:

Auf der einen Seite dokumentiert sich eine Funktionalität der (sozialräumlichen) Wahrnehmung dieses Angebots. Die Schulstation bietet eine Entlastungsfunktion und eine Ausweichmöglichkeit. Die Entlastung ergibt sich dabei sowohl für die LehrerInnen (keine Auseinandersetzung mit schulisch nicht konformen SchülerInnen) als auch für die SchülerInnen der Gruppe (die bessere Alternative zum Unterricht und keine Verstrickung außerhalb der Schule, z.B. auf der Straße).

Auf der anderen Seite wird die Schulstation zu einem okkupierten Raum, in dem eine große Vertrautheit entsteht und die Gruppe sich wohl fühlt: *„hätt ich eigentlich übernachten können"* (331/332), wie die allgemeine Validierung dieser Aussage von Lilo belegt. In diesem Sinne kann die sich anschließende Äußerung von Corinna als metaphorischer Höhepunkt der Passage gelesen werden: Die Schulstation erhält im kollektiven Wunsch der Gruppe einen höheren Stellenwert als das eigene Zuhause, sie wird zum selbstgewählten imaginativen Zuhause, für das sich die Gruppe nun einen Hausschlüssel anfertigen möchte. Gleichzeitig gewährleistet ein Hausschlüssel auch Unabhängigkeit von den LehrerInnen, die ansonsten den Zugang zur Schulstation reglementieren. Über die Metapher des Hausschlüssels gelingt es ihnen, die Degradierungserfahrungen seitens der Lehrkräfte auszuklammern und eine selbsterzeugte Erwünschtheit herzustellen. Denn wer einen Schlüssel besitzt, genießt damit auch Befugnisse. Wenn die Schulstation also einen höheren Wert als das Zuhause der Jugendlichen erhält und auch die Unabhängigkeit von der Institution Schule (als Überwindung der *kontrakulturellen* Orientierung) angestrebt wird, kann die Schulstation nicht dem Kern des SchülerInnenmilieus gleichgesetzt werden. Stattdessen bietet die Schulstation eine dritte Möglichkeit: Sie erhält eine neutrale Funktion, und zwar sowohl in Bezug auf das Herkunftsmilieu als auch gegenüber der Institution Schule. Diese wesentliche und die Schulsozialarbeit kennzeichnende Funktion als ein *exterritorialer Raum*[17] lässt sich erst im Vergleich mit den anderen Gruppen dieses Typs konturieren.

Der Stellenwert des gemeinsamen konjunktiven Erfahrungsraumes wird durch Lachen von der Gruppe konkludiert. In der sich unmittelbar anschließenden Nachfrage der Interviewerin wird nochmals der reale Zugang problematisiert, der innerhalb der Gruppe in eine Diskussion über die Praxis der Tadelvergabe mündet (Ausschnitt):

```
[Schlüssel, Passage Tadel: 341-364]

I:        Wie kam dis?

Corinna:      Naja, raus (.) naja rausfliegen, keine
          Lust haben Unterricht zu haben, denn durfte
          man rausgehen zum Beispiel in Mathe zum
          Beispiel / Lf: @Mh@ / bei U oder abhauen und
          denn in die Schulstation gehen, dis haben wa
          auch (.) is auch schon passiert. (2) Denn
          kriegt man ne sechs, wird ne sechs
          eingetragen und wenn du Pech hast denn
          kriegt man denn noch'n #Tadel#

Tanja:                               #Tadel#

Lilo:     ((leise gesprochen)) Aber nur wenn man Pech
          hat.

Tanja:    Ich krieg ja nich mal nen Tadel, wenn ich
          nen Stuhl aus dem Fenster schmeiße.

I:        Bekommst du nicht?

Tanja:    Nee.
```

17 Die Exterritorialität bezieht sich auf die Grenze zwischen Institution, peer group und Herkunftsmilieu. Zwischen diesen Grenzen der Sozialisationsinstanzen vermitteln die SchulsozialarbeiterInnen, wie gezeigt werden kann.

Corinna: Musst schon was ganz (.) Gemeines machen.

Tanja: Klar bei so was müsste man aber schon n
Tadel kriegen ey,
#wenn ich, wenn ich zum Beispiel#

Corinna: #aber die Schule ( )#

Lilo: andern Leuten Kaugummi in die Jacke mache,

#denn kriegt man nen# Tadel

Corinna erklärt, wie es zum Aufenthalt in der Schulstation kommt und expliziert die Negation schulischer Anforderungen. Die zentrale schulische Veranstaltung – den Unterricht – hält sie und die Gruppe (sie spricht für die Gruppe, wie der Wechsel in die Wir-Form zeigt) so gut es geht aus ihrem Leben heraus. So ist es auch zu erklären, dass sie gar nicht mehr auf die Reaktion des Lehrers angewiesen sind, sondern gleich in die Schulstation „*abhauen*". Gleichzeitig bildet das Prinzip des „Abhauens", das unabhängig von einer Reaktion der LehrerInnen geschieht, einen vagen Hinweis auf die Etablierung eines Handlungsfreiraums, um zu einer eigenständigen moralischen Orientierung zu finden.

Den nicht mehr hintergehbaren und damit in Kauf genommenen ‚Tauschwert' für diese Aktionen bildet die Schulnote 6. Im Gegensatz zur Erwartbarkeit und Regelmäßigkeit einer Schulnote stehen die unregelmäßigen, sich in ihrer Intensität unterscheidenden Disziplinierungsversuche seitens der LehrerInnen in Form der Tadelvergabe. Am Fall der Tadelvergabe wird die Inkonsistenz der institutionellen schulischen Regeln exemplifiziert. Das Austesten der schulischen Regeln, der grundlegenden Prinzipien, die hinter der Tadelvergabe vermutet bzw. gesucht werden, bildet die Grundlage gemeinsamen Erlebens. Struktur zu suchen, Differenz zu identifizieren bzw. auch zu inszenieren bildet den zentralen *kontrakulturellen* Orientierungsrahmen dieser Gruppe, sodass es an dieser Stelle wiederum zu einer Fokussierungsmetapher kommt. So ist auch an dieser Stelle rekonstruierbar, dass die Gruppe über ihre Aktionismen Gegenreaktionen sucht und somit Struktur nur auf dem Weg der Negation findet. Auch die Ausgestaltung dieser Aktionismen, die auf einem schulspezifisch ausgeformten Richtig-Falsch-Kalkül beruhen, können in der Konflikthaftigkeit brüchiger Achtungsverhältnisse, in denen schulischen Akteuren die Anerkennung als gleichberechtigte Interaktionspartner verweigert und zu Maßnahmen der Disziplinierung gegriffen wird, als spezifische Ausformung einer Milieuauseinandersetzung gelesen werden.

Zusammenfassung der zentralen Komponenten des Orientierungsrahmens

- Die Gruppe *Schlüssel* verortet sich jenseits der institutionalisierten schulischen Normen (dominante Moral) und ‚unterlebt' damit einhergehende Erwartungen. Ihre handlungspraktische, aktionistische Art und Weise des Austestens und kennen Lernens der Prinzipien der dominanten Moral sind ein Kennzeichen des Typus der *sekundären Anpassung*.
- Der Typus der *sekundären Anpassung* lässt sich in zwei Arten von Orientierungen ausdifferenzieren: Diejenigen der *kontrakulturellen* (Gruppe *Schlüssel*) und diejenigen der *subkulturellen* schulischen Existenzweisen (Gruppen *Mikrofon* und *Chillig*). Ein wesentliches Kennzeichen der Gruppe *Schlüssel* ist es, dass ihr Handeln erst auf dem Wege einer Auseinandersetzung mit den schulischen Prinzipien seine Struktur erhält (*Kontrakultur*). Hierin ist eine fehlende milieuspezifische Einbindung impliziert, eine Unsicherheit der eigenen Orientierungsstruktur. Eine solche Orientierungsunsicherheit ist bei den im Folgenden vorgestellten Gruppen nicht gegeben.
- Die Jugendlichen definieren ihre eigenen Orientierungen (die Innenperspektive der Gruppe) in *Umkehrung* der Außenperspektive: Sie finden das „*lustig*", was in der öffentlichen Meinung, also der Perspektive der dominanten Moral, „*schlimm*" ist. Hierfür steht insbesondere das Beispiel eines Mitschülers, der sich in einer Jugendhaftanstalt befindet. Das Auftreten des Jugendlichen und den Kontakt zu ihm bezeichnet die Gruppe *Schlüssel* als „*lustig*". Die *Kontrakultur* kann also nur über ihre interaktive Auseinandersetzung mit den dominanten moralischen Prinzipien verstanden werden.
- Indem die *Schlüssel* SchülerInnen negative Reaktionen, Stigmatisierungen und Ausgrenzungen provozieren, erfahren sie sich, auch unter den Bedingungen der Ausgrenzung, als die Aktiven.
- Die Jugendlichen verfügen über vielfältige und teilweise *tägliche* Erfahrungen mit den Angeboten der *Schulsozialarbeit*. Der Zugang zur Schulstation ist in dieser Gruppe bereits ritualisiert und wird aktiv herbeigeführt. Das Aufsuchen der Schulstation wird als Triumph und nicht als von den LehrerInnen ausgehende Delegation erfahren. Während die Erzählungen über den Schulalltag von aktionistischer Anspannung geprägt sind, dokumentiert sich im Kontext der Schulsozialarbeit Entspannung. Bisher fanden die Jugendlichen keinen Raum zu einer eigenständigen moralischen Orientierung und Bewertung. Vielmehr positionieren sie sich stets *gegen*über (*kontrakulturell*) den Werten und Prinzipien der dominanten Moral. Die *Schulstation* wird von den Jugendlichen als Freiraum wahrgenommen, in dem sie sich aufhalten, ohne auf weitere Gegenreaktionen angewiesen zu sein („*ich war den ganzen Tag in der Schulstation*", 332/333.). Die Schulstation bildet einen neutralen Ort zwischen ihrem

peer-Milieu und der dominanten schulischen Moral. Dieses dokumentiert sich beispielsweise in der *Schlüssel*-Metapher, in der die Jugendlichen einen eigenen Zugang zur Schulstation suchen, also auch unabhängig von den LehrerInnen sein wollen. Die Schulstation entlastet die Jugendlichen von Degradierung und Etikettierung und bietet ihnen entsprechende Handlungsfreiräume. Zudem deutet sich an, dass die Angebote der Schulsozialarbeit einen höheren Stellenwert als das eigene Zuhause erhalten (*„hätt ich eigentlich übernachten können*“, 331/332). Die Schulsozialarbeit ist also nicht mit dem Herkunftsmilieu gleichzusetzen, sondern bildet eine dritte Möglichkeit, eine *intermediäre, neutrale Sphäre*.

2.2 Die subkulturell orientierten Gruppen *Mikrofon, Chillig* und *Weg*:

2.2.1 Die Mädchengruppe Mikrofon *(„man kann den [SchulsozialarbeiterInnen] auch was erzählen, wenn dis nich weitergelabert werden soll“)*

Zur Gruppe *Mikrofon* gehören drei vierzehnjährige Mädchen, die gemeinsam die achte Klasse besuchen:

Meral besitzt die deutsche Staatsangehörigkeit, ihre Eltern sind türkischer Herkunft. Vor der H-Schule besuchte sie eine Realschule. Als sie dort das 7. Schuljahr wiederholte, war ihre Versetzung erneut gefährdet, sodass sie das zweite Halbjahr der 7. Klasse auf der H-Schule absolvierte. Sie strebt den Realschulabschluss an. Meral raucht Zigaretten, Alkohol- und Drogenkonsum werden verneint. Sie wohnt zusammen mit ihren Eltern (beide berufstätig) und ihren Geschwistern (eine Schwester/ein Bruder) in einem an den Schulbezirk angrenzenden Bezirk.

Blondi besitzt die deutsche Staatsangehörigkeit und wohnt bei ihrer ganztags berufstätigen Mutter und deren Partner. Ihr Bruder lebt bei ihrem leiblichen Vater. Sie ist von der Grundschule auf die Hauptschule gekommen. Ihr Schulweg beträgt mit öffentlichen Verkehrsmitteln ungefähr eine Stunde. Bezüglich ihres Schulabschlusses gibt Blondi *„weiß ich noch nicht*“ an. Sie bejaht Zigaretten- und verneint Drogenkonsum. Die Frage *„Trinkst du Alkohol*“ beantwortet sie mit *„ja*“ und *„nein*“. Sie gibt ferner im Fragebogen an, dass sie sich bereits mit einem Schulsozialarbeiter außerhalb der Schule getroffen hat und eine Lösung für ihr Anliegen gefunden wurde.

Sylvia wurde im Kosovo geboren und besitzt die Albanische Staatsangehörigkeit. Sie wohnt mit ihren berufstätigen Eltern und zwei jüngeren Brüdern zusammen. Ihr Schulweg beträgt ca. eine Dreiviertelstunde. Sylvia ist ebenfalls von der Grund- auf die H-Schule gekommen. Sie strebt den Realschulabschluss an. Zigarettenrauchen wird bejaht, Drogen[18]- und Alkoholkonsum werden verneint.

Herstellung des Kontakts zur Gruppe

Zwei Tage vor Beginn der Sommerferien, am 18.07.2000, lernte ich Sylvia im Rahmen der Feierlichkeiten zur ersten abgeschlossenen Schülerkonfliktlotsenausbildung kennen. Sylvia bekam mit neun weiteren SchülerInnen, die ebenfalls erfolgreich an der Ausbildung teilgenommen hatten, eine Urkunde überreicht. Es wurden zwei Streitschlichtungen (Mediationen) von den SchülerInnen vorgeführt und Sylvia gehörte zu den Mitwirkenden. (Die Zuschauer bildeten wenige Erwachsene: eine Vertreterin der Eltern- und Familienberatungsstelle des Schulbezirks, eine Vertreterin des Trägers der Schulsozialarbeit, einige LehrerInnen, der Schulleiter[19], die SchulsozialarbeiterInnen und ich. SchülerInnen schauten nicht zu.) Seitdem kam es zu zufälligen Begegnungen mit Sylvia, wenn ich mich in der Schule aufhielt. Am 17.10. liefen Sylvia, Meral und ich nach Schulschluss gemeinsam zur U-Bahn, als sie mich baten, doch „*endlich auch ein Interview*“ (Protokoll vom 17.10.2000) mit ihnen zu führen. Als ich das nächste Mal (26.10.) in der Schule war, vereinbarten wir erstmals einen Termin, der allerdings nicht zustande kam, sodass die Gruppendiskussion schließlich erst am 15.12. in der Zeit von 10.05–13.07 Uhr stattfand, wobei Blondi in die Verabredung nicht einbezogen war, sondern kurzfristig als beste Freundin dazukam. Blondi hatte bereits an einer Gruppendiskussion teilgenommen, die ich durchgeführt hatte, als sie ein halbes Jahr in der 7. Klasse war (Gruppe *Kids*).

Zum Verlauf der Gruppendiskussion

Die Mädchen nahmen in sehr engagierter Weise an der Gruppendiskussion teil und ließen sich nicht – im Gegensatz zur Gruppe *Chillig* z.B. – durch das

---

18 Von Sylvia initiiert berichtet die Gruppe, wie sie „*an der Bong*“ ziehen (eine Haschischpfeife). Die Verneinung von Drogenkonsum könnte ein Hinweis auf die Passivität des „Hineingleitens“ in neuartige Erfahrungen sein, die nicht als aktives Drogenkonsumieren internalisiert werden.

19 Der Schulleiter erwähnte in seiner Rede eine über zwei Jahre zurückliegende durch die von der Polizei durchgeführte Taschenkontrolle („Razzia“) an der Schule. Die Polizei war von der Schulleitung informiert und gerufen worden. Die Razzia scheint zum *kollektiven Gedächtnis* der Schule zu gehören, denn sie erhält in sämtlichen Gruppendiskussionen, informellen Gesprächen mit LehrerInnen, der Verabschiedung der 10. Klassen sowie vormaligen Reden des Schulleiters einen Stellenwert. Erstmalig bei der Einweihung der Schülerfirma am 20.10.2001 konnte ich eine Rede des Schulleiters aufzeichnen, bei der die Razzia keine Erwähnung mehr fand.

Klingelzeichen an der Fortsetzung der Diskussion hindern. Es handelt sich um die einzige Gruppendiskussion, die sich fast über einen ganzen Schultag erstreckte. Wir unterbrachen die Aufnahme lediglich für eine ungefähr zwanzig Minuten dauernde *Raucherpause*, die auf die Bitte der Mädchen hin außerhalb der offiziellen Pausenzeit stattfand. Das Ende der Erhebung fiel mit dem Schulschluss zusammen. Mitschülerinnen holten die drei Mädchen ab und drängten, sie mögen sich beeilen.

Bereits der Beginn der Tonaufnahme ist charakteristisch für den gesamten Verlauf der Gruppendiskussion. Meral, Blondi und Sylvia äußerten gegenüber der Interviewerin – bevor die Eingangsfrage gestellt wurde – sich einmal selbst auf der Kassette hören zu wollen. Als sie hinzufügten, sich nicht zu trauen, vor der Interviewerin zu singen, verließ diese den Raum. Ungefähr nach einer Viertelstunde holte die Gruppe sie wieder hinzu. Die Jugendlichen hatten die Zeit genutzt, um aktuelle Krisen- und Ausgrenzungserfahrungen auf der Kassette festzuhalten. Diese Aufzeichnungen wollten sie nicht für sich behalten, sondern der Interviewerin vorspielen, sodass die Interviewerin bereits an dieser Stelle (es war noch keine Eingangsfrage gestellt worden!) in die innere Sphäre der Gruppe geholt wird, und zwar über das Medium der Tonbandaufzeichnung. Die benannten Themen kreisen um das Elternhaus, Liebes- und Beziehungsprobleme. Ferner intoniert die Gruppe gemeinsam und einzeln ‚Rap – Gesänge', in denen Probleme auf einer symbolischen bzw. imaginären Ebene verarbeitet werden. Dieses Muster der Sphärenvermittlung zwischen Innen- und Außenverhältnis, also zwischen der Gruppenmoral im Verhältnis zur Interviewerin als Vertreterin der dominanten Moral, wiederholt sich auch während des Interviews, als die Gruppe über den Alkoholkonsum von Blondis Mutter spricht. Nachdem Sylvia kommentiert: „*Jetz haben Sie aba viel gehört*", ergänzt Blondi (die Passage konkludierend) „*aber hier kann man ja vertraun*", eine weitere Bestätigung für die Interviewerin, dass die Gruppe ein auch die Interviewerin umfassendes Innenverhältnis hergestellt hat und Milieudifferenzen überwindet.

Die Gruppe bat die Forscherin nach Beendigung der Gruppendiskussion, das Aufnahmegerät ein weiteres Mal mitzubringen, damit sie Gelegenheit hätten, ihren Freunden Nachrichten über die Tonkassette zu übermitteln. Auch zeigten sie sich sehr interessiert an einer Kopie der Gruppendiskussion. An dem Tag, an dem die Interviewerin ihnen die Kopie der Aufnahme überreichte (25.01.2001), zogen sie sich in der zweiten großen Pause mit dem Aufnahmegerät der Interviewerin zurück und nahmen erneut einige ‚Botschaften' auf. Wir hatten zuvor vereinbart, dass diese Aufnahme keine Verwendung in meiner Arbeit finden würde.

Haltung zur Schule/Selbstverortung

Während die prekäre Balance zwischen schulischer Vorder- und Hinterbühne in der Gruppe *Schlüssel* in *kontrakultureller* Weise verhandelt wird, nutzt die Gruppe *Mikrofon* die Ressourcen der Schule für eigenständige Orientierungen, wobei die schulische *Hinterbühne* zur *Vorderbühne* avanciert. Im Gegensatz zur Gruppe *Schlüssel* arbeitet sich die Gruppe *Mikrofon* nicht an den durch die LehrerInnen qua Position vertretenen Rollen und Verfahrensprogrammen der *dominanten Kultur* ab, um auf diese Weise eine Orientierung zu gewinnen. Stattdessen instrumentalisieren sie die Schule wie selbstverständlich für ihre milieuspezifischen Belange, als

> „eine Welt in sich selbst, die Vitalität und Kontinuität nicht indirekt von der dominanten gesellschaftlichen Kultur ausleiht, sondern aus sich selbst heraus gewinnt" (Sack 1971, S. 274).

Trotz einer relativ gesicherten, eher selbstverständlichen moralischen Praxis jenseits der dominanten Moral erfolgt dennoch eine Auseinandersetzung mit Formen von moralischer Degradierung, wie zu zeigen sein wird. In diesem Prozess rückt die Suche nach einer bedingungslosen Akzeptanz der personalen und sozialen Identität in den Vordergrund, und zwar in Form von „symmetrische(r) Reziprozität" (Youniss 1984, S. 40) zwischen LehrerInnen und SchülerInnen. Bei der *symmetrischen Reziprozität* sind die Interaktionsteilnehmer gleichgestellt, die Beiträge von Sprecher und Zuhörer wechseln einander ab und haben eine gleiche Gewichtung (vgl. ebd.). Zudem wird eine „Rolle" durch „wechselseitiges Geben und Nehmen" hervorgebracht (ebd., S. 42). Die unmittelbare Begegnung – ohne jegliche vergleichende, an Anstrengung und Leistung gebundene Beurteilung – und die Gemeinschaftlichkeit blenden die dem schulischen System immanente soziale Differenzierung zwischen SchülerInnen und LehrerInnen aus. Oder mit anderen Worten: Eine *komplementäre* Form der *Reziprozität* (vgl. Youniss 1984, S. 40), die kennzeichnend für die Kommunikation im Rahmen einer Autoritätsbeziehung zwischen LehrerIn und SchülerIn ist, wird in dieser Gruppe zugunsten einer subkulturellen Moral des schulischen Unterlebens verändert. Die Gruppe *Mikrofon* nutzt den Besuch der Schule als Vorbereitung auf das Erwachsenenalter, das aus der Sicht der Jugendlichen zutiefst mit heterosexueller Identität verbunden ist, sodass die aktuelle Orientierungssuche nach positiven und negativen Standards von Weiblichkeit, das Einüben in eine weibliche Rolle, auch in der Schule stattfindet bzw. für diese Gruppe Schule bedeutet und ausmacht. In diesem Zusammenhang setzen sich die drei Mädchen mit Etikettierungen auseinander, und zwar mit der Etikettierung als *Hure*. Wenn Eva Breitenbach die Mädchengruppe als „Supervisionsort bei der Konzeption und Durchführung von Liebesbeziehungen" (2000, S. 311) beschreibt, so trifft dies auch auf diese Gruppe zu, wobei die Unterstützungs-, Beratungs- und Supervisionsfunktion hier auch auf LehrerInnen und SchulsozialarbeiterInnen, auf den schulischen Raum insgesamt, ausgeweitet wird. Die Enaktierung der milieuspezifischen Erfahrungen findet im öffentlichen Raum, in der Schule bzw. im schulischen Unterleben statt.

Die aktive Überwindung von Milieudifferenzen (zwischen dominanter und subkultureller Moral) bezieht sich nicht nur auf die schulische Vorder- und Hinterbühne, sondern auch auf das Verhältnis zwischen der Interviewerin und der Gruppe. So lässt sich bereits der eingangs erwähnte Beginn der Gruppendiskussion (unmittelbar vor dem folgenden Transkriptionsausschnitt) in dieser Lesart rekonstruieren, in der die Gruppe die Interwierin an ihrem Erfahrungsraum teilhaben lässt. Prekär wird die Vermittlung der Perspektiven in dieser Gruppe nicht im Verhältnis zu den LehrerInnen, nicht in Bezug auf den (ausgeblendeten) Lern- und Leistungsbereich, sondern aufgrund von Erfahrungen der Degradierung und Etikettierung ihres Milieus, wie es sich bereits anhand der Eingangspassage rekonstruieren lässt:

[Mikrofon, Eingangspassage: 121-136]

Sylvia: Was soll man sagen, die Schule is hier
eigentlich nichts Besonderes, (2) Dreck. (2)

Blondi: Ich wollte erst gar nicht auf die Schule
rauf, °weil was man hier so gehört hat°.

Sylvia: Ich denk mal so, die Schule, die is n
bisschen bescheuert, ich meine da hört man
einer erzählt einer erzählt irgendwas
((Läuten der Schulglocke)) und dis stimmt
gar nich, #innerhalb einen Tag#

Blondi: #denn weiß es die ganze# Schule

Sylvia: Denn weiß es die ganze Schule und denn wird's
auch so rum erzählt und dabei

Meral: stimmt das gar nich.

Sylvia: #stimmt nich#

Blondi: #der eine fasst# dis so
und die andere fasst dis so auf.

Die Proposition über die Schule, die Sylvia einbringt, wird wie selbstverständlich von der Gruppe nur auf die MitschülerInnen bezogen, die SchülerInnen allein bilden die „Institution Schule“. Die Gruppe ist sich einig in der Wahrnehmung der Schule und berichtet interaktiv sehr dicht (Fokussierungsmetapher), bzw. sogar in einer Weise, die sich darstellt als ob *eine* Schülerin sprechen würde[20]. In paralleler Diskursorganisation[21] entfalten sie eine gemeinsame Orientierung, ein Indikator für einen konjunktiven Erfahrungsraum, für kollektive Erlebniszentren, die konstitutiv für das Milieu sind. Wie im weiteren Verlauf des Diskurses erkennbar wird, handelt es sich um eine Gruppe, die miteinander sehr vertraut ist, in der Erfahrungen stets als gemeinsame Erfahrungen erzählt werden.

Sylvias Proposition ist zweigeteilt: Zum einen enthebt sie die Schule jeglicher Exklusivität, sie ist „*eigentlich nichts Besonderes*“(122), sie fühlt sich von ihr nicht tangiert. Diese Distanznahme ermöglicht es ihr auf der anderen Seite, festzustellen, dass die Schule „*Dreck*“ (122) ist. Ihr haftet eine Schicht an, die einer Kontamination nahe kommt. Blondi, die (wie auch andere Gruppen, z.B. Gruppe *Schlüssel*) die Unfreiwilligkeit des Schulbesuchs herausstellt, liefert eine Begründung, die an keine Situation gebunden ist und mithin Allgemeingültigkeit erzeugt („*was man hier so gehört hat*“, 124).

Durch die sich dokumentierende Verbindung zwischen der moralisierenden Außenperspektive auf die Schule und den Gerüchten, legt die Gruppe gleich zu Beginn der Diskussion dar, dass es nicht die Handlungspraxis ist, die eine negative Wahrnehmung der Schule begründet, sondern das Reden über diese Handlungspraxis, die der Praxis enthobenen Gerüchte[22]. Durch diese Differenzierung klammern die Jugendlichen eine problematische Perspektive aus und eröffnen sich über die Delegation von Problemen in die imaginäre Ebene der Realität neue Handlungsperspektiven. Diese Praxis wird noch konturierter hervortreten. Das Abarbeiten an moralisierenden (Fremd-) Etikettierungen ist nicht nur konstitutiv für die *Mikrofon*-Jugendlichen, sondern für die Gruppen dieses Typus insgesamt. Sylvia verweist auf diese Diskrepanz zwischen ihrem Handeln und der Etikettierung, die sie nicht übernehmen („*da hört man einer erzählt*“, 126f.). Im Kontrast zur Gruppe *Schlüssel* agieren sie allerdings nicht auf dem Weg der Umkehrung von Etikettierungen. Eine ursprünglich private Angelegenheit wird durch die Gerüchte öffentlich, was eine Verletzung der inneren Sphäre des Erfahrungsraums der Mädchen bedeutet.

Meral beginnt – und wird dabei sofort von der Gruppe unterstützt – im Folgenden mit einer Exemplifizierung des Gesagten:

```
     [Mikrofon, Eingangspassage: 137-153]

137 Meral:                              Bei mir ham
138             sie erzählt, dass ich ähm (.) mit ganz
139             vielen Jungs rummache
140             #und so und dabei stimmt das gar nich#
```

20 siehe die Fortführung des Satzes von Sylvia durch Blondi, Zeile 130

21 Parallele Diskursorganisation: 1.) Zeile 129/130: Sylvia beginnt einen Satz, dessen zweiter Teil von Blondi vorweggenommen wird; 2.) Zeile 132/133: Meral komplettiert den Beitrag von Sylvia.

22 siehe auch im passageninternen Vergleich den folgenden Transkriptionsausschnitt

Sylvia: #Ja, dass wir angeblich, dass wir an#geblich Huren sind

Meral: Ja, ich war mit zwei Jungs auf dieser Schule zusammen und gleich wurde son Gerücht rumerzählt.

Sylvia: Ja, ich war auch, also ich war mit einem Jungen hier aus der Schule unter anderem (.), war hier auch auf der Schule, aber aus andern Gründen, ja und dann wurde das auch so erzählt, ja angeblich ne Hure und so, die und jenes ((Schnalzen)). (2)

Blondi: Ja, hier gehn immer Gerüchte rum.

Die Mädchen fühlen sich durch die Mitschüler diskreditiert, und zwar hinsichtlich der Gerüchte über die Aufnahme heterosexueller Beziehungen[23], die sozialen Bezüge des geschlechtsspezifischen Erfahrungsraums betreffend. Auffallend in der Darstellung ist auch in dieser Gruppe die institutionelle Angebundenheit der Suche nach Orientierung. So wie die Jungen in der Gruppe *Chillig* innerhalb des „Mikrokosmos Schule" aushandeln, ob sie kriminell sind oder nicht bzw. für kriminell gehalten werden, sehen sich die Mädchen innerhalb der Schule mit dem Etikett der „*Hure*" konfrontiert[24]. Die institutionelle Bindung der Gruppe, die die Assoziation an eine „totale Institution" (Goffman 1973) entstehen lässt, wird unbewusst von Sylvia hervorgerufen. Sylvia erwähnt, dass der Junge, mit dem sie „*zusammen*" war, die Schule „*aus anderen Gründen*" (149) besucht hat. Der Schulbesuch an der H-Schule ist demnach kein selbstverständlicher Vorgang, sondern es existieren variierende Gründe hierfür.

In Anlehnung an Goffman kann festgehalten werden, dass auch für Sylvia nicht mehr das Zusammensein mit dem Jungen im Mittelpunkt steht, sondern die Institution, in der Reaktionen auf das Zusammensein hervorgerufen werden. Die Beziehungspraxis wird von den Mädchen in keiner Weise morali-

23 Die „äußerst hartleibigen internalisierten moralischen Prinzipien und die in der Pubertät verstärkt eintretende informale und formale Kontrolle (stehen) dem Experimentieren mit Sexualität sowie alternativen Lebensentwürfen im Wege. (...) Mädchen aus unterprivilegierten Lebenskontexten sind oft rigiden Geschlechtsrollenstereotypien ausgesetzt. Sie können sich außerdem nur selten durch Bildung, Ausbildung und Beruf eine eigene Existenzabsicherung und damit einen größeren Handlungsspielraum verschaffen. Viele Mädchen erfahren am eigenen Körper den Widerspruch, daß sie sich an sexualunterdrückenden Normen orientieren müssen und daran gemessen werden, daß sie aber auch mangels Alternativen, durch sexuelle Attraktivität und Unterwerfungsbereitschaft ihren „Marktwert" erhöhen können" (Ziehlke 1992, S.34).

24 Die Bezeichnung „Hure" impliziert kein Abweichen von einer für weiblich erachteten Rolle, sondern die übersteigerte Erfüllung derselben.

siert, sodass Meral keine Veranlassung sieht, der Interviewerin ihre Beziehung zu zwei Jungen näher zu erläutern.

Die Gruppensolidarität fußt auch in dieser Gruppe auf Abgrenzungen gegenüber MitschülerInnen:

```
    [Mikrofon, Passage Gerüchte: 934-948]

934 Sylvia:                       #Weiß# jetz auch nich
935          genau, wer dis erzählt hat, aber wir ham n
936          Maulwurf in ner Schule, der kr, der is
937          überall unterm Boden, wahrscheinlich der
938          sagt dis #oder die sagt dis#

939 Meral:              #((Lachen))        #

940 Sylvia:  Maulwurf hat ne dicke große Brille und geht
941          in ner 9.2, is ein Mädchen, die is ganz
942          klein
943          #und die is für gar nich viel zu haben#

944 Meral:   #@Man, bist du gemein@, sag doch den Namen#

945 Sylvia:  Und die heißt Anne Hüttel.

946 Meral:   ((Lachen))

947 Sylvia:  Ein ganz schlimmes Weib is dis.
948          Sie is auch auf den Strich gegangen.
```

Während in anderen Gruppen die Dichotomisierung genutzt wird, um Innen- und Außenseiter zu definieren (so grenzt sich die Gruppe *Chillig* von den „*Kranken*" ab, die verprügelt werden und die Gruppe *Schlüssel* von den „*Behinderten*", die gehänselt werden) und das eigene „Playing cool" (Thimm 1999, S. 65) als schulisch wesentliche Fähigkeit zu demonstrieren, macht in dieser Gruppe der Versuch, Kontrapunkte gegen die moralische Diskreditierung zu schaffen, die eigene situative Verstrickung deutlich: In gleicher Weise, wie sie sich über die Praxis der Nachrede durch Gerüchte beschweren, wehren sie sich gegen diese mit identischen moralischen Mitteln. Dazu gehört, dass Sylvia sich nicht in direkter Weise von einer Mitschülerin abgrenzt, sondern sie sich ebenfalls auf ein Gerücht beruft, eine Information, von der sie aus zweiter oder dritter Hand Kenntnis hat: „*weiß jetz auch nich genau, wer dis erzählt hat*" (934f.). Sylvia entlastet sich somit, denn nicht sie bezeichnet eine Mitschülerin als „*Maulwurf*" (940), sondern unbenannte Dritte. Die Metapher des *Maulwurfs* fügt sich in die gruppenspezifische Mediatisierung des Diskurses, der Maulwurf als personifiziertes Medium der Spionage[25]. Das Lachen von Meral dokumentiert, dass es sich auch an dieser Stelle

25 Die Metapher des Maulwurfs ist derzeit über die Medien sehr verbreitet und kann somit für einen geläufigen Ausdruck gehalten werden.

um eine konjunktive Erfahrung handelt, in der gruppeninterne Einigkeit besteht, wer gemeint ist. Mit der nun folgenden Beschreibung gelingt es Sylvia, die Mitschülerin abzuwerten, sie als nicht begehrenswert darzustellen und als negativen Gegenhorizont zu funktionalisieren. Sie wird mit dem Kommentar belegt: „*die is für gar nich viel zu haben*“ (943), ein Kontrast zum Ehrgefühl / Ehrenkodex der Gruppe. Sie hat keinen Wert und keine Prinzipien im Gegensatz zu ihnen. Meral kommentiert die Beschreibung (die – wie in den anderen Gruppen – auf Äußerlichkeiten bezogen ist) von Anne als Gemeinheit. Der Kommentar dient allerdings keiner Distanzierung, wie Meral lachenderweise dokumentiert. Sie amüsiert sich über die gelungene Darstellung der Mitschülerin und steigert den Diskurs, indem sie Sylvia auffordert, die Schülerin namentlich zu benennen und damit unverwechselbar auf dem Tonband ‚einzufangen‘.

Diese Mitschülerin übertrifft die Gruppe in ihrer eigenen habituellen Praxis, sie wird zur Konkurrentin, die abgewertet werden muss, ein „*schlimmes Weib*“ (947). Anne hat den schulisch geschützten Raum der Beziehungen zu den Jungen verlassen, ist „*auf den Strich gegangen*“ (948). Somit können die Mädchen quasi beweisen, dass die Etikettierung „Hure“ auf sie nicht zutrifft. Nach einer weiteren Exemplifizierung[26] wird die Passage von der Gruppe rituell (durch Lachen) konkludiert.

Im Anschluss wendet sich Meral mit der Bitte um Fragen an die Interviewerin. Diese konstatiert daraufhin, es sei bereits über Schule gesprochen worden und subsumiert die bisherigen Ausführungen damit unter einen schulischen Aspekt. Sie markiert eine Fremdheit gegenüber dem Schulalltag und bittet die Gruppe zu erzählen, was ihnen „*gefällt oder nicht gefällt*“ und „*wie der Schulalltag so ist*“.

```
    [Mikrofon, Passage Gerüchte: 956-979]

956 Meral:  Na als ich ähm mich hier anmelden wollte und
957         dis Freunden erzählt habe, dass ich auf die
958         H-Schule gehen will, da ham se gleich
959         gesagt, oh Gott, nich auf die H-Schule, dis
960         is ne Schlägerschule //Blondi:Ja//, da wird
961         ganz viel mit Drogen gehandelt und so und
962         aber mir blieb keine andere Wahl, auf den
963         andern Schulen ham se mich nich angenommen,
964         weil ich zweimal sitzen geblieben bin und na
965         musste  ich halt auf die Schule. Und als ich
```

26 Blondi, die sich an der Exemplifizierung bisher nicht beteiligt hat, bringt an dieser Stelle noch einen Jungen als negativen Gegenhorizont ein, „*der nennt sich Fummler*“. Sein selbstgewählter sexualisierter Name scheint ihn als Gegenhorizont zu prädestinieren. Sie greift den gewählten Darstellungsmodus innerhalb des Diskurses auf und benennt auch diesen Jungen namentlich. Die Kollektivität der Gruppe wird durch Blondis Beitrag unterstrichen.

dann raufgekommen bin, hab ich, also wurde ich gleich am ersten Tag, gleich schon richtig angemacht worden, aber nach vier Wochen oder so, hab hab ich mich mit den Leuten vertragen, jetz versteh ich mich eigentlich auch ganz gut mit der ganzen Schule, bloß mit m paar Mädchen, die (.) was ich nich verstehe, die neidisch sind oder so, weil ich halt mit Jungs zusammen war und die erzählen halt auch immer Scheiße hinter meinem Rücken und die soll auf dieser Schule die Nummer eins sein mit Gerüchten und dis meinte auch n Lehrer zu mir, dass ich aufpassen soll und so.

Die Fragestellung der Interviewerin wird von der Gruppe als Bestätigung behandelt, wieder zu ihrem eigentlichen Thema zurückkehren zu können, sodass der begonnene Diskurs über den Ruf der Schule fortgeführt und in konturierter Weise deutlich wird, dass nicht der Schulalltag den Mädchen Probleme bereitet, sondern die Gerüchte. Die Probleme mit dem „Ruf" der Schule betreffen nicht die Leistung, sondern die Moral. Als Meral ihre Ausführungen nicht mit dem aktuellen Schulbesuch, sondern mit ihrer Anmeldung für diese Schule beginnt, verdeutlicht sie die Probleme mit der öffentlichen Degradierung („*Schlägerschule*", 960) und kann diese dann mit dem von dem Ruf unabhängigen Erleben des schulischen Alltags kontrastieren („*jetz versteh ich mich eigentlich auch ganz gut mit der ganzen Schule*", 970f). Problematisiert wird der Wechsel von der zuvor besuchten Realschule auf die Hauptschule von Meral im Hinblick auf eine Außenperspektive, der Warnung vor dem Besuch der Schule durch den Freundeskreis. Der Besuch der Hauptschule stellt sich als Schicksal dar, in das sie sich eingefügt hat („*na musste ich halt auf die Schule*", 964f.). Zu Beginn erlangt der Darstellungsmodus Relevanz, der noch der Außenperspektive verhaftet ist („*gleich am ersten Tag gleich schon richtig angemacht*", 967), um mit der zwischenzeitlich gewonnenen Innenperspektive – als neu gewonnene Existenzweise – kontrastiert zu werden („*jetz versteh ich mich eigentlich auch ganz gut mit der ganzen Schule*", 970ff.). Die anfängliche Beziehung zu den MitschülerInnen (den „*Leuten*" als den ursprünglich Anderen) bezeichnet Meral als „*vertragen*" (970), während sie in der aktuellen Phase ein perspektivenreziprokes „*verstehen*" wahrnimmt. In der Elaboration des Rufs der Institution dokumentiert sich auch eine allgemeine (milieutypische) Auseinandersetzung zwischen ihrem peer – Milieu und der gesellschaftlichen Öffentlichkeit: es geht um Ausgrenzung. Aus ihrem *subkulturell* geprägten Milieu werden sie durch die Schule nicht herausgeholt, sondern erst richtig hineinsozialisiert. Dies zeigt sich auch im sprachlichen Wechsel von der ursprünglichen Distanz der Gruppe gegenüber den sozialen Bezügen in der Schule zum aktuellen internen Umgang innerhalb des Gleichaltrigenmilieus.

Im Anschluss an die Elaboration des Rufs der Institution geht Meral abschließend auf den Ruf des Individuums in der Institution Schule ein: Auch in ihrem Handeln, dem sie moralisch indifferent gegenübersteht („*... paar Mädchen, die (.) was ich nich verstehe, die neidisch sind oder so ...*“, 972ff.), muss sie aufpassen, dass sie ihren eigenen Ruf nicht gefährdet. Wenn Meral erzählt, dass ein Lehrer ihr rät, auf ihren Ruf zu achten (und nicht das Handeln untersagen will), deutet sich an, dass die LehrerInnen nicht im Rahmen von Leistung und Wissensvermittlung wahrgenommen werden, sondern die Überwindung von Degradierung und Etikettierung auch in dieser Hinsicht im Zentrum steht.

Die Gruppe stellt nun (hier nur zusammenfassend dargestellt) die Ausbreitung der Gerüchte über den schulischen Raum hinaus dar: Die Gerüchte verbreiten sich innerhalb des Bezirks, in dem sich die Schule befindet, derartig schnell, dass ein Zeitungskauf überflüssig wird und selbst eine Oma weiß wer mit wem „gepoppt“[27] hat. Die Konfrontation mit den Reaktionen und der moralischen Degradierung seitens der ortsgesellschaftlichen Öffentlichkeit wird somit auf einer weiteren Ebene von den Mädchen verhandelt. Im Anschluss an die Auseinandersetzung mit den öffentlichen moralischen Prinzipien geht es der Gruppe um die moralischen Prinzipien im peer – Milieu. Das heißt, die Gruppe wechselt von der Erörterung des Verhältnisses zwischen der peer group und der äußeren Sphäre (Öffentlichkeit) zur Betrachtung des Innenverhältnisses zwischen ihrer peer group und anderen Mädchen. Zwischen verschiedenen Mädchengruppen existiert eine *Hackordnung*, die verhandelt werden muss:

```
[Mikrofon, Passage Gerüchte: 989-996]

Sylvia:  Oder halt man es wird auch erzählt, ja sie
         und sie is ne Schlägerbraut und vielleicht
         hat man sich irgendwann mal gewehrt oder so
         vielleicht stimmt dis auch alles gar nich,
         dass man so richtig stark ist oder so und
         dann komm da irgendwelche Mädchen, die wolln
         dich zu-zusammenschlagen, die denken so, du
         bist stark und dabei stimmt das gar nich.
```

Die Mädchen werden mit der Fremddefinition „*Schlägerbraut*“ konfrontiert. Der Ausdruck „Schlägerbraut“ wird erst plausibel, wenn man ihn dahingehend interpretiert, dass sie die Bräute sind, die sich um Jungen schlagen.

Sylvias Rahmung des Gerüchts findet sich in der Perspektive des Labeling Approach wieder, nach dem es die Fremddefinitionen sind, die qua Übernahme durch die etikettierte Person allmählich Devianz in Form von sekundärer Devianz generieren. In der Unsicherheit hinsichtlich der eigenen Stärke, die andere provozieren kann, zeigt sich, dass „stark“ sein hier zu einer nicht

---

27 „Poppen“ ist ein jugendsprachlicher Ausdruck für Geschlechtsverkehr ausüben/praktizieren.

moralisierenden Kategorisierung von Kampfbereitschaft oder Aggression wird, Stärke und Kampfbereitschaft demzufolge nicht differenziert werden. Die Art und Weise der Darstellung, in der keine konkreten Handlungsanlässe für Schlägereien berichtet werden, ist erklärbar, sofern es sich um rituelle Auseinandersetzungen handelt, bei denen nur der starke Gegner ein richtiger Gegner ist und somit Prestigegewinn verschafft.

Ob es sich um außerschulische oder um innerschulische Auseinandersetzungen handelt, ist nicht ersichtlich und schließt insofern an die zuvor erfolgte Aufhebung der schulischen Grenzen (im Rahmen der Erzählung über Reaktionen der Öffentlichkeit) an.

Unmittelbar im Anschluss an die obige Passage geht Meral darauf ein, was sie an der Schule „*cool*“ findet:

```
     [Mikrofon, Passage Schulalltag: 997-1014]

997  Meral:   Oder, was ich an dieser Schule ähm cool
998           finde is ähm, dass die Lehrer so (.) mh wie
999           soll ich sagen, also die sind so viel
1000          lockerer als auf den anderen Schulen, aufm
1001          Gymnasium oder auf ner Realschule, ich komm
1002          ja von ner Realschule und da, wenn man wenn
1003          man da sich mit m Lehrer unterhalten hat und
1004          irgendwie ähm nett war zu dem Lehrer ham se
1005          dis gleich als Schleimen gesehen und hier
1006          kann man ähm mit m Lehrer ganz locker und
1007          cool reden über Familie, Freunde und so was
1008          und die fragen auch, ob man n Freund hat
1009          oder nich und so, dis find ich an dieser
1010          Schule eigentlich total cool oder man kann
1011          Späße mit den Lehrern machen und die sagen
1012          nichts oder die machen Späße zurück und so
1013          also dis schätz ich an dieser Schule sehr.
1014          (3)
```

Meral scheint gar nicht daran interessiert zu sein, wie sich ihr Beitrag zu dem vorher Gesagten verhält, jedenfalls verwendet sie keine Redewendung, die den Diskurs auf eine neue Ebene führt. Indem sie anschließt „*oder, was ich an dieser Schule ähm cool finde*“, könnte davon ausgegangen werden, dass sie weiterhin auf die Eingangsfrage von der Interviewerin reagiert, ein neues auf den Schulalltag bezogenes Thema einbringt. Meral lässt den Erfahrungshintergrund der zuvor besuchten Realschule für unterschiedliche Schulen und Schulformen gelten. Sie stellt das Bild der Lehrerschaft der Realschule als negativen Gegenhorizont der jetzigen Lehrerschaft der Hauptschule (positiver Gegenhorizont) gegenüber.

Das Unterhalten mit Lehrkräften auf der Realschule gerät zum Anbiedern an eine Hierarchie aus einem anderen Milieu, es wird zum „*Schleimen*“. Zwischen den LehrerInnen und den SchülerInnen wurde im Gespräch eine Milieuhierarchie perpetuiert, denn vor dem Hintergrund von Bemühungen der Überwindung einer unterstellten Milieu- und Statusdifferenz wird eine Kommunikation zum „*Schleimen*". Diese beiden Differenzen in Bezug auf das Milieu und den Status existieren für Meral (und für die Gruppe) an der H-Schule nicht, vielmehr stellt Meral die Aufhebung der Differenzen heraus. Sie betont, dass in hierarchischer Hinsicht keine Differenz zwischen den Milieus existiert (es geht nicht um die faktische Differenz aufgrund des Statusunterschiedes LehrerInnen-SchülerInnen). Die LehrerInnen können zurückscherzen: „*man kann Späße mit den Lehrern machen und die sagen nichts oder die machen Späße zurück*" (1010ff.). Es entsteht eine wechselseitige – sich gegenseitig respektierende Anerkennung – auf menschlich/kumpelhafter Ebene zwischen LehrerInnen und SchülerInnen, in der es trotz Differenzen zu reziproken Handlungen kommt. Es deutet sich bereits an dieser Stelle an, dass es sich um „Tauschakte" in Form einer symmetrischen Reziprozität handelt, die richtungslos und in sich abgeschlossen sind, also sich nicht in die Zukunft erstrecken (vgl. Youniss 1984, S. 51). In der direkten Kommunikation mit den LehrerInnen werden nicht nur Milieu-, sondern auch Alters-, Status- und Geschlechterdifferenzen suspendiert, wie es im passageninternen Vergleich noch deutlicher wird. In der fallexternen komparativen Analyse wird deutlich, dass das Problem der Milieudifferenz eine Dimension darstellt, die in allen Gruppendiskussionen eine Rolle spielt, allerdings ganz verschieden erlebt und bewältigt wird.

Das Konfligieren der Milieus ist in der Gruppe *Schlüssel* ebenfalls deutlich rekonstruierbar. Zur Veranschaulichung wird eine thematisch vergleichbare Passage im Rahmen der komparativen Analyse herangezogen. Vor dem untenstehenden Transkript tauscht sich die Gruppe *Schlüssel* darüber aus, wie die Schüler in den jeweiligen Klassen Klassenbücher verschwinden ließen und liefert verschiedene Beispielerzählungen, nach deren „Abarbeiten" es zu einer zwölf Sekunden dauernden Pause kommt. Im Anschluss an diese Pause setzt Lilos Kommentar ein:

[Schlüssel, Passage Tadel: 8346-8375]

Lilo: (12) Aber bei denen läuft das sowieso anders. ( ) Wir ham nämlich so ne Lehrerin, die sich immer Sorgen um uns macht.

Tanja: Dis machen die Lehrer bei uns zwar auch, aber

Lilo: Dis is aber bei uns dis Problem, weil bei unsere Lehrerin, die ruft sofort an,//I:Ja?//Frau Weber.

8356 Tanja: Bei uns immer Frau Sommer, nur wenn Frau
8357 Sommer jetz # Herr X #

8358 Lilo: # bei uns# (hat sie oft
8359 angerufen und so oder Frau Z).

8360 Tanja: Aber denn beschwert er sich ja nich über
8361 mich, sondern immer über jemand anderen.
8362 Wenn jemand sein Sportzeug nich bei hat oder
8363 so.

8364 Andi: Hä?

8365 Lilo: °Und jetz sind wir beide so von ner Lehrerin
8366 aufm Kieker.°

8367 Corinna: Dis is bei uns immer so, bei uns is
8368 immer so Frau Weber
8369 #nimmt immer zwei, zwei Mädchen und#
8370 Lilo: #weil die mag die Dickeren immer#

8371 Corinna: zwei Mädchen und zwei Jungs hat sie
8372 immer aufm Kieker. Im Moment sind wir wieder
8373 dran.(3)

8374 ?: ((flüstert:)) ( )

8375 Lilo: Jetz ham wa nichts mehr zu sagen.

Lilo weist auf die Verschiedenartigkeit der lehrerabhängig gesammelten Erfahrungen hin, die sich grundlegend von den Erfahrungen ihrer Mitschülerin Tanja in der Parallelklasse unterscheiden (Andi besucht die 7. Klasse, also eine Klassenstufe unter den Mädchen). Die zuvor gemeinsam von der Gruppe unter Lachen vorgetragenen Beispielerzählungen unterlagen keiner moralischen Wertung. Diese gemeinsame Handlungspraxis der Jugendlichen wird nun allerdings von der Lehrerin, Frau Weber, unter moralischen Gesichtspunkten gewertet und damit in einen anderen Rahmen gestellt. Die Lehrerin belässt die Interaktion nicht im schulischen Raum, sondern ruft zu Hause an. Lilo stellt dabei den Vorgang selbst in den Vordergrund, den Übergang von A-moralität zu Un-moralität („*dis is aber bei uns dis Problem*"), die eigentliche Zielgruppe des Telefonanrufs bleibt zunächst sogar ausgeblendet („*die ruft sofort an*"). Lilo klagt dabei die Lehrerin nicht an, sondern äußert sich in sehr differenzierter Weise. Die Lehrerin macht sich Sorgen. Die Sorgen bilden die Grundlage, den Nährboden für das vermeintlich problematische und fragwürdige Handeln. Ein pädagogisches Grenzensetzen wird aus der Perspektive der SchülerInnen zu einer Grenzüberschreitung, denn Lilo (und die Gruppe) werden in dieser Situation nicht als gleichwertige Interaktionspartner betrachtet, sondern die Lehrerin zieht eine weitere – zur Kontrolle fähige – Instanz hinzu.

Wie bereits für diese Gruppe herausgearbeitet, ist Tanja diejenige, die in der Lage ist, degradierungsfähiges Handeln[28] im Keim zu ersticken bzw. umzudeuten. In dieser Passage gelingt ihr die Umdeutung durch die Verlagerung der Beziehungsebene innerhalb des Diskurses: Während es der übrigen Gruppe um die Beziehung zwischen LehrerInnen und SchülerInnen geht, rekurriert Tanja auf die Ebene der SchülerInnen, auf die intragruppenspezifische Beziehungsebene: „*Aber denn beschwert er* [der Lehrer, Herr X, ist gemeint, C. S.] *sich ja nich über mich, sondern immer über jemand anderen*" (8360). Durch die parasprachliche Aufnahme der Äußerung durch Andi „*Hä?*" wird deutlich, dass Tanja sich auf Andi bezieht, er ist es, der einen Anlass für Moralisierungen seitens der Lehrer gibt[29].

Der Einwurf von Tanja bleibt von Corinna und Lilo unbeachtet, sodass Corinna wieder auf das Verhältnis zwischen den SchülerInnen und der exemplifiziert dargestellten Lehrerin eingeht. Da sich Corinna und Lilo den Degradierungsversuchen gegenüber direkt ausgesetzt sehen, elaborieren sie eine Erklärung, die sie von eigener Verantwortung entlastet. Sie stellen die Willkür der Lehrerin heraus, eine Ritualisierung der „Degradierungs-Zeremonie" (Garfinkel 1977, S. 31), die unabhängig von ihrem Tun durchgeführt wird, was sich besonders in der Wiederholung des Terminus „*immer*" zeigt. Während Lilo eine auf Äußerlichkeiten beruhende Distinktion vornimmt, wonach die Lehrerin die dickeren Schüler bevorzugen würde[30], stellt Lilo die Allgemeingültigkeit des Handelns der Lehrerin dar, die paarweise zwei Mädchen und zwei Jungen „*auf dem Kieker*" hat, also auch die Kategorie des Geschlechts keine Einflussgröße bildet, die Auswirkungen auf das Handeln der Lehrerin haben könnte.

Im Vergleich der Gruppe *Schlüssel* mit der Gruppe *Mikrofon* wird deutlich, dass der sich dokumentierende Wunsch nach milieuunabhängiger gleichwertiger Anerkennung durch die LehrerInnen in beiden Gruppen in identischer Weise vorhanden ist. Im aktuellen Erleben kommt es allerdings zu einer maximalen Kontrastierung, da die gleichartigen Erfahrungen von Meral an einen anderen Standort gebunden sind, nämlich auf die von ihr zuvor besuchte Realschule bezogen werden. Auf diese Weise wird ein negativer Gegenhorizont gebildet, um die aktuellen positiven Erfahrungen auf der H-Schule hervorzuheben:

---

28 Bohnsack spricht im Zusammenhang von Kriminalisierungs- und Ausgrenzungserfahrungen in Gruppen Jugendlicher von „kriminalisierungsfähigem Handeln" (z.B. 1995a,b), da die Jugendlichen durch ihr Handeln der Gefahr ausgesetzt sind, von außen kriminalisiert zu werden. Analog dazu schildert die Gruppe an dieser Stelle Potenziale der Lehrerin, die Degradierungen in sich bergen können aber nicht müssen.

29 Nebenbei betont Tanja hierdurch auch den Bekanntheitsgrad ihrer Beziehung: Der Lehrer weiß, dass Andi sich bei Tanja aufhält und weist Verantwortlichkeiten zu, beschwert sich bei Tanjas Mutter über Andis Verhalten (und nicht im Heim, in dem Andi lebt).

30 Dies ist gleichzeitig eine rückwirkende Legitimation, dass sie eben diese Schüler ärgern und damit eine *Technik der Neutralisierung* ihres Verhaltens (Sykes / Matza 1968, S. 360).

[Mikrofon, Passage Schulerfahrungen: 1064-1075]

1064 Meral: und ich hatte ja dann kein Probehalbjahr,
1065 aber halt blaue Briefe gabs, wo man
1066 schlechte Zensuren hat und so und dann hab
1067 ich bin ich noch mal leider sitzen
1068 geblieben. Aber ich denk auch, dass ähm
1069 irgendwie ich gar keine Lust hatte, dort
1070 irgendwie zu arbeiten oder so, weil die
1071 haben da einen eingeengt und wenn man da,
1072 wenn man n Lehrer erzählt hat, dass man zu
1073 Hause Probleme hat oder so, haben se gleich
1074 zu Hause angerufen, ham dis denen erzählt,
1075 ob dis stimmt und so (4)

In Merals Ausführungen zeigt sich, dass die Differenz zwischen dem Milieu der peer group und demjenigen der Lehrkräfte in der Realschule ein für sie vordergründiges Problem bildete. Auch hier wird die Missachtung der persönlichen und sozialen Identität der Schülerin durch die Lehrkräfte anhand der häuslichen Telefonanrufe deutlich („*ham dis denen erzählt, ob dis stimmt und so*“), sie fühlte sich „*eingeengt*“ (1071), eine gleichberechtigte Interaktion zwischen Schülern und Lehrern wurde unmöglich. Diese Differenz ist in der Gruppe *Mikrofon* auf der H-Schule nicht existent, im Gegensatz zur Gruppe *Schlüssel*, die genau dieses Problem für die H-Schule beschreibt, um sich allerdings davon absetzen zu können bzw. Degradierungsversuche nicht erleidend hinzunehmen, wie dies beispielsweise in der Gruppe *Fördern* (Typus der *primären Anpassung* an die Institution Schule) der Fall ist.

Der positive Gegenhorizont der Hauptschule, den Meral soeben entfaltet hat, wird von Sylvia (hier nur zusammenfassend dargestellt) mit dem für alle Schulen geltenden Merkmal, der Notenvergabe, kontrastiert. In dieser Hinsicht sind alle Schulen gleich, sodass auch schlechte Noten ähnliche „Begleiterscheinungen“ in Form von „*blauen Briefen*“ oder „*Weihnachtspost*“ nach sich ziehen, eine schriftliche Mitteilung mit Notenübersicht bei gefährdeter Versetzung an die Eltern. Diese Tatsache kreidet Sylvia den LehrerInnen nicht an, sie erscheint systemimmanent. Sie fährt fort (nicht abgedruckt), dass sie es nicht gut findet, ihr Zeugnis an ihrem Geburtstag zu erhalten. Nach vier Sekunden Pause sucht die Interviewerin nach einer Begründung. Sie verdeutlicht, dass sie den Zusammenhang noch nicht verstanden hat:

[Mikrofon, Passage Schulerfahrungen: 1084-1108]

1084 I: Wieso?

1085 Sylvia: #Ich denk mal so#,//#((Lachen))#// weil ich
1086 hab gar nich, ich hab mich gar nich
1087 angestrengt, angestrengt, ich hab einfach

keine Lust °dazu° gehabt. Ich hab, wir sind
umgezogen innerhalb des Halbjahres und ich
hab neue Leute kennen gelernt und
#ich dachte#

Blondi: #Dis blöde is# auch, dass wir keine Bücher
auf der Schule hier haben

Sylvia: ich dachte wir gehen einfach so=ich hab
einfach die Scheiße mitgemacht, was die
andern auch gemacht haben, also irgendwo
drauf gegangen, irgendwo chillen, also
chillen bedeutet rumhängen //I:Ja// mit
Leuten, einfach irgendwo, ich komm auch nach
der Schule, also zum Beispiel ich hab um
eins Schluss, ich wär um zwei zu Hause, ich
bin mal um fünf, um acht, um vier, drei,
kommt drauf an, wenn ich Lust hab, geh ich
nach Hause und wenn nich, denn °bleib ich
noch länger draußen°.(3) Und ich denk mal
so, meine Eltern haben auch gemerkt, dass
ich mich geändert habe, °meine Mutter und
so°.

Sylvia beschreibt einen Prozess der mit dem Kennen lernen *„neuer Leute“* verbunden ist. In der komparativen Analyse mit weiteren Gruppen (insbesondere der Gruppe *Fördern)* kann dieser Prozess als „retrogressive Milieubildung“[31] charakterisiert werden. Während sich dieser Prozess in den Gruppen höherer Jahrgangsstufen, in dieser Arbeit vor allem am Beispiel der Gruppe *Fördern* vorgestellt (siehe Kap. C.3.1), als ein Vorgang des *„immer weiter herunter Rutschens“* charakterisieren lässt, sieht sich Sylvia in die Geschehnisse eher mit Erstaunen (siehe die Akribie der Aufzählung von Uhrzeiten, wann sie nach Hause kommt) involviert, hier also vor allem bezüglich von entwicklungsgemäß gewonnenen bzw. von den Eltern zugestandenen Freiräumen. Das aktionistische Hineingleiten in eine neue Erfahrungswelt (zunächst über die Praxis des Imitierens: *„einfach die Scheiße mitgemacht“* 1095) wird insbesondere in der Art und Weise der sprachlichen Darstellung deutlich, beispielsweise durch die Wortverschleifung (*„so=ich“*). Es ist ihr noch nicht klar, was vor sich geht. Eine Dramatik wird diesem Prozess im Gegensatz zu der Gruppe *Fördern* nicht beigemessen, wird demzufolge in diesem Stadium nicht als ein „Herunterrutschen“ erlebt.

Der örtliche Fixpunkt/Treffpunkt bleibt die Schule. *„Nach der Schule“* (im Anschluss beginnt die örtliche Ungebundenheit) *„einfach irgendwo“* (die

31 In Anlehnung an die von Cressey herausgearbeitete „theory of retrogressive cycles“ (1932, S. 91) bzw. einen *retrogressiven* „life-cycle“ (ebd., S. 86).

Suche nach Neuem, das sich letztendlich doch in ritualisierter Form immer wieder als dasselbe entpuppt) *„drauf gehen“* und *„chillen“*. Zwischenzeitlich ist auch Sylvia zur Expertin für die inhaltliche Ausgestaltung des Zusammenseins geworden und kann der Forscherin erklären, dass „chillen“ „rumhängen“ heißt bzw. unterstellt sie der Interviewerin eine Fremdheit ihrem Erleben gegenüber. In der Erklärung des Begriffs *„chillen“* wird der Äußerung das Neuartige/Jugendtypische genommen. Es wird alltäglich und simpel, entpuppt sich als schlichtes *„rumhängen“* (1098). Ein weiteres Kennzeichen dieses beginnenden Prozesses ist es, dass Sylvia eine äußere Instanz heranzieht, die ihr einen Veränderungsprozess bestätigt, nämlich ihre Eltern.

Der parallelisierende Kommentar von Blondi, die Klage über fehlende Schulbücher, erlangt in dieser Gruppe keine Orientierungsrelevanz (im Gegensatz zur Gruppe *Fördern*, vgl. Kap. C.3.1). Während Blondi diejenige ist, die innerhalb des Diskurses exteriore Bedingungen benennt, die ihre Lage als aussichtslos erscheinen lassen, treten durch die fokussierte Interaktion die gemeinsamen Erfahrungen der Gruppe in den Vordergrund, die Blondis Einwürfe als Einzelmeinung unberücksichtigt lassen[32].

Die Lautsprechermetapher als Beispiel der Instrumentalisierung der Institution für milieuspezifische Belange

Wie gezeigt werden konnte, bewältigt die Gruppe *Schlüssel* den schulischen Alltag durch eine provokative Umkehrung der dominanten moralischen Prinzipien und Regeln, wobei die Jugendlichen auf stete Gegenreaktionen angewiesen sind. Im Kontrast hierzu „unterlebt“ (Goffman) die Gruppe *Mikrofon* die Schule wie selbstverständlich und nutzt die schulische – offizielle –Vorderbühne für ihre milieuspezifischen Belange. Die Nutzung der Schule als Medium der Konstitution eines milieuspezifischen Erfahrungsraums tritt in prägnanter Form auch in einer fiktiven Szenerie hervor, die von der Gruppe gemeinsam und interaktiv sehr dicht elaboriert wird. Auch an dieser Stelle des im Folgenden vorgestellten Diskurses handelt es sich also um eine Fokussierungsmetapher.

Die metaphorische Entfaltung der Proposition „Lautsprecher“ durch Sylvia setzt innerhalb des Diskurses ein, als Blondi die Durchführung der Gruppendiskussion als fragliches Medium der Verständigung mit den LehrerInnen problematisiert.

[Mikrofon, Passage Lautsprechermetapher: 1216-1256]

1216 Blondi: @Dis hörn die Lehrer doch sowieso nich!@ Wir
1217 labern hier n Scheiß.

32 vgl. zu diesem Verhältnis von kollektiver Orientierung und darin aufgehobener Einzelmeinung auch die Gruppe *Chillig* und die Ausführungen von Sir Sobieski, Kap. C.2.2.2

Sylvia: Is doch egal. Hoffentlich hörn die dis.

Div.: @4@

Blondi: @3@ @Thaddi Schulz, ich liebe dich!@

Sylvia: @(Lutscher)@ Ja also, was ich gut finde is an der Schule, dass es diese Lautsprecher überall gibt und ich denk mal so, wenn ich mal jemanden,

Blondi: @Dis müsste@ #man mal machen, so da# oben bei ( ) so

Sylvia: #wenn ich mal jemanden#

Meral: Ja, warte, # wartet dis müsste man#

Blondi: #@Thaddi Schulz ( )@#

Sylvia: #warte, **also oben** bei Frau# Sekretärin is ja vorne am Tisch und ich weiß da oben steht ja gleich ein Mikrofon

Blondi: #(bei)#

Sylvia: #und wenn man zum #Beispiel sagt, ja ich bin krank, also

Meral: #( )#

Sylvia: #wenn es einem# nich gut geht, denn kann man ja, wenn man rauf geht zum Sekretariat, kann man ja geradeaus runterlaufen, denn kommt man in so ein son eigenes Zimmer und denn is Sekretariat leer und wenn man jemanden fertig machen will, denn würd ich raten, hochgehen //Meral:((Lachen))// dass einer die Frau Sekretärin ablenken, und dann **LALA**: **Maulwurf, wir wollen dich nich wiedersehen**! Einmal durchsagen und

Blondi: #( )#

Sylvia: #wenn ma zum Beispiel# jemanden liebt, so wie sie jetz Thaddi, denn würd ich jetz gerne mal Lautsprecher benutzen und sagen: Thaddi, **Blondi liebt dich!** Kommst du mal bitte, unten in ner Mülltonne is alles für euch alleine @5@ Naja ich mein ja so, ich denk ma so ja, hier in ner Schulstation is alles für euch alleine. (2)

Div.: @5@

Blondis lachend gesprochener Kommentar bezieht sich auf den vorherigen Darstellungsmodus von Sylvia, die ihren Redebeitrag direkt an den Klassenlehrer der Gruppe („*Also Herr U, wir bitten Sie drum, behalten Sie die Briefe* ...“, 1212ff.) adressiert hatte. Aufgrund des Fortgangs der Diskussion lässt sich vermuten, dass Blondi den Diskurs nicht per se als „*Scheiß*“ (1217) titulieren möchte, sondern ihre Ausführungen erst zu „Scheiß“ degenerieren, wenn sie nicht gehört werden („*dis hörn die Lehrer doch sowieso nich*“).

Die Diskussion – und damit ihre Orientierungen – gewinnen an Wert, wenn die LehrerInnen sie auch wahrnehmen („*hoffentlich hörn die dis*“*)*. In anderen Gruppen äußern die Jugendlichen sich genau gegenteilig, sie suchen Vermeidungsstrategien bezüglich des Erhalts von Reaktionen durch die Lehrkräfte und äußern im Interview, dass das dort Gesagte ein Lehrer von ihnen niemals erfahren würde (Gruppe *Stärke*).

Diese kurze Interaktion zwischen Sylvia und Blondi bildet quasi den Vorspann zu der von Sylvia eingebrachten Proposition „*Lautsprecher*“ (1223). In der Gruppe besteht sofort Einigkeit über den Bedeutungsgehalt dieser Metapher, sodass der Exkurs in eine fiktive Szenerie von jeder der Teilnehmerinnen elaboriert werden könnte, Sylvia sich jedoch mit ihrem Redebeitrag durchsetzt. In der Entfaltung dieses Begriffes gelingt der Gruppe die Vermittlung zwischen milieuinterner und äußerer Perspektive, das Zusammenführen von „Vorderbühne“ und „Hinterbühne“ über technisch-organisatorische Möglichkeiten. Die Lautsprecheranlage als ein öffentlicher Apparat der Schule, ein Instrument, das zur Reibungslosigkeit des schulischen Ablaufs und zur Disziplinierung eingesetzt werden kann, wird zu einem Medium, um sich milieuintern, im konjunktiven Erfahrungsraum, besser verständigen zu können bzw. diesen Erfahrungsraum überhaupt zu etablieren. Die ganze Schule wird zum schulischen „Unterleben“ (Goffman 1972) genutzt. Die von der Gruppe im Lauf der Diskussion elaborierten zentralen Probleme, nämlich die Verbreitung von Gerüchten, für deren Urheberschaft eine Mitschülerin als „*Maulwurf*“ verantwortlich gemacht wurde und die Beunruhigung von Blondi, als einziges Gruppenmitglied noch keinen Freund zu haben, werden nun ihrer Problematik enthoben und zu einer Lösung geführt. Der milieuspezifische Erfahrungsraum kann sich ungehindert in der Schule konstituieren, gleichzeitig ist es auch die Schule, die ihnen zur Enaktierung ihrer Orientierungen verhilft, die Gelegenheiten verschafft und hier – im metaphorischen Sinne – Instrumente bereithält.

Eine räumliche Gelegenheit zur fiktiven handlungspraktischen Umsetzung bietet ihnen auch die Schulstation, in der Sylvia ihre Freundin Blondi mit deren ersehnten Freund, Thaddi, zusammenkommen lässt (1254). Es deutet sich bereits an, dass die Schulstation die Handlungsspielräume der Mädchen in der Schule zu erweitern scheint, die SchülerInnen sich dort auch zurückziehen können. Die Schulsozialarbeit wird in den Diskurs vor dem Gegenhorizont einer nicht näher spezifizierten „*Mülltonne*“ (1252) eingebracht. Die „*Mülltonne*“ erscheint zunächst als ein kontaminiertes Schlupfloch. Sowohl in einer „*Müllton-*

ne“ kann man sich gut verstecken als auch in der Schulstation; die Mädchen haben eine Alternative gefunden. Die Metapher wird im Folgenden von Meral aufgegriffen (s.u.) und erhält einen Stellenwert in der Gruppe.

Nach der Erwähnung der Schulstation kommt es zu einer Konklusion der Passage. Durch das kollektive Lachen steigt die Gruppe aus einem riskanten Diskurs aus, in dem Gefährdungen und Risiken thematisiert wurden. Die Jugendlichen machen deutlich, dass sie nichts mehr sagen wollen. Dass die Mädchen im wahrsten Sinne des Wortes zu diesem Thema nichts mehr sagen wollen zeigt sich in eindrücklicher Weise im Fortgang der Diskussion. Die Gruppe beginnt im Rhythmus eines Raps Wortschöpfungen zu kreieren und die Mädchen verlassen ihre Plätze und bewegen sich im Raum. Allgemeine und biografische Risiken finden auch hier Erwähnung, werden also auf einer anderen – imaginären – Ebene nochmals verarbeitet. Bevor die Mädchen allerdings den Rap intonieren, greift Meral die von Sylvia soeben erwähnte „*Mülltonne*“ (1252) auf. Die Gruppe handelt gerade interaktiv aus, wie die Gruppendiskussion fortgesetzt wird:

[Mikrofon, Passage Rap: 1264-1267]

1264 Meral: Noch nich, mach nochma aus.
1265 [Betätigung der Stopp-Taste]
1266 Hier ist Meral, ich bin 14 Jahre alt und ich
1267 komm aus da Mülltonne. (1)

Meral hat eine vermittelnde Stellung im Diskurs inne und entschärft auch zu diesem Zeitpunkt den vorherigen Konflikt. Denn zuvor hatte ja Sylvia ihre Freundin Blondi in eine „*Mülltonne*“ (1252) verwiesen und nun kommt es zu einer Selbststigmatisierung von Meral, als sie äußert „*aus da Mülltonne*“ (1267) zu kommen. Aufgrund der wechselseitigen Bezugnahme auf die Metapher kann angenommen werden, dass eine gruppenspezifische Bedeutsamkeit existiert, der Begriff bereits Verwendung fand. Innerhalb des Diskurses bleibt der Ausdruck indexikal. Die Äußerung könnte als ein Hinweis auf eine Problematik biografischer Genese gelesen werden, das Erkennen von Differenzen im Sinne einer Milieuproblematik. In der Betrachtung des Kontextes ihrer Benutzung kann sie als ein Dokument für Degradierungs- und Diffamierungserfahrungen gelesen werden, eine Problematik zwischen der inneren Sphäre der peer group und der äußeren dominanten Moral. Es lässt sich eine Verbindungslinie ziehen zu dem prekären Balanceakt einer 14-jährigen Jugendlichen, die beginnt, heterosexuelle Erfahrungen zu sammeln und sich moralisierenden Wertungen hinsichtlich ihrer geschlechtlichen Darstellung[33] (die negative Mädchenfigur der „Hure/Schlampe“) ausgesetzt sieht.

33 Zur engen Verflechtung von jugendlicher und geschlechtlicher Darstellung vgl. Breitenbach 2000.

Diese Phase der Diskussion (bzw. des Ausstiegs aus der Diskussion) kommt zum Abschluss, als Meral und Blondi sich während der – nachstehend wiedergegebenen – Tonaufzeichnung an den Schulsozialarbeiter wenden und ihm ihre „Liebeserklärung" vorspielen wollen. Auf diese Weise kann die Schulsozialarbeit von der Interviewerin aufgegriffen werden[34].

Schulsozialarbeit/Verhältnis SchülerInnen – SozialarbeiterInnen

[Mikrofon, Passage Schulstation: 1297-1306]

1297 M / B: **#Heiko, wir haben dich ganz doll lieb!#**
1298 [parallel gesprochen]

1299 Blondi: Blondi

1300 Meral: und Meral

1301 M / B: #**MMMMMMMMMMMMMMMM**# [zeitgleiches Intonieren
1302 eines Kusses]

1303 Blondi: Dis soll Heiko [der Schulsozialarbeiter] jetz
1304 hörn.

1305 Meral: Auja, könn wa Heiko dis jetz drüben
1306 vorspielen?

Während sich die Gruppe in der Lautsprechermetapher zunächst fiktiv Gehör verschafft, beabsichtigen Meral und Blondi, dass der Schulsozialarbeiter sofort die Möglichkeit erhält, ihre an ihn gerichtete *Liebeserklärung* zu vernehmen. Die auf einem Tonträger aufgenommene Gruppendiskussion wird erneut (vgl. den Beginn der Diskussion) zu einem Medium, mit dem Ziel, die perspektivenreziproke Anerkennung handlungspraktisch umsetzen zu können. Die Mädchen verlangen nicht nur eine einseitige Bestätigung ihrer Orientierungen seitens der Erwachsenen, sondern äußern ihnen gegenüber auch ihre ihnen gemäße Form der Anerkennung. Es klingt bereits an (und ist im passageninternen Vergleich zu vertiefen), dass Empfindungen und Neigungen des Augenblicks um der unmittelbaren Personen willen ein schulisch intendiertes zweck- und regelbestimmtes Handeln in den Hintergrund treten lassen. Dies beinhaltet auch, dass die Mädchen keine Rollendistinktion vornehmen. Ihre gruppeninterne Interaktion unterscheidet sich demzufolge nicht von ihrer gruppenexternen Praxis.

Nachdem die Interviewerin das Anliegen der Gruppe, zum Schulsozialarbeiter zu gehen, auf das Ende der Gruppendiskussion verschoben hat (unter Zustimmung der Mädchen), wird aufgrund einer immanenten Nachfrage seitens der Interviewerin die Schulsozialarbeit thematisiert. Das heißt, Meral und

34 Die gewählte Darstellung der Reihenfolge folgt dem Diskursverlauf.

Blondi streben an, *mit* Heiko zu reden. Diesen Wunsch wandelt die Diskussionsleiterin um in eine Frage, *über* Heiko und seine Kolleginnen zu erzählen.

[Mikrofon, Passage Schulstation: 1310-1318]

1310 I: Ja, ich überspiele sie euch. Ähm (.)
1311 vielleicht könnt ihr mir ja erzählen, wann
1312 ihr sonst so in die Schulstation geht, wie
1313 euer Verhältnis zu Heiko, Sibylle und Inge
1314 is.

1315 Sylvia: Eigentlich ganz gut, eigentlich sehr gut,
1316 also man kommt mit denen gut zu Recht, man
1317 kann den auch was erzählen, wenn dis nich
1318 weitergelabert werden soll.

Für Sylvia steht der selbstbestimmte, aktive Umgang mit den SchulsozialarbeiterInnen im Vordergrund, ein von ihr ausgehender persönlicher Bezug. Im Gegensatz zu den anderen Gruppen (*Chillig, Fördern, Schlüssel)* wird die Schulsozialarbeit weder primär in Abhängigkeit von den LehrerInnen betrachtet noch mit dem offiziellen schulischen System (den Prinzipien der dominanten Moral) kontrastiert. So fokussieren die weiteren genannten Gruppen vorrangig die gestörte Kommunikation zu den Lehrkräften bzw. tritt in der Gruppe der Jungen die soziale Beziehung zugunsten einer räumlich-funktionellen Wahrnehmung der Angebote der Schulsozialarbeit in den Hintergrund.

In der Gruppe *Mikrofon* kann mit Unterstützung der SchulsozialarbeiterInnen der zentralen Problematik der Gerüchte begegnet werden. Die SchulsozialarbeiterInnen stehen im positiven Gegenhorizont der Gerüchte, denn sie „*labern*" (1318) ihnen Anvertrautes nicht weiter, gewährleisten Verschwiegenheit und damit Vertrauenswürdigkeit. Bereits dieser erste durch Sylvia vermittelte Eindruck der Wahrnehmung der Schulsozialarbeit ist ein Dokument für die balancierende Funktion der Schulsozialarbeit zwischen schulischer Vorder- und Hinterbühne. Im Hinblick auf das Kernproblem einer Degradierung durch Gerüchte ist die Schulstation ein neutraler Ort, ein *dritter* Bereich, der weder der schulischen *Vorder-* noch der *Hinterbühne* zuzuordnen ist. Die Neutralität betrifft nicht nur die Auseinandersetzung zwischen milieuspezifischen, sondern auch den geschlechtsspezifischen Erfahrungsräumen, wie der folgende Beitrag von Meral in unmittelbarem Anschluss an Sylvia zeigt:

[Mikrofon, Passage Schulstation: 1319-1336]

1319 Meral: Ich hab ja mit Sibylle mein Problem mit
1320 Alexander zum Teil son bisschen gelöst. Sie
1321 hat mir Tipps gegeben und so, weil ich
1322 Probleme mit Alexander hatte, also hat ganz

gut geholfen eigentlich. (1) Na, er hatte Schluss gemacht, er, also ich wusste dis auch noch nich so genau, aber er meinte, er liebt mich eben nich mehr so wie am Anfang, sondern eben nur noch n bisschen, dabei stimmte dis gar nich, er hatte ne Andere. Dis war deshalb ich war denn total fertig an dem Tag, an dem ich dis gehört hab. Denn warn wa hier in den Raum, denn ham wa dadrüber geredet und sie hat mir denn auch Tipps gegeben und so, dass man sich nich so fertig machen soll, dass dass man einen nich zwingen kann mit einem zusammen zu sein oder halt so was.

Die Darstellung von Meral deutet auf eine informelle Interaktion mit der Schulsozialarbeiterin hin. So wird keine Zugangsbarriere benannt, wie beispielsweise das Aufsuchen der Schulsozialarbeiterin in Abhängigkeit der Entscheidung von LehrerInnen, wie dies in anderen Gruppen (vgl. z.B. *Fördern*) der Fall ist. Die Ebene der Vertrautheit wird durch die selbstverständliche Benennung des Vornamens der Schulsozialarbeiterin noch unterstrichen. In diese Vertrautheit wird auch die Forscherin einbezogen, es müssen ihr gegenüber keine Erklärungen abgegeben werden. Im Gegensatz dazu bleiben die SozialarbeiterInnen – auch im Rahmen von Beispielerzählungen – in der Gruppe *Chillig* anonym.

Das von Meral besprochene Problem offenbart erneut die für die Mädchen vorherrschende Orientierungssuche des Einübens in die Aufnahme heterosexueller Beziehungen, wofür der schulische Raum ihnen eine geschützte Probebühne bietet[35]. Die Schulsozialarbeit erweitert dabei den Handlungsspielraum hinsichtlich von Bewältigungsoptionen. Der Liebeskummer wird also nicht nur innerhalb der Gruppe verhandelt (vgl. Passage *Eltern und Beziehungen zu Jungen*)[36], sondern auch mit Erwachsenen. Während es in der Metapher der „*Mülltonne*" um auf Sexualität reduzierte Beziehungen ging, setzt sich Meral in dieser kurzen Erzählung in sehr ernsthaft erscheinender Weise mit ihren Emotionen auseinander. Die Schule und darin auch die Schulsozialarbeit wird als *biografischer Krisenlöser*, als Kompensations- sowie Stabilisierungsraum angenommen und signifikant.

Sylvia schließt mit einem weiteren Beispiel der Möglichkeiten der Nutzung der Schulstation an, deren Voraussetzung der Verweis aus dem Unterricht ist:

35 In den Erzählungen zum Elternhaus kommt zum Ausdruck, dass die Eltern ihren Töchtern teilweise nicht erlauben, einen Freund zu haben. So äußert Meral beispielsweise, dass ihre Mutter nichts gegen einen Freund einzuwenden hätte, allerdings ihr Vater dies verbieten würde.

36 Es handelt sich um eine Passage, die nicht als Transkript eingefügt wurde.

[Mikrofon, Passage Schulstation: 1337-1345]

Sylvia: Ich bin auch da, wenn wir aus dem Unterricht rausgeschmissen werden, deswegen versteh ich mich jetz auch sehr gut mit den da drüben und kenn die jetz auch mehr als die anderen so. Ja, wenn ich in ner Schulstation bin, denn les ich halt immer Bravos und so, hörn wa auch Musik. Ja, wenn keiner da is, dann red ich auch mit Sibylle und ihrer andern Kollegin, ja.

Die von der Gruppe vorgenommene Entdifferenzierung zwischen dem institutionell-schulischen Entwurf und dem konjunktiven Erfahrungsraum der Gruppe zeigt sich auch in der Darstellung der Zugangsmöglichkeiten zur Schulstation. Während in anderen Gruppen die Ritualisierung eines Rauswurfs aus dem Unterricht die Differenz zwischen der Verheißung der lebensweltlichen Nähe zu den SchülerInnen (Schulsozialarbeit) und der schulischen Disziplinierungs- und Selektionsfunktion markiert, scheint *„rausgeschmissen werden"* (1338) in dieser Gruppe nur eine unumgängliche Nebenbedingung (die nicht nur Sylvia betrifft, wie sich im Gebrauch des *„wir"* zeigt) zur Umsetzung einer idealisierten Familiarität innerhalb der schulischen Beziehungen zu sein. Sylvia dokumentiert eine voraussetzungsreiche Grundlage für das Zustandekommen von emotionaler Zuwendung, sozialer Wertschätzung und moralischer Anerkennung, nämlich Personen zu begegnen, sie kennen zu lernen, sodass eine bessere Bekanntschaft mit den SchulsozialarbeiterInnen ihr bei der Verwirklichung ihrer eigenen schulischen Idealkonstruktion Vorteile verschafft. Neben den auch in anderen Gruppen benannten (vgl. beispielsweise die Gruppe *Chillig*) selbstbestimmten – mit Entspannung assoziierbaren – Aktivitäten wie lesen und Musik hören, verweist Sylvia auf die von der Gruppe identifizierte Grundspannung zwischen öffentlicher und privater Sphäre in der Schule. Aufgrund der Verschwiegenheit der SchulsozialarbeiterInnen bleibt die Privatsphäre der Jugendlichen gewahrt. Obacht muss Sylvia deshalb nur hinsichtlich potenzieller MithörerInnen walten lassen, sodass Gespräche mit den Schulsozialarbeiterinnen erfolgen, wenn Sylvia alleine in der Schulstation ist. Da Sylvia nicht auf den Inhalt der Gespräche mit den SchulsozialarbeiterInnen eingeht, könnten in einer ergänzenden Lesart auch die verschiedenen Attraktivitätsgrade der Beschäftigung in der Schulstation gemeint sein: So liegt der Reiz für Sylvia zunächst im gemeinsamen Musik hören, eine voraussetzungslose Aktivität, die einen Kontrast zum Unterricht bildet. Wenn allerdings die MitschülerInnen fehlen, um diese Gemeinsamkeit in der Schulstation herzustellen, dann erfolgt die Hinwendung zu den Schulsozialarbeiterinnen, die sich den SchülerInnen im Verständnis dieser Gruppe nicht mit Gesprächsangeboten aufdrängen[37].

37 Der Gegenhorizont resultiert aus dem Pre-Test einer Gruppendiskussion, die im Juli 1999 mit einer 10. Klasse durchgeführt wurde. Hier äußerten die SchülerInnen, dass die Sozial-

Schulalltag/Verhältnis SchülerInnen – LehrerInnen

Dass es der Gruppe um das Ideal der perspektivisch reziproken, egalitären Anerkennung geht, wird vor allem in der Fortsetzung des Diskurses deutlich:

```
[Mikrofon, Passage Verhältnis SchülerInnen -
LehrerInnen: 1346-1361]

Meral:  Ja auf dieser Schule find ichs gut, was heißt, also wenn sie jetz von andern Lehrern dis hörn würden, die würden sagen, nein dis stimmt gar nich, die Schüler dürfen hier gar nich auf unserer Schule rauchen, nur die ab 16, aber dis stimmt eigentlich gar nich. Wir sind immer an ner Hofpause. Wir rauchen denn zum Beispiel, wenn man jetz die Tür aufmacht, reingeht zur Hofpause, wenn man jetz da rauchen würde, würde der Lehrer sagen, geh bitte in die Raucherecke[38], egal wie der, also wie alt derjenige is und so, dis find ich eigentlich gut, dass man da rauchen kann, in den andern Schulen is dis nich so.

Blondi: Aber manchmal sagen die auch nichts.
```

Meral führt aus, dass die LehrerInnen der Interviewerin, als Vertreterin der Öffentlichkeit, eine dem Reglement der dominanten Moral entsprechende Auskunft erteilen würden, die besagt, dass das Rauchen den SchülerInnen erst ab 16 Jahren erlaubt ist. Die Erfahrungsbasis dagegen ist eine andere, denn die LehrerInnen erlauben den SchülerInnen das Rauchen altersunabhängig. In dieser Gruppe ist die Erlaubnis für das Rauchen ein Dokument der Anerkennung als Gleiche jenseits von Alters- und (Milieu-)Differenzen. Im Gegensatz zu den Gruppen *Fördern, Chillig* und *Schlüssel* wird das Rauchen unabhängig vom Drogenkonsum thematisiert. Es erhält eine ‚soziale Funktion', und zwar in Abhängigkeit von der positiv bestätigenden Reaktion der LehrerInnen, die ihnen Verständnis, Unterstützung und Anerkennung ihrer Persönlichkeit entgegenbringen. Für das erfolgreiche Ritual ist die Bitte der LehrerInnen, in die Raucherecke zu gehen, notwendig. Vor diesem Hintergrund beklagt Blondi die teilweise ausbleibende Reaktion durch die LehrerInnen. In dieser Gruppe

---

arbeiterInnen ihnen Probleme einreden würden, die sie sonst nicht hätten. Hierbei ist nicht zu vergessen, dass es sich um eine Abschlussklasse handelte, in der die Jugendlichen sich in der Übergangssituation zwischen Schule und fraglicher beruflicher Zukunft befanden.

38 Auf dem Schulhof existiert eine *Raucherecke*, in der Aschenbecher aufgestellt wurden. SchülerInnen ab 16 Jahren dürfen dort mit schriftlicher Einverständniserklärung der Eltern („*Raucherausweis*") rauchen.

werden die LehrerInnen – wie in der Gruppe *Fördern* – auf der Beziehungsebene eingeschätzt.

Den Exemplifikationen folgend kommt diese Art von „gelingender Kommunikation“ in der Gruppe *Mikrofon* meistens in relativ ungeregelten schulischen Bereichen zustande, so beispielsweise in den Pausen (wie oben dargestellt) und während des Übergangs von der Pause in den Unterricht[39].

Der folgende Ausschnitt aus dem Transkript schließt sich unmittelbar an die obige Passage an und illustriert die Szenerie des Übergangs vom Pausenhof in den Unterricht:

```
        [Mikrofon, Passage Verhältnis LehrerInnen -
        SchülerInnen, 1360-1381]

1360    Sylvia: Ja und neulich stand ich hier draußen, hab
1361            eine geraucht mit ihr, denn bin ich
1362            reingekommen, da hab ich mein Lehrer
1363            geschlagen @(.)@ ((verhalten)), ja
1364            geschlagen, ja mein Lehrer der is ja auch
1365            so, der sich nichts gefallen lässt, was
1366            heißt gefallen lässt, also ich bin ja auch
1367            so eine, also wenn ich ihn so schubse, ich
1368            mach immer bei Lehrern mit Lehrern so, also
1369            für mich sind die nich so Lehrer so, also
1370            was heißt, ich hab kein Respekt vor den,
1371            natürlich hab ich Respekt vor den, aber
1372            halt, dis is für mich nichts Schlimmes, wenn
1373            ich die so schubse oder,

1374    Meral:  Aber halt, nich richtig schubsen, nur so.

1375    Sylvia: Er meinte dann zu mir, ja, ich kann noch
1376            doller schubsen und so, da hat er so gemacht
1377            und mich getroffen an meiner Lippe, da hab
1378            ich zurückgeschlagen an sein Magen, da hat
1379            er mich festgehalten, dis is ja auch hier n
1380            bisschen rot, aber hat mir nich wehgetan, da
1381            hat a festgehalten, da hab ich ihn getreten.
```

Sylvia schildert an dieser Stelle eine für sie alltägliche Begebenheit einer aktionistischen Auseinandersetzung mit einem Lehrer („*ich mach immer bei Lehrern mit Lehrern so*“, 1368/1369). Es scheint sich um ein voraussetzungsloses Ritual („*denn bin ich reingekommen, da hab ich mein Lehrer geschlagen*“) auf der Suche nach Respekt und Anerkennung zu handeln. Die Situation ist institutionell nicht „vor-gedeutet“, sondern es handelt sich um eine (fik-

39 Zur Bedeutung dieser Übergangssituationen für die Herausbildung von Aktionismen und Ritualen bei Kindern im Grundschulalter: vgl. Wagner-Willi 2003

tiv unterstellte) gemeinsame Situationsdeutung, die vor allem auf zwei Idealisierungen beruht, nämlich der Reziprozität der Perspektiven und der Annahme eines identischen Relevanzsystems: *„mein Lehrer der is ja auch so (...) also ich bin ja auch so eine*“, 1364/1366). Die Situation wird im Innenverhältnis (im konjunktiven Erfahrungsraum) *sozial gebilligt*[40] und erst im Außenverhältnis (auf der kommunikativen Ebene), hier also der Interviewerin gegenüber, erklärungsbedürftig. Während für Sylvia die Übereinstimmung im Innenverhältnis als fraglos gegeben angesehen wird, relativiert Meral die Darstellung , *„nich richtig schubsen, nur so*“ (1374), korrigiert die Innenperspektive im Hinblick auf die Außenperspektive. Meral versucht also zwischen der (unterstellten) Außenwahrnehmung der Interviewerin und dem Binnenverhältnis zu vermitteln[41].

Die körperlichen Aktionismen können als Ausdrucksbewegungen der wechselseitigen Anerkennung trotz Differenz durch Überwindung von Milieu- und Hierarchiegrenzen gesehen werden. Das findet seinen Ausdruck auch in der detaillierten Schilderung der sich abwechselnden (in ihrer Intensität gleichwertigen) körperlichen Äußerungen, die von der Aufforderung ‚mehr vom Gleichen‘ durch den Lehrer begleitet wird. Gleichzeitig werden in der Auseinandersetzung mit dem Lehrer wiederum sowohl das Geschlecht als auch das Alter suspendiert.

Sofern die Aktionismen die Suche nach oder auch eine Form von Anerkennung dokumentieren, kann das im Folgenden in die Diskussion eingebrachte „Überraschungsei“ als eine Vergegenständlichung eines Anerkennungssymbols gesehen werden, ein Höhepunkt dieser grundlegenden Erfahrung:

```
     [Mikrofon, Passage Verhältnis SchülerInnen-
     LehrerInnen: 1373-1400]

1373 Blondi: Und ges und gestern is dis wieder passiert,
1374         da warn wir in ner Klasse,

1375 Meral:  Da saßen wir so auf da Couch
```

---

40 „Wird eine appräsentative Beziehung sozial gebilligt, dann werden appräsentative Gegenstände, Gegebenheiten oder Geschehnisse in ihrer typischen Beschaffenheit fraglos als Bestandteile der selbstverständlich hingenommenen Welt angesehen“ (Schütz 1971, S. 402) Appräsentation ist der zentrale Begriff der Symboltheorie von Schütz, in der er auf Husserl rekurriert. Nach Hülst kann Appräsentation als „Mitvergegenwärtigung“ übersetzt werden: „Die gegebene Vorderseite eines Objektes [physisch oder immateriell/Wirklichkeit oder Fantasie, C.S.] *appräsentiert* die ungesehene Rückseite, aus dem Sinneseindruck eines Teils (...) des Gegenstandes macht unsere Wahrnehmung ein ganzes, indem unser Geist den unzugänglichen Teil ‚herbeiholt‘ und hinzufügt.“ (Hülst 1999, S.235) Dabei können Realität und Möglichkeit, Wirklichkeit und Utopie miteinander verknüpft sein.

41 Merals Anliegen, die Interviewerin durch Vermittlung in ihre Erlebniswelt einzubeziehen, kommt auch in dem Wunsch zum Ausdruck, doch nochmals mit dem Aufnahmegerät zu ihnen zu kommen, um von ihnen gesungene Lieder aufzunehmen.

Sylvia: und er[42] hatte n Ei in ner Hand, also die
Ordnungsdienst haben und die gut warn, die
kriegen dann son Überraschungsei, und dann
meint ich so, ja krieg ich auch eins, meint
er so, nee, bist du Ordnungsdienst, mein ich
so, nee, hab noch nich gemacht, danach wollt
ich so dis Ei so wegnehmen,

Blondi: da hat er ihre Hand so festgehalten,

Sylvia: da hab ich ich ihn so weggeschubst, dann is
das Ei so #kaputtgegangen,#

Blondi: #jetzt reicht es# meinte er so

Meral: meint er so hör auf jetz,

Sylvia: dann war dis Ei kaputt, dis sollte
eigentlich n anderer Schüler gehören.

Blondi: da meinte er

Sylvia: ja ihr kriegt dann auch eins

Meral: und sah auch ziemlich auch kaputt aus. (4)

((Geräusch: Tischklopfen))

Sylvia: Ich bin aber nich so der #Schlägertyp#

Meral: #Andere denken,#

Sylvia: so wie ich jetz erzähle so mit den Lehrern

Meral: denken dis vielleicht, aber wir machen Späße
so mit den Lehr#ern#.

Blondi: #Nein# auf kein Fall

Meral: Wir sind eigentlich dagegen so. (5)

Wiederum ist davon auszugehen, dass der Zeitraum zwischen Hofpause und Unterricht thematisiert wird, da Meral die Erzählung örtlich einordnet, „*da saßen wir so auf der Couch*“ (1375). Aus der teilnehmenden Beobachtung geht hervor, dass die Mädchen der Klasse regelmäßig nach der Hofpause auf einem *Lümmelsofa* Platz nehmen und den Jungen beim Computerspielen zusehen[43]. Sylvia ist auch in diesem Beispiel die Akteurin, Blondi und Meral betätigen sich als Zuschauerinnen.

42 Gemeint ist der Lehrer, der „Überraschungseier“ für den Ordnungsdienst verteilt.

43 Ein Junge der Klasse hat seinen Computer mit sogenannter ‚Playstation‘ für Computerspiele mit in die Schule gebracht. Der Computer steht auf einem Schultisch an der hinteren

In der interaktiv dichten Erzählung gelingt es den Mädchen auch an dieser Stelle quasi einstimmig zu sprechen, indem die Sätze arbeitsteilig fortgeführt werden. Der Lehrer hält ein Symbol der Anerkennung für den Ordnungsdienst[44] bereit. Sylvia begehrt dieses Symbol, sie fordert Anerkennung ein, um die sie wiederum ‚kämpft'. Es geht ihr nicht um den Mitschüler, der dieses Ei erhalten soll, sondern um die aktive und kraftverausgabende Enaktierung ihrer Konstruktion von Bestätigung, die durch dieses Ei symbolisiert wird. Obschon der Erhalt eines Überraschungseis ursprünglich an eine Leistung als Voraussetzung gebunden war, dokumentiert sich in der Reaktion des Lehrers (Ankündigung des Erhalts von Überraschungseiern) eine ganzheitliche voraussetzungslose Form der Achtung gegenüber Meral, Sylvia und Blondi. Diese Form der Auszeichnung, die an keinen ‚Tauschwert' gebunden ist, erinnert an eine familiäre Form des Umgangs. Der Hinweis auf die Ritualisierung der Aktionismen („*is dis wieder passiert*", 1373) ist ein Kennzeichen für eine „symmetrische Reziprozität" (Youniss 1984, S. 51), in der die Mädchen stets aufs Neue auf die Herstellung der wechselseitigen Begünstigung angewiesen sind, da der Tauschakt über die Devise „ ‚wie du mir, so ich dir' " (ebd., S. 52) nicht hinaus gelangt. Die Wahrnehmung des Belohnungssymbols erfährt sowohl durch die Schülerinnen als auch durch den Lehrer die gleiche Deutung. Die Schülerinnen erleben eine stellvertretende aufwertende Deutung ihres Verhaltens[45]. Meral kommentiert also nicht die Auseinandersetzung selbst, sondern lediglich das kaputt gegangene Ei. Sie beklagt den augenblicklichen Verlust der Möglichkeit über das Symbol des Eis, das Hier und Jetzt zu transzendieren.

Nach einem sich anschließenden Tischklopfen (als wahrnehmbares Zeichen des Ebenenwechsels) erfolgt der Versuch der Gruppe, zwischen ihrer konjunktiven Perspektive und der (fiktiv unterstellten) Außenperspektive der Diskussionsleiterin zu vermitteln: Sie wehren sich gegen eine Etikettierung als „*Schlägertyp*" und halten ihr Erleben der „*Späße*" dagegen. In dieser Gruppe handelt es sich um gemeinsamen Spaß *mit* den LehrerInnen und damit um eine *gemeinsame* (Hinter-)bühne auf der eine Verschmelzung/Vermittlung der Perspektiven gelingt. Dies ist ein wesentlicher Kontrast zur Gruppe *Schlüssel*, die das Erleben von Spaß *gegenüber* den Lehrkräften – über die *kontrakulturelle* Trennung der Perspektiven – definieren.

Wand des Klassenzimmers und darf in den kleinen Pausen, also auch nach der großen Hofpause, genutzt werden.

44 Die SchülerInnen säubern klassenweise abwechselnd den Schulhof.

45 Im Gegensatz zu Sarah und Babara (Gruppe *Fördern)*, die sich stellvertretenden entwertenden Deutungen ihres Verhaltens durch die Lehrer ausgesetzt sehen, worauf an der entsprechenden Stelle eingegangen wird (Kap. C.3.1).

- Die Jugendlichen erfahren und erleben die Schule im primären Rahmen der Hinterbühne, die zur Vorderbühne avanciert, die für die Mädchen Schule ausmacht und bedeutet. Auch diese Gruppe orientiert sich nicht an der SchülerInnenrolle (*primäre Anpassung*), sondern es geht um Formen der *sekundären Anpassung*.
- Von diesem Standort aus gewinnen sie ihre Orientierungen und instrumentalisieren wie selbstverständlich die Schule in technisch-organisatorischer Hinsicht. Das zeigt sich insbesondere an der fiktiven Nutzung der Lautsprecheranlage. Die Lautsprecher bilden eine Metapher, wie der öffentliche „Apparat" der Schule genutzt wird, um sich auf der Hinterbühne, im „Unterleben" (Goffman) der Schule milieuintern besser verständigen zu können. Die Schule wird also primär zum Medium der Konstitution eines milieuspezifischen Erfahrungsraums genutzt und nicht als Ort der Lern- und Leistungsvermittlung.
- Die selbstverständliche Enaktierung ihrer Orientierungen jenseits der Prinzipien der dominanten Moral stellt den wesentlichen Unterschied zur *kontrakulturellen* Orientierung dar. Während die Jugendlichen der Gruppe *Schlüssel* auf *Gegen*reaktionen (*Kontra*kultur) der VertreterInnen der dominanten Moral angewiesen sind, um sich orientieren zu können, ist dies in der Gruppe *Mikrofon* nicht der Fall. Daher bezeichne ich ihre Form des schulischen „Unterlebens" als *subkulturell*.
- Die Gruppe erfährt wechselseitige Anerkennung auf menschlich/kumpelhafter Ebene mit den für sie relevanten LehrerInnen trotz bestehender und wahrgenommener Differenzen. Das Erkennen von Differenzen im Sinne einer Milieuproblematik zeigt die „Mülltonnen"-Metapher, eine in der Diskussion kollektiv verwendete Bezeichnung für Erfahrungen der Degradierung und Etikettierung. In der direkten Kommunikation mit den für sie relevanten LehrerInnen werden nicht nur Milieu-, sondern auch Alters-, Status- und Geschlechterdifferenzen suspendiert.
- Trotz einer relativ gesicherten, eher selbstverständlichen moralischen Praxis jenseits der dominanten Moral (*subkulturelle Orientierung*) führen sie aber auch eine Auseinandersetzung mit Formen von moralischer Degradierung seitens der (ortsgesellschaftlichen) Öffentlichkeit. Die Degradierungs- und Ausgrenzungserfahrungen manifestieren sich für die Mädchen im „Ruf" der Schule sowie in Gerüchten, die ihnen Probleme bereiten.
- Auch diese Gruppe verfügt über vielfältige Erfahrungen mit der *Schulsozialarbeit*. Das Angebot der Schulstation wird von den Jugendlichen primär auf der Beziehungsebene zu den SchulsozialarbeiterInnen in Anspruch genommen und ist ohne Zugangsbarrieren erreichbar. Zur Lösung von Problemen verlagern die Mädchen ihre Enaktierungen teilweise in

eine fiktive Szenerie. Im Kontext der Schulsozialarbeit können sie allerdings bereits über erste Erfolge in der Praxis (und nicht in der Fiktion) berichten. Beispielsweise ist die Schulstation ein neutraler Ort im Hinblick auf das Kernproblem einer Degradierung durch Gerüchte. Die SchulsozialarbeiterInnen gewährleisten Verschwiegenheit und damit Vertrauenswürdigkeit. Die Neutralität betrifft auch die Auseinandersetzung zwischen den geschlechtsspezifischen Erfahrungsräumen. In diesem Zusammenhang scheint es wesentlich, dass die Erzählungen in der peer group der Mädchen über heterosexuelle Erfahrungen auf Sexualität reduziert bleiben. Im Gegensatz dazu steht die Erzählung über eine Beziehung zu einem Jungen, von der Sylvia einer Schulsozialarbeiterin berichtet. Im Rahmen der Wiedergabe des Gesprächs mit der Schulsozialarbeiterin erhalten die Beziehung sowie Emotionen einen Stellenwert. Als ein Höhepunkt innerhalb des Diskurses kann angesehen werden, dass die Mädchen Degradierungs- und Etikettierungserfahrungen mit Unterstützung der Schulsozialarbeit überwinden. So sind die Jugendlichen nicht mehr auf eine „*Mülltonne*“ angewiesen, sondern nutzen die Schulstation, und zwar in selbstbestimmter Weise. Daher muss sich Blondi mit ihrem (gewünschten) Freund nicht mehr in einer kontaminierten „*Mülltonne*“ treffen bzw. verstecken, sondern kann die Schulstation nutzen. Die Schulsozialarbeit leistet demzufolge auch einen Beitrag zur Bewältigung von Identitätsproblemen. Wie sich auch in einem dem Schulsozialarbeiter geltenden gemeinsam intonierten Kuss durch Meral und Blondi dokumentiert, ist die Inanspruchnahme der Schulsozialarbeit geprägt durch Spontaneität, Unmittelbarkeit, Gleichheit sowie durch sinnliche Erfahrungsmodi, die losgelöst sind von ihrem bisherigen sozialen Status und einen Kontrast zum Unterricht bilden. Der Unterschied zum schulisch intendierten zweck- und regelbestimmten Handeln und die Niedrigschwelligkeit des Angebots werden auch anhand der Aktivitäten in der Schulstation verdeutlicht: Die Jugendzeitschrift ‚Bravo‘ lesen und Musik hören. Das Hören von Musik wird von Sylvia als eine kollektive Praxis geschildert. Eine voraussetzungslose Aktivität über die Gemeinsamkeit hergestellt werden kann und auf die auch Gespräche mit den SchulsozialarbeiterInnen folgen (können). Die Schulstation bildet also einen Grenzbereich zwischen Institution, peer group und Herkunftsmilieu[46] und eine vermittelnde, balancierende Instanz zwischen allen diesen. Auch in dieser Gruppe ist die Schulstation eine *intermediäre, exterritoriale, neutrale Sphäre*.

46 Das Herkunftsmilieu ist nur ansatzweise über die Metapher der „Mülltonne“ rekonstruierbar.

2.2.2 *Subkulturelle Orientierung: Die Jungengruppe* Chillig (*„geht man nich klauen oder so, sondern spielt Kicker“*)

Herstellung des Kontakts zu der Gruppe

Die Gruppe *Chillig*[47] besteht aus drei männlichen Jugendlichen, die gemeinsam die 10. Klasse besuchen. Die Jugendlichen besitzen die deutsche Staatsangehörigkeit. Der Kontakt zu der Gruppe wurde über die Schülerin Barbara aus der Gruppe *Fördern* am 17.02.2000 hergestellt. Ich traf Barbara während der großen Pause im Schulhaus. Sie sprach mich an, ob ich sie noch einmal interviewen könnte (die Diskussion mit der Gruppe Fördern hatte bereits am 30.09.1999 stattgefunden), da sie in der folgenden Schulstunde ein Referat halten müsse. Ich verneinte mit dem Hinweis, dass ich noch weitere Gruppen für Interviews suche. Sie bot sich daraufhin an zu vermitteln und rief einen Mitschüler herbei. Nach der Weitergabe der Informationen zum Interview holte der Jugendliche, Lette, zwei weitere Mitschüler heran. Die Schüler lockte die Alternative zum Unterricht und die sofortige Durchführung der Gruppendiskussion erwies sich aufgrund der Einwilligung der unterrichtenden Fachlehrerin als problemlos. Die Schüler zeigten sich der Gruppendiskussion gegenüber aufgeschlossen, wobei sie die Situation regelrecht managten, indem sie nach vierzig Minuten[48] meinten, alles gesagt zu haben. Mit dem Läuten der Schulglocke wurde die Gruppe *aktionistisch* (zum Fenster gehen, ein Jugendlicher verließ kurzzeitig den Raum), denn sie wurden im Anschluss an das Interview von einem „Kumpel“ mit einem Porsche abgeholt. Den Fragebogen füllten sie vollständig aus.

Zur Eröffnung der Gruppendiskussion stellten sich die Jugendlichen von sich aus mit ihren Cliquennamen vor:

MC Casto[49] ist zum Zeitpunkt der Diskussion 17 Jahre alt. Er wohnt bei seinem teilzeitbeschäftigten Vater, war zuvor im Heim und im Jugendarrest. Ferner hat er auf dem Fragebogen „sonstige Personen“ angekreuzt. Er erläuterte, damit seine „Vermilie“ (Schreibweise vom Fragebogen übernommen) zu meinen. Zuvor hat er eine andere Hauptschule besucht. Er strebt an, den erweiterten Hauptschulabschluss zu erreichen und gibt als Berufswunsch Ma-

47 Einer der drei Jugendlichen (MC Casto) benutzt den Ausdruck „chillig“ mehrmals im Verlauf der Gruppendiskussion und äußert beispielsweise, dass es in der Schule darum gehe, „chillig“ zu bleiben. Im Rahmen von Techno-Parties werden sogenannte „chill-out-rooms“ eingerichtet, in denen kein Techno, sondern ‚ruhigere Musik‘ gespielt wird, um ‚relaxen‘ zu können.

48 Eine Schulstunde dauert vierzig Minuten. Diese Verkürzung von ursprünglich 45 Minuten resultiert aus dem Modell „Schule in erweiterter Verantwortung“. Auf diese Weise wird Lehrerarbeitszeit zur freien schulischen Verfügung freigesetzt.

49 MC steht innerhalb von Hip-Hop für die Abkürzung „Master of Ceremony“ und tituliert in der Regel den DJ.

ler an. MC Casto gibt als einziger der Gruppe an, dass die SchulsozialarbeiterInnen wissen, was er in seiner Freizeit macht.

Lette ist 18 Jahre alt und wohnt bei seinen ganztags berufstätigen Eltern im Schulbezirk. Er hat zuvor eine Gesamtschule besucht. Er will ebenfalls den erweiterten Hauptschulabschluss erreichen und den Beruf des Kochs erlernen.

Sir Sobieski ist 17 Jahre alt und wohnt bei seiner ganztags berufstätigen Mutter. Er hat ursprünglich ein Gymnasium besucht und ist dann über die Realschule und dortige Klassenwiederholung auf die Hauptschule gekommen. Er gibt an, noch keine berufliche Vorstellung zu haben.

Der Konsum von Zigaretten und Alkohol wird von allen drei Jugendlichen bejaht[50].

Haltung zur Schule/Selbstverortung

Diese dritte Gruppe des Typus der *sekundären Anpassung* zeichnet sich ebenfalls durch eine *subkulturelle* Handlungspraxis aus. So nutzen die Jugendlichen die Schule wie selbstverständlich als Probebühne für abweichende bzw. kriminelle Handlungen. In der Weise, wie sich die Mädchen der Gruppe *Mikrofon* mit der Etikettierung als Hure auseinandersetzen, erhält in dieser Jungengruppe die Etikettierung als kriminell einen zentralen Stellenwert. Anknüpfend an die Eingangsfrage wird in dieser Gruppendiskussion die zentrale Haltung gegenüber dem Schulbesuch bereits in der Eingangspassage entfaltet. Der Beginn der Diskussion ist kennzeichnend für ihren gesamten Verlauf, in dem die Selbstverortung und die Einstellung zu Kriminalität in thematisch verschiedenen Passagen auftauchen. Die Orientierungstheorie gewinnt ihren Stellenwert vor dem Hintergrund des bevorstehenden Endes der Schulzeit.

(Chillig, Passage Veränderungen: 44-91)

```
I:          ((Lachen)) O.k. Ähm, könnt ihr mir erzählen
            oder berichten, was sich alles ereignet hat,
            seit ihr zur Schule geht? Was sich da
            verändert hat bei euch, wie ihr die
            Schulzeit bisher erlebt habt, wenn ihr so
            zurückdenkt, vielleicht sogar bis zur
            Einschulung und bis jetzt hier, wo ihr ja
            in der 10. Klasse seid, also ja langsam
            schon  an das Ende der Schulzeit denkt. Also
            was hat sich alles getan in eurem Schulleben?
            (2)

Lette:      Mhm. Also. Pfff. (.) Damals in der
```

50 Der Konsum von Drogen wurde zu diesem Zeitpunkt im Fragebogen nicht erhoben.

Grundschule war eigentlich nich so viel, also da bin ich zum Beispiel immer brav zur Schule gegangen //Mc Casto: ((Lachen))// netter, freundlicher Schüler gewesen, aber wo ich dann so hierher kam [Name der Schule], damals warn ja noch äh etwas andere Leute drauf, die warn n bisschen //Sir Sobieski: krimineller// krimineller ja, naja und da hat sich auch n bisschen was auf mich abgefärbt so @mhm@ mehr oder weniger, naja (3)

Sir Sobieski: Du bist aber kein Krimineller!

Lette: Naja nich teilweise, nich ganz ((Lachen))

div.: @(3)@ (4)

MC Casto: Naja weiß nich, erzählt ihr mal, bei mir is-

Lette: Naja, es hat sich schon alles tierisch verändert so. In der Grundschule, da hat man noch gar nicht an Schwänzen oder so gedacht und wenn man jetzt so hier ist, kein Bock mehr auf Schule, schwänzt man, schwänzt man mal halt n Tag. Und wenn man halt mal einmal schwänzt, denn schwänzt man halt öfters.

MC Casto: Denn geht man zum Arzt, lässt sich krankschreiben //Lette: @Ja@ // und schon is es (n ganzen Monat)

Lette: Naja, is auch schon passiert. (4) ((Fingerknacken))

MC Casto: Ach, Grundschule war dis noch voll friedlich.

Lette: Mmh.

Sir Sobieski: Da denkt man an gar nix so.

MC Casto: Oder an Schule.

Sir Sobieski: Ja, so (2), macht immer brav die Hausaufgaben. (3) ((Räuspern))

Lette beginnt mit der Darstellung eines äußerlichen Wandlungsprozesses, der die Gruppe veranlasst, Stellung hinsichtlich der eigenen Selbstverortung zu beziehen. Das Zurückgehen in die schulische Vergangenheit, die Erwähnung der

Grundschulzeit ist für ihn nicht mit einer bestimmten Erinnerung an die Institution verbunden, denn *„da war eigentlich nich so viel“* (56), sondern er selbst hat sich anders erlebt. Diese Evaluation der Grundschulzeit im ersten Halbsatz benutzt er, um den Blick unverzüglich auf die veränderte Wahrnehmung seiner Selbst zu lenken. Die sehr lakonische Form der Ausführungen zu seiner bisherigen Schulzeit erhält lediglich das Erzählsegment, das er zu Grundschulzeiten *„immer brav zur Schule gegangen“* (57f.) ist. Diesen Halbsatz fasst er im Anschluss als Ergebnis zusammen und verweist darauf, wie er sich aus der Retrospektive damals empfand (*„netter, freundlicher Schüler“*, 59). Er führt sich als eigenen Gegenhorizont in die Diskussion ein[51]. Sir Sobieski und MC Casto reagieren auf die minimalisierte Eingangserzählung von Lette ohne von sich zu erzählen (MC Casto fordert später Sir Sobieski zur Erzählung auf, um im Anschluss von sich zu berichten). Die Rolle von MC Casto innerhalb der Gruppe wird bereits erkennbar: Er treibt den Diskurs durch Einwürfe voran und bestimmt den Fortgang aus dem Hintergrund heraus, wobei er zwischen den Rollen des *Proponenten* und des *Theoretikers* wechselt.

Die Einführung des Komparativs „krimineller“ (63) ist gekennzeichnet durch einen Aushandlungsprozess zwischen Lette und Sir Sobieski. Zunächst geht es ihnen um die Beschreibung der Schülerschaft, als Lette auf die Schule kam. Die damaligen *„Leute“* (62) *„warn n bisschen // Sir Sobieski: krimineller // krimineller (...)“*. Lette übernimmt die beschreibende Kategorie von Sir Sobieski, sie wird von der Gruppe geteilt. Diese Schüler waren wichtig für die eigene Orientierung, denn von ihnen hat sich etwas auf Lette *„abgefärbt“* (65). Lette erscheint also zunächst eher passiv, er kann keine Originalität für sich beanspruchen. Er hat sich kriminelle Verhaltensweisen nicht selbst angeeignet, sondern sie haben sich von anderen Schülern, von denen er sich in keiner Weise distanziert, quasi naturwüchsig abgefärbt. Er ist sich allerdings nicht ganz sicher, wie kriminell er – besonders im Vergleich zu diesen Leuten – nun ist, ob *„mehr oder weniger“* (66) und wird in dieser Unsicherheit bzw. im Bedürfnis des Aushandelns von Sir Sobieski gestärkt. Für die Gruppe ist es eine existentielle Frage, mit der sie sich auseinandersetzen. In der Erörterung, wer kriminell ist und wer nicht, geht es hinsichtlich der eigenen Selbstverortung um die Entscheidung, wer sie sind und in welche Richtung sie sich orientieren (das Ende der Schulzeit steht bevor).

Ihr amüsierter Umgang (Lachen) hinsichtlich ihrer Überlegungen zur Kriminalität deutet darauf hin, wie sie mit der öffentlichen Identifizierung jong-

51 Dass es ihm nicht um eine Kontrastierung der Institutionen Grundschule und Hauptschule geht, sondern um die Theorie zum eigenen Selbst, wird im passageninternen Vergleich besonders daran deutlich, dass er nicht über seine schulische Laufbahn berichtet. Denn erst im Verlauf der Gruppendiskussion erwähnt er die von ihm zuvor besuchte Gesamtschule. Er bringt die Gesamtschule in den Diskurs ein, als es um das Verhalten der LehrerInnen geht. An dieser Stelle exemplifiziert und kontrastiert er „Strenge, Zucht und Ordnung“ als positive Methoden [Gegenhorizonte] gegenüber dem Erleben der Lehrkräfte auf der Hauptschule [1059–1070].

lieren (vgl. auch die Mädchen der Gruppe *Mikrofon* zur öffentlichen Identifizierung als „Hure"), wie sie die Erwartungen der dominanten Moral kontrastieren. Es geht darum, ob sie von der Seite der dominanten Moral für kriminell gehalten werden, sodass kriminell zu sein per se kein Problem darstellt. Wesentlich erscheint insbesondere zu Beginn der Gruppendiskussion, dass die Diskussionsleiterin ihnen als eine Vertreterin der gesellschaftlichen Öffentlichkeit gegenüber sitzt und sie deren Perspektive antizipieren. Lette zeigt in seinem Beitrag, was bzw. auch von wem er in der Schule gelernt hat und welches Bezugssystem er relevant sein lassen möchte. Diese Selbstdarstellung wird in der Gruppe nicht angezweifelt, sondern mündet in allgemeines Lachen. Zu diesem Diskussionszeitpunkt ist noch nicht klar, ob es sich um eine geteilte Erfahrung oder um Imponiergehabe, das Aufbauen eines Images des „Keep und Playing cool" (Thimm 1999, S. 65) handelt.

MC Casto gibt eine vorgebliche Fremdheit den Äußerungen gegenüber an und leitet seine Erzählaktivität als erfolglos bleibende Anstrengung („*weiß nich*", 70) ein[52]. Er ist insofern wiederum erfolgreich, denn Lette setzt erneut an, als er seine Ausführungen anhand des „*Schwänzens*" exemplifiziert. Er greift die Proposition Veränderung aus der Fragestellung auf. Indem sich für ihn „*alles tierisch verändert*" (72) hat, verstärkt er die Lenkung der Aufmerksamkeit von alltäglichem schulischem Erleben hin zu systematisiertem außeralltäglichem Erleben und Handeln im schulischen Kontext. Die Grundschule erscheint als Schonraum, der ihn sogar vor bestimmten Gedanken schützte. Lette verdeutlicht, dass die Möglichkeit einer Vorahnung des Schuleschwänzens für ihn nicht gegeben war. Dinge, um die man nicht weiß, kann man auch nicht in Handlung umsetzen. Wenn man diese Schule besucht, setzt allerdings ein naturwüchsiger Prozess ein, in dem man keinen „*Bock mehr auf Schule*" (76) hat und beginnt zu schwänzen. Es kommt zu einem Bruch mit der eigenen Kontinuität.

Der einsetzende Kreislauf wird durch offizielle Stellen legalisiert (Krankschreibung vom Arzt). MC Casto legt die Handlungsumsetzung dar, die Praktikabilität des Handelns. Sein Einbringen in den Diskurs ist sehr pragmatisch orientiert, er benennt das Enaktierungspotenzial. Anderweitige Reaktionen (Lehrer/Eltern) sind nicht existent bzw. werden nicht erwähnt. Beim Schwänzen handelt es sich um eine gemeinsame geteilte Erfahrung der Gruppe[53].

---

52 Im Verlauf der Gruppendiskussion wird deutlich, dass MC Casto derjenige der Gruppe ist, der die meisten Erfahrungen aufgrund krimineller Handlungen gesammelt hat, nämlich u.a. bereits im Jugendarrest war. Es ist schwer auszumachen, warum er sich zurückhält. Vielleicht überlässt er das ‚Feld' zunächst den beiden anderen Jugendlichen, da er meint, diese Erfahrungen hätten nichts mit der schulisch zentrierten Themenvorgabe zu tun.

53 Im Verlauf der Diskussion erzählen die drei Jugendlichen wie sie teilweise gemeinsam geschwänzt haben, aber auch alleine bzw. mit verschiedenen außerschulischen „Freunden" und dies rückwirkend unterschiedlich einschätzen: „Cool, nicht Sinn der Sache für das spätere Berufsleben, langweilig" etc. (1105 bis 1145).

Die Jugendlichen wechseln in ihrer Darstellung in die ‚man-Sprache', die den gesamten Diskussionsverlauf kennzeichnet. Sie unterstreichen die gegenwärtige Geltung des Orientierungsprinzips. An die Interviewerin gerichtet formulieren die Jugendlichen den Handlungsvorgang des Schwänzens, der sich mehrfach wiederholte und auch in Zukunft wiederholen könnte. Eine abstrakt beschreibende Charakterisierung der Erlebnissituation wird vorgenommen, die bereits evaluativ von der Gruppe generalisiert wird (77f.).

Der positive Gegenhorizont im Vergleich mit der Situation zum Erzählzeitpunkt ist für die Gruppe die Grundschulzeit, die „*voll friedlich*" (85f.) war. In dieser Zeit hat die Gruppe außerhalb der Institution Schule an gar nichts gedacht, die Schule war als Sozialraum präsent, um sie drehte sich die Existenz auch noch im nachschulischen Bereich. Denn über die Hausaufgaben, die zum damaligen Zeitpunkt noch angefertigt wurden, strukturierte die Schule den gesamten Tagesablauf. Der darstellerische Bezugspunkt der Grundschulzeit als kontrastive Folie dem jetzigen Erleben gegenüber entspricht nicht nur den Erfahrungen von Lette, sondern wird von der Gruppe insgesamt geteilt, wie MC Casto und Sir Sobieski zum Ausdruck bringen. MC Casto, der eine Andersartigkeit seines Erlebens bzw. seines Schulbesuchs vorgab, bringt sich nicht über Narrationen in den Diskurs ein, sondern generalisiert und evaluiert aus der Retrospektive. Er erbringt eine theoretische Verdichtungsleistung, die Rückschlüsse auf seine Erfahrungen zulässt und möglicherweise im weiteren Diskussionsverlauf erzählt werden. Gleichzeitig wird deutlich, dass es sich doch um eine Gruppe mit gemeinsamem Erfahrungshintergrund handelt, denn die Äußerungen erfolgen auf die – wenn auch sehr kurze – Erzählung von Lette. Auf ihn wird also (die Gruppe einend) Bezug genommen. Nicht der jeweilige soziale Prozess wird dargestellt, sondern nur noch als Ergebnis zusammengefasst mit dem metaphorischen, abstrakt symbolisierenden Adjektiv „*friedlich*".

Der Gegenhorizont der Jetzt-Zeit ist nicht mehr friedlich und dem offiziellen schulischen Bereich zuzuordnen, sondern ist von subkultureller aktionistischer Anspannung gekennzeichnet, wie anhand der Fortsetzung der Diskussion deutlich wird.

Schulalltag

In diesem Zusammenhang kommt es zur Reaktion der Gegenübertragung bzw. weiteren Auseinandersetzung mit den dominanten moralischen Prinzipien, denn MC Casto überlegt, ob die Interviewerin etwas über „*Stress*" und „*Boxereien*" hören möchte. Er weist auf die Szenerie eines Überlebenskampfes und die für erforderlich gehaltene Selbstbehauptung („*Boxereien*", 93[54]) hin. Es erfolgt eine Erzählaufforderung der Interviewerin.

---

54 Die Zeilen 92-96 sind nicht abgedruckt, sondern nur zusammengefasst.

(Chillig, Passage Stress: 97-121)

MC Casto: Ja, ich weiß nich, auf der Schule
hier is so was öfters, so Polizei is hier,
so Razzia, //I: Ja?// also Razzia is hier
gewesen. //Sir Sobieski: Ja// Ja, die kommen
öfter mal hierher und nehmen holen die Leute
ab, die in Knast müssen oder so, also dis
kommt öfter mal vor so //Lette: Mhm// (das
dis eigentlich so) n paar boxen sich,
zerstören n paar Scheiben halt

Lette: Oder ziehen sich gegenseitig ab.

MC Casto: Ja, //Lette: Ja// und verkaufen sich
gegenseitig irgendwelchen Shit.

Lette: Naja Drogen is hier ganz schlimm,
also -

Sir Sobieski: Ja, jeder #(hat was)#

Lette: #Da# also fast
jeder aus der den Klassen der #nimmt#, also
konsumiert.

Sir Sobieski: #konsumiert#

I: Ja.

MC Casto Is wirklich eigentlich (5)

Sir Sobieski: Verkauft wird hier auch manchmal, bloß
jetzt nicht mehr so, wegen den Razzias und so
alles

Lette: Ja

Ein vorheriges nur auf das offizielle schulische Reglement bezogenes Denken wird ersetzt durch ein subkulturelles *Unterleben*. Die Schule erscheint dabei als Mikrokosmos, als Probebühne für kriminelle Handlungen. MC Casto verdeutlicht, dass seine Propositionen „*Stress*" und „*Boxereien*" zum Schulalltag gehören, den kollektiven und ritualisierten Erfahrungshintergrund ausmachen. Die Anwesenheit der Polizei in der Schule stellt MC Casto als Alltäglichkeit dar, die auftritt, wenn beispielsweise Jugendliche in den Jugendarrest müssen.

Die Krönung dieser Alltäglichkeit bildet ein besonderes Ereignis, eine Razzia.

MC Casto geht davon aus, dass die Interviewerin von der Razzia hören möchte, die wiederum herangeholt und funktionalisiert werden kann, um das eigene Bild/Image darauf aufzubauen. MC Casto spricht im Stil einer verharmlosenden Belehrung („*also dis kommt öfter mal vor so*", 103). Sich wechselseitig steigernd beschreiben die Jugendlichen die Gepflogenheiten der Schülerschaft und markieren ihre Fremdheit der Interviewerin gegenüber. Sie setzen sich mit den Prinzipien der dominanten Moral auseinander und erläutern, was sie denken, wodurch sie sich von Anderen abgrenzen. Diese Anderen sind für sie durch die Interviewerin vertreten, der sie ihren Erfahrungsraum erklären müssen.

Die der Schule nachgesagte Funktion, einen Schonraum gegenüber der späteren Berufswelt darzustellen, erhält hier eine ganz neue Dimension. Denn auch kriminelle Handlungen werden zunächst innerhalb der Schule geübt, also in einem Schonraum. Innerhalb dieses Raumes sind die aktiven und passiven Rollen noch austauschbar. Die SchülerInnen tricksen sich gegenseitig und nicht einseitig aus. Es kommt zu einem gegenseitigen „*Abziehen*" (107) und gegenseitigen „*Shit verkaufen*" (109). Opfer und Täter erscheinen austauschbar, sie wechseln einander ab. Es ist ein Verhältnis auf Gegenseitigkeit, jeder kann mal Gewinner oder Verlierer, Käufer oder Verkäufer etc. sein. Sie testen aus und üben im Schutz der Schule für ‚draußen' und haben sich bereits in der Schule ihren eigenen ökonomischen Markt durch profitorientierte kriminelle Handlungen geschaffen. Die Selbstverständlichkeit in der Darstellung weist auf ein *subkulturell* geprägtes schulisches Unterleben hin. Die Funktionalisierung der Razzia wird von den Jugendlichen dahingehend wahrgenommen, die subkulturelle Normalität mit dem öffentlichen (dominanzkulturellen) Ereignis der Razzia zu kontrastieren. Die Razzia befördert in dieser Lesart tendenziell *kontrakulturelle* Orientierungen bzw. wird die Auseinandersetzung mit und das Absetzen von öffentlicher Etikettierung verstärkt.

Das für die Gruppe charakteristische Jonglieren mit Erwartungen und Gepflogenheiten der dominanten Moral drückt sich auch in der Kommentierung des Drogenkonsums durch Lette als „*hier ganz schlimm*" (110) aus. Innerhalb des Diskurses ist es insbesondere Lette, der sich immer wieder mit Normen und Normalitätserwartungen auseinandersetzt. Er scheint derjenige zu sein, der es sich leisten kann, zwischen einem subkulturell geprägten und einem dominanzkulturellen Milieu zu pendeln und die Grenzen auch verwischt. Der Drogenkonsum ist eine kollektive Praxis der SchülerInnenschaft denn „*jeder*" (112) bzw. „*fast Jeder*" (113) „*nimmt*" (114) bzw. „*konsumiert*" (114) Drogen. Es gibt keine Über- oder Unterlegenen, sondern der Drogengebrauch einigt die SchülerInnenschaft. Diese Kollektivität wird wiederum durch die Erwähnung der Razzia[55] unterbrochen, da die Schule als Ort des Verkaufs von Drogen ein unsicherer Standort geworden ist. Der an einen Mythos erinnernde Präsentationsgehalt der Razzia wird durch die gewählte Pluralform von Sir

55 Diese Razzia fand im März 1998 statt und sie besuchten die 8. Klasse (15 und 16 Jahre alt). Sie waren nicht die eigentliche ‚Zielgruppe' der Razzia gewesen, sondern die eingangs von ihnen erwähnten ‚kriminelleren Mitschüler'. Es handelt sich um ein Ereignis bzw. Erlebnis, das von Schülergeneration zu Schülergeneration weitergegeben wird und vom eigenen Erleben unabhängig existent ist.

Sobieski („*Razzias*“, 120) und eine nicht vorhandene Detaillierung noch unterstrichen.

Entweder gehen MC Casto und Sir Sobieski davon aus, dass die Diskussionsleiterin genau die Razzia meinte und deshalb auch keine weiteren Erläuterungen notwendig sind. Oder es geht nicht um den Erlebnisgehalt dieses Vorganges, sondern um die damit verbundene Darstellbarkeit eines Selbstbildes, sodass die Razzia zur Identitätsbildung beiträgt. Das Ereignis wird funktionalisiert und benutzt, um ein Bild von der Schule und der Schülerschaft zu transportieren. Wesentlich einschneidender als die Razzia selbst ist für diese Gruppe das Erscheinen in der Zeitung und die damit verbundene öffentliche Etikettierung.

```
    (Chillig, Passage Stress: 133-139)

133 Lette:       So was die Zeitung geschrieben hat, dis war
                 alles voll übertrieben.
135 MC Casto:       War inner BZ drin.(3)
136 Sir Sobieski:Naja (2)
137 MC Casto:        Kranke gibt's hier auch so, die man vor
138              der Klasse mal verprügelt
139 Lette:                   ((Lachen))
```

Ihre Bedeutung erlangte diese polizeiliche Maßnahme dadurch, dass sie in der Zeitung stand. Nicht eine eigene Betroffenheit wird zum Ausdruck gebracht, sondern die Art und Weise, wie die Zeitung berichtet hat, die Konfrontation mit Stigmatisierung und Etikettierung. Von der Art der Berichterstattung („*voll übertrieben*“) distanziert sich Lette. Durch den Hinweis auf die übertriebene Darstellung wird die Schule aufgewertet und damit auch die Gruppe. Das Erscheinen in der Zeitung ist nicht nur Höhepunkt, sondern auch Konklusion der Passage. Das Ende der Ausführungen zur Razzia zeigt Sir Sobieski durch das „*Naja*“ (136) an[56].

Der thematische Wechsel von MC Casto zu „*Kranken*“ (137), die vor der Klasse verprügelt werden, erscheint zunächst als ein jeder Logik entbehrender Anschluss an die Razzia. Dieser unvermittelte Anschluss verdeutlicht allerdings in prägnanter Weise das schulische Unterleben. Die Gruppe *Chillig* besteht aus Akteuren, die selbst die Spielregeln und Gesetze, die Binnenbereiche und Außensektoren sowie Innen- und Außenseiter definieren. MC Casto

56 In anderen Gruppen wird die öffentliche Degradierung häufig abgewehrt, indem auf andere Schulen verwiesen wird, „*an denen es viel schlimmer zugeht*“ (Gruppe *Stärke*). Die Razzia wird in den meisten Gruppendiskussionen erwähnt und je nach kollektivem Gruppenverständnis benutzt (vgl. zum maximalen Kontrast die Ausführungen in der Gruppe *Fördern*, Kap. C.3.1).

verkörpert in besonderer Weise, dass er unbeeindruckt von den Prinzipien der dominanten Moral und der öffentlichen Meinung (wie sie sich in der Zeitung dokumentiert) agiert[57].

Bisher gab es keine Opfer in den Ausführungen der Gruppe, sondern die Schüler boxten sich gegenseitig. Bei diesen Kämpfen handelt es sich um „faire fights“[58] mit einem respektablen Gegner, in denen es nicht um den Sieg oder die Verletzung des Mitschülers geht, sondern sich auch freundschaftliche Beziehungen entwickeln können. Zur Darstellung, wie es an der Schule „*abgeht*“ (87[59]), gehören auch diejenigen, die sich verprügeln lassen. MC Casto nimmt eine Kausalitätszuschreibung vor, die die Schülerschaft in zwei Gruppen einteilt. Zum einen gibt es die „Gesunden“, also die „Normalen“, die das Recht haben, zu verprügeln. Sie entscheiden darüber, wer zur zweiten Gruppe, den „*Kranken*“ (137), den Opfern oder Außenseitern gehört.

Schulsozialarbeit/Verhältnis SchülerInnen – LehrerInnen

Da in der Gruppe *Chillig* ein Zusammenhang zwischen dem Verhältnis zu den Lehrkräften und dem Aufenthalt in der Schulstation hergestellt wird, erfolgt eine gemeinsame Betrachtung der Themen. Zwar lassen sich weitere Passagen zum Schüler-Lehrer-Verhältnis extrahieren, allerdings soll im Rahmen dieser Darstellung das thematische Interesse an der Schulsozialarbeit und die Vergleichbarkeit mit den anderen Gruppen im Vordergrund stehen.

Direkt im Anschluss an die Erwähnung der „*Kranken*“ leitet MC Casto zur Schulstation über.

```
    (Chillig, Passage Schulstation: 140-191)

MC Casto:         Aber (                    ) sonst is
                  ganz cool mit den Räumen, dass wir so was
                  hier bekommen

Sir Sobieski:          (          )

Lette:                      Ja so, #Schulstation und Cafeteria#
                  is ganz cool.

Sir Sobieski:                      #Cafeteria  und so#

MC Casto:                          #(                )#
```

57 Gleichzeitig übernimmt MC Casto das Bild, das in der Öffentlichkeit (Zeitung) von ihnen gezeichnet wird. Diese Handlungspraxis erinnert an die Schülerin Tanja der Gruppe *Schlüssel*, die den schlechten Ruf der Schule ebenfalls übernimmt und verkörpert.

58 Bohnsack 1995, S. 270: In den von Bohnsack beschriebenen Gruppen von Hooligans ist „respektiert zu werden“ als Ziel des „fights“ auch auf die gesellschaftliche Öffentlichkeit – z.B. die Resonanz in den Medien – bezogen.

59 Diese Zeilenangabe bezieht sich auf das erste Transkript der Gruppendiskussion.

Lette: #Schon nich schlecht.#

MC Casto: weiß ich nich, wenn man so Freistunde hat, dann geht man nich zu [Name einer Einkaufskette] und baut Scheiße oder so was.

Sir Sobieski: Geht man nich klauen oder so, sondern spielt Kicker, Dart oder #( )#

MC Casto: Oder #wenn man Stress mit den# Lehrern hat, kann man auch runter gehen und mit denen reden und so oder ( )

I: Habt ihr da auch eigene Erfahrungen? Also könnt ihr mir erzählen, wie dis is, also wie dis denn abläuft, dass ihr dann zur Schulstation kommt oder dahin geht?

MC Casto: Naja, dis läuft immer nur so ab, man regt sich im Unterricht auf und sagt, dass er dir mal am ((Pfeifen)) kann und dann weiß ich nich, kommt man in die #Schulstation#

Lette: #((Lachen)) #

MC Casto: So #läuft dis#

Lette: #( ) klären# muss

MC Casto: Denn geht mal nich, denn heult man dreißig Jahre rum „ich will nich und ähh" und dann geht man (raus) oder steht die ganze Zeit vor #der Klasse rum.#

Lette: #Naja und # die

Sir Sobieski: °Der Lehrer kommt glaub ich selber gar nich klar°

Lette: Entweder man geht selber persönlich zum Lehrer hin #und entschuldigt sich# //#MC Casto: Oder Tadel#//oder man geht halt denn zur Schulstation, man redet über die und die klären dis dann o. k. (2) oder man macht dis halt mit seinen Eltern. Also ich kam damals mit dieser Frau Y nich klar, mit der komm ich heute (.) au noch nich #richtig klar#. Und

Sir Sobieski:#Kommt keiner so richtig# würd ich mal sagen.

188 Lette: naja dann hab ich auch mein
189 Vater gesagt und der is auch hierher gekommen
190 und hat dann mit ihr geredet, naja seitdem
191 geht's denn schon wieder einigermaßen.

Einen positiven Gegenhorizont zur Schülerschaft und ihren Aktivitäten bilden die „*Räume*" (141), die sie bekommen haben, nämlich die Schulstation und die Cafeteria. Indem sie die Angebote als „*cool*" (141) empfinden, wird deutlich, dass sie die Räumlichkeiten jugendtypisch besetzen können, sie als positiv wahrnehmen und ihr eigenes, nicht ein fremdbestimmtes Relevanzsystem anlegen können. Es handelt sich um eine kollektiv geteilte Wahrnehmung, über die sie interaktiv sehr dicht berichten. Die Schulstation wird von MC Casto defunktionalisiert und entpersonifiziert als „*Räume*" (141) bezeichnet. Diese Neutralität ermöglicht es ihnen, die Nutzung und Inanspruchnahme selbst zu bestimmen und bildet damit implizit einen Kontrast zum Schulsystem, das aufgrund seines hohen Grades an Organisation Freiräume nur eingeschränkt zulässt. Die Erwähnung des „*so was hier bekommen*" (141/142) durch MC Casto verdeutlicht, dass er weiß, dass die Gruppendiskussion in einem zur Schulstation gehörenden Raum stattfindet[60]. Es handelt sich um die erste Gruppe (02.2000/die Schulstation existiert über ein Jahr!), in welcher der Ort der Gruppendiskussion als zur Schulstation gehörig benannt wird.

Die Möglichkeiten, die ihnen die Schulstation bietet und die verschiedenen Gelegenheiten des Aufenthalts sind ihnen aus eigener Erfahrung bekannt und bilden eine Fokussierungsmetapher im Diskurs. Sie entfalten einen Spannungs- und Stimmungsbogen von Problemlösungsstrategien und Aktivitäten aus eigener Initiative (Enaktierungen). Eine der beschriebenen Möglichkeiten, sich in der Schulstation aufzuhalten, ist die Freistunde (d.h. Unterrichtsausfall). Freistunden stellen den äußeren Anlass dar, denn der Gruppe geht es um ihre zentrale Problematik in Gestalt der Orientierung des „Scheiße bauens". Die bisherige Orientierung (Enaktierung), innerhalb von Freistunden in einem Supermarkt zu klauen, wird ersetzt durch Kicker oder Dart spielen (ein neues Enaktierungspotenzial). Sie haben einen Ort, zu dem sie gehen können, mit selbst bestimmbaren Beschäftigungsmöglichkeiten, deren Attraktivitätsgehalt (im Sinne von Erholung und Entspannung) höher ist als zu Klauen (Anspannung). Die Bereitstellung niedrigschwelliger kultureller Angebote erhält neben einem Betreuungsaspekt auch einen Kompensationseffekt. Auch innerhalb dieser Passage verbleibt die Gruppe in der „man-Sprache" und die Darstellungsart ist argumentativ bzw. abstrakt beschreibend und nicht narrativ. Dabei handelt es sich um keine hypothetische Formulierung, wie von der Interviewerin vermutet wird (159), sondern um die Betonung der Routine, die Ritualisierung. Sie unterstreichen die gegenwärtige Geltung des Orientie-

60 Und zwar in einem von drei nebeneinanderliegenden Räumen. Auf nonverbaler Ebene weist MC Casto mit einer Handbewegung in den Raum und nickt dazu.

rungsprinzips und die allgemeine Gültigkeit ihrer Wahrnehmung durch das abstrahierende „man". Es ist wiederum MC Casto, der sehr pragmatisch und lösungsorientiert vorgeht und es versteht, einen Nutzen für sich aus dem Angebot zu ziehen, der von der Gruppe geteilt wird. Sie wollen noch mehr Konfrontationen, noch mehr „*Stress*" vermeiden.

Neben den Freistunden ist es der „*Stress mit den Lehrern*", der das Aufsuchen der Schulstation nach sich ziehen kann. Im Vordergrund steht hier keine Schuldzuweisung an die Lehrkräfte, sondern die eigenen Schwierigkeiten, dass sie als Schüler nicht klar kommen, d.h. Stress mit den LehrerInnen haben. Die LehrerInnen werden nicht mit den SozialarbeiterInnen kontrastiert, sondern die Eigenaktivität, in die Schulstation zu gelangen, steht im Mittelpunkt. Die Jugendlichen verfügen über ein handlungspraktisches Wissen, wann und wie sie in die Schulstation gehen können. Der jeweilige Anlass ist – im Gegensatz zur Gruppe *Schlüssel* – nicht abhängig vom Unterrichtsfach oder von der Lehrkraft oder der Situation. Der niedrigschwellige Aufforderungscharakter der Schulstation hat auch „Verführungscharakter". Ritualisierte Ablaufmuster des Provozierens eines Unterrichtsverweises entwickeln sich, „*dis läuft immer nur so ab*" (163), „*so läuft dis*" (168). Die Jugendlichen machen sich den sozialräumlichen Aufforderungscharakter des Angebots zu Eigen und nutzen die systemischen Nischen, die Diffusität des Sozialraums Schule. Es muss nur gelingen, den jeweiligen Lehrer zu provozieren und zwar in einer Art und Weise, die außerhalb der Schülerrolle liegt, sodass die Antwort auf die Provokation auch außerhalb der Lehrerrolle, nämlich in der Schulstation erfolgt. Die Schulsozialarbeit wird als die bessere Alternative zum Unterricht favorisiert.

Im Vordergrund steht nicht der persönliche Bezug zu den SchulsozialarbeiterInnen – wie es bei jüngeren SchülerInnen und Mädchengruppen (vgl. Gruppe *Mikrofon*) der Fall ist –, sondern die Funktionalität. Nur bei Lette treten die SchulsozialarbeiterInnen als Personen in Erscheinung. Denn bei Kommunikationsschwierigkeiten mit den LehrerInnen sind es die SchulsozialarbeiterInnen, „*die klären dis dann o.k.*" (181). Die Gegenhorizonte bilden das eigenbestimmte Reden in der Schulstation im Kontrast zur gestörten Interaktion mit den Lehrkräften. Auch innerhalb dieses Diskurses wird deutlich, dass die beiden Systeme (Schule und Schulsozialarbeit) getrennt voneinander wahrgenommen werden. Der „*Stress*" mit den LehrerInnen führt zur Delegation in die Schulstation, wo der Verantwortungsbereich der Schule endet und das Prinzip von Freiwilligkeit gilt.

Die Gruppe fordert aktiv die Definitionsmacht der Lehrkraft heraus: „*denn heult man 30 Jahre rum (...) und dann geht man raus (...)*" (170ff.). MC Casto wird nicht müde, dieses Spiel zu spielen, selbst wenn es „*dreißig Jahre*" dauert, bevor er den Klassenraum verlässt. Er vermittelt, dass er den Zeitpunkt bestimmt, wann er aus der Klasse geht und nicht der Lehrer oder die Lehrerin. Auch das Stehen vor der Klasse wird nicht als Definitionsmacht der jeweiligen Lehrkraft (die eventuell verbietet; die Schulstation aufzusuchen) beschrieben, sondern als freiwillig gewählte Alternative (172f.). MC Casto entscheidet, wann er in die Schulstation geht, denn er kann auch vor dem Klassenraum bleiben.

Die leise gesprochene Feststellung durch Sir Sobieski *„Der Lehrer kommt glaub ich selber gar nich klar“* (175f.)[61], zeigt, dass er in der Lage ist, die Perspektive des Lehrers einzunehmen, der es nicht einfach hat. Sowohl die SchülerInnen als auch die LehrerInnen kommen nicht klar. Sie fühlen sich allerdings nicht in eine passive Schülerrolle gedrängt, sondern haben aktive Gestaltungsspielräume, die für Lette auch die Möglichkeit in sich bergen, sich beispielsweise zu entschuldigen (178). Die (pädagogische) Dimension, wie man in der Schule miteinander umgehen kann, klingt hier an. Der parallele Einwurf von MC Casto *„oder Tadel“* (179) weist allerdings auf die asymmetrische Rollen- und Kompetenzverteilung der Beziehung zwischen SchülerInnen und LehrerInnen hin. Die höhere Definitions- und Sanktionsmacht der Lehrkräfte bleibt unveränderlich bestehen. Trotzdem gelingt es der Gruppe *Chillig*, in einer nicht realisierbaren hierarchiefreien Beziehung, die Rollen- und Machtverteilung zu thematisieren. Durch die Einbeziehung der SchulsozialarbeiterInnen ist es ihnen möglich, Situationen als *„o. k.“* (181) zu definieren, neue Balancen herzustellen. Es ist Lette, der diese verschiedenen Möglichkeiten benennt und sich mit Erwartungen (Entschuldigung) auseinandersetzt. Für MC Casto steht der Kampf gegen diejenigen, die die Tadel verteilen, im Vordergrund. Im Gegensatz zur Gruppe *Schlüssel* erhält die Vergabe von Tadeln im Diskurs allerdings den Stellenwert eines unabänderlichen *Nebeneffekts*. Die *subkulturelle Orientierung* der Gruppe *Chillig* wird erneut deutlich.

Eine dritte Problemlösungsstrategie bildet einen gleichwertigen Gegenhorizont zu den SchulsozialarbeiterInnen. Dabei geht es um die Einbeziehung der Eltern, die von Lette exemplifizierend dargestellt wird. Sein Vater hat ein Gespräch mit einer Lehrerin geführt und Lette deutet ein positives Ergebnis an. Die alternative Möglichkeit die Eltern einzubeziehen, wird von Lette durch eine Belegerzählung unterstrichen. Ein Umstand, der ihn potenziell von seinen MitschülerInnen unterscheidet. Durch die Unterstützung der Eltern ist er damit auch unabhängig von anderen problemlösenden Instanzen. Er kann es sich leisten auszuwählen, wen er bei Bedarf kontaktiert. Da das Elterngespräch und nicht ein Gespräch mit den SchulsozialarbeiterInnen exemplifiziert wird, scheint dieses entweder viel einschneidender gewesen zu sein oder es hat noch gar kein vergleichbares Gespräch mit den SchulsozialarbeiterInnen stattgefunden.

Aufgrund des Elterngesprächs und nicht auf der Basis des Kontakts zu den SchulsozialarbeiterInnen kann über Konsequenzen für den Unterricht erzählt werden. Es bleibt fraglich, ob die Gruppe eine innerhalb des Schulsys-

61 vgl. die Wortgleichheit mit der Gruppe *Fördern*, Kap. C.3.1

tems wirkende Veränderung durch die Schulsozialarbeit bemerkt. Die Interviewerin fragt an späterer Stelle deshalb noch einmal nach, was denn in der Schulstation stattfindet:

(Chillig, Passage Schulstation: 238-257)

MC Casto: Naja, is nich viel,
#dass wir#

Lette: #Naja da#

MC Casto: erzählen sollen wir haben Stress
#blabla #

Lette: #entweder reden# die mit uns, also wenn die
mit uns, also wenn <u>wir</u> mit denen reden
wollen oder wir setzen uns da in irgend ne
Ecke und spielen irgendwas oder beschäftigen
uns alleine oder (3)

I: Haben euch die Gespräche mit den
Sozialarbeitern dann schon geholfen, also
für den Unterricht oder bei anderen
Problemen?

Lette: Und naja also ich weiß ja nich,
bei manchen Schülern, die kenn ich auch äh,
die warn ja auch mit ihrn Eltern bei der
Schulstation und naja bei denen scheint das
auch geholfen zu haben. (6) Also dis is
schon nich schlecht (3)

Für MC Casto ist weiterhin das ritualisierte schulische „Unterleben" relevant. Um den Aufenthalt in der Schulstation zu legitimieren, ist eine Begründung abzugeben, die einen sozialarbeiterischen Bedarf signalisiert („... *erzählen sollen wir haben Stress*", 241). Lette differenziert demgegenüber die Gesprächsmöglichkeit in der Schulstation. Im Gegensatz zum Unterricht, in dem die LehrerInnen entscheiden, wann wer mit wem redet, sind es in der Schulstation die Jugendlichen, die entscheiden, ob sie Redebedarf haben und mit den SchulsozialarbeiterInnen sprechen möchten. Sie können sich auch dafür entscheiden, zu spielen oder sich anderweitig zu beschäftigen, d.h. eigene Handlungsakzente setzen. Diese Eigenverantwortung in dem sonst von Regeln gekennzeichneten System Schule zu übernehmen kann auch zu der Einschätzung führen, „*naja is nich viel*" (MC Casto, 238), was in der Schulstation passiert, die Abläufe für unwesentlich, routinisiert und nicht beschreibbar zu halten.

Lette bringt die Ausführungen zur Schulstation nach nochmaligem Insistieren der Forscherin bezüglich der Gespräche mit den SchulsozialarbeiterInnen zur Konklusion. Auch anderen Schülern haben Gespräche mit den Eltern und SchulsozialarbeiterInnen schon geholfen. Zur eigenen Erfahrung war also bereits alles gesagt, sodass Lette die Mitschüler heranzieht. Neue Detailinformationen werden nicht mehr dargeboten.

Interessanterweise ist die Wirksamkeit bzw. die Erfahrung von Hilfe durch die Schulsozialarbeit für Lette wiederum nur im Zusammenhang mit den Eltern thematisierbar. Nach einer Pause folgt qua Evaluation die thematische Konklusion „*also dis is schon nich schlecht*“ (256f.). Mit dieser Feststellung rahmt Lette die Ausführungen zur Schulstation. Die Schulstation war in der gruppenspezifischen Relevanz von den Jugendlichen in den Diskurs eingebracht und abgehandelt worden. Das erneute Eingehen auf die Schulsozialarbeit ist der Diskursleiterin geschuldet, wird allerdings von Lette genutzt, um dem positiven Gegenhorizont der Schulstation nach einer Pause von drei Sekunden den negativen Gegenhorizont einer mangelhaften auf den Unterricht bezogenen Versorgung gegenüberzustellen:

(Chillig, Passage Lehrer-Respektlosigkeit: 258-306)

Lette: Bloß dis mit den Lehrern müsste, müssten die#
mal langsam hinbekommen so, dass
(Räuspern)) mehr Lehrer kommen,
#sodass nicht so viel ausfällt#

MC Casto: #( )# so ( ) die
Lehrer zu alt sind und
#so konservativ#

Lette: #Zum Beispiel # wir habn n
Lehrer, der heißt Herr F und (.) der der is
schon völlig fertig im Kopf, also der der
macht schon gar kein Unterricht mehr.

Sir Sobieski: °Den müssten sie auf Rente schicken°.

Lette: @(2)@ Naja der @ha@

Sir Sobieski: Der Herr I, der is doch schon
längst

Lette: Aber Herr I,
#der macht doch noch# richtig Unterricht

Sir Sobieski: #Ja, aber trotzdem#,
der is doch auch schon längst

MC Casto: #Wir ham auch so ne#

Sir Sobieski:#Frau E # ((macht aus dem
Namen einen Reim)), is voll rassistisch (2)

MC Casto: Oach. Frau E
#die# brüllt nur rum.

Sir Sobieski: #Die is#, die is wie ne Hexe.

Lette: Also, dis is, so ne so ne fette Frau, die is so

Div.: ((Lachen))

Lette: (   ) so. Und äh ich steh letztens mit m Freund vor der Schule und rauch so eine, kommt die auf einmal an: „ey, mach die Zigarette aus" ((ahmt den Tonfall nach)) und hat die ganze Zeit rumgekeift und naja n Kumpel von mir hat denn auch sie angemeckert so ja, „schrei mich nich an, du blöde Kuh" und blah, so geht's halt dann die ganze Zeit. (3) Also (.) ich ((ausatmen)) mein (.)also, ich mein die Schüler ham auch gar kein Respekt mehr so vor Lehrer.

Sir Sobieski: Auf dieser Schule bestimmt, auf manchen vielleicht bestimmt noch, aber hier nich mehr so.

I: Wie?

Sir Sobieski: #Naja#,//Lette:#Naja#// weil die Schüler sich nichts mehr gefallen lassen wollen, weil die auch ungerecht behandelt werden, zwar nich immer, aber öfter, naja und die ham kein Bock mehr denn (3) °streiten die sich halt°. (7)

In dieser Gruppe treffen das funktionale Schulsystem mit einem klaren Bildungsauftrag und dem Auftrag Unterricht abzuhalten und das die Schule ergänzende und erweiternde soziale Element der Schulsozialarbeit aufeinander. Auch eine positiv empfundene Schulsozialarbeit verändert nicht das starre Rollensystem der Schule, ändert nicht den Unterricht, die LehrerInnen.

Für diesen empfundenen Missstand wird mit der konjunktivischen und unspezifischen Ausdrucksweise „*müssten die (...)*" (258f.) niemand angeklagt. Die Lösung des Problems ist für die Gruppe offensichtlich, die Schule benötigt mehr LehrerInnen. In der anschließenden Exemplifizierung verschwinden die LehrerInnen nicht mehr hinter dem allgemeinen Prädikat des LehrerInnenseins. Stattdessen ist die Gruppe *Chillig* in der Lage alltagstheoretische Deutungen („*zu alt*", MC Casto) zu konkretisieren.

So dokumentiert sich in der Darstellung von Herrn F, der als „*schon völlig fertig im Kopf*" (266f.) beschrieben wird, auch eine (Selbst-)Kritik, dass er potenziell von SchülerInnen fertig gemacht wurde. Sie billigen dem Lehrer zu, dass er einmal anders war, denn er „*macht schon gar kein Unterricht mehr*" (267f.). Obwohl in der anfänglichen Selbstdarstellung der Gruppe eine auf den Unterricht oder das Lernen bezogene Aufmerksamkeit nicht vorhanden war, konzentriert sich Lette in der Beurteilung der LehrerInnen auf den Bereich, der Schule kennzeichnet, nämlich den Unterricht. Er fordert ein entsprechendes Rollenverhalten ein.

Die ernsthafte, leise gesprochene Ergänzung durch Sir Sobieski, dass Herr F in Rente geschickt werden müsste, erinnert einerseits daran, dass die Schüler ihn loswerden wollen, aber auch, dass sie ihm etwas potenziell Gutes, die Rente, wünschen. Im Gegensatz dazu erscheint zunächst Frau E. In der Beschreibung der Lehrerin steigern sich die drei Jugendlichen wechselseitig in negative Attribuierungen („*rassistisch*", „*Hexe*", „*fette Frau*" etc.). Dieser scheinbare Widerspruch lässt sich in der Unterscheidung von zwei Ebenen auflösen: Innerhalb des Schutzraums der Clique herrschen andere Regeln und andere Ausdrucksweisen vor. Demgegenüber steht die „offizielle" Beziehung zu den LehrerInnen, die direkte Interaktion, die von Gruppenregeln abzugrenzen ist[62]. Indem die Gruppe die gruppeninterne Interaktion <u>über</u> die LehrerInnen von der gruppenexternen Interaktion <u>mit</u> den LehrerInnen unterscheidet, versuchen sie sich von einer schulischen *Kontrakultur* abzugrenzen, wie sich anhand der Beispielerzählung von Lette zeigen lässt: Die Lehrerin, Frau E, die ihre Aufforderung, die Zigarette auszumachen mit einem „*ey*" (289) beginnt, löst bei einem Mitschüler von Lette eine Erwiderung in ähnlichem „Jargon" aus: „*schrei mich nich an, du blöde Kuh*" (292f.). Für Lette überschreitet der Mitschüler eine Grenze, er übertritt die Schülerrolle. Lette akzeptiert die Diametralität des Lehrers – Schüler – Verhältnisses. Auch wenn die Lehrerin „*rumkeift*" (291), hat er kein Verständnis dafür, wenn ein Schüler in gleichem Tonfall antwortet. Der Höhepunkt dieser Übertretung ist die Respektlosigkeit gegenüber der Lehrerin.

Die Notwendigkeit respektvollen Verhaltens der SchülerInnen gegenüber den LehrerInnen bedarf für Lette keiner Begründung, sondern ist dem Verhältnis immanent. Denn worauf sich der Respekt als „Nebenprodukt" der Interaktion gegenüber einer keifenden Lehrerin (keine gegenseitige Achtung) gründen könnte, ist nicht zu sagen. Die bereits erwähnte Verinnerlichung von Normalitätserwartungen durch Lette kommt hier erneut zum Ausdruck. Er hat einen Moralitätsbegriff und damit ein Verständnis von moralisch korrektem Verhalten entwickelt. Lette ist nicht zwischen diesen beiden Polen zerrissen, sondern sogar in der Lage, eine neutrale Perspektive, eine Außenperspektive, die weder der Schüler- noch der Lehrerposition entspricht, einzunehmen.

Sein Verhalten bzw. seine Haltung während der Interaktion hält er aus der Situationsbeschreibung heraus. Es entspricht dem Orientierungsrahmen der Gruppe, die darauf bedacht ist, sich aktuell aus Konflikten herauszuhalten, „*chillig*" zu bleiben, wie MC Casto es nennt. Auch Lette hat geraucht

62 Am Ende der Diskussion heißt es auch: „*Nach der Schule beginnt das Leben*". Die Schulzeit muss man aus diesem Leben, im Unterschied zur Gruppe *Stärke*, weitgehend heraushalten.

(*„und rauch so eine*“, 287f.), aber die Strenge der Lehrerin trifft nicht ihn, sondern den Mitschüler; er selbst fühlt sich also nicht betroffen. Lette nutzt die Darstellung der eigenen Konfliktfreiheit in der Interaktion zur Abgrenzung gegenüber dem Mitschüler, die seine eigene Situation privilegiert. Der Mitschüler steht für einen Vertreter jener *kontrakulturellen* Handlungspraxis, von der sich die Gruppe abgrenzen möchte.

Sir Sobieski schränkt den Geltungsbereich der Respektlosigkeit auf die besuchte Hauptschule ein. Er identifiziert sie als negativen Gegenhorizont, der für sich stehen bleibt, denn seine Ausführungen dienen der thematischen Konklusion der Passage. Er kann es sich leisten, den Vergleichshorizont gegenüber anderen Schulen einzuführen, denn er sieht sich in der Lage, auf den größten schulischen Erfahrungsschatz innerhalb der Gruppe zurückzublicken. Er setzt seinen Erlebnishintergrund an späterer Stelle im Diskurs als gruppentaugliche Version ein, die zum allgemeinen Lachen veranlasst. Er äußert dort: *„Ja, ich war schon überall* (...) *zwei Grundschulen, aufm Gymnasium, auf ner Realschule und denn bin ich hier gelandet.* (2) *Naja* (4)“ (341f.). Sein an dieser Stelle vorzufindender Kommentar *„hier nich mehr so*“ (299f.) in Zusammenschau seiner Argumentation *„weil die Schüler sich nichts mehr gefallen lassen wollen*“ (302ff.) erhält vor diesem Hintergrund einen besonderen Stellenwert: Die SchülerInnen, die sich schon so viel gefallen lassen mussten, institutionelle (teilweise familiäre) Ausgrenzungserfahrungen gesammelt haben, wollen und können dieses nicht mehr zulassen, *„ham kein Bock mehr*“ (306).

Zusammenfassung der zentralen Komponenten des Orientierungsrahmens

- Für die Gruppe *Chillig* stellen die Formen und Anforderungen der *sekundären Anpassung* an die Schule die zu bewältigenden Aufgaben dar und weniger die institutionellen Anforderungen der Unterrichtsschule. Hierbei handelt es sich also um ein übergreifendes Kennzeichen des Typus.
- Die generelle Haltung der Gruppe ist von Provokation und *subkulturellem Unterleben* gekennzeichnet. Die Selbstverständlichkeit der Handlungspraxis jenseits der dominanten Moral ist ihnen mit der Mädchengruppe *Mikrofon* gemeinsam.
- Die Etikettierung als *„kriminell*“ in der Perspektive der dominanten Moral birgt für die Jugendlichen ein Orientierungsproblem in sich. Eine Auseinandersetzung mit der öffentlichen Meinung wird forciert durch das Ereignis einer ‚Razzia‘, die zum *kollektiven Gedächtnis* der Schule gehört. Die vor diesem Hintergrund entfaltete Umgangsweise findet ihren Ausdruck auch darin, dass sie selbst aktiv mit der Etikettierung umgehen und aushandeln, wie kriminell sie sind. Die Schule wird *subkulturell* vereinnahmt und bietet den Jugendlichen einen Schutzraum als Probebühne für Handlungen jenseits der dominanten Moral.

- In der aktuellen Phase – kurz vor dem Ende der Schulzeit in der 10. Klasse – versucht die Gruppe teilweise, sich von einer schulischen *Kontrakultur* abzugrenzen und „*chillig*" zu bleiben, um den Schulabschluss nicht zu gefährden. Beispielsweise distanziert sich Lette von der Interaktion zwischen einem Mitschüler und einer Lehrerin, der er beiwohnte. Dieser Mitschüler wird von Lette als Vertreter einer *kontrakulturellen* Orientierung dargestellt, von der er sich distanziert.
- Die Angebote der *Schulsozialarbeit* entlasten die Jugendlichen von moralischer Degradierung und leisten Hilfestellung bei der Schaffung von Handlungsfreiräumen. Die Jugendlichen verstricken sich z.B. in Zeiten von Unterrichtsausfall nicht mehr in abweichende bzw. gesetzeswidrige Handlungen, sondern suchen die Schulstation auf. Die berichtete Anspannung im Rahmen von abweichendem Handeln steht im Kontrast zur Entspannung durch Spiele (Kicker, Dart) in der Schulstation. Darüber hinaus machen sich die Jugendlichen den sozialräumlichen Aufforderungscharakter des Angebots zu Eigen und entwickeln ritualisierte Ablaufmuster eines Unterrichtsverweises. Für die Gruppe spielt eine entscheidende Rolle, dass sie die Schulstation freiwillig aufsuchen können. So stellen sie die Eigenaktivität ihres Handelns in Bezug zur Schulsozialarbeit einem Delegieren durch die Lehrkräfte gegenüber. Im Vergleich zu den vorgegebenen Aufgabenstellungen des Unterrichts heben die Jugendlichen die eigenbestimmten Möglichkeiten in der Schulstation hervor: Gespräche mit den SchulsozialarbeiterInnen führen; Spielen; Selbstbeschäftigung. Die Schüler können in der Schulstation sowohl Kollektivität als auch Individualität erfahren. Für einen der Jugendlichen, Lette, ist ein wesentlicher Faktor für die Erfahrung von ‚gelingender schulischer Kommunikation', dass ihn nicht nur die SchulsozialarbeiterInnen, sondern auch seine Eltern unterstützen. Die SchulsozialarbeiterInnen verändern schulische Situationen („*die klären dis dann o.k.*", 181) stellvertretend für die Jugendlichen. Es gelingt auf diese Weise, Rollen- und Machtverhältnisse zu thematisieren und Interaktionen zwischen LehrerInnen und SchülerInnen als „*o.k.*" und damit ausbalanciert zu definieren. Die neutrale, exterritoriale Funktion der Schulsozialarbeit bringt mit sich, dass das schulische System letztendlich stabilisiert und nicht verändert wird. Die Schulsozialarbeit hat sich als eigenes System neben der Institution Schule etabliert. Aufgrund der Unabhängigkeit vom System Schule kann die Schulsozialarbeit eine vermittelnde Position einnehmen.

2.2.3 *Schulsozialarbeit als niedrigschwelliges Beratungangebot: Die Jungengruppe* Weg

Um die Bedeutung des Schulsozialarbeitsangebots für Jugendliche, die sich bereits in kriminalisierungsfähige Handlungen verstrickt haben, zu konturieren, möchte ich die Gruppe *Weg* im Hinblick auf ihre Aneignung des Schulsozialarbeitsangebots vorstellen. Die Gruppe besteht aus zwei männlichen Jugendlichen der 7. Klasse. Das Interview fand am 07.07.2000 von 9.55-11.25 Uhr in einem Raum der Schulstation statt.

Daniel ist bereits 15 Jahre alt, besitzt die deutsche Staatsangehörigkeit und hat zuvor eine andere Hauptschule besucht. Er wiederholte zum Zeitpunkt des Interviews die 7. Klasse auf der H-Schule. Daniel wohnt bei seinen Eltern.

Patrick ist 14 Jahre alt und besucht mit Daniel eine Klasse. Bereits in der Grundschule blieb Patrick phasenweise dem Unterricht fern. Vor der H-Schule besuchte er eine Gesamtschule; zum Zeitpunkt des Interviews wiederholt er die 7. Klasse auf der H-Schule. Patrick besitzt die deutsche Staatsangehörigkeit, seine Mutter stammt aus Indonesien. Er lebt in einem Heim (Jugendhilfeeinrichtung). Beide Jugendlichen geben keinen Berufswunsch an, sondern notieren als Wunsch, in einem Projekt für schuldistanzierte „Kinder" (Übernahme aus dem Fragebogen) aufgenommen zu werden. Zur Schulstation haben sie nach eigener Auskunft „täglich" Kontakt und die Beratung dauert an.

Als zentraler Orientierungsrahmen dieser Gruppe kann eine konfrontative Abkehr von der Schülerrolle rekonstruiert werden. Im Gegensatz zur Gruppe *Chillig*, die in ihrem subversiven Arrangement mit der Schule akute Konflikte zu vermeiden sucht, führen Milieudifferenzen in dieser Gruppe zu nicht lösbaren Konfrontationen.

In Bezug auf die Wahrnehmung der Schulstation kontrastiert der Orientierungsrahmen nur minimal mit den Gruppen *Schlüssel* und insbesondere *Chillig*, indem auch sie in der Schulstation zu Entspannung und darüber hinaus zu neuen Orientierungen (Enaktierungen) finden. In Ergänzung zu den bereits vorgestellten Gruppen möchte ich daher *eine* zentrale Passage der Gruppe *Weg* vorstellen, ohne auf den weiteren Diskurs einzugehen. Vor Beginn dieser Passage haben die Jugendlichen zunächst von ihren Unternehmungen erzählt, wenn sie die Schule schwänzen. Hauptsächlich halten sie sich in einer Siedlung auf, in welcher sie den Tag mit erwachsenen, arbeitslosen Männern verbringen. Diesen Tagesablauf kontrastieren sie mit dem Schulbesuch, zu dem ihnen die ‚Männer' der Siedlung raten, der ihnen aber nichts bringt (vgl. *Weg*, 144-356), wie sie sagen, da sie das „*Labern und Sitzen*" nicht aushalten (vgl. ebd.). Sofern sie sich entscheiden zur Schule zu gehen, beginnen sie von sich aus zur zweiten Schulstunde, weil sie ausschlafen wollen. Zu der Exemplifizierung ihres schulischen Alltags gehört auch der folgende Ausschnitt, der einer sehr selbstläufigen Passage der Diskussion entnommen ist. Der positive Gegenhorizont der Schulstation wird in dieser Gruppe – wie in der Gruppe *Schlüssel* – vor dem negativen Gegenhorizont der Lehrkräfte in den Diskurs eingebracht:

[Weg, Passage LehrerInnen und Schulsozialarbeit: 498-520]

498 Daniel: Herr K, Herr K kann ich ja überhaupt nich
499 leiden, dis is mein Lehrer, naja is n Spast,
500 #@.@# //Patrick:#@(.)@#// also der der zum
501 Beispiel ich hätt ihn fast vor, wann war n
502 dis

503 Patrick: gestern

504 Daniel: War dis gestern?

505 Patrick: Ja.

506 Daniel: Oah, also ich hab Musik gehört im
507 Unterricht und der hat mein Kopfhörer
508 genommen, hat so gezogen, na hab ich ihm
509 gesagt, wenn er jetz nich los lässt, dann
510 geb ich ihm eine Bombe, hab ich zu ihm
511 gesagt. Na, ähm, hat er mich, hat er mich,
512 hat er die ganze Zeit festgehalten und
513 ich, „wenn Sie das die Kopfhörer kaputt
514 gehen, ich schwörs Ihnen, dann geb ich
515 Ihnen eine Bombe". Dann hat a mich, dann
516 hat a mich rausgeschmissen, aber hat die
517 Kopfhörer nich genommen @.@, dann hab ich
518 noch n Apfel hinterhergeschmissen und das
519 wars dann. Also so ne Kleinig, so ne
520 Sachen sind dis halt.

Die Beispielerzählung von Daniel über die Art und Weise der Auseinandersetzung mit einem Lehrer weist – wie auch vorherige Exemplifizierungen in dieser Gruppe – auf eine sehr prekäre Form der Auseinandersetzung hin. So ist in der Belegerzählung von Daniel zu seinem Lehrer, den er als „*Spast*" (500) bezeichnet, lediglich das Wort „*Unterricht*" (508) ein Indiz für den Ort der Auseinandersetzung. Daniel unternimmt nichts, was auch nur ansatzweise auf die Herstellung der Einnahme einer Schülerrolle hinweisen könnte. Im Gegenteil, er zieht sich wie selbstverständlich auf sein außerhalb der Schülerrolle liegendes Selbst zurück, das er nicht mit (normativen) schulischen Erwartungen konfrontiert sehen will. Im Gegensatz zu Tanja aus der Gruppe *Schlüssel*, die betont, dass sie während des Unterrichts nicht Walkman gehört, sondern gegessen hat und sich damit auch offen gegenüber der antizipierten Reaktion der Lehrkraft hält, bringt Daniel über das Tragen von Kopfhörern während des Unterrichts das Gegenteil zum Ausdruck. In bildhafter Weise verdeutlichen die durch Kopfhörer ‚zugestöpselten‘ Ohren, dass Daniel die verbal vermittelte schulisch-kulturelle Praxis ablehnt und durch eine eigene individuelle (nur er hört die „Musik“) jugend- bzw. subkulturelle Praxis ersetzt. Der Lehrer will ihn jedoch davon abhalten und die Schülerrolle – zumindest auf der äußerlichen Ebene – gewahrt sehen. Hierzu nimmt er Daniel die Kopfhörer ab bzw. „zieht“ (508) er an dem Kopfhörer. Diese zunächst unspektakuläre Handlung erfährt eine dramatische Steigerung in der Darstellung von Daniel, da die Kopfhörer einen Teil seines Selbst symbolisieren, was sich in der Redewendung „*hat er mich (...) festgehalten*“ (511f.) versinnbildlicht, obwohl es sich augenscheinlich immer noch um die festgehaltenen Kopfhörer handelt. Während eine jugendsprachliche Kommunikation mit den LehrerInnen in der Gruppe *Mikrofon* zur Überwindung von Milieudifferenzen beiträgt, markiert und stilisiert Daniel eine unüberwindbar anmutende Differenz. Daniel droht seinem Lehrer eine „*Bombe*“ (510) an, ein jugendsprachlicher Ausdruck für einen Schlag mit der Faust ins Gesicht, worin sich neben der Missachtung der Lehrerrolle auch eine Missachtung der Person und ein Machtkampf um die Geltungsprinzipien innerhalb des schulischen Feldes ausdrücken. Bereits an dieser Stelle deutet sich an, dass Daniel das durch den Lehrer vertretene schulische Milieu bekämpft, wenn er in einem *Quasi-Zitat* seine Äußerung gegenüber dem Lehrer wiedergibt: „*wenn Sie das die Kopfhörer kaputt gehen*“ (513f.). In diesem Zitat, in dem Daniel kein zweites – auf das Handeln des Lehrers bezogenes – Verb benutzt, kann ein vager Hinweis darauf gesehen werden, dass es für Daniel unabhängig vom Handeln des Lehrers ausreicht, einen Lehrer vor sich zu haben, der aufgrund seiner Position zum Gegenspieler wird. In diesem Kampf gegen den Lehrer gibt Daniel das Kommunikationsmittel vor, das nicht nur außerhalb der Rolle, sondern auch außerhalb einer verbalen Kommunikationsform liegt und deshalb besonders prekär ist. Die von Daniel berichtete Reaktion des Lehrers liegt demgegenüber innerhalb der Möglichkeiten der Wahrnehmung der Lehrerrolle. Indem er den Schüler aus dem Unterricht verweist, nutzt er das schulinterne ‚Selektionsprinzip‘ und beendet damit die Auseinandersetzung. Daniel sieht seine von ihm gestellte Bedingung der Unversehrtheit der Kopfhörer erfüllt, sodass er auf den Lehrer eingeht und ‚das Feld verlässt‘. Das *letzte Wort* in Form eines neuen Aktionismus liegt wiederum bei Daniel, der noch einen Apfel ‚*hinterher schmeißt*‘. Der Apfel als ein Kampfutensil erinnert auf der einen Seite an die angedrohte „Bombe“ (510). In einer weiteren Lesart dokumentiert sich im ‚Apfelwurf‘ in metaphorischer Weise die Rollendistanz als Ablehnung der Schülerrolle, die Daniel nun *hinter* sich lässt wie den Apfel. Das von Lothar Böhnisch entworfene Bild des Schülers, zu dessen Rollenerfüllung es auch gehört, vor Schulbeginn ‚zu frühstücken‘ (vgl. Böhnisch 1996, S.78)[63], wird

63 „(...) jeden Morgen verlangt (die Schule), daß unterschiedliche SchülerInnen *schulfähig* – wach, gefrühstückt, motiviert – antreten, (...)“ (Böhnisch 1996, S. 78, H.i.O.).

an dieser Stelle durch Daniel in besonderer Weise konterkariert. Denn Daniel wirft den Apfel als *Frühstückssymbol* weg. An dieser Stelle im Diskurs, nachdem Daniel vom Lehrer aus dem Unterricht gewiesen wurde, bringt Patrick die Schulstation ein.

[Weg, Passage Lehrer - Schulsozialarbeit: 521-583]

Patrick: Mhm. Aber, aber so was, was ich also
wirklich gute Erfahrungen finde also so was
ich gut an der Schule finde is hier zum
Beispiel die Schulstation. ((Tischklopfen))
Zum Beispiel der Heiko oder hier die Inge[64],
die jetz gerade sind, also die sind
wirklich, Heiko, der is richtig nett und so.
Und dis find ich, also Schulstation find ich
auf jeden Fall richtig gut so.(.) Dass es
die gibt überhaupt so, dass die da sin=dass
die da is. Sonst würden wir schwänzen, dann
würden wir nich da sitzen, sonst würden wir
raus gehen, würden wieder irgendwelche
Scheiße bauen. Und da find ichs wirklich
gut, is was Anderes.

Daniel: Aber, aber bei XY-Schule is glaub ich auch
eine gewesen, aber da war ich nie da, also
in der Schulstation. Irgendwie ich war zwei
Wochen da und da warn Junge der is so
rausgeflogen und dann ja in die
Schulstation, aber ich war nie da.

Patrick: Also die sind einfach nett hier.

Daniel: die nerven nich, die sehn einfach, die wissen
wissen
#besser mit uns umzugehen#

Patrick: #die geben uns Ratschläge#, aber wir müssen
die Ratschläge zum Beispiel nich befolgen.
Wir müssen nich, wir könn. Und die Ratschläge
sind gut

Daniel: und nich so wie die #von den Lehrern#

Patrick: #na ja die überlegen#,
die überlegen mehr, aber ich mein, is
natürlich schon n bisschen was anderes, die
sind noch mehr halt ausgebildet, um mit
Jugendlichen noch mehr klarzukommen als

64 Die SchulsozialarbeiterInnen sind gemeint.

Lehrer, glaub ich zumindest, ich weiß nich
genau, also ich glaub ja. Außerdem sind die
Lehrer, ich mein, da sitzen dann dreißig
Kinder vor denen //Daniel: @(.)@// oder halt
na o. k. bei uns in ner Klasse sind glaub ich
ölf oder so, wa?

Daniel: @keine Ahnung.@

Patrick: die da sind und da is schon n bisschen
schwieriger mit ölf Kindern klarzukommen,
wenn alle stressen als wenn man mit einem
alleine redet, is schon n Unterschied. Klar
aber trotzdem

Daniel: Lehrer sind trotzdem scheiße.

Patrick: N gutes, n guter Ratschlag von Heiko
war beispielsweise, dass wir auf diese
Schule gehen, uns dis mal vorher angucken
#sollen#

Daniel: #ja genau# dis zum Beispiel. Oder so
Kleinigkeiten so

Patrick: So ja, bleibt doch jetz noch eine
Stunde hier, also ich geh, ich geh immer hin
und sag ja (   ), ich hab keine Lust mehr,
hauste rein. Und dann sagen die, ja bleib
doch noch eine Stunde hier, is doch egal,
auf eine Stunde kommts doch nicht drauf an,
kannst doch wenigstens noch hier bleiben,
kriegst du wenigstens kein Fehltag und so.
Ja, phh, so läuft dis.

Die Schulstation bildet einen positiven Horizont gegenüber der sonstigen Praxis, nicht zur Schule zu gehen und *„irgendwelche Scheiße (zu) bauen“* (534f.). Wie in der Gruppe *Chillig* weist Patrick über sein ‚Tischklopfen‘ auf den Ort des Interviews hin, einen Raum der Schulstation. In ähnlicher Weise wie die Gruppe *Chillig* nehmen die Jugendlichen die Schulstation in Anspruch, um kriminalisierungsfähiges Handeln (*„Scheiße bauen“*) zu vermeiden. Im Gegensatz zu den männlichen älteren Jugendlichen der Gruppe *Chillig*, die die Schulstation vor allem in ihrer sozialräumlichen Funktion sehen, erhält in dieser Gruppe die Beziehungsebene zu den SchulsozialarbeiterInnen einen wesentlichen Stellenwert. Die SchulsozialarbeiterInnen ermöglichen ihnen neuartige, andere (*„was Anderes“*, 536) Erfahrungen, zu denen sie bisher keinen Zugang hatten. Das *„Sitzen“* (533) in der Schulstation kontrastiert mit der Dramatik der zuvor geschilderten Aktionismen im Unterricht. Für den Unterricht schließen die Jugendlichen im Diskursverlauf aus, lange still sitzen zu können. Demgegenüber scheint ihnen das in der Schulstation möglich zu sein. Wie wesentlich der Aufbau einer persönlichen Beziehung als Zugang zur Schulstation ist, zeigt der Vergleich von Daniel mit der Schulstation an der von ihm vorher besuchten Schule. Die Einrichtung einer Schulstation per se reicht demnach nicht aus, um das Angebot nutzen zu können, es müssen weitere Komponenten hinzukommen. Während die Schulstation an der anderen Schule einen Mitschüler ‚auffing', indem der Mitschüler nicht von der Schule, sondern in die Schulstation ‚flog' (vgl. 537–542), erreichte Daniel diese „Station" im immanenten Sinne des Wortes nicht, sondern er ‚flog' von der Schule. In seinem Resümee *„ich war nie da"* (542) ist ein Hinweis darauf gegeben, dass Daniel nicht ausschließt, dass er das schulische Selektionsprinzip bereits zu einem früheren Zeitpunkt hätte durchbrechen können. In einem parallelen interaktiv dichten Diskurs entwerfen Daniel und Patrick die SchulsozialarbeiterInnen als positiven Gegenhorizont zu den LehrerInnen und dem Unterricht. Die beiden Pole, die LehrerInnen auf der einen und die SchulsozialarbeiterInnen auf der anderen Seite, werden nicht in plakativer Weise gegenübergestellt, sondern insbesondere Patrick sucht in empathischer Weise nach den Gründen für die Unterschiede in der Beziehungsebene zwischen SchülerInnen und LehrerInnen sowie SchülerInnen und SozialarbeiterInnen. Die Überlegungen zur Schulstation, die von theoretischer Reflexivität zeugen, bilden einen Gegensatz zu den Exemplifizierungen des Unterrichts, die a-theoretischer, habitueller Natur sind. Die SchulsozialarbeiterInnen werden mit den Eigenschaften *nett; nicht nervend; höherem Wissen im Umgang mit Jugendlichen und einer besseren Ausbildung für diesen Umgang; mehr Überlegungen in Bezug auf Handlungsalternativen und guten Ratschlägen* in Verbindung gebracht.

Während die Jugendlichen im Unterricht kaum Wahlmöglichkeiten empfinden, sehen sie die Ratschläge der SchulsozialarbeiterInnen als Handlungsoption an. Die Eigenaktivität wird nicht eingeschränkt, sondern erweitert. Aufgrund positiver eigener Erfahrung (*„die Ratschläge sind gut"*, 550), kommt es zu neuen Enaktierungen (Handlungsumsetzungen) seitens der Jugendlichen. Als Grund für diese andere Qualität der Beziehung zu den SozialarbeiterInnen im Vergleich zu den LehrerInnen, vermutet Patrick neben der Ausbildung die individuelle Beratungssituation. Während die Jugendlichen dem Lehrer als ganze Klasse gegenübersitzen, handelt es sich in der Schulstation um Einzelfallberatung (*„mit einem alleine redet"*, 565f.). Die kleinen Klassen an der Schule werden nicht als besondere Qualität empfunden, in der bereits ein einzelfallorientierter Unterricht stattfinden könnte. Im Gegenteil dokumentiert sich in der Beschreibung von Patrick, dass eine Klasse mit elf Kindern an der Schule keinen Unterschied bildet zu Klassen mit dreißig Kindern, sofern *„alle stressen"* (565). Da Patrick in der Erzählung von der eigenen Erfahrung berichtet, geht es nicht nur um einen allgemein beobachteten Gegensatz in den schulischen Beziehungsformen. Vielmehr unterstreicht Patrick die Erfahrung, in der Schulstation – im Gegensatz zum Unterricht – individuell Gehör gefunden zu haben.

Die Schulsozialarbeit wird von den Jugendlichen nicht dem schulischen System zugeordnet. Es scheint wesentlich zu sein, dass es sich um eine ‚lehrerfreie Zone' handelt. Das wird insbesondere an der Evaluation von Daniel deutlich, über die er noch einmal explizit macht, was sich in dem vorangehenden Beispiel des Konflikts bereits andeutete: „*Lehrer sind trotzdem scheiße*" (568). Die Abwehr von erlebter Etikettierung über Aktionismen hat sich verselbstständigt und zielt überindividuell auf den Lehrer an sich, als Vertreter der dominanten Moral. Umso wesentlicher erscheint die Begegnung mit den SchulsozialarbeiterInnen als ‚signifikante Andere'. Der Vorschlag des Schulsozialarbeiters gegenüber Daniel und Patrick, sich eine Schule für schuldistanzierte Jugendliche anzusehen („*dass wir auf diese Schule gehen, uns dis mal vorher angucken sollen*", 570ff.), antizipieren die Jugendlichen nicht als weitere Erfahrung von Exklusion, sondern als ein Inklusionsangebot. Patrick übernimmt den Ratschlag des Schulsozialarbeiters (unter Validierung durch Daniel) als positive Antizipation. Diese Stelle ist der erste vage Anhaltspunkt auf ein die Schulbiografie betreffendes, den eigenen Werdegang positiv antizipierendes Denken. Im passageninternen Vergleich wird der bisherige Werdegang als Automatismus erlebt, bzw. findet er sich in der Textsorte der rückwirkenden Aufzählung wieder.

Neben derartig wegweisenden Entscheidungen sind es die „*Kleinigkeiten*" (574), das heißt neue Formen bereits ritualisierter Handlungsmuster in der Schulstation („*ich geh immer hin und sag ...*", 576f.), von denen die Jugendlichen profitieren. In der Schulstation gelingt es, im Kontrast zum Unterricht, Milieudifferenzen zu überwinden. Die gegenüber den SchulsozialarbeiterInnen nicht vorhandene Differenz dokumentiert sich in eindrücklicher Weise in dem Erzählungssegment von Patrick: „*hauste rein*" (578). Aufgrund der Aufzeichnungen im Rahmen der teilnehmenden Beobachtung, lässt sich vermuten, dass Patrick an dieser Stelle auf ein Begrüßungsritual anspielt und eine unter männlichen Jugendlichen typische Begrüßungsform (Ineinanderschlagen der in der Luft zusammengeführten offenen Hände) auch mit dem Schulsozialarbeiter praktiziert. Dementsprechend *haut* er seine Hand in die Hand des Schulsozialarbeiters. Nicht nur die Begrüßung, auch die sich daran anschließende Kommunikation wird als ‚gelingende Kommunikation' erlebt, in der sie zu der Lösung kommen „Fehltage" in der Schule zu vermeiden. Die Schulstation bietet ihnen nicht nur eine Alternative zur *Straße* (Kennzeichen des peer-Milieus), sondern auch eine Alternative zum Unterricht (Kennzeichen des kommunikativ-generalisierten rollenförmigen Handelns). Die Schulstation verhält sich beiden Existenzweisen gegenüber neutral, ist weder der einen noch der anderen Sphäre zurechenbar. Gleichzeitig bleiben die damit verbundenen Erlebnisse auf diesen exterritorialen Raum bezogen und ermöglichen eine Auseinandersetzung mit verschiedenen (Rollen)erwartungen. An dieser Stelle steht weniger ein Zuweisungsritual an die Schulstation im Vordergrund, wie es in den anderen Gruppen des Typus häufig der Fall ist, sondern die eigene Lustlosigkeit innerhalb der Schule („*ich hab keine Lust mehr*“, 579), die in der Schulstation keine Rolle spielt bzw. aufgehoben wird.

2.3 Wege der sekundären Anpassung: Zusammenfassung und Diskussion

Im Folgenden wird der Typus der *sekundären Anpassung* an die Institution Schule hinsichtlich seiner Gemeinsamkeiten der schulischen Erlebnisprozesse und Erlebniszusammenhänge verdichtet dargestellt, wobei auch die Unterschiede der Orientierungsmuster der Jugendlichen anhand ihrer Selbstverortung und des Schulalltags vorgestellt und miteinander verglichen werden. Die Erfahrungen der Jugendlichen mit den Angeboten der *Schulsozialarbeit* schließen sich – auf den ersten Teil Bezug nehmend – direkt an.

Selbstverortung/Schulalltag

Aus den vier Gruppen dieses Typus sind lediglich Corinna (*Schlüssel*), Sylvia und Blondi (*Mikrofon*) von der Grundschule auf die H-Schule gewechselt. Alle anderen SchülerInnen verfügen über vielfältige Erfahrungen schulischer Selektion. Teilweise besuchten sie zuvor bereits andere Hauptschulen, oder der schulisch *retrogressive*[65] Verlauf begann auf einem Gymnasium (Sir Sobieski, Gruppe *Chillig*).

In allen Gruppen des Typus: *sekundare Anpassung* steht das „Unterleben“ (Goffman 1973, S. 194) der Institution Schule im Vordergrund, die verschiedenen Ausdrucksformen von Rollendistanz. Nicht die Schule als Institution der Leistung und Wissensvermittlung steht im Fokus der Diskurse, sondern die sozialen Bezüge, die peer group, die Einnahme von Rollendistanz in Form von *konjunktiven Ritualen* (vgl. Kap. A.2) der Jugendlichen. Der Lern- und Leistungsaspekt der Schule wird von den Jugendlichen vollkommen ausgeblendet. Sie binden ihre biografische und gesellschaftliche Selbstverortung an die soziale Situation, an die situative Szenerie, nicht an schul- bzw. berufsbiografische Entwürfe und Ablaufmuster. Die von Ralf Bohnsack herausgearbeitete Phase der *Suspendierung* von berufsbiografischen Orientierungen kurz vor dem Ende des Besuchs der Hauptschule (vgl. Kap. A.2) ist in einem engen Zusammenhang mit einer schulischen Phase der *Negation*, in der nicht nur die künftige berufsbiografische Sphäre, sondern auch die institutionell

65 Hier beziehe ich mich auf Paul Cressey, der einen „retrogressive life-cycle“ in einer Taxi-Dance Hall beschrieb (1932).

schulischen Anforderungen insgesamt negiert werden, und zwar geschlechterübergreifend. Der peer group kommt eine hohe Bedeutung zu und hat entscheidenden Einfluss auf die Art und Weise des Umgangs mit der Schule bzw. des schulischen Unterlebens. Entsprechend antizipieren die SchülerInnen ihre schulische Laufbahn nicht, sondern nehmen Einschätzungen retrospektiv aufgrund ihrer praktischen Erfahrungen vor. Die „*praktische Individuierung*" (Bohnsack 1989, S. 205, H.i.O.) auf der Grundlage einer „*retro*spektiv motivierten Handlungsorientierung" (ebd., S. 208, H.i.O.) beim Übergang Jugendlicher von der Hauptschule in den Beruf ist demzufolge offensichtlich ein allgemeines bildungsmilieutypisches Kennzeichen im Hinblick auf institutionalisierte Übergangssituationen.

Ein kollektives Problem bilden die Erfahrungen von Degradierung und Etikettierung. Die Auseinandersetzung mit derartigen Ausgrenzungserfahrungen dokumentiert sich in eindrücklicher Weise in allen Gruppen des Typus *sekundäre Anpassung* in den Narrationen zum „Ruf" der Schule, mit dem die Jugendlichen Probleme haben. Indem die Jugendlichen den negativen „Ruf" der Schule problematisieren, setzen sie sich mit der gesellschaftlichen Öffentlichkeit, mit der dominanten Moral, auseinander. Es geht um das Verhältnis zwischen ihrem (Herkunfts-)Milieu und der gesellschaftlichen Öffentlichkeit, mit der sie aus ihrem angestammten Milieu heraus über den Schulbesuch in Kontakt treten.

Der Grundkonflikt des Hineingleitens in eine subkulturelle schulische Praxis an der H-Schule, aus dessen Dynamik ganz wesentlich die Suche nach Orientierung und habitueller Übereinstimmung entspringt, ist ein (auch geschlechterübergreifendes) Kennzeichen des Typus. Von den Gruppen wird dieser Prozess als naturwüchsig erfahren: Mit der metaphorischen Redewendung, dass kriminelle Handlungsweisen auf sie „*abgefärbt*"[66] haben, charakterisiert die Gruppe *Chillig* diesen anfänglichen schulischen Werdegang auf der H-Schule. Als einen Prozess der Imitation („*einfach die Scheiße mitgemacht*") erleben die Mädchen der Gruppe *Mikrofon* die Einsozialisation in das Milieu. Und die Gruppe *Schlüssel* weist zum einen auf die Interaktivität des schulischen Kennenlernens hin („Streitigkeiten") und zum anderen auf weitere Kennzeichen der Konstitution der Schule als Milieu, wie z.B. den kollektiven Drogenkonsum („dann fängt man an zu rauchen auf dieser Schule, Gras zu rauchen").

Ein erstes Kennzeichen des Typus ist es also, dass die Differenzen zwischen der über die LehrerInnen vermittelten Kultur der Schule und den kulturellen Dispositionen der SchülerInnen (deren Habitusformen nicht der mittelschichtgeprägten Institution Schule entsprechen, vgl. Kap. A.2) in der Schule nicht derart bearbeitet werden, dass die Jugendlichen am schulischen Habitus

66 Sämtliche Zitate in diesem Abschnitt sind, soweit nicht anders vermerkt, den Gruppendiskussionen mit den Jugendlichen entnommen und finden sich in ihrem Kontext auf den vorhergehenden Seiten wieder.

teilhaben. Die Schule holt die Jugendlichen nicht aus der schulisch regressiven sozialisationsgeschichtlichen Kontinuität heraus, sondern die Jugendlichen werden verstärkt in das peer–Milieu hineinsozialisiert bzw. wird durch die Schule ein solches Milieu überhaupt erst gebildet. Die Schule dient primär der Konstitution eines (Jugend-)milieuspezifischen Erfahrungsraums bzw. formiert sich – aufgrund der Selektion – ein lokalübergreifender milieuspezifischer Erfahrungsraum.

Ein zweites Charakteristikum der *sekundären Anpassung* ist die Art und Weise des Umgangs mit den Erfahrungen der Ausgrenzung und Degradierung, die in aktiv-provokativer Weise erfolgt. Zwei voneinander unterscheidbare Arten des eher aktiven Umgangs mit Ausgrenzungserfahrungen konnten identifiziert werden. Die Differenzierung der Wege der *sekundären Anpassung* ergab sich im Wesentlichen bei der komparativen Analyse der gemischtgeschlechtlichen Gruppe *Schlüssel* mit den Gruppen *Mikrofon* (Mädchen) und *Chillig* (Jungen).

In der Gruppe *Schlüssel* erhält das Handeln der Jugendlichen erst über die Auseinandersetzung mit den Regeln und Prinzipien der dominanten Moral seine Struktur. Nahezu jedes Thema innerhalb des Diskurses wird in Umkehrung von der Perspektive der dominanten Moral abgehandelt und lässt sich als *kontrakulturelle Orientierung* herausarbeiten. Die Jugendlichen finden das „*lustig*", was in der offiziell legitimierten Sichtweise „*schlimm*" ist. Die bevorzugte, generelle Haltung ist diejenige der Provokation. Mit ihren Provokationen testen die Jugendlichen die dominante Moral auf Konsistenz und Authentizität. Sie locken durch ihre Provokationen Reaktionen hervor, sodass sie sich, auch unter den Bedingungen von negativen Reaktionen und Ausgrenzung, als die Aktiven erfahren. In dieser oppositionellen Positionierung gegenüber dem schulisch Geforderten eröffnet sich für die Jugendlichen ein Erfahrungsraum lebenspraktischer Autonomie. Es ist demnach kein Kampf um schulische Veränderung, den die SchülerInnen durch provokative Selbststilisierung erreichen wollen, sondern es ist ein Kampf um die Erfahrung von Selbstbestimmung (vgl. Böhme 2000, S. 266). Die Provokation, die darauf gerichtet ist, den unterstellten „wahren Charakter" des Anderen hervorzulocken, vollzieht sich auf dem Wege, „das ein Spieler gegen eine moralische Regel verstößt, deren besondere Einhaltung zu sichern der andere Spieler moralisch verpflichtet ist" (Goffman 1971, S. 263). Wie prekär die Beschränkung auf den Modus der Provokation sein kann, zeigt sich in der Elaboration des „*Rufs der Schule*". Eine Befürchtung der Jugendlichen ist es „*so gut wie gar kein Ruf mehr*" zu haben. Es könnte ihnen genommen werden, wogegen sie sich auflehnen. Impliziert ist in der provokativen Haltung eine grundlegende habituelle Verunsicherung, eine Unsicherheit der eigenen Orientierungsstruktur. Es fehlt eine milieuspezifische Einbindung, sodass sie darauf angewiesen sind, diese über Provokationen herzustellen.

Im Kontrast zur Gruppe *Schlüssel* verortet sich die Gruppe *Mikrofon* des gleichen Klassenstufenjahrgangs in einer relativ gesicherten, eher selbstverständlichen moralischen Praxis jenseits der institutionellen schulischen Erfordernisse, die als *subkulturell* gekennzeichnet werden kann. Um Struktur und Orientierung zu finden, arbeiten sie sich nicht an der von den LehrerInnen qua Position vertretenen dominanten Moral ab. Stattdessen nutzen sie die Ressourcen der Schule für ihre milieuspezifischen Belange, ihre eigenen Orientierungen. Ihr Milieu grenzen die Jugendlichen nicht von der dominanten Moral ab, sondern suchen ein Arrangement zwischen der offiziellen und inoffiziellen Ebene zu finden, eine wechselseitige Anerkennung zwischen dominanter und subkultureller Moral. In der Gruppe *Schlüssel* erscheinen die Lehrer als Gegner bzw. als *Gegen*akteure. Bei *Mikrofon* geht es im Gegensatz dazu um die Überwindung von Status- und Milieuunterschieden. Sie trachten nach einer gemeinsamen Praxis der *egalitären Kommunikation* mit den LehrerInnen, der wechselseitigen Anerkennung trotz Differenzen. In der direkten Kommunikation mit den LehrerInnen geht es ihnen um die Anerkennung als gleichwertige Interaktionspartnerinnen jenseits von Alters-, Status-, Geschlechter- und Milieudifferenzen. Derartige Differenzen werden in der Kommunikation mit den LehrerInnen suspendiert. Die Herstellung von moralischer Anerkennung als Voraussetzung der Selbstachtung, ein gleichberechtigtes Mitglied sozialer Zusammenhänge zu sein (vgl. Honneth 1992), ist besonders wesentlich vor dem Hintergrund der auch in dieser Gruppe vorhandenen Erfahrungen von Etikettierung und Fremdmoralisierung. Beispielsweise fühlen die Mädchen sich als „Hure" und von Gerüchten diskreditiert im Hinblick auf eine Handlungspraxis, der sie *amoralisch* gegenüberstehen. Die Milieuproblematik findet ihren Ausdruck auch im kollektiven Bewusstsein *„aus da Mülltonne"* gekommen zu sein, ein Hinweis auf eine Problematik der biografischen Genese. Die Form der egalitären Kommunikation trotz und unter Anerkennung von Differenzen mit den LehrerInnen ist insofern prekärer Natur, da die Koordination zwischen Schülerin und Lehrkraft als „symmetrische Reziprozität" (Youniss) stets aufs Neue hergestellt werden muss nach der Devise: ‚Wie du mir, so ich dir'. Die jeweilige Interaktion ist in sich abgeschlossen und erstreckt sich nicht in die Zukunft.

Die ältere Gruppe (10. Klasse) männlicher Jugendlicher, *Chillig*, orientiert sich ebenfalls in einer subkulturellen Praxis. ‚Abweichendes Verhalten' entsteht im Gegensatz zur Gruppe *Schlüssel* weniger im Zusammenhang des Absetzens von der öffentlichen Moral, sondern wird eher im Zusammenhang der Moral und Integrität des gruppeninternen Verständnisses problematisiert. Im ‚Schonraum' der Schule können sie in aktionistischer Weise, die in der Gruppe einen hohen Stellenwert erhält, kriminelles Handeln ausprobieren und sich beispielsweise wechselseitig die Jacken *„abziehen"*. Sie sind aktive Gestalter der schulischen peer–Milieubildung und verfügen darüber bzw. definieren, wer in der Schule ein Außenseiter ist und wer nicht. Im Vergleich mit der Mädchengruppe *Mikrofon* wird besonders deutlich, dass die Etikettierungen und Fremdmoralisierungen geschlechtsspezifische Stereotypien wiederspiegeln. In gleicher Weise wie die Mädchen ihre Handlungspraxis mit einer Etikettierung als „Hure“ konfrontiert sehen, ist es bei den männlichen Jugendlichen die Etikettierung als „Krimineller“. Das a-moralische, zuvor selbstverständliche Handeln der Jugendlichen wird zu einem zentralen Problem. Das Problem besteht darin, dass die Jugendlichen unter dem Druck der Fremdmoralisierungen keinen Raum finden zu einer eigenständigen moralischen Orientierung und Bewertung. Auf einer theoretischen Ebene intendieren die Jugendlichen „*chillig*“ zu bleiben, sich nicht länger in kriminalisierungsfähiges Handeln zu verstricken, um ihren Schulabschluss nicht zu gefährden. In diesem Zusammenhang erhält die Schulstation in der Gruppe *Chillig* einen hohen Stellenwert für die Handlungspraxis der Jugendlichen.

Schulsozialarbeit/Beziehung SchülerInnen – SozialarbeiterInnen

Innerhalb der vier vorgestellten Gruppen der *sekundären Anpassung* erhält die Schulsozialarbeit einen hohen Stellenwert und die Jugendlichen verfügen über vielfältige eigene Erfahrungen mit dem Schulstationsangebot. Innerhalb des Fragebogens gibt die Mehrheit aller Gruppen an, täglich Kontakt zur Schulstation zu haben. Die Niedrigschwelligkeit des Angebots und die gute Erreichbarkeit kommen in allen Gruppen zum Ausdruck. Der handlungspraktischen Distanz zur Schule als Institution steht eine affirmative Haltung zur Schulstation gegenüber. Die Schulsozialarbeit wird von den Jugendlichen nicht dem funktionalen schulischen System zugeordnet. Nicht die SchülerInnenrolle, sondern das SchülerInnensein wird in der Schulstation relevant. Das heißt, die institutionell geregelte kommunikative Beziehungsebene tritt in den Hintergrund und die konjunktiven Erfahrungen der Jugendlichen erhalten einen Stellenwert. Für alle Jugendlichen dieses Typus ist die Schulsozialarbeit im Hinblick auf ihre jeweiligen milieuspezifischen Kernprobleme signifikant. Als ein gruppenübergreifendes Merkmal konnte rekonstruiert werden, dass ein zentrales Problem darin besteht, dass die Jugendlichen unter dem Druck der übermächtigen Etikettierungen und Fremdmoralisierungen keinen Raum finden zu einer eigenständigen moralischen Orientierung und Bewertung. Hieraus resultiert auch der aktiv-provokative Umgang mit den Etikettierungen, gegen die sich die Jugendlichen auf der anderen Seite wehren. Vor diesem Hintergrund erleben die Jugendlichen die Schulstation als einen Freiraum, der sie von der moralischen Degradierung entlastet und die Möglichkeit für Handlungsspielräume schafft.

→ Entlastung von moralischer Degradierung ⇒ Schaffung eines Handlungsfreiraums

In der komparativen Analyse der beiden Gruppen der jüngeren Jahrgangsstufen, die sich subkulturell orientieren, *Weg* und *Mikrofon*, fällt auf, dass über (geschlechtliche) Unterschiede hinweg Gemeinsamkeiten in der Aneignung und Umgangsweise mit den Angeboten der Schulsozialarbeit existieren, die bei den älteren Jugendlichen der Gruppe *Chillig* in dieser Form nicht rekonstruierbar sind. In den Gruppen *Weg* und *Mikrofon* sind die Interaktionen zwischen LehrerInnen und SchülerInnen a-theoretischer, habitueller Natur. Die Gemeinsamkeit liegt nicht in den Auseinandersetzungszielen, die maximal kontrastieren (*Mikrofon*: Minimierung von Differenzen/*Weg*: Bestätigung von Differenzen), sondern im Modus des Aktionismus.

In der Aneignung der Angebote der Schulstation, resp. in den Interaktionen mit den SchulsozialarbeiterInnen erweitern die Jugendlichen beider Gruppen ihre Handlungspraxis bzw. ihre Handlungsoptionen. Die Interaktionen mit den SchulsozialarbeiterInnen lassen sich auf zwei Ebenen charakterisieren: Auf der ersten Ebene geht es um die Wahrnehmung der SchulsozialarbeiterInnen als *signifikante Andere*, die für sie auf dem Wege von Spontaneität und Unmittelbarkeit erreichbar sind. In der Gruppe *Weg* kommt es bereits im Rahmen der Begrüßung zu einer ‚gelungenen' Kommunikation zwischen den Schülern und dem Schulsozialarbeiter, die sich im wechselseitigen Händeklatschen, „*hauste rein*" in eindrücklicher Weise dokumentiert. In der Gruppe *Mikrofon* zeigt sich die Spontaneität und Unmittelbarkeit ebenfalls am Beispiel des männlichen Schulsozialarbeiters. Die Mädchen wenden sich während der Gruppendiskussion gemeinsam an den Schulsozialarbeiter und erklären „*wir haben dich ganz doll lieb*", woraufhin sie einen gemeinsam intonierten Kuss anschließen. Neben dem Hinweis, wie wichtig es sowohl für die Jungen als auch für die Mädchen ist, auf ein gemischtgeschlechtliches Team der SchulsozialarbeiterInnen zu treffen, geht es hier um Erfahrungsmodi, in denen sie nicht einseitig um Anerkennung ‚kämpfen', sondern diese wechselseitig herstellen in einer den Jugendlichen gemäßen Form. Auf einer zweiten Ebene kommt es (ansatzweise) zu einer theoretisch-reflexiven Auseinandersetzung in Bezug auf die jeweiligen Kernprobleme der Gruppen. In der Gruppe *Weg* ist das zentrale Problem eine ausgeprägte Schuldistanz in Form von „Schwänzen". Im Rahmen der Gespräche mit dem Schulsozialarbeiter kommt es in der Gruppe erstmalig zu einer schulbiografischen Antizipation, da sie ein Projekt für schuldistanzierte Jugendliche besuchen möchten und im Diskurs antizipieren, was sie sich für ihre schulbiografische Laufbahn dort versprechen. Der von den Jugendlichen außerdem vorgenommene Vergleich zwischen den Qualifikationen und Handlungsweisen der SchulsozialarbeiterInnen und LehrerInnen zeugt ebenfalls von theoretischer Reflexivität. In Auseinandersetzung mit den SchulsozialarbeiterInnen gelingt es ihnen, auch die Perspektive der Lehrkräfte einzubeziehen und ihnen ein gewisses Verständnis entgegen zu bringen. In der Gruppe *Mikrofon* bereiten die Degradierung durch Gerüchte sowie die Etikettierung als „Hure" Probleme. In Gesprächen mit den SchulsozialarbeiterInnen, in denen sie auf deren Verschwiegenheit vertrauen können, setzen sie sich in theoretisch reflexiver Weise mit ihren Gefühlen und Emotionen auseinander und übernehmen Verantwortung für ihr Handeln.

Die Gruppe *Schlüssel*, die sich *kontrakulturell* orientiert, zeichnet sich nicht durch derartige theoretische Auseinandersetzungen im Kontext der Schulsozialarbeit aus. Ihr auf die Schulstation bezogener Wissensbestand ist ebenfalls handlungspraktischer und metaphorischer Natur (z.B. die fiktive Anfertigung eines Schlüssels für den Zugang zur Schulstation). Die von Pragmatik gekennzeichneten Theoretisierungen in der Gruppe *Chillig* beruhen eventuell darauf, dass die Jugendlichen kurz vor dem Ende des Schulbesuchs keine biografischen Orientierungen entwickeln und sich in der *Suspendierungsphase* befinden.

→ Die Ebenen der Spontaneität und Unmittelbarkeit als sinnliche Erfahrungsmodi in der Schulstation werden in Gruppen jüngerer Jugendlicher subkultureller Orientierung ergänzt durch eine beginnende theoretische Reflexivität ihres Handelns.

Die Jugendlichen geben in der Schulstation weder ihr peer–Milieu und ihre sozialisationsgeschichtliche Kontinuität auf, noch ist die Schulstation mit ihrem peer–Milieu vergleichbar. Vielmehr erweist sich die Schulstation als eine neutrale Sphäre, die auch nicht den Sozialisationsinstanzen der Schule oder des Elternhauses zugeordnet werden kann. Für die Jugendlichen bedeutet es, dass sie mit diesen drei Sozialisationsinstanzen (Schule, peer group, Elternhaus) und den aus ihnen erwachsenen Erfahrungen, Problemen und Grenzen in der Schulstation umgehen können, indem sie neue Möglichkeiten im Sinne von funktionalen Äquivalenten zu bisherigen Handlungsweisen für sich entdecken. Die männlichen Jugendlichen der Gruppe *Chillig* setzen ihre Orientierung, nicht mehr „klauen" zu wollen mit Hilfe der Schulsozialarbeit bereits in Alltagshandeln um. Denn an die Stelle von abweichendem Verhalten sind Spiele, Entspannung und Gespräche in der Schulstation getreten. Die Entlastung von Etikettierung erschließt den Jugendlichen in diesem Beispiel einen neuen Handlungsfreiraum und kreative Potenziale können über Spiele, also in spielerischer, testender Weise ausprobiert werden. Ein funktionales Äquivalent zu den bereits erwähnten Erfahrungen von Degradierung bildet die Schulstation auch in der Gruppe *Mikrofon*. In der Konsequenz sind die Schülerinnen nicht mehr auf die „Mülltonne" verwiesen, sondern entdecken die Schulstation für sich. Die Schulstation bildet nicht nur in fiktiven Erzählungen einen positiven Gegenhorizont zur „Mülltonne", sondern die Handlungspraxis der Mädchen erfährt bereits eine Erweiterung. Es gelingt ihnen beispielsweise, die Beziehungsaufnahme zu männlichen Jugendlichen nicht nur milieuintern zu verhandeln (dort geht es nur um Sexualität), sondern die Dimension der Emotionen und Beziehungsfähigkeit in der Schulstation zu besprechen. Auf diese Weise können sie die Etikettierung als Hure überwinden.

Dass es sich um einen Raum handelt, der nicht als milieueigenes Territorium funktionalisiert wird, sondern exklusiver Natur ist, dokumentiert sich auch darin, dass das Angebot der Schulstation in der Gruppe *Schlüssel* einen höheren Stellenwert als das eigene Zuhause erhält (*„hätt ich eigentlich [in der Schulstation, C.S.] übernachten können“*).

→ Die Schulstation als neutraler, exterritorialer Raum

Wesentlich für die positive Wahrnehmung der Schulstation durch ihre AdressatInnen scheint es zu sein, dass das Verhalten der Jugendlichen in Form von Rollendistanz im Rahmen von Schulsozialarbeit integriert und nicht ausgegrenzt wird. Wie bereits herausgearbeitet werden konnte, ist im Sinne von Goffman die Möglichkeit der Einnahme von Rollendistanz zur Wahrung der Identität (zumal, wenn Institutionen als „total“ erfahren werden) notwendig. Vordergründig scheint der Zugang zur Schulstation über einen Verweis der SchülerInnen durch die Lehrkräfte zu erfolgen. Charakteristisch ist dabei allerdings, dass diese Verweise und damit verbundene Etikettierungen in allen Gruppen dieses Typus aktiv von den SchülerInnen herbeigeführt werden. In diesem Sinne wird die Schulstation erfolgreich in das Konzept der Rollendistanz integriert. Die Distanzierung wiederum schafft einen Freiraum für Kreativität, die sich in der Schulstation materialisiert. Schulsozialarbeit avanciert somit zu einem Raum der institutionalisierten sekundären Anpassung.

→ Schulsozialarbeit als institutionalisierte sekundäre Anpassung

Im Rahmen der komparativen Analyse wird deutlich, dass für einen Teil der Gruppen die Sozialräumlichkeit des Angebots im Vordergrund steht („die Räume hier“, Gruppe Chillig). Bei den Mädchen der Gruppe Mikrofon bildet die Beziehungsebene zu den SchulsozialarbeiterInnen den Fokus der Wahrnehmung. In den anderen Gruppen fällt beides zusammen. Explizit macht dies insbesondere die Gruppe Weg, die sowohl von den Räumen als auch den mit den SchulsozialarbeiterInnen geführten Gesprächen erzählt. Es deutet sich bereits an, dass Orts- und Situationshandeln in der Schulsozialarbeit zusammenkommen, wie Michael Winkler (1988) dieses als notwendiges Element für die Praxis der Sozialen Arbeit generell benennt (vgl. Kap. D).

→ Schulsozialarbeit als Orts- und Situationshandeln

3 Primäre Anpassung

Den Gruppen, die in diesem Kapitel vorgestellt werden, ist im Unterschied zu den Gruppen des vorangegangenen Kapitels gemeinsam, dass sie sich mit der Ausübung der SchülerInnenrolle auseinandersetzen und sich – in je eigener Weise – an der SchülerInnenrolle orientieren (*primäre Anpassung*).

In den Gruppen meines Samples, die ich dem *primären* Anpassungsmodus zuordne, dominieren Mädchen mit einem Migrationshintergrund. Diese Konstellation spiegelt sich auch in den drei folgenden vorgestellten Gruppen wieder. Die Gruppen *Fördern* sowie *System* bestehen aus Mädchen und die Gruppe *Sprecher* bildet das gemischtgeschlechtliche Schulsprecherpaar. Die Ausdifferenzierung des *Typus der primären Anpassung* reicht vom Erleben eines schulischen Abstiegs (Gruppe *Fördern*) bis hin zu Vermittlung der Erfahrungsmodi von SchülerInnenrolle und SchülerInnensein (Gruppe *System*). Obwohl das an der Schule dominante Milieu sich *sekundär* an die Schule anpasst, sollen auch diese Gruppen in gleichwertiger Weise vorgestellt werden, um die Möglichkeiten, Chancen und Grenzen von Schulsozialarbeit im Vergleich zwischen den vorgefundenen Typen zu analysieren. Die Gruppen, die angeben, keinen oder kaum Kontakt zu den SchulsozialarbeiterInnen zu haben, sind ausschließlich innerhalb des Typus der *primären Anpassung* zu finden.

3.1 Primäre Anpassung und die Erfahrung des schulischen Abstiegs der Gruppe *Fördern*: eine Mädchengruppe (*„Aber meistens erlauben die Lehrer das nich (...), dass wir da hingehen“*)

Zwei weibliche Jugendliche, Barbara und Sarah, bilden die Gruppe *Fördern*. Die Schülerinnen besuchten zum Zeitpunkt des Interviews gemeinsam die 10. Klasse und standen beide kurz vor ihrem 17. Geburtstag.

Barbara wurde in „Oberschlesien“[1] geboren und besitzt die deutsche Staatsangehörigkeit. Sie wohnt mit ihren zwei jüngeren Schwestern bei ihrer Mutter und ihrem Stiefvater. Ihr Stiefvater arbeitet ganztags, ihre Mutter im Schichtdienst. Sie ist von der Grundschule auf die H-Schule gekommen. Barbara will den Realschulabschluss (Zusatzbemerkung auf dem Zeugnis) ablegen und hat noch keinen Berufswunsch. Sie raucht Zigaretten und trinkt manchmal Alkohol. Zu den SchulsozialarbeiterInnen hat sie keinen Kontakt, obwohl sie ihn wünschen würde. Der Schulweg beträgt ungefähr eine Stunde.

Sarah wurde in Berlin geboren und besitzt die deutsch-nigerianische Staatsangehörigkeit. Sie wohnt mit ihren Eltern, zwei Schwestern und einem Bruder im Schulbezirk. Ihr Vater ist ganztags berufstätig, ihre Mutter vormittags. Sarah will zunächst den erweiterten Hauptschulabschluss erreichen und im Anschluss *„mal weitersehen“* (21, 3). Zigaretten raucht sie keine, Alkohol trinkt sie auf Partys. Sarah war schon in der Schulstation und glaubt, dass die SozialarbeiterInnen wissen, was sie in ihrer Freizeit macht (im Gegensatz zu ihrem Klassenlehrer).

Herstellung des Kontakts zu der Gruppe

Der Kontakt zur Gruppe *Fördern* ergab sich während einer großen Pause im Schulgebäude am 23.09.1999. Die Schülerin Barbara[2] sprach mich an, da sie mich schon des Öfteren gesehen hatte und wollte nun wissen, wer ich denn sei und was ich mache. Sie erhielt die gleiche Antwort wie ihre SchulkameradInnen, dass es sich um eine Arbeit über „Jugend und Schule“ handelt mit dem Ziel der Erstellung eines Buches. Barbara fragte von sich aus, ob für das Buch auch Interviews durchgeführt werden. (Es ist nicht auszuschließen, dass sie aufgrund von „Mundpropaganda“ bereits wusste, dass Interviews in der Schule stattfinden.)

Nach Bejahung der Frage, rief sie sogleich ihre Freundin Sarah zu sich, gab ihr die gerade erhaltenen Informationen weiter, um sodann sinngemäß festzustellen: ‚*Wir geben ihr ein Interview, dann sind wir in dem Buch, Sarah*‘ (Protokoll vom 23.09.1999). Nach kurzem Zögern stimmte Sarah zu, und es wurde ein Termin zum 30.09.1999 verabredet.

Die Gruppendiskussion fand wie verabredet im zweiten Raum der Schulstation statt. Es handelte sich um eine der wenigen Diskussionen, die mit mehreren Tagen Zwischenraum zwischen Vereinbarung und Durchführung verabredet und eingehalten wurde. Barbara und Sarah dachten von sich aus

---

1 Die Angabe ist aus dem Fragebogen übernommen. Barbara dokumentiert, dass ihr die Betonung, auch Deutsche zu sein, wichtig ist.

2 Die beiden Schülerinnen überlegten sich ihre hier verwendeten maskierten Namen akribisch, in metaphorisch dichter Interaktion im Anschluss an die Gruppendiskussion. Sie äußerten die Motivation, sich in dem angekündigten Buch wiederzufinden.

daran, ihre Lehrerin gemeinsam mit der Diskussionsleiterin (der Verfasserin) zu informieren. Die Lehrerin erklärte sich mit der Durchführung des Interviews in ihrer Unterrichtsstunde einverstanden.

Haltung zur Schule/Selbstverortung

Die Gruppendiskussion zeichnet sich insgesamt durch eine dichte, parallel entfaltete Diskursorganisation aus. Der zentrale Orientierungsrahmen dieser Gruppe findet seinen Ausdruck in der Einnahme einer *aktiven Opferrolle*. Sarah und Barbara fühlen sich durch die LehrerInnen degradiert und etikettiert. Die LehrerInnen sind es, die sie von den Bildungsmöglichkeiten fern halten und zudem grenzüberschreitendes Verhalten fördern und selbst praktizieren. Die LehrerInnen werden im Verlauf der Diskussion als unfähig, ungerecht, desinteressiert, regellos, kindisch, respektlos und etikettierend dargestellt. Der Unzufriedenheit mit den LehrerInnen steht eine erfolgreiche Beziehungssuche in der schulischen Gleichaltrigenkultur gegenüber. Da die LehrerInnen die Ausübung der SchülerInnenrolle vereiteln, sehen sich die SchülerInnen in das schulische Unterleben ‚gedrängt'. Nicht Sarah und Barbara sind für ihr Handeln verantwortlich, sondern die LehrerInnen. Im Gegensatz zu den Gruppen, die sich *sekundär* an die Schule anpassen, individuieren sich die Mädchen nicht handlungspraktisch, sondern fiktiv.

Bereits in der Eingangspassage schildern Sarah und Barbara nacheinander die von ihnen erlebte Andersartigkeit des Milieus an der H-Schule, einen ‚Milieubildungsprozess':

[Fördern, Passage Statusübergang: 1-12]

Sarah: Naja, also ich war halt- also ich w- ich war
ja, nachdem ich von der Grundschule au- bin
ich auf A-Schule gegangen, //I: Ja// (1) und
da war das alles ganz anders, also war ne
Realschule gewesen, da war- ich weiß nich,
die Leute waren ganz anders und so, und
naja, aber ich mein, das Pro- ich weiß nich,
alles war anders, ich hab das Probehalbjahr
nich geschafft, dann bin ich hier rauf
gekommen, und dann (1) die Sch- also das
zieht einen alles, die Leute hier zieht
einen runter und so, also (1) das- wa?

Anknüpfend an die Eingangsfrage beginnt Sarah im Modus einer nicht detaillierten globalen Erzählung darzustellen, dass sie nach nicht bestandenem Probehalbjahr auf die Hauptschule gewechselt ist. Trotz der Fragestellung nach der eigenen schulbiografischen Entwicklung steht diese nicht im Zentrum der Erzählung. Mittels des Verweises auf die zuvor besuchte Realschule wird ein positiver Gegenhorizont entfaltet, der während der gesamten Gruppendiskussion implizit erhalten bleibt, allerdings nicht plausibilisiert wird. Vielmehr wird die Realschule als ein Stereotyp der „guten Schule“ aufgebaut, obwohl Sarah das Probehalbjahr nicht bestanden hat.

Vor diesem Hintergrund wird die Hauptschule als negativer Gegenhorizont, als das „ganz Andere“ eingeführt: *„alles war anders“* (8 und auch Zeile 4). Sarah charakterisiert die Hauptschule in dieser Weise und stellt das von ihr entworfene Bild der Andersartigkeit der Schule ins Zentrum der Erzählung. Mit der Andersartigkeit ist ein für sie naturwüchsiger Prozess verbunden: *„das zieht einen alles, die Leute hier zieht einen runter“* (10ff.). Eine für sie selbstverständliche Einschätzung, wie der geringe Detaillierungsgrad der Äußerung unterstreicht, dabei allerdings das Grunddilemma in aller Kürze entfaltet: das Erleben des schulischen Abstiegs nach fehlender Antizipation, wie sich der Hauptschulbesuch gestalten könnte. Mit dem Hinweis auf diesen Prozess, aus dem während des Schulbesuchs bzw. innerhalb der Schule nicht ausgestiegen werden kann, ist für Sarah alles gesagt. Sie unterstreicht die Stichhaltigkeit ihrer Darstellungen durch den an Barbara gewandten zustimmungserheischenden Partikel *„das-wa?“* (12). Trotz anschließender Erzählaufforderung von Barbara beendet sie ihre Ausführungen.

Eine fehlende Antizipation dessen, was sie erwartet, bringen Sarah und Barbara nacheinander parallel entfaltet zum Ausdruck, nachdem die Interviewerin durch Markierung der Fremdheitsrelation zur Detaillierung aufgefordert hat.

```
[Fördern, Passage Statusübergang: 14-28]

Sarah:  Ja, das is, ich weiß nich, erst als ich hier
        raufgekommen bin neu, da hab ich mir so Mühe
        gegeben und so, das ging ein halbes Jahr
        lang so, dann war mein Zeugnis auch voll
        gut, und dann siehst du erst so, wie die
        Leute hier so sind, und dann denkst du, ja,
        warum soll ich eigentlich was machen oder
        so, wenn du dann wirklich die einzigste
        bist, die im Unterricht sitzt und mitmacht
        und so, dann geht das automatisch so,
        rutscht man immer mehr runter, und (1) das
        is eigentlich bei jedem so, den ich kenne,
        der von der Realschule oder von der
        Gesamtschule auf die Schule gekommen is, is
        bei jedem so. bei Jamal auch (2)
```

Der folgende Ausschnitt aus der Passage schließt sich im Original nach 15 Zeilen an:

[Fördern, Passage Statusübergang: 29-49]

Barbara: (2) Und dann hab ich da 'ne Klasse wiederholt, tja, und dann bin ich ja hier rauf gekommen, das war alles anders, ich war am Anfang die Beste, kann man sagen, mit ein paar Schülern aus der Klasse, naja, und dann hab ich so Kontakte geknöpft mit anderen so aus der Schule und ((kichert)) bin ich irgendwie reingerutscht, dass ich jetzt eigentlich da stehe ((schmatzt)), dass die Lehrer nich alle mich mögen und so, weil ich sehr viel während des Untri- #Unterrichts#

Sarah: #Lachen!#

Barbara: lache, The- also (2) lache, quatsche und so, also Scheiße baue während des Unterrichts, naja, und die Noten sind auch nicht sehr gerade erfreuend. (2) Ja, was, naja, paar Leute-

Sarah: Ja.

Barbara: ja, haben mir Beispiel gegeben zu Sachen- also Sachen zu machen, von denen ich vorher nie geträumt hätte. ((beide lachen)).

Sarah und Barbara verfügen über keine biografischen Entwürfe und antizipieren ihren schulischen Werdegang in berufsbiografischer Hinsicht nicht. Sie haben sich nicht vor dem Besuch der H-Schule in gedankenexperimenteller Weise mit ihrem schulischen Alltag auseinandergesetzt bzw. gab es keine Instanzen, beispielsweise das Elternhaus, die ihnen eine Auseinandersetzung ermöglichten.

Erst indem sich Sarah mit den MitschülerInnen vergleicht und ihr auffällt „*wie die Leute hier so sind*“ (18f.) erfährt sie einen Abstieg. Sie musste *erleben*, dass das Leistungsniveau auf der Hauptschule im Vergleich zu der vorher besuchten Schule anders ist, zuvor war ihr das nicht bewusst gewesen. Nachdem sie entdeckt, wie demotivierend das neue Umfeld in Bezug auf Leistung ist, formuliert sie ein ‚Absinken‘. Hieran erkennt sie ihren schulischen Abstieg und daraufhin „*rutscht man immer mehr runter*“ (24). Sarah entwirft eine Theorie über diesen Ablauf, demzufolge dieses Problem bei jedem, der von der Real- oder Gesamtschule kommt, existent sein muss, also generell auftritt.

Sarah und Barbara schildern eine Phase der biografischen Verletzungsdisposition, eine Prozessstruktur des „*rutscht man immer mehr runter*“ (24) bzw. war zuvor „*alles anders*“ (31) und nun sind sie „*reingerutscht*“ (36). Ein kausaler Zusammenhang des schulischen Abstiegs wird nicht expliziert. Die

MitschülerInnen und das deutlich reduzierte Leistungsniveau werden als Quellen für systematische Schwierigkeiten des Schulbesuchs eingeführt. Für Sarah und Barbara wird die Schule zu einem Problemfeld, auf dem sie zu reaktiven Verhaltensweisen gezwungen werden, wie sich im verlaufskurvenförmig[3] (latentes Verlaufskurvenpotenzial) wiedergegebenen Beginn des Wechsels auf die Hauptschule dokumentiert. Aber ihre Erfahrungen sind nicht durch ausweglos werdendes Erleiden/Scheitern geprägt. Denn der Schwerpunkt des Erlebens verlagert sich von der Schule als Institution und Instanz des Leistungsprinzips mit berufsbiografischer Relevanz auf die Herausforderungen eines sozialräumlichen Umfeldes. Die Schule wird als Sozial-/ Lebensraum erlebt, gefordert und thematisiert, in dem es darum geht, neuartige „*Sachen zu machen*“ (48), beispielsweise Drogen zu konsumieren und sich gegen die LehrerInnen zu behaupten (siehe das folgende Transkript).

Für die beiden Mädchen steht nicht (mehr) die schulische Leistung im Vordergrund, sondern die Beziehungsebene zu den Lehrkräften. Das schlechte Verhältnis zu den LehrerInnen wird thematisiert (mögen – nicht mögen; 38), d.h. eine berufsbiografische Qualifikation tritt in seiner Bedeutung hinter das sekundäre Ziel einer Selbstbehauptung im zwischenmenschlichen Kontakt zurück. Sie führen einen Kampf mit der derzeitigen Schule, und zwar vorrangig mit den LehrerInnen. Im Fokus der Erzählungen stehen situative soziale Szenerien (Beispiele folgen), in denen sie sich von den LehrerInnen verachtet, degradiert und etikettiert fühlen. Die Auseinandersetzung mit den LehrerInnen beinhaltet durchaus genussvolle Elemente, wie Barbara auf nonverbaler Ebene durch Schmatzen zeigt (37), als sie darlegt, dass die Lehrer sie nicht mögen.

Die irreal konjunktivische Aussageform der „*Sachen*“, von denen Barbara „*vorher nie geträumt hätte*“ (48f.) verdeutlicht erneut das Fehlen biografisch antizipatorischer Elemente. Die MitschülerInnen, die auf der Leistungsebene den Prozess des Abstiegs symbolisieren, erhalten auf der Beziehungsebene eine Vorbildfunktion („*Beispiel gegeben*“, 47); sie werden zum neuen Bezugspunkt. Sarah und Barbara moralisieren ihr Handeln nicht (*amoralische* Haltung), wie sie durch das gemeinsame Lachen zum Ausdruck bringen.

Die zunehmende Bedeutung des schulischen Unterlebens, welches eine Funktion für die Bildung eines spezifisch ausgegrenzten Milieus an der Schule erhält, wird in dieser Gruppe (als ein typenübergreifendes Phänomen) besonders deutlich durch die retrospektive Charakterisierung des an der Schule beginnenden Prozesses des „*Runterrutschens*“ (24). Der regressive Charakter des schulischen Werdeganges ist von besonderer Bedeutung, da im Kontrast zu den Gruppen des Typus der *sekundären Anpassung* die Erfüllung der

3 „Der soziale und biographische Prozeß der Verlaufskurve ist durch Erfahrungen immer schmerzhafter und auswegloser werdenden Erleidens gekennzeichnet: die Betroffenen vermögen nicht mehr aktiv zu handeln, sondern sie sind durch als übermächtig erlebte Ereignise und deren Rahmenbedingungen getrieben und zu rein reaktiven Verhaltensweisen gezwungen“ (Schütze 1995, S. 126).

SchülerInnenrolle als positiver Gegenhorizont erhalten bleibt. Im Rahmen der komparativen Analyse scheint es gerechtfertigt zu sein, den Prozess der Milieubildung als „retrogressiv“ zu bezeichnen, denn

> „(f)inding herself losing favor in one social world [hier: der Schule als Leistungsinstanz mit berufbiografischer Relevanz, C.S.], the taxi-dancer [hier: SchülerIn, C. S.] ‘moves on‘ to the group with which, in the natural course of her life, she has recently been brought most vitally in contact [die MitschülerInnen, C.S.], (...) perhaps one of lower standing” (Cressey 1932, S. 87).

Schulalltag

Der zentral entfaltete Orientierungsrahmen einer gestörten Kommunikation mit den Lehrkräften auf der Beziehungsebene wird auch am Beispiel des Rauchens auf dem Pausenhof exemplifiziert. Das Rauchen im Schulalltag und der Konsum von Drogen während der Schulzeit erweisen sich als in den Gruppendiskussionen typenübergreifend relevante Themenkomplexe. In dieser Gruppe erhalten sie allerdings einen anderen Stellenwert hinsichtlich der Einstellung gegenüber der Institution und der damit einhergehenden Kritik an den LehrerInnen.

[Fördern, Rauchen auf dem Pausenhof: 1-35]

I: Was sind das für Sachen?

Barbara: ((kichern)) Also so drogenmäßig so auch manchmal. Kiffen und so, das macht eigentlich jeder hier an dieser Schule. Das zieht auch hier rein.

Sarah: Aber ist besser #geworden.#

Barbara: #Aber-# aber ist besser geworden,
#früher war es richtig ( )#

Sarah: #( )# vorm Jahr, halben Jahr war es schlimmer gewesen mit dem Kiffen, da hat echt jeder dann, ich weiß nicht, #die die ( )#

Barbara: #Sogar mit Joints waren# die da, hier, auf dem Hof, haben geraucht.

Sarah: Die Lehrer, die ham’s auch- die wissen das natürlich, aber die kümmern sich auch irgendwie nich drum, die Lehrer kümmern sich erst ungefähr seit nem halben Jahr richtig drum so.

Barbara: Raucherausweis und so.

Sarah: Ja.

Barbara: Aber das können die- das machen die
auch nich richtig, weil (1) wir rochen
draußen, statt uns zu fragen, „ja, habt ihr
Raucherausweis[die Erläuterung des
Raucherausweises folgt im Text]," gehen
einfach vorbei, „geht in die Raucherecke,"
und die meisten von uns haben's ja nich.

I: Ach so.

Barbara: Und die (1) kann man so sagen, die
nehmen das nicht zu Herzen, dass die damit
angefangen haben, und die beenden das nich
richtig, also die Orgin- Organisation (1) is
hier voll Scheiße find ich an der Schule.

In dieser Passage berichten Sarah und Barbara interaktiv sehr dicht über das Konsumieren von Haschisch und damit zusammenhängend das Rauchen auf dem Schulhof. Das Kiffen wird als Normalität dargestellt, denn „*jeder*“ (4) an der Schule praktiziert es. Die Schule hat keinen Sonderstatus gegenüber der außerschulischen Lebenswelt, es erfolgt keine Ausgrenzung, sondern es dringt in die Schule ein, „*zieht auch hier rein*“ (5). Die Kontrastierung des Erlebens in „*schlimmer – besser*“ (11/6) erhält keinen Stellenwert hinsichtlich einer Distanzierung vom Drogenkonsum. Sie rufen damit den Ort in Erinnerung, an dem in diesem Fall geraucht/gekifft wird, die Institution Schule. Innerhalb der Schule sind beide Aktivitäten verboten, sodass es verständlich wird, dass ‚Rauchen‘ und ‚Kiffen‘ auf einer Ebene bzw. zusammenhängend verhandelt werden. Auch ihre eigene Proposition der „*Sachen*“ (47) nutzen Sarah und Barbara, um sie in ihren zentral entfalteten Orientierungsrahmen, nämlich der Kommunikation mit den Lehrkräften und ihrer damit verbundenen Kritik an ihnen, zu stellen. Denn nicht das Rauchen oder Kiffen ist schlimm – im Gegenteil, es wird genossen (siehe das folgende Transkriptions-Zitat) – sondern die Reaktion der Lehrkräfte. Die Mädchen erinnern an das institutionelle Versprechen, dass man sich hier um die SchülerInnen kümmert („*gekümmert*“, 17ff.), dass die Jugendlichen nicht nur ‚rollenförmig‘ behandelt werden. Die Schule wird von Sarah und Barbara als Familienersatzversorgungseinheit thematisiert. Der Zigaretten- und Haschischkonsum erhalten eine ‚soziale Funktion‘. Die Suche nach einer besseren Familie, die sie stützt und sie als Person wahrnimmt, in der sich LehrerInnen ‚familiär‘ um die SchülerInnen kümmern. Sarah und Barbara wünschen sich Entlastung von selbstverantwortlicher Lebensführung. Barbara bringt dieses Anliegen metaphorisch auf den Punkt: Die LehrerInnen sollen es sich „*zu Herzen nehmen*“ (30), dass sie angefangen haben zu rauchen, und nicht sie selbst, sondern wiederum die LehrerInnen haben für die Beendigung Sorge zu tragen. Eigene Verantwortung wird geradezu suspendiert. Diese Formulierungen der Mädchen sind ein Dokument dafür, dass sie sich nicht *handlungspraktisch* individuieren, wie dies für die Gruppen der *sekundären* Anpassung herausgearbeitet werden konnte, sondern *fiktiv*. Werner Helsper rekonstruierte diese Form der „Individuation" ebenfalls bei Mädchen und bezeichnet sie als „fiktional" (vgl. Helsper 1992).

Gleichzeitig sprechen Sarah und Barbara ein strukturelles Dilemma der Schule an, nämlich die Erfüllung von Normen und Regeln, insbesondere die Überwachung der Durchsetzung derselben. Die Schule (bzw. die Schulleitung) hat ein halbes Jahr zuvor die Institution als ‚Schutzwall' gegen das Rauchen in Frage gestellt und die außerschulisch geltende gesetzliche Regelung, ab 16 Jahren rauchen zu dürfen, auch innerhalb der Schule für gültig erklärt[4]. Das Lehrerkollegium hatte damit also begonnen, sich um die SchülerInnen zu „*kümmern*" (17), wie Sarah äußert. In der Überwachung dieser Regelung werfen die SchülerInnen den Lehrkräften Prinzipienlosigkeit vor. Die LehrerInnen handeln auch innerhalb geregelter Bereiche affektuell und nicht zweckrational an der erfolgreichen Durchsetzung der Ausweisung der SchülerInnen interessiert[5]. Geahndet werden Aufsässigkeiten, die sich gegen die LehrerInnen richten. Regelverletzungen innerhalb der SchülerInnenschaft bleiben unbeachtet. Dabei handelt es sich in dieser Passage um eine rückwirkende Einschätzung, wie Sarah und Barbara in der folgenden Beschreibung und Evaluation zum Ausdruck bringen:

```
[Fördern, Rauchen/Kiffen auf dem Pausenhof: 1-15]

I:        Mhm. (6) Und, hab ich das jetzt richtig
          verstanden, auf'm Pausenhof werden auch
          Joints geraucht?
Sarah:         #(                          )#
Barbara:            #Nee, das war früher, früher war#
          das so, jetzt nich mehr, jetzt nur- weil das
          so üblich is, die Lehrer machen nichts
          dagegen, /Sarah: Jaja/ und es gibt uns nich
          den Kick, kann man sagen, ja, ver-
          verheimlichen, verheimlich rauchen und so,
          #und deswegen-#
Sarah:    #(Kann man jetzt so) rausziehen# und zack.
```

4 Hierfür wurden auf dem Schulhof in einer Ecke Aschenbecher aufgestellt. SchülerInnen ab 16 Jahren dürfen dort mit schriftlicher Einverständniserklärung der Eltern (‚Raucherausweis') rauchen.

5 Weber unterscheidet vier grundlegende Handlungstypen: zweckrationale, wertrationale, traditionale und affektuelle Handlungen, die in einer jeweiligen schulischen Situation selten in reiner, vielmehr aber in Mischform in das soziale Handeln bzw. in soziale Beziehungen einfließen (Weber 1981, S. 44ff.).

Barbara: Ja, das macht jetzt keiner mehr,
machen wir immer nach der Schule. Macht kein
Bock mehr.

Das Rauchen von Joints hat seine ursprünglich ‚soziale Funktion' des Provozierens von Lehrkräften bereits verloren, *„früher war das so"* (5). Der Drogenkonsum ist zu einem Surrogat für schlechte soziale und personale Beziehungen innerhalb von Schule (und Familie?) avanciert. Es ist *„üblich"* (7), dass vom Lehrkörper keine Resonanz erfolgt und deshalb erfahren die Jugendlichen über provokantes Verhalten auch keinen *„Kick"* (8) mehr. Die Schülerinnen haben es nicht mehr nötig, ihren Drogenkonsum vor jemandem zu verheimlichen und sind örtlich und zeitlich ungebunden, wie Barbara eindrücklich in ihrer Wortschöpfung *„verheimlich"* (10) darlegt. Es handelt sich um eine unbewusste Wortschöpfung, die aus der Zweisprachigkeit Barbaras resultiert. Die Jugendlichen rauchen nunmehr die Droge der Wirkung wegen, denn sie genießen diese ganz in Ruhe nach der Schule. Der Drogenkonsum wurde über die Reaktion der Lehrkräfte normalisiert.

Die Unzufriedenheit mit den LehrerInnen korreliert mit einer hohen Zufriedenheit innerhalb der Clique[6]:

[Fördern, Passage Rauchen/Kiffen auf dem Pausenhof: 16-46]

Sarah: Es is meistens so, die Leute, die Geld
haben, die haben das halt immer, also die
verkaufen das nich oder so, das sind Freunde
und sagen, #dann so, ja, willste#( )

Barbara: #Ja komm, mach mal mit# und so.

Sarah: Und es=is=es=is=immer so=es=is=so, die
eine- sagen wir, es sind zehn Leute, und es,
es is inner Woche, zum Beispiel, so einer
hat die ganze Zeit was mit wer- werden die
alle eingeladen, und dann halt is es jemand
andres, es is immer-

Barbara: Die wechseln dann //Sarah: Jaja//
auch, jeder kommt mal irgendwann mal ran.

Sarah: Ja, es is so, also es holt sich nich jeder
und raucht das dann heimlich oder- das wird
dann schon sozusagen aufgeteilt oder so.

6 vgl. hierzu auch die Ergebnisse von Stein, der den Konsum von Alkohol und Nikotin in Abhängigkeit der Zufriedenheit in verschiedenen Lebensbereichen bei HauptschülerInnen untersuchte. Dort heißt es: „Je höher man mit sich selbst, der familialen und schulischen Lebenswelt zufrieden ist, desto seltener greift man zum Glas und zur Zigarette (...)" (Stein 1998, S. 140).

Barbara: Also hier macht man- also gibt man auch den Mitmenschen was mit, also seinen besten Freunden eigentlich nur, so'ne Clique #gibt's bei uns. Es gibt Cliquen bei uns auf'm Hof.#

Sarah: #Ja, es gibt immer Cliquen ( )# Aber es gibt schon mehrere Cliquen, die so halt ähm, Gras rauchen und so aber

Barbara: Und die anderen, die rauchen Zigaretten, und die ganz anderen, die machen gar nichts. Also die rauchen nichts, gar nichts, nich mal Zigaretten. Die sind dann ganz wo<u>anders</u> und die hängen da auch nicht mit uns dann irgendwo inner Ecke ab. Und die machen dann auch so was nich.

Auf eine Überlegung der Interviewerin hin, dass „*alles Geld*" kostet, entfalten Sarah und Barbara ein Bild der SchülerInnenschaft bzw. ihrer Clique, das von Gegenseitigkeit geprägt ist. Der Drogenkonsum wird in keiner Weise mit kriminellen Handlungen/Aktivitäten in Verbindung gebracht bzw. als Vorstufe hierzu gesehen, wie dies beispielsweise in der Gruppendiskussion *Chillig* der Fall ist. Im Gegenteil, es handelt sich um ein die Gruppe einigendes und Freundschaft beweisendes Handeln. Freunde werden über Teilen („*aufgeteilt*", 31) und die persönliche Ansprache „*willste*" (19) oder „*komm, mach mal mit*" (20) definiert. Da Sarah und Barbara mit MitschülerInnen, die Geld haben (woher das Geld stammt, bleibt irrelevant) befreundet sind, werden sie und die anderen Cliquenmitglieder „*eingeladen*" (25).

Es ist Sarah sehr wichtig, zu beschreiben, dass es sich um ein Nehmen und Geben handelt (um gleichwertige Tauschakte), die Einseitigkeit der eben beschriebenen Beziehung noch nicht der erlebten Gegenseitigkeit entspricht. Sie überschlägt sich stimmlich/sprachlich fast, um das zelebrierte Ritual („*es=is=es=is immer so=es=is=so*", 21) in den Komponenten des gegenseitigen Einladens und Aufteilens darzustellen. Die caritative Haltung gipfelt darin, dass Barbara von den „*Mitmenschen*" (33) spricht, denen abgegeben wird, bevor sie diejenigen, die tatsächlich ‚mit machen' auf ihre Freunde / Clique reduziert. Die Bildung oder Existenz von Cliquen ist passager an die räumliche Szenerie des Hofes gebunden. Die Selbstverortung innerhalb der Clique reduziert sich auf die verschiedenen Möglichkeiten oder Arten des Rauchens (Haschisch, Zigaretten, gar nichts). Es steht im Vordergrund, dem Kiffen zu frönen, denn die eigene Aktivität ist durch das passive „*irgendwo inner Ecke abhängen*" (45) gekennzeichnet. Die verschiedenen SchülerInnengruppierungen werden nicht gegeneinander ausgespielt oder bewertend dargestellt, nicht in Überlegene und Unterlegene eingeteilt, wie die Jugendlichen der Gruppe *Chillig* es tun. Barbara stellt implizit einen Zusammenhang zwischen dem Zigarettenkonsum und dem Verhalten der Jugendlichen her. Die SchülerInnen, die nicht rauchen, sind „*ganz woanders*“ (44), bewegen sich also in einer anderen Sphäre, die sie ihnen zubilligt, mit der sie allerdings nichts anzufangen weiß bzw. die ihr auch fremd ist.

Verhältnis SchülerInnen – LehrerInnen

Barbara und Sarah gelingt es in relativ kurzer Zeit zu verdeutlichen, dass nicht sie es sind, die Probleme haben oder machen, sondern die LehrerInnen. Aus den verschiedenen Passagen der Kritik an den LehrerInnen wurde zunächst eine ausgewählt, in der sich die Gruppe an dem Kommentar, dass die LehrerInnen nicht mit sich klar kommen, abarbeitet. Dieser Kommentar taucht fast wortgleich in der Gruppe *Chillig* auf, gewinnt innerhalb der Selbstläufigkeit des Diskurses allerdings einen anderen Stellenwert. Die Mädchengruppe geht anders damit um:

[Fördern, Passage Desorganisation:1-13]

Barbara: Und es gibt verschiedene Meinungen von den Lehrern auch. (2) Zu der Schule und zu den Schülern.

Sarah: Ja, die Lehrer kommen selber #so gar nich mit sich klar.#

Barbara: #Die Lehrer, nich, nich# mal untereinander, im Lehrerzimmer streiten die sich. Die haben nich die gleiche Meinung, und der eine sagt des, die andere sagt, „nee, das stimmt nich,“ und dann kommt auch so wie- das- man denkt sich, oh mein Gott, die sind ja selber Schüler, im Gehirn so, (1) dass die selber noch Kinder sind, ja.

Barbara und Sarah handeln das Verhältnis zu den Lehrkräften, das von einer von den Jugendlichen gesetzten Normalitätserwartung abweicht, auf der Beziehungsebene aus. Dass die LehrerInnen nicht mit sich klar kommen vollzieht sich unabhängig von der Interaktion mit den SchülerInnen. Ihr Wissen um die Abweichung der LehrerInnen von ihrer Rolle macht dabei auch keinen Halt vor räumlichen Barrieren, wie dem Lehrerzimmer, einem normalerweise ‚schülerfreien‘ Raum. Denn Barbara weiß, dass die LehrerInnen sich dort streiten. Das Lehrerzimmer wird durch (lautstarke?) Meinungsverschiedenheiten zum geöffneten Raum. Ihre Evaluation bleibt standortgebunden. Die reziproke Perspektive der Lehrerschaft wird nicht eingenommen. Sarah und Barbara wehren sich gegen Etikettierungen der Lehrkräfte mit gleichen Mitteln. Barbara etikettiert die LehrerInnen als kindisch, „*Kinder*“ (13) und definiert die Lehrerrolle als Abweichung einer impliziten Erwartung an die Person des Lehrers. Schwierigkeiten oder auch Streitigkeiten werden den LehrerInnen nicht zugestanden, sondern sie sind geistig zurückgeblieben („*im Gehirn so*“, 12). Allerdings handelt es sich um keinen offen geführten Schlagabtausch wechselseitiger Herabsetzung. Während sich die Mädchen offen und explizit von den LehrerInnen herabgesetzt fühlen, „denken“ sie sich deren Abwertung nur („*man denkt sich*“, 10f.). Im Vergleich mit der Gruppe *Mikrofon* wird darüber hinaus deutlich, dass die Gruppe *Fördern* den Generationenunterschied zwischen LehrerInnen und SchülerInnen betont und nicht überwinden will. In der Wahl der Metapher „*Kinder*“ befinden sich die LehrerInnen in der Entwicklungsstufe noch unter bzw. hinter ihnen. In Abhängigkeit von diesem Bild des Lehrers erfahren und erleben sie sich als handlungsohnmächtige SchülerInnen, wie die nun einsetzende Beispielerzählung, die Sarah beginnt, belegt:

[Fördern, Passage Desorganisation: 14-59]

Sarah: Naja, nur wenn die, die Lehrer Sch- Fehler
machen, und ähm (1) zum Beispiel, mit dem,
wie heißt das, was wir jetzt machen?

Barbara: Was? Wo?

Sarah: W- Wie heißt das?

Barbara: Ach so, Wahlpflichtunterricht, #WPA.#

Sarah: #Jajaja.# Und
das wurde halt richtig schlecht organisiert
von den ganzen Lehrern, und die haben halt,
die Cafeterialeute mussten, mussten morgens
so ähm, kommen, um sieben Uhr fünfzehn, und
schmieren und so, aber die Lehrer haben gar
nich Bescheid gesagt und so, //Barbara: Ja//
und dann kommen die irgendwann auf uns zu,
meckern uns an und dann sagen wir, „ja, wir
können nichts dafür, uns wurde nich Bescheid
gesagt," „doch," unsere Klassenlehrerin
meinte, ja, dass wir nich kommen brauchen
diese Woche. Und aber der Lehrer, der dafür
zuständig is, meinte, doch, doch, und hat
uns dann dafür angemacht, und sich ( ),
#wir können doch nichts#

Barbara: #Ja, ( ) auch.#

Sarah: dafür, wenn die Lehrer uns nich Bescheid
sagen, da sind die selber- und es is alles
schlecht organisiert, und dann mussten-

durften wir immer nach Hause gehen und mussten erst gar nich kommen und so, und das war-

Barbara: Und bis heute macht man das noch, obwohl wir jetzt wissen, wie unser Plan aussieht mit dem, aber trotzdem, der Lehrer werft uns immer weiter vor, „ja, am Anfang, wo wart ihr da, da seid ihr nich aufgetaucht, „ und wir wehren uns, und dann sagen, „ja, unsere Lehrerin meinte zu uns, wir können nach Hause gehen, die haben für uns kein' Platz", meinte er so, „ja, interessiert mich nich, ihr hättet zu mir kommen können" und so, #was können wir dazu?#

Sarah: #Is ne Sechs und so.#

Barbara: Ja, is sechs, und da kriegen wir immer Anschiss, und deswegen haben auch die meisten Schüler hier schlechte Noten dadurch, nur weil die Lehrer Scheiße gebaut haben.

Wie sehr die inhaltliche Ebene des Unterrichts in den Hintergrund tritt, wird insbesondere daran deutlich, dass selbst der Name des Faches, aus dem die Begebenheit stammt, in Vergessenheit gerät und Barbara ihrer Freundin auf die Sprünge helfen muss[7]. Indem Barbara und Sarah die mangelnden Absprachen zwischen den Lehrkräften beklagen und sich der schlechten Organisation ausgeliefert fühlen, stellen sie sich als handlungsunfähig dar, ohne eigenen Handlungsanteil und eigene Handlungsmöglichkeit: „*wir können nichts dafür*" (35ff.) sowie „*was können wir dazu*" (53). Interessanterweise reproduziert und steigert sich eine gesellschaftliche Praxis der Selektion in der Erzählung. Die biografische ‚Verlaufskurve' des außerplanmäßigen Wechsels von anderen Schulen, das Überweisen an diese Hauptschule aufgrund der gezeigten bzw. nicht vorhandenen Leistung auf der vormaligen Schule (in der also der jeweilige Schüler/die jeweilige Schülerin ‚fehl am Platz' war) wird an der Schule fortgeführt, indem auch dort für die Schüler *kein Platz* in der Gesellschaft ist: „*wir können nach Hause gehen, die haben für uns kein Platz*" (49f.). Dieses Dilemma ist auch in weiteren in dieser Arbeit vorgestellten

7 Die Belegerzählung bezieht sich auf ein neu eingeführtes Unterrichtsmodell, WPA = Wahlpflichtangebot. Die SchülerInnen konnten zwischen verschiedenen Angeboten (z.B. Werken, Computer, Kochen) wählen. Die Wahlmöglichkeit wurde von einem Großteil der SchülerInnen nicht wahrgenommen, sodass sie in Kurse eingeteilt wurden. Inwiefern das Lehrerkollegium tatsächlich an einer Wahlausübung der SchülerInnen interessiert war, lässt sich nicht sagen. Der Unterricht findet zweimal wöchentlich in der 7. und 8. Schulstunde statt, ist allerdings mehrere Monate aufgrund von Lehrermangel ausgefallen.

Passagen rekonstruierbar. Während sich Gymnasiasten in einer zeitlichen Dimension gesellschaftlich verorten (vgl. Bohnsack 1989), geschieht die Selbstverortung in diesen Gruppen in räumlichen Metaphern. In der metaphorischen Redewendung *„die haben für uns keinen Platz*“ (50), dokumentiert sich, dass sie sich überall fehl am Platz fühlen, da die LehrerInnen – als VertreterInnen der dominanten öffentlichen Moral – ihnen keinen Raum oder Platz für eigenständiges Handeln und eine eigenständige moralische Bewertung ermöglichen.

Auch für Sarah ist die Wahrnehmung des Wegschickens der SchülerInnen, die von Barbara geäußert wird, von Bedeutung. Die Entlassung nach Hause wird zu einem *„mussten – durften wir immer nach Hause gehen*“ (39f.). Der anordnende und verpflichtende Charakter steht im Vordergrund. Die Darstellung der Interaktion mit dem ‚äußeren System‘, der dominanten Moral, durch den Lehrer repräsentiert, der eine Anordnung ausspricht (*„müssen*“), entspricht dem ‚inneren Interaktionssystem‘ der SchülerInnen, die froh sind, nach Hause gehen zu dürfen, und zwar nicht nur einmal, sondern *„immer*“.

Die konditionellen Relevanzen für das Miteinander zwischen SchülerInnen und LehrerInnen werden ausschließlich als von den LehrerInnen ausgehend erlebt. Zunächst erfolgen die Vorwürfe eines Lehrers bezüglich des Fernbleibens vom Unterricht und darauf bezogen setzt die von Barbara berichtete Gegenwehr ein. Das Enaktierungspotenzial einer Auseinandersetzung mit den LehrerInnen wird im Keim erstickt, denn auf den direkten Protest seitens der SchülerInnen kann das Lehrpersonal relativ einfach durch argumentative Zurückweisung *„ihr hättet zu mir kommen* können“ (52) und Disziplinierung *„is ne Sechs und* so“ (54) reagieren. Sarah und Barbara legitimieren daraufhin schlechte Zensuren generell für sich, ohne sich selbst angreifbar zu machen, da es ausschließlich die Lehrer sind, die *„Scheiße bauen*“. Sarah und Barbara schließen hiermit ihre Beweisführung ab, mit der sie ‚belegen‘, dass sich die LehrerInnen wie Kinder benehmen.

Das Handeln der SchülerInnen ‚verhakt‘ sich mit dem Handeln der LehrerInnen. Sarah und Barbara setzen den schulischen Mythos des ‚Abgeschobenseins‘ um, indem Partizipations- und Selbstbestimmungswerte für sie nicht existent sind. Der gesamte Diskurs ist von der erlebten Herabsetzung und Degradierung durch die LehrerInnen geprägt. Sarah und Barbara kennen bzw. benennen nur eine Variante stellvertretenden Deutens[8] ihres Verhaltens seitens der LehrerInnen:

```
[Fördern, Etikettierungen: 1-29]

Barbara:          Ja, und einige Lehrer bei uns in der
           Klasse zum Beispiel, einige Lehrer, die- wir
           können nichts dafür, dass wir auf ner
```

8 Hier beziehe ich mich auf den Begriff von Dewe et al. 1995 bzw. Oevermann.

Hauptschule sind, ja, aber die sagen so, „ja, ihr seid dumm, ihr seid die Letzten, #die" (   )#

Sarah: #Ja, (   ) das sagen# die uns ins #Gesicht, (   ) die beleidigen uns, ich#

Barbara: #Sagen sie uns Gesicht, „ihr seid doch dumm."#

Sarah: meine, wenn ich dann- genauso wie so'ne Sache, bin ich jetzt im Unterricht, und dann kommt ein Lehrer rein und sagt, „ja, ich bin doch nich dein Neger" oder so, ich mein, da reg ich mich doch auf. Und dann, wenn ich mich aufrege, heißt es, „halt deinen Mund oder du kriegst 'n Tadel." Is ja nur so 'ne Sachen, oder „ich bin nich dein Bimbo" oder irgendwie, oder-

Barbara: Das sind so Ausdrücke, die wir //Sarah:Ja// hier benutzen für Farbige.

Sarah: Oder „du bist blöd" oder „du bist bescheuert," und dann gucken (   ) und sage, „mmm, nehmen Sie's zurück," oder „was haben Sie grad gesagt, das dürfen Sie gar nich sagen," „ach, halt dein' Mund, du kriegst sonst 'n Tadel," is wirklich #hier so.#

Die stellvertretende Deutung ihres Verhaltens ist reduzierbar auf ‚stellvertretende entwertende Deutungen', in denen sie sich Degradierungen und Etikettierungen ausgesetzt sehen. Die fehlenden Realisierungsmöglichkeiten eigenständiger Orientierungen werden *fremd*attribuiert („*wir können nichts dafür*", 2f.). Auch in dieser Passage ist aufgrund der hohen interaktiven Dichte im Sinne einer Fokussierungsmetapher (Sarah und Barbara fallen sich beständig ins Wort, ergänzen und steigern sich) erkennbar, dass es sich um zentrales gemeinsames Erleben handelt, in der sie die negative Verlaufskurve („*ihr seid dumm, ihr seid die Letzten*", 5f.) zu verarbeiten versuchen. Durch die Wiedergabe dieses Quasi-Zitats verweisen Sarah und Barbara wiederum auf die schulische Reinszenierung der eigenen biografischen Verlaufskurve.

Die Schule wird wahrgenommen als eine Institution, die verhindert, als eine Institution, in welcher man zu ihrem eigentlichen Sinn als Stätte des Lernens gar nicht vordringen kann. Es handelt sich um keine versteckten Anspielungen der LehrerInnen, sondern um einen offenen Angriff auf ihre psychische Integrität, ihre soziale und personale Identität, wie Sarah und Barbara parallel darlegen („*sagen die uns ins Gesicht*", 7f. und 10f.). Die Etikettierungen der Lehrkräfte werden jeglicher Situationsbezogenheit enthoben, lediglich als eine Reihung von Quasi-Zitaten wiedergegeben. Die Schülerinnen unterstreichen damit, dass sie sich „total identifiziert" (Goffman 1973) fühlen,

> „dass ein Element einer sozialen Identifizierung, einer sozialen Identität (...) zum übergreifenden Rahmen der sozialen Identität wird, von dem alles andere erklärt, d.h. kausal abgeleitet wird" (Bohnsack 2003, S. 257 / Fußnote 100).

In der Art und Weise der Darstellung erscheinen Sarah und Barbara wiederum nur reaktiv und die Äußerungen der Lehrer erlangen Allgemeingültigkeit. Das formale Setting des Geschehens, der Unterricht, wird beständig in Erinnerung gerufen. Der Unterricht degeneriert zur Farce/Makulatur, denn anstatt dass ein Lehrer den Klassenraum betritt und mit dem Unterricht beginnt, betritt er hier die ‚Unterrichtsbühne' als jemand, der sobald er etwas sagt, Grund zum Aufregen bietet: *„kommt ein Lehrer rein und sagt, ‚ja ich bin doch nich dein Neger'"* (14f.). Für Sarah sind Begriffe wie „Neger" oder „Bimbo" besonders degradierend, da sie dunkelhäutig ist[9].

Vermutlich von der SchülerInnenrolle abweichendem Verhalten begegnen die Lehrkräfte ihrerseits mit von der LehrerInnenrolle abweichenden Äußerungen. In Barbaras Erklärung für die Diskussionsleiterin, dass sie diese Ausdrücke *„für Farbige"* benutzen, reklamiert sie die Legitimität der Begriffe in ‚eigenen Kreisen' gegenüber einer Störung des Rollenverhältnisses durch die Lehrkräfte. Der verbale Kampf mit den LehrerInnen kann aufgrund der asymmetrischen Rollenbeziehung niemals fair verlaufen. Sarah und Barbara fühlen sich auch nicht als Diskussionspartnerinnen ernst genommen. Im Gegenteil, die LehrerInnen nutzen ihre Definitionsmacht durch Disziplinierungsmaßnahmen in Form von Tadeln aus. Es kommt zu beständigen ‚Degradierungszeremonien' (vgl. Garfinkel 1977)[10], denen sie nicht entkommen können. Jeglichem Zweifel an ihren Darstellungen, die wiederum das Bild der katastrophalen Institution unterstreichen, beugt Sarah durch ihren Kommentar „*is wirklich hier so*" (29) vor.

Die Etikettierung von Normalität

Während eine von den Jugendlichen erlebte Polizei-Razzia innerhalb der Schule in den Gruppen, die sich *sekundär* an die Institution anpassen, die Funktion erhält, eine Auseinandersetzung mit öffentlicher Degradierung und Etikettierung zu führen und eine Distanz gegenüber den Prinzipien der domi-

---

9 Bzw. könnte man auch sagen, dass Sarah einen internalisierten Rassismus des Lehrers wahrnimmt.

10 „Jede kommunikative Tätigkeit von Menschen, durch die die öffentliche Identität eines ‚Mitspielers' auf einen niedrigeren Rangplatz innerhalb des lokal gebräuchlichen Schemas sozialer Typen verschoben wird, wird als ‚Statusdegradierungs-Zeremonie' bezeichnet" (Garfinkel 1977, S. 31).

nanten Moral beinhaltet, bildet die Verhandlung der Razzia in der Gruppe *Fördern* im Vergleich einen maximalen Kontrast. So dient die im Folgenden vorgestellte Erwähnung der Razzia in dieser Gruppe wiederum der Entfaltung der zentralen Orientierungsfigur, dass die LehrerInnen an dieser Schule sich nicht um die SchülerInnen „*kümmern*“. Auch die Begebenheit der Razzia wird also in einen Zusammenhang mit dem Verhalten der Lehrkräfte gebracht, und Sarah sowie Barbara berichten aus einer Opferperspektive:

[Fördern, Passage Razzia: 1-25]

Sarah: Das is so, also zum Beispiel, also ich meine, wenn jetzt hier geklaut wird, in der Schule, in der Klasse, irgend jemandem wird was geklaut, und dann, dann will man das ja auch zurückhaben, ich mein, man gibt's 'm Lehrer und sagt, „ja, äh, können Sie vielleicht was unternehmen, wegen nur Taschenkontrolle oder so machen.“ Nö.

Barbara: #Machen die Lehrer nich.#

Sarah: #Das is denen egal,# ob das Geld is, ob das weiß ich was, Walkman #is, oder#

Barbara: #Weil die sagen#

Sarah: nur'n Bleistift is oder 'n Radiergummi, denen is das egal, die kümmern sich nich darum. Und #( )#

Barbara: #Außer manche# Fälle, die so //Sarah: Ja// beliebt sind, //Sarah: Ja// bei denen wird sofort unternommen, Razzia, blablabla. Kommen dann hier sogar Polizisten, die uns durchsuchen. //Sarah: Ja// Aber wenn so normale Leute, die (.)auch Scheiße bauen, wenn denen was geklaut wird (.) scheißen die drauf, die denken=die Lehrer denken sich, ihr baut Scheiße, also geschieht's euch recht.

Sarah und Barbara kritisieren nicht, dass in der Schule „*geklaut*“ (2) wird, sondern die Reaktion der Lehrkräfte auf derartige Handlungen ist kritikwürdig. Während die Gruppe *Chillig* über die Razzia in entpersonifizierter Weise berichtet, werden von der Gruppe *Fördern* die Akteure benannt (Lehrer, Polizisten, *beliebte* Mitschüler und sie als „Durchsuchte“). Wiederum sind es die LehrerInnen, die sich nicht um ihre SchülerInnen „*kümmern*“ (14), wie es von Sarah und Barbara in homologer Weise bereits in der Passage „Rauchen/Drogen“ eingefordert wurde. Auch in der obigen Passage geht es um abweichendes – von den LehrerInnen nicht geahndetes – Verhalten innerhalb der SchülerInnenschaft. Sarah und Barbara geben ihre Belange an die LehrerInnen weiter („*man gibt's 'm Lehrer*“, 5f.), ohne erwünschte Reaktionen zu erhalten („*nö*“, 8). Indem Sarah ihre Bitte an einen Lehrer „*gibt*“, über*gibt* sie auch die Verantwortung für das Handeln. Sie verdeutlicht erneut die eigene *fiktive Individuierung*.

Im Gegensatz zur Gruppe *Chillig* erinnern sie sich an die Razzia als eine Durchsuchung („*uns durchsuchen*“, 20). Nicht das Ergebnis der Suche (Drogen und Waffen werden an dieser Stelle in anderen Gruppen erwähnt) steht im Vordergrund, sondern der Vorgang selbst wird betont. Die Suche ist für sie ein weiteres Synonym der Vergeblichkeit, ihre Bedarfslage zu erkennen. Die Razzia ist kein spektakuläres Ereignis (wie in den Gruppen *Chillig* und *Schlüssel*), um sie geht es Sarah und Barbara nicht. Sie bildet keinen Gegenhorizont, sondern wird funktionalisiert, um stattdessen den negativen Gegenhorizont der ‚*beliebten Fälle*‘ (17) einzuführen. Sarah und Barbara sind weder bei den Lehrern beliebt, noch gehören sie zu denjenigen, die durch permanentes Übertreten der SchülerInnenrolle auffallen. Sie sind gemäß der Theorie von Barbara zum eigenen Selbst „*normale Leute*“ (21). Kontrastierend zu den Gruppen *Chillig* und *Schlüssel* beabsichtigen sie der Forscherin ihre Normalität zu verdeutlichen. Aber die Normalität wird nach ihrem Empfinden an der Schule stigmatisiert und in keiner Weise gewürdigt. Nur wer in irgendeiner Weise auffällt, kann eine erwünschte Reaktion der Lehrkräfte herausfordern. Im Unterschied zu Sarah und Barbara bestehen die Gruppen *Chillig, Mikrofon* und *Schlüssel* aus Akteuren, die Spielregeln und Gesetze, die Binnenbereiche und Außensektoren, Vorder- und Hinterbühnen bestimmen.

Schulsozialarbeit

Zu einem Höhepunkt innerhalb des Diskurses kommt es, als Barbara und Sarah die schulische Ausstattung von sich aus erwähnen:

[Fördern, Passage zu viel – zu wenig: 1-61]

Sarah: Ich mein, wir ham- wir kriegen hier nichts,
wir kriegen- es heißt, ja, (verdien) so und
so, o. k. die Cafeteria wurde jetzt gemacht
und so,

Barbara: Schulstation
#wurde auch gemacht für uns, aber-#

Sarah: #Aber (1) und dann verkaufen# wer
Brötchen, aber was ( )

aber wir wollen doch lieber Bücher haben oder so, anstatt so'ne Cafeteria. #Wir kriegen keine Bücher, wir kriegen gar nichts.#

Barbara: #Wir kriegen in Englisch keine Bücher,# in Mathe kriegen wir Bücher, was machen wir daraus? Nichts, die liegen zu Hause und gehen kaputt.

Sarah: Dann heißt es durch diese Mülltrennung, dadurch spart ja irgendwie weiß ich irgendjemand Geld, keine Ahnung, kriegen wir das Geld, also die Schule, zur Verfügung, #naja, dann- ja, dann#

Barbara: #Aber ich merk hier nichts.#

Sarah: werden so'ne Sachen, so'ne Sachen gekauft wie, wie Tischtennisplatte, wo sowieso keiner spielt, weil jeder weiß das schon. Dann sind nur so'ne Sachen. Ich weiß nich, da sollten die lieber mal so Geld sammeln für Bücher oder weiß ich was, aber doch nich so was, #so was man gar nich brauch.#

Barbara: #Für, mehr für die Schule,# zum Beispiel, ja, hier das is so unser einziger Computer, an dem- nee:, #die Computerräume oder so,#

Sarah: #Die- (1) ja, ja#

Barbara: aber da dürfen wir auch nich immer ran, wenn wir so möchten. An anderen Schulen, hab ich gehört, gibt's so einen extra Raum für Schüler, die tragen sich ein, welchen Computerplatz sie benutzt haben, und die dürfen einfach manchmal, so wenn wir Freistunden haben, an den Computerraum. Wir dürfen nich an die Computer ran, ohne dass 'n Lehrer uns dabei auf die Finger guckt. Das ist auch Scheiße. Wir dü- wir kriegen so viel Verbote hier. Und dann, die Schulstation is doch eigentlich da, dass wenn ne Freistunde- dass die Lehrer sagen, „okay, könnt in die Schulstation gehen." So, das sagt uns der eine Le- Lehrer, der andere sagt wiederum, „die Schulstation ist nicht dafür." Für was dann? Kleine Pause, in der

Klasse bleiben. Große Pause, auf'm Hof, freie Stunde in der Klasse, ich dachte eigentlich, die Schulstation is dafür, aber die meinen so, also die (   ), nee, das is die nich. Und deswegen, wir werden verrückt gemacht, kann man sagen. Einige sagen des, die andren des, und dann gibt's Streit zwischen den Lehrern und zwischen den Schülern.

Sarah und Barbara beklagen sich interaktiv dicht über die schlechte materielle Ausstattung der Schule (Fokussierungsmetapher). In der Reihe der Exemplifizierungen kommt es zu einer Gegenüberstellung von Vorhandenem und Erwünschtem. Dabei wird das Vorhandene bzw. im Schuljahr 1998/99 Eingerichtete, nämlich die Cafeteria und die Schulstation nicht als „schulisch" identifiziert. Sie stellen die neuen Errungenschaften der schlechten Versorgung mit Unterrichtsmaterialien gegenüber.

Sarah bezeichnet die Schulstation als *„gemacht für uns"* (6), identifiziert sie mithin in sehr allgemeiner Form als ein Angebot für die gesamte Schülerschaft. Die Schulstation und die Cafeteria werden als positive Gegenhorizonte angedeutet, allerdings nicht elaboriert, da Sarah und Barbara den negativen Gegenhorizont der mangelhaften schulischen Organisation entfalten. Sie verbleiben in ihrem Orientierungsrahmen der Kritik an den Lehrkräften, die sie nicht mit den benötigten Schulmaterialien ausstatten beziehungsweise versorgen.

Indem Sarah und Barbara darauf verweisen, dass sie keine Bücher haben bzw. nicht mit ihnen arbeiten, wehren sie sich auf der immanenten/wörtlichen Ebene gegen die Etikettierungen der Lehrkräfte (siehe oben): *„ja, ihr könnt nich denken, ihr seid dumm, guckt mal, auf was für ner Schule ihr seid, Hauptschule"*. Sie können also gar kein Wissen ansammeln, da die LehrerInnen dies verhindern. Die Bücher stehen metaphorisch für Wissenserwerb, der ihnen in jeder Hinsicht unmöglich ist.

In der Äußerung von Barbara dokumentiert sich entgegen ihrer eigenen Intention die Passivität ihrer Haltung. Sie können mit den Büchern, also dem schulischem Leistungsprinzip, gar nichts anfangen. Die Bücher *„liegen zu Hause und gehen kaputt"* (15f.). Ohne ihr Zutun werden die Bücher unbrauchbar, sie lassen die Finger davon und trotzdem tritt eine schädigende Wirkung ein. Die Schulbücher werden im Herkunftsmilieu belassen (*„zu Hause"*), aber dort haben sie keinen Zugang zu Bildungsangeboten und –erfordernissen.

Sarah und Barbara formulieren ihren Anspruch an die Schule als Bildungsanspruch. Sie lehnen eine Ausweitung des schulischen Angebots in die jugendliche Alltagskultur ab (die Tischtennisplatte als ein Dokument für die alltägliche Spielkultur). Das Tischtennisspiel steht für eine nicht vorhandene

Aufgabenorientierung der Schule, die zu einem reizlosen Ort banaler Beschäftigung wird („*weil jeder weiß das schon*“, 25). Die Bildungsangebote sind für Sarah und Barbara trivial, denn sie sind eng mit den Alltagsgewohnheiten der Jugendlichen verbunden. Dass es nicht nur die organisatorische Ausstattung betrifft, sondern die Lehrerschaft zu einem intellektuell reizarmen Klima beiträgt, zeigt sich in der Fortsetzung des Diskurses durch Barbara. Es kommt zu einem Höhepunkt der Passage, als Barbara die Anschaffung von Computern als „*für mehr für die Schule*“ (31) fordert. Die Computer können als ein Synonym gesehen werden für das ‚Mithaltenkönnen‘ in einer ‚vernetzten Welt‘, eine Öffnung nach innen und nach außen sowie den schnellen Zugang zu Informationen. Von diesen Informationen fühlt sich Barbara abgekapselt, denn sie sind ihr nur partiell und zensiert, d.h. unter Aufsicht, zugänglich. Die LehrerInnen werden erneut als diejenigen dargestellt, die den SchülerInnen neue Erfahrungen verwehren, da keine Begegnung zwischen dem Fremden (Beispiel Computer) und dem Eigenen stattfindet.

Den Gegenhorizont eines modernen Bildungssystems lässt Barbara mit der Schulsozialarbeit aufeinandertreffen (oder eher ‚aufeinanderprallen‘). Die Implementierung dieses die Schule erweiternden Systems als Versuch, die Schule über die Vermittlung von Wissen hinausgehend bedürfnisgerecht zu restrukturieren, scheitert, da es von Sarah und Barbara nicht als ihrem Bedürfnis entsprechend wahrgenommen wird. Ihnen geht es um die bedarfsgerechte Ausgestaltung der SchülerInnenrolle, weniger um ihr SchülerInnensein. Sie definieren das Schulstationsangebot nicht als ein schulisches Angebot. Da sie das schulische Angebot als vollkommen unzureichend erleben, kann das außerunterrichtliche Angebot diese Lücke nicht füllen. Sarah und Barbara können das Extra-Angebot für die SchülerInnen nicht für sich annehmen und nutzen. Es wird deutlich, dass das System Schulsozialarbeit (verkörpert durch die SchulsozialarbeiterInnen) die Probleme, die im funktionalen System Schule entstehen (verkörpert durch Schülerrolle und Lehrerrolle), nicht auffangen kann. Der Zugang zur Schulstation hängt für Barbara (von Sarah unwidersprochen) von der Definitionsmacht der LehrerInnen ab. Sie verfügen über kein eigenes Erfahrungswissen, wie sie in die Schulstation gelangen können. Auf der einen Seite verharren Sarah und Barbara (im Vergleich mit dem Typus der *sekundären Anpassung*) in einer passiven Schülerinnenrolle, die ihnen als Legitimationsmuster der Ausübung einer *aktiven Opferrolle* dient.

Auf der anderen Seite weisen die von Barbara beschriebenen Streitigkeiten zwischen den LehrerInnen darauf hin, wie schwierig der Aushandlungsprozess der ‚Nischenbildung‘ ist und die Gefahr systemischer Etikettierung besteht, das heißt, dass Zuweisungskriterien für die Schulstation gesucht werden müssen, also beispielsweise ein Schüler/eine Schülerin zunächst als Störfaktor etikettiert werden muss. Das weiter oben beschriebene Dilemma innerhalb der Schule zeigt sich erneut. Sarah und Barbara fordern eine offizielle Regelung, die von den LehrerInnen und nicht von den SchulsozialarbeiterInnen definiert werden soll. Die Schulsozialarbeit kann die Differenzen zwischen LehrerInnen und SchülerInnen nicht minimieren.

Die beschriebene Trennung zwischen dem sozialen und dem funktionalen schulischen System, die Barbara und Sarah vornehmen, ist jedoch wesentlich für sie, denn somit eröffnet sich für sie die Möglichkeit, darum zu ‚kämpfen', in die Schulstation als ‚lehrerfreie Zone' zu gelangen. Auf eine Nachfrage der Diskussionsleiterin wird die Schulstation nochmals thematisiert:

[Fördern, Passage Schulsozialarbeit:1-36]

Barbara: #Also
wenn wir# ne Freistunde denk ich dann mal,
was sollen wir in der Klasse oben schon
machen? Wir könn', die Schulstation, da
können wir spielen, da können wir quatschen,
und ( ) #halt bewegen kann man sich.#

Sarah: #Ja, ich ich ich, ich denk# mal,
ich denk mir auch, wenn die Schüler
irgendwelche Probleme haben oder so,

Barbara: sollen die auch zur #Schulstation.#

Sarah: #Mit Lehrern#
oder irgendwas, oder zu Hause oder so, da
erst mal für, dann, wenn wieder, ähm,
Schüler
( ) aus dem Unterricht rausgeworfen
werden oder so, dass sie dann so lange da
rein kommen, oder ja ich weiß nich halt
wirklich Freistunden rein oder, ich
#( )#

Barbara: #Also# ( )
is es meistens glaub ich für Probleme, wenn
man Probleme hat, kann man da gut mit den
Leuten reden und so. Aber meistens erlauben
die #Lehrer das nich, die erlauben es nich,
dass wir da hingehen.#

Sarah: #Ja, die erlauben es
(nich)#

Barbara: (3) Zum Beispiel, wenn jemand Probleme
zu Hause hat, möchte es nicht dem Lehrer
erzählen,

I: Ja.

Barbara: weil die Lehrer tratschen sowieso
#alle das rum,#

```
34  Sarah:                         #Ja, das is-  #
35  Barbara:       dann weiß es #sogar der Sportlehrer!#
36  Sarah:                       #(                    )#
```

Die Mädchen kontrastieren die Möglichkeiten in der Schulstation mit dem Unterricht und den Gewohnheiten der LehrerInnen. Positiv erlebt werden Aktivitäten, die während des Unterrichts verboten sind: ‚*spielen*, *quatschen* und *sich bewegen*'. Das ‚Still-Sitzen-müssen' während des Unterrichts kann in der Schulstation durch Bewegung ausgeglichen werden. Hier handelt es sich offensichtlich um eigene Erfahrungen, im Gegensatz zu der von Sarah benannten Möglichkeit, Probleme in der Schulstation zu besprechen. Eine derartige Handhabe „*denkt*" (7) Sarah sich, kennt sie also offensichtlich nicht aus eigener Praxis.

Wie in anderen Gruppen auch (Gruppen *Schlüssel*, *Sprecher*, *Chillig*) wird die Schulstation zunächst örtlich thematisiert, als ein Ort mit eigenem Aufenthaltscharakter. Daran anschließend greift Barbara die Proposition „*Probleme*" (9) auf und leitet zum zentralen positiven Horizont über: „*wenn man Probleme hat, kann man da gut mit den Leuten reden und so*" (21f.), den sie mit der Metapher des „tratschenden Lehrers" kontrastiert (vgl. 32). Wie in der Mädchengruppe *Mikrofon* ist die Schulstation ein neutraler Ort im Hinblick auf die Verschwiegenheit der SozialarbeiterInnen. In der Schulstation werden sie von Degradierungen und Etikettierungen entlastet. Im Vergleich mit den LehrerInnen werden die SozialarbeiterInnen nur als die „*Leute*" (23) benannt. Die professionslose Identifizierung der SozialarbeiterInnen erweist sich unabhängig von der Intensität der Nutzung der Schulstation. Denn auch in den Gruppen, die die Schulsozialarbeit offensiv nutzen, sprechen die Jugendlichen lediglich von „denen" („*mit denen*": Gruppe *Mikrofon*, 1316; „*mit denen reden*": Gruppe *Chillig*, 157f.). Die Neutralität der Schulstation dokumentiert sich auch an dieser Stelle, denn die SchulsozialarbeiterInnen werden von den Jugendlichen nicht auf eine (Berufs-)Rolle festgelegt. Die SchulsozialarbeiterInnen gehören nicht zur Institution, sondern nehmen eine vermittelnde Position ein. Darüber hinaus dokumentiert sich in dem Wunsch und dem Kampf, in die Schulstation zu gelangen, die Verlockung der ‚lehrerfreien Zone', um in Opposition zur erlebten Verachtung durch die LehrerInnen und in ein situativ szenisches Aushandeln treten zu können.

Die Kritik von Sarah und Barbara, dass es die „*beliebten Fälle*" sind, die Aufmerksamkeit in der Schule erlangen und um die man sich professionell „*kümmert*", findet sich in den Berichten der SchulsozialarbeiterInnen in folgender Weise wieder:

„Die in der Mehrzahl an der H-Schule vertretenen lauten, auffälligen, aggressiven und schuldistanzierten Schüler/innen binden den größten Teil unserer fachlichen und personellen Ressourcen (gleiches kann aus der Sicht der Lehrer/innen bestätigt werden). Sie besetzen auch häufiger und verstärkt die Räume der Schulstation, ziehen Aufmerksamkeit auf sich und fordern intensive Reaktionen heraus. Die weniger auffälligen Schüler/innen [zu denen sich Sarah und Barbara explizit zählen, C.S.] haben dadurch kaum die Möglichkeit, die ihnen angemessene Beachtung und Förderung zu erlangen" (Halbjahresbericht vom 04.09.2000 bis 02.02.2001, S. 4).

Zusammenfassung der zentralen Komponenten des Orientierungsrahmens

- Sarah und Barbara setzen sich mit ihrer Schülerinnenrolle auseinander und fordern ein, dass die Institution Schule eine Stätte der Wissensvermittlung und Bildung sein soll. Daher gehört die Gruppe zum Typus der *primären Anpassung*.
- Sarah und Barbara orientieren sich an den dominanten moralischen Prinzipien (*primäre Anpassung*), deren Realisierung ihnen aber auf der H-Schule nicht möglich scheint:
  1. weil das Schulmilieu insgesamt von den dominanten moralischen Prinzipien abweicht und der Prozess der Milieubildung als ein „immer-mehr-runter-rutschen" wahrgenommen wird.
  2. weil sich die LehrerInnen nicht daran orientieren.
  3. weil die organisatorische Ausstattung der Schule dieses nicht ermöglicht.
- Allen drei genannten Aspekten sind Sarah und Barbara ausgesetzt, Mitgestaltungsmöglichkeiten sehen oder enaktieren sie nicht. Die Mädchen individuieren sich nicht handlungspraktisch, sondern *fiktiv*. Dies zeigt sich im Wesentlichen in der Suspendierung von Verantwortung für das eigene Handeln sowie in der Fremdattribuierung der fehlenden Umsetzungsmöglichkeiten eigenständiger Orientierungen.
- Der Umgang mit den Erfahrungen von Ausgrenzung ist in dieser Gruppe eher passiv beziehungsweise nehmen die Mädchen in aktiver Weise eine Opferhaltung ein.
- Auch diese Gruppe verfügt über keine biografischen Entwürfe und der schulische Werdegang wird nicht antizipiert.
- Die Interaktion zwischen LehrerInnen und SchülerInnen wird ausschließlich von den LehrerInnen ausgehend erlebt. Partizipation und Selbstbestimmung sind für die Gruppe an der Schule nicht existent. In beständigen *Degradierungszeremonien* greifen die LehrerInnen die Integrität der SchülerInnen an.
- Die Schule ermöglicht keine Lern- und Bildungsprozesse, sondern verhindert diese, weil:
  1. die Bildungsangebote der Schule trivial, reizarm und mit der Alltagspraxis der Jugendlichen verbunden sind (Tischtennis).
  2. sie von den Angeboten ferngehalten werden (Computer).
  3. Bildungsangebote von der Schule in das Herkunftsmilieu verlagert und dort nicht genutzt werden („*Bücher liegen zu Hause und gehen kaputt*").

- Die Selbstverortung der Jugendlichen erfolgt in räumlichen (und nicht in zeitlichen) Metaphern. Die Jugendlichen fühlen sich in der gesellschaftlichen Institution Schule ‚fehl am Platz' („*die haben für uns keinen Platz*").

Schulsozialarbeit

- Da das schulische (funktionale) Angebot als vollkommen unzureichend erlebt wird, kann das außerunterrichtliche (soziale) Angebot der Schulsozialarbeit diese Lücke nicht füllen.
- Die SchülerInnen finden keine von den LehrerInnen definierte Regel, die ihnen einen Zugang zur Schulstation ermöglicht. Der Zugang zur Schulsozialarbeit wird also in Abhängigkeit der Definitionsmacht der LehrerInnen gesehen. Die Schwierigkeiten der Zugangs- bzw. Zuweisungskriterien an die Schulsozialarbeit werden sichtbar.
- Die Schulsozialarbeit kann die Probleme zwischen LehrerInnen und SchülerInnen nicht minimieren.
- Die Aktivitäten in der Schulstation unterscheiden sich von denen des Unterrichts und werden als positiv erlebt (*spielen, bewegen, quatschen*).
- Die Trennung zwischen dem sozialen und funktionalen System erweist sich als wesentlich, denn auf diese Weise können die Schülerinnen darum ‚kämpfen', in die Schulstation als ‚lehrerfreie' Zone zu gelangen und eine Gegenposition zur erlebten Verachtung durch die LehrerInnen beziehen.

3.2. Primäre Anpassung und die Suche nach Vermittlung. Die Gruppe Sprecher: eine gemischtgeschlechtliche Gruppe (*„ich finds gut, dass die jetz die Schulstation eingerichtet haben, (...) dass unsere Schule sich eben weitergebildet hat"*)

Bei der Gruppe *Sprecher* handelt es sich um die zwei SchulsprecherInnen der Schule[11]. Die Gruppe konstituiert sich nicht aufgrund einer freundschaftlichen Beziehung, in der gemeinsame Erfahrungen über den Schulbesuch hinaus gesammelt werden. Vielmehr blicken sie gemeinsam auf eine institutionalisierte Sozialität, die durch die Wahrnehmung ihres Amtes als SchulsprecherInnen gerahmt wird.

Die TeilnehmerInnen:

11 Zur Wahrung des Datenschutzes wird in diesem Fall darauf verzichtet, genauere Angaben zum Zeitpunkt des Interviews zu machen.

Jamal ist Schüler der 10. Klasse und 16 Jahre alt. Er besucht die H-Schule seit dem 9. Schuljahr, nachdem er zuvor bereits das 7. Schuljahr auf einer Realschule wiederholt hatte. Seine Mutter stammt aus Marokko, sein Vater kommt aus dem Libanon. Jamal besitzt die deutsche Staatsangehörigkeit, er wurde bereits in Berlin geboren. Seine Eltern sind beide berufstätig; die Familie (er hat noch einen Bruder) wohnt im Nachbarbezirk des Schulbezirks. Jamal strebt den Realschulabschluss an. Der Konsum von Zigaretten und Alkohol werden bejaht.

Anna ist die einzige Schülerin, die den Fragebogen nicht zurückgegeben (ausgefüllt hat sie ihn) hat. Sie begründete dies folgendermaßen: ‚*Man kann ja dann lesen, dass ich rauche.*' Anna besucht zum Zeitpunkt des Interviews die 9. Klasse und ist 15 Jahre alt. Sie ist von der Grundschule auf die H-Schule gekommen.

Herstellung des Kontakts zu der Gruppe und der Verlauf der Gruppendiskussion

Die Idee zur Gruppendiskussion kommt anlässlich einer ‚Schülervertreterversammlung' zustande, die Anna und Jamal in der Schulstation vorbereiteten. Die Terminfindung gestaltet sich nicht ganz einfach, da Anna und Jamal nicht dieselbe Klasse besuchen. Sie möchten sich zwar nicht nach der Schule mit mir treffen (Anna: ‚*da habe ich nie Zeit*'), allerdings auch keinen Unterricht versäumen.

Schließlich finden wir einen Termin am übernächsten Tag zu Beginn der ersten großen Pause, um 9.25 Uhr. Jamal und Anna kommen gemeinsam zur Schulstation. Die beiden Jugendlichen nehmen in engagierter und konzentrierter Weise an der Diskussion teil. Als es zum Ende der Schulstunde klingelt, teilt Anna mit (sie zieht bereits ihre Jacke an), dass sie sich nur für eine Schulstunde für die Teilnahme an der Gruppendiskussion bei der unterrichtenden Lehrkraft entschuldigt habe und deshalb gehen müsse. Den Fragebogen nimmt sie mit, um ihn später auszufüllen.

In der Zeit von 11.20 Uhr bis 12.30 Uhr wird das Interview alleine mit Jamal fortgesetzt und weitere 20 Minuten mit seiner Freundin, Songül. Seine Freundin, die ebenfalls die H-Schule (8.Klasse) besucht, hat bereits Schulschluss. Sie kommt mit der Bitte zu mir, am weiteren Interview teilnehmen zu können. Als ich Anna später noch einmal begegne, bittet sie mich, ihrer Lehrerin mitzuteilen, dass *das Interview* auch noch in der vierten Schulstunde stattgefunden habe, also in der Stunde, in der sie nicht mehr anwesend war. Ich erkläre ihr daraufhin, dass beim Schulleiter eine Liste geführt wird mit den Namen der Jugendlichen, die an einer Gruppendiskussion teilgenommen haben. Ihre Lehrerin könnte, wenn sie möchte, dort einsehen.

Sowohl die Beendigung der Gruppendiskussion durch Anna als auch ihr Vorgehen in Bezug auf das Ausfüllen des Fragebogens weisen auf ihren Umgang mit Normalitätserwartungen und -entwürfen hin (vgl. zu Normalitätsentwürfen der dominanten Kultur: Kap. A.2). Auf der Ebene des *intentionalen Ausdruckssinns*[12] möchte Anna den von ihr identifizierten Erwartungen, Prinzipien und Regeln der dominanten Kultur nachkommen (nicht rauchen; am Unterricht teilnehmen). Gleichzeitig versucht sie, sich eine *Hinterbühne*, die sie insbesondere vor ihren Eltern geheim halten möchte, zu schaffen (ohne Wissen der Eltern zu rauchen; dem Unterricht stundenweise fernbleiben). Die Forscherin wird in Annas Handlungspraktiken eingeweiht, die Trennung zwischen Vorder- und Hinterbühne hat hier keine Gültigkeit[13]. Wie die Interviewerin aus inoffiziellen Gesprächen mit Anna erfährt, gehört sie zu den Schülerinnen[14], deren Feizeit durch ihre Eltern, insbesondere ihren Vater, kontrolliert wird. Anna bleibt dem Unterricht stundenweise fern, um sich einen Handlungsfreiraum zu schaffen.

Haltung zur Schule/Selbstverortung

Anna und Jamal suchen und thematisieren das Verhältnis zwischen LehrerInnen und SchülerInnen als eine soziale Beziehung, die durch wechselseitigen Respekt und Anerkennung der jeweiligen Rolle gekennzeichnet ist. Eine rein von Zweckrationalität und Hierarchie gekennzeichnete Bezugnahme lehnen die Jugendlichen ab. Im Gegensatz zu den Gruppen der *sekundären Anpassung*, die das Stereotyp des negativen Bildes der Schule zur Legitimation ihrer eigenen Handlungspraxis nutzen, bauen Jamal und Anna ein Stereotyp der guten Schule auf. Die Orientierung ist prekär und birgt Konflikte in sich, da die schulische Handlungspraxis teilweise davon abweicht und die SchülerInnen sich mit Degradierung und Etikettierung auseinandersetzen (müssen). Jamal ist (in stärkerer Weise als Anna) in der Lage, sowohl Anforderungen an die SchülerInnenrolle als auch Anforderungen an das SchülerInnensein in der peer group zu formulieren und diese voneinander zu trennen und auch miteinander zu vermitteln. Eine solche Bewältigungspraxis hilft ihm, Etikettierungen abzuwehren. Eine Differenzierung nimmt die Gruppe auch innerhalb des Lehrkörpers vor: Eine Reziprozität der Perspektiven scheitert bei einem Teil der LehrerInnen, da diese „zu alt“ sind und die *Verständnisorientierung* der Gruppe auf eine formale Ebene reduzieren. Bei der Überwindung der Schwierigkeiten und der Abwehr von Degradierung gewinnt die Schulsozialarbeit an Relevanz.

Der Beginn der Gruppendiskussion erinnert zunächst an die SchülerInnen des Typus der *sekundären Anpassung*, da Fremdmoralisierungen in dieser

12 Zur Unterscheidung des *intentionalen Ausdrucksinns* vom *habituellen Handeln*, vgl. Bohnsack 2003a .

13 Vgl. auch die Mädchengruppe *Mikrofon*, von der die Forscherin ebenfalls in die Sphäre der Jugendlichen einbezogen wurde.

14 Es handelt sich nach den Erhebungen ausschließlich um Mädchen, insbesondere arabischer, kurdischer und türkischer Herkunft.

Gruppe ebenfalls erfahren – allerdings anders bewältigt – werden. Unmittelbar vor dem folgenden Transkriptionsausschnitt erzählt Anna, dass sie direkt von der Grundschule auf die H-Schule gekommen ist, da sie von keiner anderen Schule angenommen wurde, sie also bereits einen Selektionsprozess durchlief.

[Sprecher, Eingangserzählung: 1-15]

Anna: (...)(1) und als ich erst mal auf die Schule
kam dacht ich so, ja geile Schule und so und
denn haben mich eben meine Freunde gefragt,
ja auf welcher Schule bist du und ich so ja
H-Schule, öh Opferschule und so und sind
doch nur Gangster und so drauf und
eigentlich alles mögliche ja man muss halt,
hat ich auch einmal Probleme so einmal so,
ich weiß auch nich. Und man kann auch
wirklich viel besser mit den Lehrern reden.
Also als ich in der Siebten war überhaupt
nich, Absturz alles sag ich mal jetz so. Und
jetz eben Achte, Neunte is eigentlich
relativ alles gut. Naja man kann richtig gut
mit den Lehrern reden und so und ja (...)

Wie in der Gruppe *Mikrofon*, wird auch Anna mit der Fremdstigmatisierung der Schule durch Freunde („*Opferschule*“, „*Gangster*“) konfrontiert. Diese Etikettierung des schulischen Milieus wird von außen herangetragen und hat zunächst nichts mit ihrem eigenen Erleben zu tun. Ob die Formulierung „*ja man muss halt*“ (7) für eine defensive Position steht, in dem Sinne, dass ihr keine andere Wahl blieb oder darauf bezogen ist, dass sie sich derartige Degradierungen gefallen lassen musste, bleibt unklar. In der Fortführung ihrer Erzählung kontrastiert sie ein früheres *Verlaufskurvenpotenzial*[15] („*hat ich auch einmal Probleme*“; „*Absturz alles*“) direkt mit dem aktuell andersartigen Erleben. Die sich direkt an den nicht ausgeführten Hinweis, „*auch einmal Probleme*“ (8) gehabt zu haben, anschließende Evaluation, mit den Lehrern „*auch wirklich viel besser*“ (9f.) reden zu können, erstaunt zunächst, da sich die Charakterisierung dieser Erlebnissituation nicht unmittelbar auf die zuvor erwähnten Probleme beziehen lässt. Dieser „Erwartungsbruch“ (Schütze 1987, S. 108) lässt sich erst vor dem Hintergrund der aktuellen Sprechsituation verstehen, in der die vorherigen Ereignisse gleichsam überformt werden, weil Anna inzwischen eine gute Kommunikationsebene mit den LehrerInnen gefunden hat. Hierbei handelt es sich um einen Prozess, der sich im Verlauf der Erreichung der nächsthöheren Klassenstufe eingestellt hat. Diese Verän-

15 Definition einer „Verlaufskurve“ gem. Fritz Schütze: vgl. Gruppe *Fördern*, Kap. C.3.1

derung unterstreicht Anna, indem sie auf das konträre vormalige Erleben zurückkommt und die damalige Situation in dem metaphorischen Ausdruck „*Absturz alles*“ (12) zusammenfasst, sodass der perspektivische Kontrast zum gegenwärtigen Erzählvorgang deutlich wird. Interessanterweise dokumentiert sich auch in dieser Gruppe, dass ein *Verlaufskurvenpotenzial* erst während des Besuchs der H-Schule auftritt und nicht zuvor antizipiert wurde (vgl. hierzu insbesondere die Gruppe *Fördern*). Es deutet sich bereits an dieser Stelle an, dass das gute Verhältnis zu den LehrerInnen nicht unmittelbar auf den inhaltlichen Gehalt des Unterrichts bezogen ist, sondern auf die Beziehung zwischen LehrerInnen und SchülerInnen auf der Ebene von Anerkennung ihrer persönlichen und sozialen Identität, denn sie kann „*richtig gut mit den Lehrern reden*“ (14f.).

Im Gegensatz zu Anna steht für Jamal zunächst keine Fremdmoralisierung und damit verbundene Etikettierung durch das Umfeld in Bezug auf den Besuch der Hauptschule im Vordergrund, sondern die Veränderung seiner persönlichen Identität, wie aus seiner Eingangserzählung hervorgeht:

[Sprecher, Eingangspassage: 16-49]

Jamal: Na ich bin auf die Schule gekommen, hab ich gewechselt von ner Realschule hier in ner 9. Klasse und, na ja der Stoff hat sich verändert, is ziemlich einfach geworden so und dadurch hat sich auch mein Freundeskreis verändert so bla bla, welche Freunde haben sich geändert, so die Kreise so und überhaupt so mein ganzes Leben hat sich eigentlich so (.) einmal im Kreis gedreht, hat sich schon großartig verändert. ((‚Fingertrommeln‘ auf den Tisch))(4)

I: Wie verändert?

Jamal: Also meine ganze Lebenssicht hat sich geändert, also überhaupt so vorher bin ich so ins Jugendhaus gegangen, hab da Billard gespielt, so in meinem kleinen Kaff da in ner Siedlung oder so und jetz geh ich, fahr ich mehr so rum so, treff mich mit Freunden, geh auf Partys, weiß nich, mach also viel mehr so, viel mehr Möglichkeiten, weil ich so ne Leute kennen gelernt habe, die nich mehr so sind, komm gehen wa ma ins Jugendhaus, spielen Billard oder machen n paar Caps oder spielen Murmeln oder so, ne: die sind mehr so, so von wegen gehen wa, lass uns abends ma treffen und ma zu

Freunden und hier und da, also sonst bin ich
eigentlich immer nur in meiner Siedlung
geblieben, also hab mich gar nich so raus
getraut, vielleicht ma nach SW-Bezirk, n
paar neue Schulsachen gekauft, dis wars denn
aber auch schon und seitdem ich hier auf die
Schule gekommen bin hat sich dis eigentlich
schon so krass verändert.

Jamal bezieht sich in der Eingangserzählung direkt auf die Fragestellung der Interviewerin und greift die Proposition „Veränderung" auf[16]. Er beginnt seine Erzählung im Stil einer Selbstevaluation, ohne positive oder negative Gegenhorizonte zu benennen. Dies zeigt sich insbesondere in der Art und Weise, wie er über den Wechsel von einer zuvor von ihm besuchten Realschule auf die Hauptschule berichtet: Er bewertet weder die Schulformen noch die konkreten Schulen. Er stellt den Wechsel als eigene Aktivität („*hab ich gewechselt*", 16f.) und freiwillig dar, ohne – wie im weiteren Verlauf der Gruppendiskussion – auf eine Klassenwiederholung oder dergleichen einzugehen. Auch bezeichnet er den schulischen Übergang als ‚Wechsel', also eine Form des gleichwertigen Tauschs. Die SchülerInnen der Gruppe *Schlüssel* kennzeichnen diesen Vorgang mit den Worten, von anderen Schulen ‚*runter geflogen*' zu sein.

Wie in den Gruppen *Fördern* und *Chillig* beschreibt auch Jamal eine Veränderung seiner persönlichen Situation im Zuge des Besuchs der H-Schule („*ganzes Leben ... einmal im Kreis gedreht*", 23f.). Während es allerdings in der Gruppe *Chillig* zu einem Bruch mit der eigenen sozialisationsgeschichtlichen Kontinuität kommt und die vergangene Grundschulzeit als ehemals positiver Schonraum fungiert, erweitert im Gegensatz dazu das Nachlassen der institutionellen Anforderungen die Handlungsmöglichkeiten von Jamal. Er stellt das positive Zusammenwirken zwischen beiden Faktoren heraus: Es ist nicht die Schule, die seine „*Lebenssicht*" (28) verändert, die eine Instanz für Veränderungs- und damit Bildungsprozesse darstellt, sondern der Freundeskreis. Der neue Freundeskreis ergreift und verändert seine ganze Person. Die an diesen Freundeskreis geknüpften andersartigen Erfahrungen manifestieren sich vor allem in sozialräumlicher Hinsicht. Über die Erweiterung seines Bewegungs-Radius erschließt er sich neue, bisher unbekannte Welten und damit Erfahrungen. Diese neuen Erfahrungen sammelt Jamal sowohl jenseits der Institution Schule als auch jenseits des Jugendhauses. Das bisher gesellschaftlich institutionalisierte pädagogische Moratorium[17] entpflichtet Jamal regelrecht, da die Schule als „pädagogische Provinz" (Zinn-

16 Der herausgegriffene Frageaspekt lautete: „Was hat sich verändert, was ist gleich geblieben, seitdem Ihr die Schule besucht?"

17 „Aufschub": Jugend als institutionell abgesicherte Existenzweise in Vorbereitung auf das Erwachsensein

ecker 2000, S. 38) des Moratoriums in den Hintergrund tritt. Das vergesellschaftete, pädagogisch inszenierte und genutzte Moratorium verselbständigt sich auf diese Weise durch eigene in der Gleichaltrigengruppe vergemeinschaftete Nutzungsmöglichkeiten der so gewonnenen Zeit. In örtlicher und zeitlicher Hinsicht konkret benennbare Aktivitäten des Spielens im Jugendhaus (Billard, Murmeln) weichen einem spontanen, örtlich nicht fixierten Handeln *(„lass uns abends ma treffen und ma zu Freunden und hier und da“,* 41f.*)*. Eine Planungsrationalität, die früher das Verlassen ‚seiner Siedlung‘ kennzeichnete, als er „Schulsachen“ kaufte, ist einer spontanen, der Selbst-Evaluation nicht ohne weiteres zugänglichen Handlungspraxis gewichen, die einen ‚*krassen*‘ (49) Gegensatz zu den bisherigen Erfahrungen bildet. Im Vergleich zwischen Anna und Jamal wird deutlich, dass Anna die Diskussion im Hinblick auf eine potenzielle Erweiterung ihrer Möglichkeiten *innerhalb* der Schule beginnt (ein besseres Verhältnis zu den LehrerInnen). Für Jamal geht es demgegenüber um eine *außerschulische* Erweiterung seiner Freizeitinteressen. Bezüglich der außerschulischen Unternehmungen bezeichnet Jamal die Schulkameraden als seine Freunde. Mit seinen Freunden kann er auf gemeinsame Erfahrungen zurückblicken, es etabliert sich ein neuer konjunktiver Erfahrungsraum. Innerhalb der Schule hat dieser konjunktive Erfahrungsraum keine Gültigkeit. Es kommt zu einer „ich-distanzierten-Haltung“ den MitschülerInnen gegenüber. Distanz und Reflexion werden zum Gegenstand der Orientierung, wie sich anhand der folgenden Passagen zeigen lässt.

Verhältnis zu den MitschülerInnen

Nachdem Anna ihre Ausführungen abschließt, dass sie ebenfalls neue Freunde „in“ der Schule gefunden hat, beginnt Jamal auf die MitschülerInnen einzugehen:

```
[Sprecher, Eingangspassage: 60-80]

Jamal:  Also is meistens so, dass die denn in
        Gruppen dastehen und so und ab und zu hat
        denn 'n Acht-, 'n Siebtklässler mal so
        Glück, dass se denn bei den Neunt-,
        Zehntklässlern so reinrutschen so, da auch
        mitlabern kann, aber sonst is so, dass die
        Siebent- und Achtklässler nich allzuviel so
        zu melden haben und die Neunt- und
        Zehntklässler eigentlich so das Machtwort
        sozusagen hier haben also und ja (3) aber
        ich meine es kommen voll viel welche aus
        Bewährung und hier und Anzeigen und aus'm
        Knast und so, dis is denn natürlich schon da
```

so, dass denn einige Schüler denn ganz schön Angst haben und so vor denen und denn ebend auch öfters so, denn die sind natürlich schnell reizbar und so, weil die schon viel durchgemacht haben und dis denen egal is und die denn auch hauen oder sonst irgendwas machen, dis is denen denn eigentlich ziemlich egal.

Anhand dieser Passage lässt sich die für den Diskurs charakteristische distanzierte Haltung (die in dieser Reinform nur Jamal einnimmt), die dem innerschulischen Gleichaltrigen-Milieu gilt, exemplarisch veranschaulichen. Es bleibt unklar, aus wessen Perspektive Jamal spricht, wenn er von seinen MitschülerInnen berichtet, „*dass die denn in Gruppen dastehen*“ (60f.) oder auch „*dass denn einige Schüler denn ganz schön Angst haben ...*“ (73f.). Jamal ist innerhalb der argumentativ beschreibenden Darstellung in keiner Weise selbst involviert, sodass sein Standpunkt außerhalb des Geschehens liegt und der Gehalt jener Perspektive nicht durchschaubar erscheint. Es ist zu vermuten, dass die Rolle des Amtes als Schulsprecher in direktem Zusammenhang mit der Wahl der Perspektive steht. Diese Funktion ermöglicht es Jamal und Anna, die institutionelle Seite der Schule als „Beobachtungsstandpunkt“ einzunehmen und einen strategischen Umgang mit der Schule anzustreben.

Jamal erklärt der Interviewerin eine innerhalb der SchülerInnenschaft geltende Hierarchie, die allgemein gilt, wie sich in den Formulierungen „is meistens so“ (60), „denn ebend auch öfters so“ (74f.) und der häufigen Wiederholung des Wortes „so“ dokumentiert. Die anfänglichen Probleme von Anna an der Schule werden nun von Jamal plausibilisiert bzw. elaboriert. Die Charakterisierung der SchülerInnenschaft erfolgt anhand der szenischen Darstellung des Auftretens in Gruppen. Allein das Erreichen einer bestimmten Klassenstufe wirkt sich entscheidend auf den sozialen Status innerhalb der SchülerInnenschaft aus[18]. Das Ziel der jüngeren SchülerInnen ist es deshalb, dass sie bei den höheren Jahrgangsstufen/den älteren Schülern „mitlabern“ (65) können, um der drohenden Gefahr, zum Opfer der älteren Jugendlichen zu werden, zu entgehen. Die Zugangspraxis zu den Gruppen ist nicht an bestimmte Fähigkeiten gebunden, sondern vollzieht sich im Glücksfall („mal so Glück“, 62) naturwüchsig („reinrutschen“, 64), als Eintauchen in kollektive Prozesse. Diejenigen, die „das Machtwort“ (68) haben, sind bereits häufig durch strafrechtliche Kontrollorgane erfasst worden, sodass ihre Macht auf der Angst der MitschülerInnen beruht. Die professionell anmutende Erkundungslinie von Jamal macht es an dieser Stelle unmöglich, die Situation zu rekonstruieren. Vielmehr ist Jamal der ‚Verfahrenswalter‘ der Interaktion und evaluiert

18 Inwiefern Jamal davon profitiert, dass er die H-Schule erst seit der 9. Klasse besucht, bleibt unklar.

stellvertretend für die Interviewerin. Er verleitet zu einer nicht mehr hintergehbaren Sichtweise auf das Geschehen. Seine Wortwahl ist durch professionelle Empathie gekennzeichnet, wenn er ausführt, dass einige der MitschülerInnen „schon viel durchgemacht haben" (76f.) und deshalb „schnell reizbar" (76) sind. Die Ausdrucksweise, dass einige Schüler „hauen" (78), lässt erneut die Frage nach der Standortgebundenheit der Perspektive von Jamal aufkommen. Denn dieser Terminus wirkt merkwürdig aufgesetzt, von außen herangetragen. Anders formuliert könnte dies auch ein Hinweis darauf sein, dass der Nachvollzug der Perspektive der MitschülerInnen nicht auf gemeinsamen Erfahrungen beruht. Diese Einnahme von Distanz im innerschulischen Verhältnis, das heißt gegenüber den MitschülerInnen, ermöglicht es Jamal – und auch Anna –, eine Zukunftsorientierung zu entwickeln und die Handlungspraxis daran auszurichten, wie Jamal nach einer Validierung des eben Gesagten durch Anna („na ja, mein, diese Schüler denken wirklich auf der Schule, dass sie die Größten sind, dass sie machen können, was sie hier wollen ...", 81-83) fortfährt:

```
    [Sprecher, Passage Mitschüler: Zeile 84-96]

    Jamal:   Dis is zum Beispiel so, wenn man, weiß nich,
             n Mädchen sagt zum Beispiel äh, irgendener
             sagt, guck mal, der is mit Songül zusammen,
             bla und hier oder mit dem Mädchen oder mit
             dem Mädchen und denn hänseln (die mich)
             ((nuschelt)) alle, also was heißt hänseln,
             also ich meine mir persönlich is dis egal,
             weil ich seh die Leute nie wieder, ich
             meine, wenn die jetz nich mit mir klarkommen
             dann is dis mir auch egal, weil, ich mein,
             ich hab mein Ziel vor Augen, ich will mein
             Realschulabschluss machen und damit basta
             ne,
```

In der Orientierung an den dominanten moralischen Prinzipien mit ihren Rollenerfordernissen und dem Ziel der Qualifikation nimmt Jamal eine vollkommene Trennung zwischen dem Schülersein in der peer group und der Ausübung der Schülerrolle vor. Dies gelingt Jamal, indem er sich den MitschülerInnen gegenüber fremd macht und sich von ihnen abgrenzt. Im Zusammenhang des anvisierten Schulabschlusses finden sie nur noch als „*die Leute*" (91) Erwähnung. Das Bezugsfeld der MitschülerInnen ist ihm „*egal*" (93), ein Dokument für seine selbstsichere Verortung, die ihn vor Etikettierungsversuchen schützt. Wie aus dem passageninternen Vergleich mit der Eingangspassage hervorgeht, gilt diese Distinktion, sofern es um die Enaktierung der SchülerInnenrolle geht. Da Jamal eine Zielorientierung zeigt, wird seine besondere Stellung deutlich. Er ist nicht grundlos in der Funktion des Schulsprechers. Es wird deutlich, dass ein gewisses Maß der Anpassung an die Rollen in der Schule notwendig ist, um in diese Funktion zu gelangen.

Der Terminus der ‚Hänseleien‘ als zusammenfassende Kategorie für die Etikettierungsversuche seitens seiner MitschülerInnen, die seine Beziehung zu einem Mädchen kommentieren, fällt auf, da Jamal erneut einen Ausdruck verwendet, der ‚altmodisch aufgesetzt‘ wirkt. Eine Erklärung könnte darin zu sehen sein, dass die MitschülerInnen ihn aus der peer group ausschließen. Demzufolge nutzt (und kennt) er ein Vokabular, das nicht dem schulischen peer-Milieu zugehörig ist. Die Etikettierungsversuche beziehen sich dabei nicht auf die primäre Anpassungsstrategie von Jamal an die Schülerrolle, sondern seine MitschülerInnen verspotten ihn anlässlich seiner Versuche der Beziehungsanbahnung als Einübung in eine männliche Rolle. Interessanterweise zählt er sowohl Mädchen („*n Mädchen sagt*“, 85) als auch Jungen („*irgendener sagt*“, 85f.) als Quellen für Sticheleien auf.

Eine Befriedigung der Situation im Sinne eines handlungsstrategischen Erfolges wird in die Zukunft verlagert: „*ich seh die Leute nie wieder*“ (91). Dabei sieht er seinen Weg bestätigt, denn die anderen müssen mit ihm „*klarkommen*“ (92) und nicht umgekehrt bzw. perspektivenreziprok. Dass die Orientierung an der SchülerInnenrolle auch zu einer vereinzelnden Erfahrung ohne habituelle Sicherheit führt, geht aus der Fortsetzung des Diskurses durch Anna und Jamal hervor:

[Sprecher, Passage Mitschüler: 97-100]

Anna: ja und überhaupt so, sind total verschiedene
Leute drauf und so, also hier ist nicht so
Einklang w-

Jamal: hier ist jeder so für sich allein und so

Die Erfahrungshintergründe der Jugendlichen sind so verschieden, dass sie keine Orientierungen teilen („*nicht so Einklang*“; „*jeder so für sich allein*“). Da die Einschätzungen von Jamal und Anna direkt im Anschluss an die zweckrationale Planung der Schullaufbahn erfolgen, ist zu vermuten, dass Anna und Jamal die Orientierung an der SchülerInnenrolle meinen, die zu Vereinzelung führt und für deren Ausübung und Praktizierung kein „*Einklang*“ und damit auch keine gemeinsame handlungspraktische Sicherheit besteht. Gleichzeitig weist Jamal durch die Formulierung „*allein*“ zu sein darauf hin, dass er sich von dem schulischen Milieu, das durch Degradierung und Etikettierung gekennzeichnet ist, distanziert. In Bezug auf Bildungserfahrungen fühlt er sich allein, die andersartigen Erfahrungen in der peer group (siehe Eingangpassage) sind davon ausgenommen. Die Schwierigkeit, Bildungserfahrungen zu sammeln und die diesen Problemen begegnenden sozialen Angebote der Schule, werden in der nachfolgenden Passage deutlich.

Wie bereits ansatzweise rekonstruiert werden konnte, verhilft Anna und Jamal die Orientierung an der SchülerInnenrolle auch im Hinblick auf die Abwehr von Degradierung und Etikettierung. Diese Komponente des Orientierungsrahmens kommt besonders prägnant in der Wahrnehmung der die Schule erweiternden sozialen Angebote zum Ausdruck:

[Sprecher, Passage Was gefällt/was nicht gefällt: 1-18]

I:	Was gefällt euch denn an der Schule oder was gefällt euch nicht so?
Jamal:	Was mir eigentlich an der Schule so gefällt, nich so gefällt, sind eigentlich sozusagen, dass sie sozusagen der ganze Mülleimer von ganz XY [Name des Bezirks] is. Wenn von irgendwelchen Schulen welche runterfliegen kommen se immer noch H-Schule, H-Schule. Deswegen ist auch so dieses Gleichgewicht so zwischen den Schülern is überhaupt nich vom Wissen her.
Anna:	Ne:, ich finds gut, dass die jetz die Schulstation eingerichtet haben, dass die Cafeteria fertig is (.) und ähm, dass unsere Schule sich eben weiter gebildet hat, weil früher hat man so gesagt, H-Schule schafft sowieso nichts und so, aber man sieht, wie viel die H-Schule geschafft hat.

Jamal entscheidet sich bezüglich der zweigeteilten Fragestellung der Interviewerin, zunächst auf den Aspekt einzugehen, was ihm an der Schule nicht gefällt. Dies kann ein Hinweis darauf sein, dass die Auseinandersetzung mit Etikettierung und Stigmatisierung (*„Mülleimer"*) für ihn zentral ist[19]. Die bewertende Stellungnahme wurde an dieser Stelle zwar durch die Frage der Forscherin provoziert, die Beschreibung der sozialen Situation, in der er die Schule als ‚Auffangbecken' für durch das Schulsystem selektierte SchülerInnen charakterisiert (hier entsteht die Assoziation der „Restschule", vgl. Rösner 1989), ermöglicht ihm allerdings auch an dieser Stelle die Ablösung von

19 In der Gruppe *Mikrofon* steht die Metapher der „Mülltonne" für den sozialisationsgeschichtlichen Kontext der Mädchen, den sie über die Schule bzw. auch mit Hilfe der Schulsozialarbeit verlassen wollen. Im Gegensatz dazu dokumentiert sich in der Gruppe *Sprecher*, dass ein derart etikettiertes Milieu („Mülleimer") erst in der Schule gebildet wird.

eigener Handlungsverwobenheit. Die Auseinandersetzung mit einer gesellschaftlich-öffentlich empfundenen Wahrnehmung auf die Schule erinnert an die Gruppe *Mikrofon*, in der die gesellschaftliche Perspektive auf die Schule als „*Dreck*" gefasst wird. In der Gruppe *Mikrofon* wird die Schule ihrer Kontamination enthoben, indem die eigene Handlungspraxis von den negativen – der Handlungspraxis enthobenen – Gerüchten, getrennt wird. Die Gruppe *Sprecher* im Vergleich entlarvt diese öffentliche Wahrnehmung auf der einen Seite als nicht zutreffend, das heißt dem Stereotyp der schlechten Schule wird das Stereotyp der guten Schule entgegengehalten. Auf der anderen Seite identifizieren sie sich in unspezifischer Weise mit den ‚Guten', da sie nicht zu den SchülerInnen gehören, die sie als ‚*Leute*' bzw. in dieser Passage „*von irgendwelchen Schulen welche*" titulieren. Auf seine eigenen Erfahrungen des Wechsels von der Real- auf die Hauptschule geht Jamal nicht ein.

Anna opponiert gegen die von außen herangetragene Wahrnehmung der Schule als „*Mülleimer*"; sie wehrt sich gegen die Degradierung: „*H-Schule schafft sowieso nichts*" (16f.). Die Opposition gegen das von Jamal gezeichnete Bild kumuliert in der Formulierung, dass „*unsere Schule sich eben weiter gebildet hat*", seitdem die Schulstation und die Cafeteria Bestandteile der Schule geworden sind bzw. innerhalb der Schule implementiert wurden. Die Schulsozialarbeit und die Cafeteria verhelfen, dem negativ besetzten Bild der Schule ein neues, positiv besetztes Bild entgegenzusetzen. Dabei geht es sowohl um das Image nach außen als auch um Identifikationsmöglichkeiten mit der Schule. Die Verschränkung von Institution und Individuum trägt zur Idealisierung der Schule bei. Eine „Schranke zwischen dem Individuum und der sozialen Einheit" (Goffman 1973, S. 299), wie sie ein Kennzeichen des Typus der *sekundären Anpassung* ist, existiert in dieser Gruppe nicht. An dieser Stelle ist noch nicht zu sagen, ob Anna auch die Handlungspraxis in der Schule als verändert erlebt, seitdem die Schulsozialarbeit und die Cafeteria in der Schule implementiert wurden. Bedeutsamerweise bezeichnet Anna die über den Unterricht hinausgehenden Angebote in der Schule, also die Schulsozialarbeit und die Cafeteria, als Bildungsangebote, „*weiter gebildet*" (15), sie stehen für einen Bildungsaspekt. Während die Gruppen des Typus der *sekundären Anpassung* die Schulsozialarbeit den informellen schulischen Beziehungen zuordnen und die Schulsozialarbeit in ihr schulisches *Unterleben* integrieren, nimmt Anna die Schulsozialarbeit im primären Rahmen der *Vorderbühne*, in der Aufgabenbestimmung der *Bildung* wahr. Schulsozialarbeit würde in diesem Verständnis die SchülerInnenrolle erweitern und möglicherweise Bildungsanreize bieten.

In der unmittelbaren Fortsetzung des Diskurses schließt sich Jamal den positiven Ausführungen von Anna an und setzt die Bearbeitung der Differenz zwischen der Fremdmoralisierung und der schulischen Alltagspraxis fort:

[Sprecher, Passage Was gefällt/was nicht gefällt: 19-46]

Jamal: Mir gefällts eigentlich so mehr, überhaupt, so die Lehrer sind eigentlich ganz anders drauf als auf den andern Schulen. Auf den andern Schulen, da ist das so, da kommst du gar nicht zu Wort. Wenn die sagen, so Tadel, dann bleibt das auch dabei. Und wenn die sagen, du machst dies und das, dann musste dis auch machen, da kannste nich n Kommentar von dir geben, sonst kriegste gleich einen auf den Deckel und hier is eben so, hier kannste mit denen diskutieren, da kannst dich eben auch aussprechen und denn reden die von der Schulstation auch mit denen und dis find ich eigentlich gut hier dran und so, ich mein musst, kannst, bei den Lehrern musst immer so ‚He:rr' und bla und ‚He:rr' und immer so ganz höflich sein und so und #hier,#

Anna: #wenn# die Lehrer sehen, ja der hat schlechte Laune (.)

Jamal: ich meine, die wissen, dass sie Respekt kriegen müssen, ich meine, die sind eben so, die nutzen das nich aus, die sagen, na ja o.k., der hat schlechte Laune, reden wa ma heut nich so viel mit ihm und denn hat sich die Sache

Anna: oder der kann in die Schulstation gehen und

Jamal: deswegen (4)

Bildungsprozesse können nicht stattfinden, wenn eine Atmosphäre bzw. Haltung des Respekts zwischen LehrerInnen und SchülerInnen nicht vorhanden ist. Jamal arbeitet heraus, dass er sich an der H-Schule von den LehrerInnen respektiert fühlt (*positiver Gegenhorizont*). Im Gegensatz zu anderen Schulen (*negativer Gegenhorizont*), an denen die Interaktionen zwischen LehrerInnen und SchülerInnen durch die Lehrkräfte determiniert werden („*da kommst du gar nicht zu Wort*") und die SchülerInnen nur BefehlsempfängerInnen sind („*dann musste dis auch machen*"), die vor dem Hintergrund von Strafandrohung die gewünschten Handlungen/Aufgaben erledigen („*sonst kriegste gleich einen auf den Deckel*"). Zur Bildung des Vergleichs kann Jamal auf seine Erfahrungen an der von ihm zuvor besuchten Realschule zurückgreifen. Die Generalisierung seiner Feststellung als eine allgemeingültige Regel („*Auf den andern Schulen, da ist das so*", 21f.) erinnert in ihrer Aussagekraft einer nicht berechtigten Herabwürdigung der Schule an die Mädchen der Gruppe *Mikrofon*, die ebenfalls das schlechte Verhältnis zwischen LehrerInnen und SchülerInnen auf anderen Schulen einer diskursiv ebenbürtigen Beziehung auf der H-Schule gegenüberstellen. Die Hierarchie zwischen LehrerInnen und SchülerInnen wird akzeptiert, wenn die SchülerInnen sich respektiert fühlen und gemeinsame Aushandlungsprozesse zwischen LehrerInnen und SchülerInnen stattfinden („*hier kannste mit denen diskutieren*", 28f.). Sofern der Respekt nicht vorhanden ist, degeneriert das Verhältnis zu einer ausschließlich von Hierarchie gekennzeichneten zweckrationalen Beziehung, die im negativen Gegenhorizont der Gruppe steht und von Jamal anhand der Anrede exemplifiziert wird („*Herr*", 34; Jamal betont das *e* hierbei extrem: ein Dokument für eine rein hierarchische Beziehung). Die Verwobenheit der Schulstation in der Erzählung von Jamal („*denn reden die von der Schulstation auch mit denen [den LehrerInnen, C.S.]*", 30f.) gibt einen ersten Hinweis darauf, dass die Jugendlichen mit Hilfe der Schulsozialarbeit versuchen, sich Handlungssicherheit zu verschaffen, um respektiert zu werden. Die SchulsozialarbeiterInnen tragen zu erfolgreichen Situationsdefinitionen in schulischen Interaktionen mit den LehrerInnen bei, sodass Jamal die Schulsozialarbeit positiv evaluiert: „*dis find ich eigentlich gut hier dran*" (32). Die Schulsozialarbeit erweitert zudem die Handlungsoptionen der Lehrkräfte. Differenzen zwischen LehrerInnen und SchülerInnen („*schlechte Laune*", 38 und 42f.) sind nicht nur im Unterricht verhandelbar, sondern auch in der Schulstation („*der kann in die Schulstation gehen*", 45).

Die bereits an dieser Stelle anklingende Funktion, dass die Schulsozialarbeit die Jugendlichen von Degradierung entlastet und Orientierungsunsicherheiten bearbeitet werden, macht Anna in der Fortsetzung des Diskurses nochmals besonders deutlich:

[Sprecher, Passage Was gefällt/was nicht gefällt: 47-64]

Anna: Also mir hat jetz Inge [eine
Schulsozialarbeiterin, C.S.] erklärt, ja
also ich weiß jetz nich @ob's richtig is@
oder so, is genauso wie ne Realschule bloß
ein bisschen einfacher, bloß dass man das
hier mehrmals erklärt kricht //I: Mhm//,
mehr anders is dis nich und H-Schule wurde
sag ich mal schlecht gemacht richtig, weil
Hauptschule öähh: dis schlechteste, also
gleich niedergemacht, is aber nich so, man
kann hier auch seinen Spaß drauf haben auf
der Schule und man kann hier auch wirklich
alles mögliche machen und wenn wie jetz

Jamal vorhin gesagt hat ebend man ähm
auf den andern Schulen da wegen Tadel und so,
hier kann man wenigstens diskutieren und
alles und sagen, „ja komm drücken se noch
mal 'n Auge zu" oder so

Unter dem Druck der übermächtigen Abwertungen („*Hauptschule öähh: dis schlechteste*", 55) findet Anna keinen Zugang zu einer eigenständigen Orientierung und Bewertung. Umso wichtiger erscheint es, dass Anna bei der Schulsozialarbeiterin nach Orientierungsmöglichkeiten und Sicherheit der Selbstverortung sucht. Hier zeichnet sich in besonderer Weise ab, dass die sozialisationsgeschichtlich erworbenen Erfahrungen nicht ausreichen, um eine habituelle Sicherheit im Umgang mit den schulischen Rollenanforderungen zu begründen. Zwar kann Anna die Perspektive der Schulsozialarbeiterin nicht übernehmen, da ihr der eigene Erfahrungshintergrund fehlt, sie weiß nicht „*ob's richtig is*" (49), aber sie kann auf eine *integre* Zeugin verweisen, die ihr „*erklärt*" (48) dass die Hauptschule im Vergleich zur Realschule nicht minderwertig und die empfundene Abwertung der Schulform damit unbegründet ist. Vor dem Hintergrund der Erklärung der Schulsozialarbeiterin kann Anna die öffentliche Degradierung überwinden und auf ihre Erfahrungen, nämlich den „*Spaß*" (57) an der Schule bzw. mit den LehrerInnen eingehen. Anna validiert somit die Ausführungen von Jamal und kontrastiert stereotypisierte und auf die formale Ebene reduzierte Beziehungen („*Tadel*", 61) mit einer diskursiven Beteiligung am schulischen Geschehen („*alles mögliche machen*", 59 / „*ja komm drücken se noch mal 'n Auge zu*", 63f.). In der Wiedergabe des ‚Quasi-Zitats' („*ja komm ...*") exemplifiziert Anna eine Kommunikationssituation, in der sie sich ernstgenommen und respektiert fühlt und Generationsunterschiede zwischen SchülerInnen und LehrerInnen überwunden werden (vgl. hierzu auch die Gruppe *Mikrofon*). Sie greift damit das Beispiel von Jamal auf und exemplifiziert eine gelungene Beziehung im Gegensatz zu einer ausschließlich zweckrationalen, formalen und von Hierarchie gekennzeichneten Interaktion zwischen LehrerInnen und SchülerInnen („*He:rr*").

Die beständige Gefahr in der Schule, dass das Verhältnis zwischen LehrerInnen und SchülerInnen auf einer rein formalen Ebene geregelt wird, exemplifiziert Jamal im Folgenden und elaboriert eine weitere Komponente der Schulsozialarbeit:

[Sprecher, Passage Schulsozialarbeit: 1-18]

Jamal: Und denn muss man auch total fit sein und
diskutiern, so wie neulich, also da hat,
also ich wusste von meiner Lehrerin, dass
ich so viele Einträge hab, dass ich beim
nächsten Mal einen Tadel kriege. Und meine
Lehrerin meinte denn an einem Tag, dass die

ganze Klasse Brötchen schmiern soll im Unterricht für die Cafeteria. Ich meinte dann zu ihr, ‚ich geh nich in die Schule, um Brötchen zu verkaufen bla, bla.' Sie hat bloß gedroht, dass ich nen Tadel kriege, wenn ich nich die Brötchen schmiere und denn hat se mir n Tadel gegeben. Ich mein, ich wusste, dass ich im Recht war, dafür geh ich wirklich nich zur Schule. Deswegen bin ich denn auch zu Heiko gegangen, also zur Schulstation und dann haben die dis geregelt.

Die Fähigkeit zu diskutieren, also eine *Verständigungsorientierung*, erhält für Jamal eine zentrale Funktion hinsichtlich der

> „Möglichkeit zur Beilegung von Differenzen oder zur Herstellung von Ordnung darin, Standpunkte als ein kommunikatives Problem zu betrachten" (Youniss 1984, S. 46).

In einer indirekt in der ‚man-Sprache' formulierten Theorie zum eigenen Selbst macht Jamal deutlich, dass diese Fähigkeit an bestimmte Eigenschaften geknüpft sein muss, nämlich *„fit"* (1) zu sein. Diese Eigenschaft unterscheidet ihn sowohl von seinen MitschülerInnen als auch von den LehrerInnen, die sich einem argumentativ erzielten Konsens sowie der Respektierung des Standpunktes von SchülerInnen verschließen. Stattdessen setzt die Lehrerin in diesem Beispiel sofort ein Instrument zur Disziplinierung – den Tadel – ein (*„bloß gedroht, dass ich nen Tadel kriege (...) denn hat se mir n Tadel gegeben"*, 11/13). Das Verhältnis zwischen LehrerInnen und SchülerInnen wird reduziert auf eine formale Ebene, in der die LehrerInnen darüber befinden und entscheiden, was den SchülerInnen erlaubt und nicht erlaubt ist (Tadel oder kein Tadel), und zwar ohne eine *Verständigung* darüber. Das Beispiel, dass die SchülerInnen Brötchen schmieren sollen, unterstreicht, dass es weniger um Inhalte, sondern stärker um Disziplinierung und die Einhaltung von formalen Regeln geht.

Im Gegensatz zur Gruppe *Fördern*, in der Sarah und Barbara den „Degradierungszeremonien" (Garfinkel) der LehrerInnen hilflos ausgesetzt sind, erkennt Jamal eine Möglichkeit der aktiven Einflussnahme und Enaktierung von *Verständigung*. Durch die Kontaktaufnahme zu einem Schulsozialarbeiter gelingt es Jamal, Rollen- und Machtverhältnisse zu thematisieren, eine Verständigungsebene zu finden. Wie in der Gruppe *Chillig*, in der Lette über die Schulsozialarbeit berichtet *„und die [die SchulsozialarbeiterInnen, C. S.] klären dis dann o.k."* (Passage Schulstation 143-196), fällt auf, dass die Herstellung neuer Balancen im Verhältnis zwischen LehrerInnen und SchülerInnen ohne Beteiligung der SchülerInnen erfolgt, denn auch Jamal äußert: *„dann haben die dis geregelt"* (17f.). Zwar kann Jamal die Situation mit Hilfe der Schulsozialarbeit positiv definieren, es bleibt allerdings unklar, inwiefern der erzielte Tauschakt (Rücknahme des Tadels) darauf angelegt ist, eine längerfristige Beziehung, eine wechselseitige Verständigung und Respektierung, hervorzubringen.

Verhältnis SchülerInnen – LehrerInnen

Jamal und Anna sind an Formen der (institutionalisierten) Verständigung orientiert, allerdings werden sie von einem Teil der LehrerInnen im Schulalltag enttäuscht, sodass es immer wieder zu Konfrontationen kommt. Die anfänglich von Anna und Jamal herausgearbeitete Allgemeingültigkeit einer gelingenden Verständigung zwischen LehrerInnen und SchülerInnen kontrastiert mit den folgenden Erzählungen der Jugendlichen über die Handlungspraxis. Diese Diskrepanz zwischen den theoretischen Stellungnahmen der Jugendlichen und ihren Erfahrungen gründet in der Abwehr von Degradierung und Etikettierung, die zu einer Stereotypisierung der ‚guten' Schule beiträgt. Im Gegensatz zu den vorangegangenen Theoretisierungen, sind die Exemplifizierungen über das Erleben der LehrerInnen im Unterricht von höherer narrativer Dichte:

[Sprecher, Passage Beispiele: 1-24]

I: Wie ist denn der Unterricht, könnt ihr mir dazu etwas erzählen?

Jamal: Also die Lehrer kommen zu spät und schlecht organisiert, manche kommen, wenn die Klasse, also sind, kriegen die Klasse nich ma in Griff, gehen heulend raus. Ich meine, die Lehrer sind, ich meine es gibt Lehrer hier, die sind richtig in Ordnung, vielleicht Mitte 40 so, alles in Ordnung. Es gibt wirklich manche Lehrer, die gehören irgendwo in Rente irgendwo weiß nich auf n Bauernhof oder so. Die haben keine Ahnung oder so. Die wissen nich, wie sich die Jugend verhält. Wir haben zum Beispiel so ne Arbeitslehrelehrerin

Anna: Oh je

Jamal: ich hab ihr nur meine Meinung gesagt //I: Ja//, die geht raus und fängt an zu heulen, also die hat weiße Haare wie Schnee, die is wirklich ziemlich alt. Dis is eigentlich überhaupt so dis Problem, dass an der ganzen Schule nur so alte Knacker rumsitzen und deswegen die meisten Schüler kommen mit denen nich aus,

Jamal antwortet auf die Frage der Forscherin ohne zu zögern; er muss nicht überlegen, was er mit dem Unterricht verbindet. Während der Begegnung von LehrerInnen und SchülerInen, sind es erstaunlicherweise nicht die SchülerInnen, die mit den Rollenanforderungen und der Ausübung der Rolle überfordert erscheinen, sondern die LehrerInnen. Sie kommen *„zu spät“* (3) oder verlassen – persönlich überfordert – die Interaktion und die Klasse (*„gehen heulend raus“*, 6). Aufgrund eines fehlenden Attributes, wer oder was schlecht organisiert ist, erscheinen die LehrerInnen als diejenigen, die desorganisiert sind. Die Lehrerschaft wird von Jamal (und im Folgenden auch von Anna) in zwei altersspezifische Kategorien eingeteilt. Er markiert ein Generationsproblem. Auf der einen Seite gibt es LehrerInnen, die durch ihr Alter (*„Mitte 40 so“*) *„in Ordnung“* (9) sind. Auf der anderen Seite charakterisiert er die älteren LehrerInnen als diejenigen, die *„keine Ahnung“* haben. Diese LehrerInnen haben sich seiner Meinung nach bereits so weit von den Jugendlichen entfernt, dass sie ihren Ruhestand auf einem Bauernhof verbringen sollten (vgl. zu diesem Wunsch auch die Gruppe *Chillig*). Die von der Gruppe angestrebte Verständigung zwischen LehrerInnen und SchülerInnen ist abhängig vom Generationenunterschied. Ist dieser Unterschied zu groß, verfügen die LehrerInnen nicht über das für eine Verständigung notwendige Wissen der jugendlichen Verhaltensweisen. Mit der Existenzweise als Jugendlicher ist für Jamal auch ein allgemeiner generalisierungsfähiger Darstellungsmodus verbunden.

Jamal veranschaulicht die erlebten Konsequenzen des Generationsproblems am Beispiel seiner Lehrerin im Fach Arbeitslehre. Den Generationenunterschied unterstreicht Jamal mit der alltagstheoretischen Deutung des Alters der Lehrerin anhand von weißen Haaren (*„weiße Haare wie Schnee“*, 19). In der kommunikativen Auseinandersetzung mit der älteren Lehrerin ist Jamal derjenige, der agiert und die Lehrerin reagiert. Die Lehrerin weicht vor der Verständigung mit der Jugend zurück, sie verlässt die Klasse. Es kommt zu keiner diskursiven Verständigung über *Meinungen* (vgl. 17), sondern zu einer Überforderung der Lehrerin (*„geht raus und fängt an zu heulen“*, 18). Über die Reaktion der Lehrerin verspürt Jamal – im Gegensatz zur Gruppe *Schlüssel* – keinen Triumph. Er ist nicht darauf angewiesen, dass Rollenverhältnis umzudrehen, um sich als aktiv zu erleben, wie dies in der Gruppe *Schlüssel* der Fall ist. Jamal sucht stattdessen den Austausch und wechselseitigen Respekt zwischen LehrerInnen und SchülerInnen. Gemeinsam mit der Gruppe *Schlüssel* sieht auch Jamal die aktive Gestaltung der Situation auf der Seite der SchülerInnen, die mit den älteren LehrerInnen nicht auskommen.

Die Generationsproblematik und die damit einhergehende Praxis der älteren LehrerInnen, sich nicht direkt mit den SchülerInnen auseinander zu setzen, greift Anna in einem weiteren Beispiel auf:

[Sprecher, Passage Beispiele:28-45]

Anna: (...) also zum Beispiel Frau G ja, morgens, wenn wir alle rauchen, kommt sie angedackelt, ‚ja vor der Schule darf man nich rauchen', meinten wir, ‚ja, (...) aber Herr T sagte aber, dass wir ebend also vor der Schule rauchen dürfen'. Da meinte aber Frau G, ‚ja soll ich gleich zum Direktor gehen'. Dis meinen wir, also die Lehrer können doch selbst die Entscheidungen treffen, aber nein, die Älteren müssen gleich andauernd zu Herr Schulleiter rennen und sagen ‚ja Herr Schulleiter die und die hat dis getan'

Jamal: Also die können nich diskutieren. Ich weiß nich, ob die Angst um ihren Job haben oder so, ich weiß nich, die trauen sich in ne Diskussion nich rein, weil sie Angst haben, weiß nich, sie werden niedergemacht oder so

Die Aktivität des Rauchens wird in dieser Gruppe (wie in der Gruppe *Fördern*) vor dem Hintergrund und in Auseinandersetzung mit den institutionellen Vorgaben bearbeitet. Sowohl in dieser Gruppe als auch in der Gruppe *Fördern* ist die Reaktion der LehrerInnen auf das Rauchen der SchülerInnen ein Dokument für das Anliegen einer *sozialen Beziehung* zwischen LehrerInnen und SchülerInnen. Im Gegensatz zur Gruppe *Fördern* kritisieren Anna und Jamal nicht die gesamte Lehrerschaft, sondern arbeiten eine Generationendifferenz heraus. Während die ältere Lehrerin, Frau G, den SchülerInnen das Rauchen vor der Schule verbietet, erlaubt es ihnen ein Lehrer (Herr T). Anna markiert das Fremdheitsverhältnis zu der Lehrerin, denn Frau G kommt *„angedackelt"* (30), um das Rauchen zu untersagen. Sie nähert sich der Sphäre der SchülerInnen, ohne diese zu erreichen. Neben der Kennzeichnung der Fremdheit zwischen Lehrerin und SchülerInnen betont Anna die fehlende Autorität der Lehrerin, die zur Durchsetzung ihrer Entscheidungen den Schulleiter benötigt (wie ein ‚Dackel' sein ‚Herrchen').

In dem Beispiel wird darüber hinaus die Schwierigkeit von Grenzbereichen oder *liminalen*[20] Übergängen zwischen Institution und Nicht-Institution verhandelt. Anna markiert örtliche und zeitliche Grenzbereiche, in denen die Jugendlichen sich noch nicht innerhalb der Institution Schule befinden, aber bereits in ihrem Umfeld. Wenn die SchülerInnen *„morgens (...) alle rau-*

20 Es handelt sich um Grenzbereiche (limes, lat.: Grenze) zwischen Formellem und Informellem. Vgl. zu liminalen Übergängen in der Schule und zum Begriff der *Liminalität* von Victor Turner: Monika Wagner-Willi 2003.

chen“[21] und die Reaktion der Lehrerin von Anna mit den Worten *„vor der Schule*“ wiedergegeben wird, fallen ein örtliches sowie ein zeitliches ‚vor‘ zusammen. Es geht – wie auch beobachtet werden konnte – darum, dass die SchülerInnen *vor* Beginn des Unterrichts *vor* dem Schulgebäude rauchen. Durch die Generalisierung, dass *„alle rauchen*“ (29) betont Anna die Legitimität und Selbstverständlichkeit dieser Handlung. Die Lehrerin formalisiert die Interaktion jedoch als eine Entscheidung darüber, was erlaubt und was nicht erlaubt ist, ohne selbst dafür einzutreten und eigenverantwortlich zu handeln (denn sie will den Schulleiter hinzuziehen).

Jamal validiert das Beispiel von Anna als einen erneuten Beleg für eine fehlende Reziprozität zwischen LehrerInnen und SchülerInnen. Im Gegensatz zur Gruppe *Fördern*, die in der Kritik an den LehrerInnen verharrt, versucht Jamal, sich in die LehrerInnen hineinzuversetzen und überlegt, ob sie *„Angst*“ (42) haben könnten. Eine existenzielle Fremdheit zwischen dem Gleichaltrigen-Milieu der SchülerInnen und dem Milieu der LehrerInnen korrespondiert in den Überlegungen Jamals mit einer existenziellen Angst (Angst um den Arbeitsplatz sowie Angst vor persönlicher Degradierung) seitens der betroffenen LehrerInnen. Die Grenzen von Perspektivenübernahme und Reziprozität benennt Jamal gleichzeitig, indem er die Erklärung für die Schwierigkeiten, die die LehrerInnen seiner Ansicht nach mit den SchülerInnen haben, jeweils durch *„weiß nich*“ einleitet. Die Verständigung zwischen LehrerInnen und SchülerInnen charakterisiert Jamal als voraussetzungsvoll für die LehrerInnen, denn sie müssen sich in die Diskussionen der SchülerInnen *„rein trauen*“ (43f.). Von außen haben die LehrerInnen keinerlei Einfluss auf die Praxis der SchülerInnen, sondern sie müssen sich dazu ‚innerhalb‘ befinden, auf der Ebene der Jugendlichen.

Wie sich Kommunikation gestaltet, die von den Jugendlichen als gelungen erlebt wird, erzählen Anna und Jamal in unmittelbarem Anschluss an den obigen Diskussionsausschnitt. Innerhalb des Fortgangs des Diskurses stellen Anna und Jamal abwechselnd Beispiele für gelungene und für misslungene Kommunikation mit den LehrerInnen gegenüber. Aus dieser Passage von ca. fünf Minuten Dauer wird ein zentraler Ausschnitt vorgestellt:

```
     [Sprecher, Passage Beispiele: 45-70]

45   Anna:    Also Herr T und F sind ganz anders. Also
46            Herr T sagt einem, wenn ihm irgendwas nicht
47            passt, redet eben, o.k. er is älter, aber er
48            redet genauso wie wir. Er redet genauso wie
49            wir, also zum Beispiel letztens meinte
50            irgend einer aus meiner Klasse so, ‚ja krass
```

21 Die selbstverständliche Handlungspraxis des Rauchens validiert die Äußerung von Anna, dass sie das Rauchen nur vor ihren Eltern verschweigt und nicht generell vor den VertreterInnen der dominanten Moral verbirgt.

Alter' und er dann so, ,ja wer is krass, Alter'.

Jamal: Oder zum Beispiel ein Schüler sagt zum andern in der Stunde, ,ja du bist n Opfer' und er dann sagt er ,guck dich mal an', also er bringt so

Anna: So ne Lehrer müssten wir mehr haben, also dass die denn auch mal so Spaß verstehen und denn, dis haben wir auch ma Herr Schulleiter gesagt, weil wir doch Sprecher, also Schulsprecher sind ähm (.)was wollt ich jetz

Jamal: als wir bei Herr Schulleiter waren?

Anna: Ach ja, da kam gleich Frau Lehrerin H reingeschossen und meinte ,wir sind doch lustig'. Also ich seh da überhaupt nichts, also dis is unmöglich, was die da abziehen.

Jamal: Aber is egal, wem wir's erzählen, ob Herr Schulleiter oder hier, es wird sich nichts ändern, (4)die können einfach gar nichts mehr (.), is so.

Im Gegensatz zu den älteren LehrerInnen, zeichnet sich der jüngere Teil der Lehrerschaft dadurch aus, dass SchülerInnen und LehrerInnen eine gemeinsame Sprache sprechen („*redet genauso wie wir*"); eine wesentliche Erfahrung, die sie von der Gruppe *Fördern* unterscheidet. SchülerInnen und LehrerInnen müssen das Gesagte nicht erst wechselseitig interpretieren, sondern sie verstehen sich unmittelbar, trotz des Altersunterschiedes („*o.k. er is älter*", 47). Mit der Gruppe *Mikrofon* ist den Jugendlichen gemeinsam, dass die Autorität, die Rolle des Lehrers, respektiert wird bzw. erhalten bleibt. Im Unterschied zur Gruppe *Mikrofon* erfolgt das wechselseitige Verstehen und damit die Anerkennung der Jugendlichen in dieser Gruppe nicht körperlich handlungspraktisch (vgl. beispielsweise die dortige ‚handgreifliche' Auseinandersetzung um ein Überraschungsei), sondern verbal aktionistisch[22]. Die Beispiele weisen auf Rituale hin, in denen das Wissen um Ausgrenzungserfahrungen aktualisiert und geteilt wird. Die Jugendlichen bestätigen sich nicht nur untereinander, „*krass*" (50ff.) und „*Opfer*" (54) zu sein, sondern die LehrerInnen werden in die Rituale der Selbstvergewisserung einbezogen. Lerninhalte des Unterrichts sind auch in dieser Gruppe in den Hintergrund gedrängt und von geringer biografischer Relevanz. Wechselseitiger Respekt und die Herstellung von Kollektivität sind aufgrund der bisherigen Ausgrenzungserfahrungen von

22 Die Art und Weise des Schlagabtauschs lassen die Äußerungen als verbale Aktionismen erscheinen.

vorrangiger Bedeutung. Gegen die Verletzung der Reziprozitätsnormen und für die Anerkennung der sozialen Identität treten Anna und Jamal auch in ihrer Rolle als SchulsprecherInnen ein. Anna fordert die Ergänzung von schulischer Zweckrationalität durch wechselseitiges Verstehen, „*Spaß*" (58), beim Schulleiter ein und vertritt die Belange der SchülerInnen; sie versteht sich als ihre „*Sprecher*(in)" (60). Die voraussetzungsvolle schulische Anforderung „diskutieren" zu können, die Jamal in den Diskurs einbringt, ergänzt Anna mit der Orientierung an „Spaß" als basalem Element der Verständigung zwischen LehrerInnen und SchülerInnen. Dass derartige Prozesse nicht auf kommunikativem Wege angeordnet werden können, sondern in der Handlungspraxis fundiert sein müssen, zeigt sich sowohl in der von Anna geschilderten Reaktion einer Lehrerin als auch in Jamals Konklusion der Passage. Es reicht weder eine Absichtserklärung einer Lehrerin aus, „*lustig*" (65) zu sein, noch lassen sich die Probleme fehlender Reziprozität kommunikativ beim Schulleiter oder im Rahmen des Interviews bewältigen, sodass es zu einer negativen Evaluation durch Jamal kommt (67ff.). Unklar bleibt, ob Jamal ausschließlich eine Folgenlosigkeit der Gruppendiskussion antizipiert oder ob er die Angabe „*hier*" (68) auch auf die Schulstation bezieht, in der die Diskussion stattfindet.

Der „Präsentteller" als Beispiel für nicht existente Zukunftsentwürfe

Neben der Auseinandersetzung mit einem Teil der LehrerInnen, denen jugendliche Handlungspraktiken fern und fremd sind, sehen sich die SchülerInnen nicht auf gesellschaftliche Erwartungen und Anforderungen vorbereitet, wie aus einer am Ende der Gruppendiskussion befindlichen Passage über Zukunftsvorstellungen hervorgeht:

[Sprecher, Passage Zukunftsvorstellungen: 1-10]

I: Was wünscht ihr euch für die Zukunft, wie stellt Ihr euch vor, wie es weitergeht?

Jamal: Naja (1), also, dass wir nicht mehr so auf nem Präsentteller sind (.), dass man so mehr weiß, was kommt.

Anna: Ich wünsch mir mehr Informationen und nich nur die Krümel von 1987, da wo wir noch nicht das Licht erblickt haben, sag ich mal.

Jamal: Wieso, bist du 87-er Jahrgang?

Anna: @Nein@

Die zweigeteilte Fragestellung der Interviewerin enthält zwei verschiedene Propositionen: Einerseits erkundigt die Diskussionsleiterin sich nach den Zukunftswünschen von Anna und Jamal, die nichts mit der empfundenen Realität zu tun haben müssen. Andererseits geht es um die Zukunftsvorstellungen, die eine Fähigkeit der Antizipation voraussetzen.

Jamal befindet sich mit seinen MitschülerInnen (er benutzt ein kollektives „wir“[23]) auf einem „*Präsentteller*“. Er kreiert an dieser Stelle unbewusst eine bedeutungsvolle Wortschöpfung: Auf der einen Seite sieht er sich den gesellschaftlichen Erwartungen ausgesetzt und von allen Seiten beäugt wie auf einem ‚Präsentierteller‘. Diese Erwartungen sind ihm jedoch noch fremd, er weiß nicht, „*was kommt*“ (5). Auf der anderen Seite werden die SchülerInnen nicht nur passiv präsentiert, sondern sie sind im schulischen Schonraum entstandene ‚Präsente‘. Die SchülerInnen werden der Gesellschaft wie ein Geschenk dargeboten, dessen Bestimmung allerdings nicht klar ist und über dessen Zugehörigkeit auch noch nichts gesagt werden kann. Diesen Zustand möchte Jamal gerne überwinden. Anna kennt eine Lösungsmöglichkeit für dieses Problem: Sie wünscht mehr und aktuelle Informationen, um nachschulisch besser vorbereitet zu sein. Die Zukunft wird den SchülerInnen regelrecht vorenthalten, da sie nicht an aktuelle Informationen gelangen, sondern mit alten „*Krümel(n)*“ versorgt werden. Die an der Schule dargebotenen Informationen scheinen Anna alt und bruchstückhaft, und zwar als „*Krümel*“, die sie mit ihrer vorgeburtlichen Zeit assoziiert. Die Distanz von Anna zu biografischen Zukunftsentwürfen wird von Jamal unbewusst hervorgehoben, da er nach dem von Anna hergestellten formalen Zusammenhang zwischen den veralteten Informationen von 1987 und dem Geburtsjahrgang von Anna fragt. Da ein derartiger Zusammenhang nicht herstellbar ist, dokumentiert sich, dass die Voraussetzungen für biografische Entwürfe, eine Selbstverortung in zeitlicher Hinsicht und ein eigenständiges biografisches Engagement, auch in dieser Gruppe nicht ausgeprägt sind. Anna und Jamal finden keine Instanzen, die sie auf die Zukunft vorbereiten.

Zusammenfassung der zentralen Komponenten des Orientierungsrahmens

– Die Gruppe *Sprecher*, Anna und Jamal, orientieren sich an den dominanten moralischen Prinzipien, an der Ausübung der SchülerInnenrolle im Unterschied zur Existenzweise in der peer group (*primäre Anpassung*). Die Trennung zwischen dem peer-Milieu und der Schülerrolle dokumentiert sich insbesondere in den Ausführungen von Jamal: Im außerschulischen Bereich sind die peers seine „Freunde“ mit denen er neue kollektive Erfahrungen sammelt und seine „Lebenssicht“ eine Veränderung er-

23 In Bezug auf die institutionalisierten Ablaufmuster nimmt er keine Distinktion zwischen seiner Person und seinen SchulkameradInnen vor.

fährt. Im innerschulischen Bereich sind die Jugendlichen die „Leute", von denen die Gruppe sich distanziert. Die „Leute" stehen für diejenigen SchülerInnen, die Degradierungen und Etikettierungen der dominanten Moral verantworten und ein negatives Bild der Schule in die Öffentlichkeit transportieren. Aufgrund der Trennung zwischen peer und Schülerrolle können Anna und Jamal sich von Etikettierungen abgrenzen.

- Die Jugendlichen nehmen die Perspektive der dominanten Moral als „Beobachtungsstandpunkt" ein, um Erfahrungen der Degradierung und Etikettierung begegnen zu können. Diese Orientierung ist prekär, da
  - der Beobachtungsstandort jenseits der Erfahrungen der Jugendlichen liegt. Sie versuchen, dem negativen Stereotyp der Schule („Opferschule", „Mülleimer") ein Stereotyp der ‚guten' Schule entgegen-gehalten (*stereotype Orientierung*).
  - sie sich in der Ausübung der SchülerInnenrolle allein fühlen. Im Gegensatz zu den kollektiven Erfahrungen, die sie in der peer group sammeln, fehlt ihnen eine diesbezügliche handlungspraktische Sicherheit.
- Das Verhältnis zwischen SchülerInnen und LehrerInnen definieren Anna und Jamal als soziale Beziehung. Im Zentrum steht eine *Verständigungsorientierung* zwischen LehrerInnen und SchülerInnen, die auf wechselseitiger Anerkennung und Respekt beruht. Eine ausschließlich hierarchische, formale, zweckrationale Beziehung lehnen die Jugendlichen ab. Die *Verständigungsorientierung* wird von einem Teil der LehrerInnen erschwert, da
  - sie zu alt sind und ein unmittelbares Verstehen der jugendlichen Handlungspraktiken nicht gegeben ist.
  - die älteren LehrerInnen in ihrer Rolle überfordert sind.
  - die älteren LehrerInnen versuchen, die Beziehung auf eine ausschließlich formale Ebene zu reduzieren (was ist erlaubt, was nicht). Es geht weniger um schulische Inhalte, sondern stärker um Disziplinierung und die Einhaltung von formalen Regeln. Ein diskursiver Austausch zwischen LehrerInnen und SchülerInnen ist den Jugendlichen mit einem Teil der LehrerInnen nicht möglich. Mit ihnen können sie weder „diskutieren", noch „Spaß" erleben. Die LehrerInnen ‚holen' die Jugendlichen nicht dort ‚ab', wo sie ‚stehen'.
- Für eine Reziprozität der Perspektiven und eine bessere Verständigung im Sinne einer Vermittlung zwischen LehrerInnen und SchülerInnen treten Anna und Jamal auch in ihrer Funktion als SchulsprecherInnen ein, allerdings bisher ohne handlungspraktischen Erfolg (keine Enaktierung).
- Biografische Zukunftsentwürfe im Sinne eines eigenständigen biografischen Engagements, einer berufsbiografischen Planung sowie einer Selbstverortung in zeitlicher Hinsicht sind bei Anna nicht und bei Jamal nur in Ansätzen erkennbar, sodass eine typenübergreifende *Bildungsmi-*

lieuspezifik erkennbar wird. Das heißt, die Jugendlichen beider Typen verfügen, mit Ausnahme der aus einem anderen Bildungsmilieu stammenden Gruppe *System*, über kaum ausgeprägte berufsbiografische Zukunftsentwürfe.

- Die *Schulsozialarbeit* wird von den Jugendlichen positiv wahrgenommen. Sie erweist sich – neben der Cafeteria – als eine Möglichkeit, Degradierung und Etikettierung zu begegnen. Sie bietet eine Identifikationsmöglichkeit mit der Schule als Institution.
- Die Schulsozialarbeit wird im primären Rahmen der *Vorderbühne* wahrgenommen und mit Bildung assoziiert.
- Die Jugendlichen verschaffen sich mit Unterstützung der SchulsozialarbeiterInnen Handlungssicherheiten und Bewertungsmaßstäbe, um respektiert zu werden.
- Die Handlungsoptionen der LehrerInnen zur Regelung von Konflikten werden erweitert.
- Die Schulsozialarbeit verhilft der Enaktierung von diskursiver Verständigung zwischen LehrerInnen und SchülerInnen. Dabei bleibt jedoch unklar, ob hierdurch längerfristige Veränderungen in den Beziehungen zwischen LehrerInnen und SchülerInnen erreicht werden oder ob es sich um einmalige Interventionen seitens der SozialarbeiterInnen handelt.

3.3 Primäre Anpassung und die Orientierung an Leistung und Beruf. Die Gruppe *System*: eine Mädchengruppe (*„aber ansonsten benutzen die Jungs die Schulstation“*)

Die Gruppe *System* besteht aus drei Schülerinnen der 9. Klasse.

Pute ist 17 Jahre alt und wiederholte die achte Klasse der Gesamtschule bevor sie zum Schuljahr 1999/2000 auf die Hauptschule wechselte. Sie strebt den Hauptschulabschluss an. Pute hat eine Zwillingsschwester, die eine Realschule besucht. Pute und ihre Schwester leben bei ihrem ganztags berufstätigen Vater. Die Eltern sind geschieden. Staatsangehörigkeit: deutsch

J. Flo ist 15 Jahre alt und besuchte zuvor eine Realschule. Sie wurde in Lettland (Riga) geboren und besuchte dort bereits ein Gymnasium. Gemeinsam mit ihrer Mutter und ihrem Bruder ist sie nach Deutschland (Berlin) gekommen. Sie strebt den Realschulabschluss auf einer Realschule an. Staatsangehörigkeit: lettisch

Iwanna ist 16 Jahre alt und befindet sich in der Parallelklasse von Pute und J. Flo. Sie kommt aus Aserbaidschan (Baku), wo sie bereits ein Gymnasium besuchte. Sie ist mit ihrer Mutter, ihrem Stiefvater und ihrer jüngeren Stiefschwester nach Berlin gekommen.

Herstellung des Kontakts zu der Gruppe und Verlauf der Gruppendiskussion

Pute, J. Flo und Iwanna lerne ich im Oktober 1999 in der Schulstation kennen. Zu dieser Zeit herrscht ein besonders hoher Krankenstand im Lehrerkollegium, sodass sich ganze Schulklassen während der Schulstunde in der Schulstation aufhalten, da die Kapazitäten des Lehrkörpers ausgeschöpft sind, um die diversen Vertretungsstunden organisieren zu können. Am Mittwoch, 13. Oktober 1999, fällt mir Iwanna während eines solchen Aufenthalts in der Schulstation auf. Während sich ihre MitschülerInnen (sechs Jungen und ein weiteres Mädchen sind mit ihr in die Schulstation gekommen) zu den beiden Sitzgruppen begeben (siehe Skizze: E.5), kommt Iwanna an den Tisch, an dem die drei SchulsozialarbeiterInnen und ich zu diesem Zeitpunkt sitzen und nimmt auf einem der freien Stühle Platz. Nachdem sie sich etwas notiert hat, stelle ich mich ihr vor. Sie erwidert mir auf meine Information, dass ich eine Arbeit über Jugend und Schule schreibe, dass es über diese Schule nichts zu schreiben gäbe, außer wenn ich wissen wolle, ‚wie man Putzfrau wird'. Sie selbst würde deshalb bald die Schule verlassen. Ich sage ihr, dass mich ihre Erfahrungen an dieser Schule sehr interessieren würden und berichte davon, dass ich bereits Interviews bzw. Gruppendiskussionen mit MitschülerInnen durchgeführt habe. Ich gebe ihr Bedenkzeit, zu überlegen, ob sie sich vorstellen könnte, mit SchulfreundInnen an einer Gruppendiskussion teilzunehmen. Als ich in der darauf folgenden Woche Iwanna gemeinsam mit J. Flo in der Cafeteria treffe, verabreden wir eine Gruppendiskussion zum 26. Oktober 1999. J. Flo kenne ich ebenfalls aus der Schulstation. Sie hatte sich dort mit Mitschülerinnen über ihr Praktikum bei einem Kieferorthopäden unterhalten, das ihr gut gefallen hat.

Am Tag des vereinbarten Termins kommt Pute auf mich zu und fragt mich, warum ich sie denn nicht interviewen wolle, sie gehe doch in eine Klasse mit J. Flo. Nach einem Gespräch mit Iwanna, J. Flo und Pute, wollen sie zu Dritt an der Gruppendiskussion teilnehmen. Die Diskussion findet in der Zeit einer Dienstbesprechung[24], von 13.15 Uhr bis 14.45 Uhr, statt. Bereits die Interviewvereinbarung kann als Dokument für die Orientierung der Gruppe an den institutionellen schulischen Prinzipien gesehen werden, denn die Schülerinnen achteten – wie außer ihr nur noch die Gruppe *Sprecher* – darauf, möglichst keinen Unterricht zu versäumen[25]. Mit der Mädchengruppe *Trio* (hier nicht vorgestellt) ist ihnen gemeinsam, dass sie ihre Eltern über die Gruppen-

24 An den Dienstbesprechungen nehmen sowohl die LehrerInnen als auch die SchulsozialarbeiterInnen teil.

25 Sämtliche Angaben zur Herstellung des Kontakts zu der Gruppe entstammen den Protokollen des jeweiligen Tages bzw. entsprechenden Zusammenfassungen.

diskussion informierten und eine Erlaubnis hierzu erhielten. Die Mädchen der Gruppe *System* sind zu Beginn der Gruppendiskussion sehr darauf bedacht, die ‚Anforderungen' der Forscherin zu erfüllen und vermeiden, sich gegenseitig ins Wort zu fallen. Die Konzentration auf die Forscherin lässt jedoch im Verlauf der Gruppendiskussion nach und die Erzählungen werden selbstläufiger. Die Gruppendiskussion wird nicht von den Mädchen selbst, sondern durch äußere Umstände beendet, da die SchulsozialarbeiterInnen Dienstschluss haben. Wir können die Diskussion in Ruhe zum Abschluss bringen und auch die Fragebogen werden vollständig von den Mädchen ausgefüllt.

Haltung zur Schule/Selbstverortung

Die Gruppe *System* stellt den ausgeprägtesten Fall einer *primären Anpassung* dar. Der Erfahrungshintergrund des Schulbesuchs in den jeweiligen Herkunftsländern von J. Flo und Iwanna beeinflusst die aktuelle Haltung gegenüber der Schule und wirkt sich dominierend hinsichtlich der Selbstverortung aus. Mit den Gruppen *Fördern* und *Sprecher* gemeinsam ist auch dieser Gruppe eine primäre Orientierung an den institutionellen Prinzipien, der dominanten schulischen Moral. Die Mädchen bewerten den Schulbesuch unter qualifikatorischen Aspekten und damit einhergehend antizipieren sie ihren schulischen Abschluss einschließlich der nachschulischen Zukunft. Diese symbolische Beherrschung von Lösungsstrategien beinhaltet auch ein Denken in Alternativen sowie hypothetische Gedankenexperimente. Kennzeichnend für diese Gruppe ist die Auseinandersetzung mit drei verschiedenen Sozialisationsbereichen:

1. die Auseinandersetzung mit den Ansprüchen der Eltern (es handelt sich um AkademikerInnen);
2. die Auseinandersetzung mit der Institution Hauptschule, die von der Erwartungshaltung der Eltern abweicht und
3. eine Auseinandersetzung mit dem Gleichaltrigenmilieu.

Die in der Gruppe *Sprecher* durch Jamal vollzogene Trennung zwischen den unterschiedlichen Handlungssystemen der peer group und der Schülerrolle findet sich auch in dieser Gruppe in elaborierter Weise wieder. Die Gruppe wird den unterschiedlichen sozialen Identitäten innerhalb der schulischen Organisation und in der peer group gerecht. Im Gegensatz zur Gruppe *Sprecher* kommt es in der Gruppe *System* allerdings zu keiner stereotypisierten Identifizierung mit der institutionellen Rolle. Bereits in der Eingangspassage werden sowohl die verschiedenen Erfahrungshintergründe als auch die Zukunftsorientierung[26] sichtbar. Im Anschluss an die Eingangsfrage kommt es zu einer

26 Auch die Arbeitsgruppe Schulforschung (1980) stellte eine ausgeprägte Zukunftsorientierung bei erfolgreichen Gymnasiasten und Hauptschülern fest.

kurzen Aushandlung zwischen J. Flo und der Gruppendiskussionsleiterin hinsichtlich der inhaltlichen Ausrichtung der Fragestellung beziehungsweise der Abklärung, was die Forscherin hören möchte:

```
     [System, Eingangspassage: 1-10]

1    J. Flo:  Wie jetzt, sollen wir, sollen wir unsere (3)
2             von uns erzählen so

3    I:       Von euch, ja, genau

4    J. Flo:  Wie jetzt zum Beispiel auch damals, als ich
5             noch in meiner Heimat war?

6    I:       Ja, genau und eure gemeinsamen Erfahrungen,
7             die Ihr hier sammelt -

8    J. Flo:  #@(3)@#

9    Pute:    #@(3)@#

10   Iwanna:  Na, fangt an!
```

J. Flo setzt sich mit der Fragestellung auseinander, die sowohl auf die individuellen Hintergründe als auch die kollektiven schulischen Erfahrungen gerichtet ist. Diese Einstellung auf die Interviewerin kann als Indiz der Anpassung an die Institution bzw. auch an Erwachsene interpretiert werden. Die Bestätigung der Möglichkeit des individuellen Einstiegs in die Gruppendiskussion durch die Forscherin und der gleichzeitige Hinweis auf das gegenwärtige Kollektive, spiegelt sich in der Aushandlung zu Beginn des Diskurses wieder. Indem J. Flo und Iwanna beginnen zu lachen, stellen sie eine Gemeinsamkeit her, stellen ihren konjunktiven Erfahrungsraum in den Vordergrund. Iwanna ist diejenige, die ihre Mitschülerinnen auf die von der Diskussionsleiterin gestellte Anforderung diszipliniert. Sie formuliert eine Erzählaufforderung („*fangt an*") und agiert damit in Stellvertretung für die Forscherin. Daraufhin beginnt J. Flo zu erzählen:

```
     [System, Eingangspassage: 11-32]

11   J. Flo:  [...] Äh (3) Naja (.) ich war doch auf ner
12            Realschule, bevor ich denn auf diese Schule
13            hier kam ähm na und //Pute: ((Husten))//
14            also ich hab schon drei Schulen gewechselt,
15            weil ich das ähm eigentlich so nach
16            Deutschland kam, dann nach einem Monat
17            musste ich auf äh (1) auf ne Schule gehen,
18            auf eine Realschule und äh in der
19            Förderklasse war ich da und dann hab ich
20            deutsch gelernt und ja (1) sollt ich in eine
```

```
normale Klasse so (2) also so (.) gehen,
aber meine Mutter hatte was dagegen, sie sie
hat was falsch verstanden mit dem, mit dem
Realschulen und so, sie hat gedacht, dass es
bleibt immer so in der Förderklasse //I: Ach
so// und sie hat mich, hat gesagt, „ja jetzt
musst du auf ne andere Realschule gehen"
//I: Mhm// und na ich war dann in Urlaub,
ich wusste nichts davon //I: Mhm// und wo
ich wieder nach Berlin kam, sie hat gesagt,
jetzt gehst du auf so ne so ne Schule //I:
Mhm// und na halbes Jahr lang war ich da,
```

J. Flo beginnt ihre Ausführungen in der Gegenwart. Die gewählte temporale Darstellung könnte ein Dokument dafür sein, dass J. Flo die gemeinsame Ebene mit Pute nicht verlassen, sondern erhalten möchte, und von der gemeinsamen Basis ausgehend zurückliegende Erklärungstheorien einbringt. Um die gegenwärtige Situation zu erklären, und den Hauptschulbesuch zu legitimieren, findet die Migration bereits Erwähnung. J. Flo erzählt nicht, sondern sie zählt auf, wie viele Schulen sie in Deutschland bereits besucht hat. Dabei steht das temporale Gefälle im Vordergrund, die Ereignisabfolge (vgl. zu „Ereignisketten“ in Erzählungen Kallmeyer/Schütze 1977, S. 177). J. Flo geht vom aktuellen Zeitpunkt aus zurück und erwähnt zunächst einen dem Hauptschulbesuch vorangegangenen Realschulbesuch. Ihre Schulwechsel stellt sie in einen kausalen Zusammenhang mit ihrem Kommen nach Deutschland. Ihren ersten Kontakt zu einer Schule in Deutschland – einer Förderklasse auf einer Realschule – elaboriert sie nicht. Für sie scheint es sich um eine kurze, zielgerichtete Episode zu handeln, in der sie die deutsche Sprache gelernt hat. Als sie die Voraussetzungen erfüllte, um am regulären Unterricht teilzunehmen, eine „*normale Klasse*“ zu besuchen, tritt für sie das (unerwartete) Problem auf, dass ihre Mutter aus Unkenntnis über das Berliner Schulsystem davon ausging, sie würde oder müsse in einer Förderklasse verbleiben. Ihre Mutter meldete sie daraufhin auf einer anderen Schule an. Das betonte „*aber*“ (22) unterstreicht den Bruch innerhalb der Schullaufbahn, der für J. Flo negative Erfahrungen nach sich zieht. Ein sprachliches Missverständnis, ein Nicht-Verstehen der Mutter geht einher mit der Abwesenheit von J. Flo (sie ist im Urlaub), sodass es zur Verselbstständigung eines Prozesses kommt, der sich einer aktiven Gestaltungsmöglichkeit entzieht. Das Missverständnis beruht darauf, dass die Mutter den Besuch einer Förderklasse nicht als temporären schulischen Abstieg, sondern als absoluten Schulabstieg bewertet. Es kommt zu einer paradoxen Erklärung des schulischen Abstiegs. Die Mutter von J. Flo, die die schulische Laufbahn ihrer Tochter positiv beeinflussen möchte, wird zum Auslöser für einen sich verfestigenden schulischen Abstieg. Dieser Umstand führt jedoch nicht dazu, dass J. Flo jemanden beschuldigt, sie enthält sich jeder Bewertung, auch ihrer Mutter gegenüber. Vielmehr stellt sie den selbstläufigen Prozess des Abrutschens heraus: Durch ihre urlaubsbedingte Abwesenheit wird ihre Mutter zur Handlungsträgerin und sie zur Ereignisempfängerin, die vor vollendete Tatsachen gestellt wird. Der sich anschließende Besuch einer zweiten Realschule steht im negativen Gegenhorizont zur jetzt besuchten Hauptschule, wie J. Flo nun ausführt:

```
[System, Eingangspassage: 33-55]

J.Flo:   aber ne: (.) so was will ich nie wieder
         erleben, diese ganzen Schlägereien, diese
         dieses Ausländerhass und selbst die
         Ausländer haben zu mir gesagt, dass ich kann
         kein deutsch und so, so als ob so wie, ich
         soll wieder zurück nach Lettland fahren oder
         so, wenn ich kein deutsch kann und (2)ja und
         die ganzen Schlägereien da (3) und dann nach
         einem halbem Jahr hab ich gedacht, nee (.),
         so gehts nicht weiter //I: Mhm// und ich hab
         ich hab mir keine Mühe gegeben, um gute
         Zensuren zu kriegen, ich hab immer (.)
         nichts gelernt, keine Hausaufgaben gemacht
         und dann bin ich geflogen. //I: Mhm// Und
         da, da war ich wirklich glücklich. //I:
         Mhm// und ich hab mir eine Schule gesucht
         und (.) ja ich hab diese hier gefunden und
         hab gedacht, (.) naja mal ausprobieren wie
         ist das da. Und de jetz denk ich, ja
         dis=is=dis=is wirklich (2) so was auch in
         auch in Lettland hab ich hatt ich nich so
         nich ma so viele Freunde wie hier //I: Mhm//
         und dis gefällt mir sehr in dieser Schule.
```

Obwohl die Realschule innerhalb der schulischen Systemlogik eine im Vergleich zur Hauptschule höherwertige Position innehat, bildet der Besuch der Realschule ein negatives Gegenbeispiel zur jetzigen Schulsituation. Die Migration wird nicht nur als Bruch erlebt, sondern legitimiert auch den schulischen Werdegang. Ein zentrales Problem bildet die Hierarchisierung unter den MigrantInnen an der Realschule, in der J. Flo als ‚neue' Migrantin von den ‚Etablierten' als Ausländerin etikettiert wird, da sie „*kein deutsch kann*". Sie wird also weniger in ethnischer Hinsicht, sondern eher in zeitlicher Hinsicht (neue SchülerInnen versus etablierte SchülerInnen) diskriminiert. Ihr Kommentar „*so was will ich nie wieder erleben*" (33f.) steht vor dem Hintergrund der Benennung von Schlägereien und Ausländerhass. Die Schlägereien werden in keiner Weise elaboriert. Dies könnte darin begründet sein, dass diese Erfahrung bereits hinter ihr liegt und nicht orientierungsrelevant ist. Ihre

Erklärungstheorie für den schulischen Wechsel mutet paradox an, da J. Flo das schulische Selektionsprinzip positiv umdeutet: Durch Passivität wird sie aktiv, denn sie befreit sich über die aktive Nicht-Erfüllung des schulisch Geforderten qua Schulverweis aus der negativen Situation an der Realschule. Im Hinblick auf den weiteren Diskursverlauf kann an dieser Stelle bereits festgehalten werden, dass der positive Gegenhorizont der aktuell besuchten Hauptschule nicht von einer schulisch normativen, sondern von der sozialen Funktion her aufgebaut wird.

J. Flo unterstreicht ihr „*glücklich*" (47) sein über den herbeigeführten Schulwechsel noch durch die Ausdrucksweise „*dann bin ich geflogen*" (46), die im Kontrast zur gewählten Terminologie der anderen Gruppen steht, die davon sprechen, „*runtergeflogen*" zu sein. Diese Abstiegserfahrung bringt J. Flo aufgrund einer fehlenden Wertung nicht zum Ausdruck (vgl. auch Jamal der Gruppe *Sprecher*, der ebenfalls keine Wertung vornimmt). Im Kontrast zum vormaligen Schulwechsel, den die Mutter veranlasste, tritt ihre Mutter diesmal gar nicht in Erscheinung. J. Flo sucht sich die neue Schule eigenständig und findet die jetzt besuchte H-Schule, die einen positiven Gegenhorizont sowohl hinsichtlich der Realschule als auch der Schule in Lettland bildet. Diese positive Einschätzung bezieht sie auf das SchülerInnenmilieu, auf die Beziehungsebene zu den MitschülerInnen, also auf eine soziale Funktion innerhalb der Schule. Die gleichzeitige Orientierung an den dominanten moralischen Prinzipien im Sinne der Erfüllung institutioneller Abläufe und Normen veranlasst sie allerdings zu der Planung, die Schule zu verlassen:

[System, Eingangspassage: 56-60]

J.Flo: (2) Aber ich muss trotzdem irgendwann mal weg von dieser Schule, weil ich will ja auf ne Realschule //I: Mhm// wieder, um (.) ja um eine Ausbildung zu schaffen (2), sonst würd ich ja gerne bleiben.(3)

Die eingangs erwähnte Orientierung an den institutionellen Prinzipien im Sinne einer Aufstiegs- und Zukunftsorientierung dokumentiert sich an dieser Stelle. Insbesondere wird die damit verbundene Diskrepanz deutlich, die es in dieser Gruppe auszubalancieren gilt. Auf der einen Seite findet J. Flo im Milieu der MitschülerInnen sie bereichernde kollektive Erfahrungen, eine habituelle Übereinstimmung (Freundschaften). Auf der anderen Seite kann innerhalb der Institution ‚Hauptschule' die Aufstiegsorientierung nicht umgesetzt werden, die die Mädchen als Auftrag ihres Herkunftsmilieus verspüren, wie sich anhand des weiteren Verlaufs der Gruppendiskussion herauskristallisiert. Diese Diskrepanz versucht J. Flo in zeitlicher Hinsicht aufzulösen, indem sie den neu etablierten konjunktiven Erfahrungsraum „*irgendwann*" (56) verlassen möchte, um die Rollenorientierung hinsichtlich eines qualifizierten Abschlusses umzusetzen.

Diese Orientierung an der Schülerinnenrolle, den dominanten moralischen Prinzipien und die Diskrepanz zwischen rollenförmigem und habituellem Handeln wird parallel zu J. Flo direkt im Anschluss (nach einer Pause von drei Sekunden) von Iwanna entfaltet:

[System, Eingangspassage: 61-82]

Iwanna: Also, ich bin, naja ich bin hier seit zwei
Jahren in Berlin //I: Mhm// und komm aus
Russland // I: Ja// ich war ein Jahr zu
Hause, weil ich hatte Probleme mit Stempel,
ich durfte nich zur Schule gehen und so, ich
war ein Jahr ohne Schule und ohne Freunde,
dann bin ich gegangen in Förderklasse in HS-
Schule [die untersuchte Schule; C. S.] //I:
Ja// da war ich drei Monate, ja war ich drei
Monate, ich war sehr gut ich hab ganz gute
Note gekriegt, eins, zwei so, dann bin ich
gegangen achte Klasse, deutsch und normale
Klasse, dann war ich ja ganzes Jahr, ich
hatte auch Probleme mit meine Klasse und
jetz bin ich Neunte, aber ich will auf
Gesamt gehen, ich will nich hier bleiben
//I: Mhm// (.) weil ich will ich will
Abschluss machen //I: Mhm//, Realabschluss
oder Gesamtabschluss (3) aber hier bleib ich
nich (2) vielleicht nächstes Halbjahr geh
ich mir eine Schule suchen, weil hier ich
hab Probleme, vielleicht schaff ich nich (3)

Auch Iwannas Beitrag erfolgt im Stile einer Aufzählung, die sie zur Vorstellung ihrer Person nutzt. Jede Information baut auf der vorhergehenden auf, ohne länger ausgeführt zu werden. Die Verknüpfung der zeitlichen Abfolge wird über das minimalistische Mittel des Elements *„dann“* erreicht. In der Kürze der Ausführungen gelingt es Iwanna bereits durch den Duktus ihrer Aufzählung, in der sie die Ereignisse als kausale Folgen darlegt, auf eine Zielorientierung hinzuweisen.

Iwannas Erfahrung *„ohne Schule“* und damit zugleich *„ohne Freunde“* (66) gewesen zu sein, ist ebenfalls als eine Ausgrenzungserfahrung zu bezeichnen, die – wie bei J. Flo – zeitlich vor dem Besuch der H-Schule liegt. Während J. Flo von Gleichaltrigen ausgegrenzt wird, handelt es sich bei I-wanna um eine institutionelle Ausgrenzung, um bürokratische Konflikte: *„Probleme mit Stempel“* (54). Die Institution Schule wurde ihr institutionell vorenthalten, sodass sie zunächst sozial isoliert ist.

Die sich anschließenden drei Monate in der Förderklasse an der H-Schule erwähnt Iwanna nicht unter dem Gesichtspunkt, nun Gleichaltrigenkontakte knüpfen zu können, sondern unter zweckrationalen Aspekten: Sie wollte möglichst schnell die deutsche Sprache beherrschen, wie die Betonung (durch Wiederholung) ihres kurzen Aufenthalts in der Klasse („*drei Monate*", 69) zeigt. Zudem orientiert sie sich an (guten) Schulnoten als institutionellem Prinzip. Auch von Iwanna wird das Beherrschen der deutschen Sprache mit einem normalen Leistungsniveau gleichgesetzt: „*deutsch und normale Klasse*" (72f.). Die Bezeichnung der „normalen" Klasse wird von den SchülerInnen, die zuvor an der Schule eine Förderklasse besucht haben, regelmäßig in den Gruppendiskussionen (sowie in teilnehmend beobachteten Gesprächen) benutzt.

Iwanna besucht die Parallelklasse von J. Flo und Pute. Die Erfahrung, schnell neue Freunde gefunden zu haben, teilt sie nicht mit den Beiden, sondern erwähnt Probleme mit ihrer Klasse, die sie allerdings erst aufgrund einer Nachfrage der Interviewerin ein wenig detailliert (folgendes Transkript). Den primären Rahmen bildet die schulbiografische Aufstiegsorientierung, denn in ähnlicher Weise wie J. Flo strebt sie einen Abschluss auf einer Real- oder Gesamtschule an. Ob sich die von Iwanna erlebten „*Probleme*" (82) ausschließlich auf die institutionelle Ebene des geringwertigeren Hauptschulabschlusses oder auf die konkrete Schule beziehen, bleibt zunächst unklar. Iwanna stellt heraus, dass sie institutionsspezifisch ungebunden ist, sie über Wahlmöglichkeiten verfügt, denn sie möchte eigenständig „*eine Schule suchen*" (81) und benennt (im Vergleich zu J. Flo) bereits einen konkreten Zeitraum.

Mit einer immanenten Frage nach den Problemen wendet sich die Diskussionsleiterin an Iwanna (und nicht an die ganze Gruppe)[27]:

[System, Eingangspassage: 83-95]

I: Wieso?

Iwanna: Also letztes Jahr ich hatte Probleme mit meine Klasse, niemand hat mit mir nich geredet und so ich war ganz alleine ich wollte auch weg von der Schule gehen, aber ich hab geblieben so, jetz ja jetz ich habe ganz normal wie hier und so, jetz hab ich keine Probleme, aber wegen Abschluss ich will weg von der Schule gehen (2), weil ich kriege nich normale Abschluss da, ich weiß hier schaff ich nicht. (4) Also ich wollte Kosmetikerin werden, also ich dachte mit Hauptschule geht das, aber hier nicht

27 An dieser Stelle verstößt die Forscherin gegen die Regeln einer Gruppendiskussion, da die Interviewerin sich nicht an die ganze Gruppe, sondern nur an Iwanna wendet. Jedoch sind auch derartige formale Fehler der Interpretation zugänglich. Gleichzeitig erweisen sich kollektive Orientierungen als derart stabil, dass sie auch durch Formfehler hindurch erhalten bleiben.

Die anfänglichen Probleme stellten sich als Kommunikationsausschluss im Gleichaltrigenmilieu dar, sie wurde von den MitschülerInnen ausgegrenzt. Einem betonten *„so“* (86) für die Phase des Alleinseins stellt sie ein gleichartig betontes *„so“* (88) gegenüber, das die Überwindung der Probleme in der peer group einleitet und ihre aktuelle Situation betrifft: Sie hat einen „Normalisierungsprozess“ durchlaufen (*„ganz normal wie hier“*, 89). Die Normalität begrenzt Iwanna auf den schulischen Raum (*„hier“*). Die Normalität muss nicht außerschulisch gelten oder mit der ‚Normalität‘ der dominanten Moral gleichzusetzen sein. In der aktuellen Situation ist es nicht mehr das peer-Milieu, das sie zum Verlassen der Schule bewegt, sondern der geringwertige Hauptschulabschluss, den Iwanna als *„nich normale(n) Abschluss“* (92) bezeichnet. Die neu gewonnene Normalität innerhalb der peer group kontrastiert mit einer institutionellen Anormalität. Diese Diskrepanz bestärkt sie darin, ihre individuellen Pläne auszuführen. Die Leistungsorientierung trägt letztendlich zur Individualisierung bei. Dabei geht es Iwanna nicht um einen allgemeinen Zugang zu Ausbildungsberufen, sondern sie hat bereits eine konkrete Idee, einen biografischen Entwurf, nämlich den Berufswunsch der Kosmetikerin. Ihre abschließende Überlegung, dass sie dieses berufsbiografische Ziel zwar grundsätzlich über einen Hauptschulabschluss erreichen könnte, *„aber hier nicht“* sowie *„hier schaff ich nicht“* (95/93) bleibt indexikal und beinhaltet zwei Möglichkeiten: Es besteht eine Diskrepanz zwischen den formalen Möglichkeiten der Berufswahl mit Hauptschulabschluss und den antizipierten Gegebenheiten des Arbeitsmarktes. Oder aber der Abschluss auf der jetzt besuchten Hauptschule wird noch geringwertiger erlebt als es der Hauptschulabschluss per se schon ist. Im passageninternen Vergleich wird die zweite Variante wahrscheinlich. Die negative Evaluation berührt Iwanna und J. Flo allerdings nicht in ihrer Existenzweise, wie es bei der Gruppe *Fördern* der Fall ist, da eine Realisierungsmöglichkeit der Orientierung an den dominanten moralischen Prinzipien durch Verlassen der Schule gesehen wird.

Pute, die erst seit Beginn des Schuljahres die H-Schule besucht, teilt zwar die grundsätzliche Zukunftsorientierung mit J. Flo und Iwanna, eine Aufstiegsorientierung verbindet sie damit allerdings nicht, wie anhand des folgenden Ausschnittes, der sich unmittelbar an die Ausführungen von Iwanna anschließt, sichtbar wird:

```
[System, Eingangspassage: 96-110]

Pute:   Ich hab ma gehört, das geht nicht, also ich
        wollte auch @eigentlich ma@ Kosmetikerin
        werden, aber dazu braucht man nen
        Realabschluss und ich geh hier nach der
        neunten ab und wenn ich hier nach der
        neunten abgehe und dann ähm kriege ich nur
        nen Haupt und denn hab ich mir gedacht naja,
```

Kosmetikerin kann ich denn nich werden, dann
@ähh@ hab ich so überlegt, welchen Job, also
welch=was man so nehmen könnte mit Haupt und
denn is mir eigentlich nur Tierpflegerin
eingefallen, aber da ich äh Tiere auch
eigentlich auch eigentlich sehr mag und so
hab ich gedacht is eigentlich auch ganz gut
so

Pute fühlt sich durch den von Iwanna angegebenen Berufswunsch direkt angesprochen, da auch sie ursprünglich Kosmetikerin werden wollte. Ihre berufliche Orientierung ist pragmatischer Natur. Nachdem sie eine Diskrepanz zwischen ihrer beruflichen Planung (Kosmetikerin) und der angenommenen Realisierungsvoraussetzung (Realschulabschluss) ausgemacht hat, orientiert sie sich an den gegebenen Möglichkeiten, die sie identifiziert. Sie will „*nehmen*" (105), was sie mit einem Hauptschulabschluss nach der neunten Klasse (einfacher Hauptschulabschluss) ‚bekommen' kann. Dabei arrangiert sie sich bereits mit dieser Vorstellung und kommt zu einer positiven Evaluation ihrer beruflichen Orientierung „*eigentlich auch ganz gut so*" (109f.). Ihre Orientierung ist also von institutioneller Pragmatik gekennzeichnet.

Die Selbstverortung in berufsbiografisch-planerischer Hinsicht ist eine Komponente des Orientierungsrahmens der Gruppe, sodass es an dieser Stelle zu einer für die Gruppe auffälligen interaktiven Dichte, einer Fokussierungsmetapher, kommt:

[System, Eingangspassage: 111-125]

Iwanna: Ja, ich denke schon das geht mit
Hauptschule. Ich hab mich erkundigt

Pute: Ja? Ich hab ma #gehört#

Iwanna: #Kosmetikerin#, Visagistin
#und äh#

J. Flo: #Könnt ihr# das später besprechen?

Pute: #@(3)@ #

Iwanna: # (Friseur)# Friseur. //Pute: @(2)@// Also
meine Mutter (.) die is Arzt bei Tier,
Arzttier

J. Flo: Tierarzt!

Iwanna: Ä=Ärz=Ärztin

alle: @(4)@

Iwanna: Ja bei Tier. //J. Flo; Pute: @(2)@// Naja,
sie arbeitet. (3)

Iwanna greift die pragmatische Orientierung von Pute auf und geht auf die institutionellen Anforderungen für das Ergreifen des Berufes ein. Der Proposition des „Hörens“ (96) von beruflichen Perspektiven mit Hauptschulabschluss, die Pute in einer passiven Rolle belassen, setzt Iwanna ein aktives „erkundigen“ (112) entgegen. J. Flo unterbricht ihre Mitschülerin Iwanna während der Aufzählung von Berufen, die mit einem Hauptschulabschluss ergriffen werden können, da sie vermutet, das Gesagte wäre nicht relevant für die Forscherin, sodass sie die Gruppe in Stellvertretung für die Interviewerin diszipliniert. Ihre Mitschülerinnen sollen sich auf das Wesentliche konzentrieren und derartige Gespräche nach Beendigung der Gruppendiskussion führen. Die Intervention von J. Flo bleibt erfolglos. Unvermutet stellt Iwanna die beruflichen Optionen der Gruppe dem Beruf ihrer Mutter gegenüber. Es handelt sich um einen ersten Hinweis auf eine Diskrepanz zwischen der Erfahrungswelt der Eltern und der schulischen bzw. beruflichen Möglichkeiten der Mädchen. Der abschließende Kommentar von Iwanna („*na ja, sie arbeitet*“) wird im passageninternen Vergleich rekonstruierbar: Iwanna verdeutlicht eine migrationsbedingte Abstiegserfahrung. So berichtet Iwanna am Ende der Gruppendiskussion, während des Ausfüllens vom Fragebogen, dass ihre Mutter momentan nicht in ihrem Beruf (Tierärztin) arbeiten kann. Auch J. Flo erlebt eine Diskrepanz zwischen den Erwartungen ihres Elternhauses bzw. ihrer Mutter und den eigenen Vorstellungen:

```
[System, Passage Berufswahl: 126-141]

J. Flo:  Ich will Zahnarzthelferin werden auf jeden
         Fall. Ja, ich will Zahnarzthelferin werden.
         (3) Ja, meine äh ganzen meine diese
         Verwandten sind äh haben nichts sind nicht
         sehr begeistert davon //I: Mhm// weil ich
         weiß die sind Anwälte und und ich weiß nicht
         was und (2) meine Mutter ist die äh
         Pianistin (.)und wo ich nach Hause kam und
         hab gesagt „Ma, ich will jetzt
         Zahnarzthelferin werden“, sie hat mich so
         skeptisch angeschaut, sie hat gesagt, „ja
         du, du gehst nie auf unserer Spur“ und so
         (2) mir ist das egal, wer wer meine
         Verwandten sind und und aber ich interessier
         mich dafür, das ist die Hauptsache.

Iwanna:  Ja. (7)
```

J. Flo unterstreicht die Planungssicherheit ihrer getroffenen Berufswahl „*Zahnarzthelferin*“ durch Wiederholung und den Zusatz „*auf jeden Fall*“ (126f.). Die Berufsperspektive per se ist für sie weder mit Unsicherheit noch mit Unzufriedenheit behaftet. In der Auseinandersetzung mit ihrer Mutter und ihren Verwandten sieht sie sich jedoch Schwierigkeiten und der Gefahr von Degradierung und Missbilligung ausgesetzt. In einem Umfeld von Akademikern muss sie ihren Berufswunsch, der für das Verlassen des Herkunftsmilieus gehalten wird („*du gehst nie auf unserer Spur*", 137), verteidigen. Die Metaphorik der „Spur" suggeriert eine eingefahrene, vorgegebene Geradlinigkeit, die es einerseits als schwierig erscheinen lässt, neue Wege zu begehen und andererseits auf neue oder andersartige Verhältnisse und Erfahrungen keine Rücksicht nimmt. Die Anpassung an die schulische Institution und ein diesbezüglich angepasster bzw. realistischer Berufswunsch wird für J. Flo innerhalb der Familie zum Problem. Diese Problematik kann innerfamiliär nicht kommunikativ gelöst werden, sodass J. Flo das Problem löst, indem sie es ausklammert: Sie egalisiert das Verwandtschaftsverhältnis, es hat für sie keinen Stellenwert, keine Funktion mehr („*egal, wer wer meine Verwandten sind*", 138f.). Diese Veränderung innerhalb der Beziehung zu ihren Verwandten kündigt sich bereits in Zeile 128 an, als J. Flo von „*meine, diese Verwandten*" spricht, sie ihre Verwandten hierdurch sich selbst gegenüber fremd macht. Die zum Ausdruck gebrachte Fähigkeit der analytischen Durchdringung von Sachverhalten, mit der Möglichkeit, auch bei eigener Verwicklung in Interaktionen eine Distanz einnehmen zu können und Evaluationen vorzunehmen, zeichnet die Gruppen *System* und *Sprecher* gemeinsam aus. Sie lässt sich auch anhand von Passagen rekonstruieren, die auf innerschulische Prozesse bezogen sind.

Schulalltag: Verhältnis zu den MitschülerInnen/Verhältnis zu den LehrerInnen

In mit der Gruppe *Sprecher* vergleichbarer Weise theoretisieren auch J. Flo und Iwanna über das Verhältnis zu ihren MitschülerInnen, sie ‚schauen sie an' (Zeile 10 in diesem und 21 im darauf folgenden Transkript):

```
[System, Passage Gleichheitsdiskurs: 1-17]

J. Flo: ((Schulglocke)), also ich müsste jetzt
        eigentlich in der Elften sein, wenn ich in
        Lettland geblieben wäre, aber trotzdem in
        der siebten Klasse fühlen sich die
        Jugendliche in Lettland wie Kinder, also dis
        sieht so aus, Jungs schlagen Mädchen und ich
        weiß nicht, dis is wirklich wie im
        Kindergarten dort und in @Deutschland@ ich
        hab meine Klasse, ich hab meine jetzige
        Klasse mir so angeschaut, ne: dis gibts
        nich, die sind alle zu groß für mich, also
        in Gedanken, aber dann irgendwie, ich weiß
        nicht, in dieser Klasse, in dieser Schule
```

alle sind gleich, es gibt kein Unterschied, bist du ein Ausländer oder bist du so und so und so viele Jahre alt, also es gibt keinen Unterschied und das find ich toll. (5)

Am Ende einer interaktiv sehr dichten Passage, in der sich Iwanna und J. Flo – wechselseitig ergänzend – über ihre schulischen Erfahrungen in den jeweiligen Herkunftsländern austauschen (gegenseitige Validierungen: schwere Schulen; Klasse überspringen; früher Wechsel in die Oberschule), leitet J. Flo zu den aktuellen Erfahrungen über und evaluiert das Miteinander der SchülerInnen, die Umgangsformen. Als Vergleichshorizont für ihre jetzige Erfahrung dient ihr der Schulbesuch in Lettland. Die MitschülerInnen dort erscheinen ihr rückwirkend sehr unreif, „*wie im Kindergarten*" (7f.). Dass die Jungen die Mädchen schlagen, wird somit zum Zeichen einer noch nicht erreichten Entwicklungsstufe und einer Differenzierung in Über- und Unterlegene, einer Ungleichheit, die für sie an der jetzigen Schule nicht existiert. Im Gegenteil erscheinen die MitschülerInnen ihr gegenüber zunächst überlegen, in ihrem Auftreten „*zu groß*" (11), obwohl J. Flo um zwei Schulbesuchsjahre zurückgestuft wurde und ihnen entwicklungsgemäß überlegen sein könnte. Trotz einer zunächst vermuteten Diskrepanz zwischen ihr und den Klassenkameraden in Bezug auf das biologische Alter sowie die ethnische Herkunft und eine daran gebundene Existenzweise (die J. Flo hier augenscheinlich in Erwägung zieht), wird diese Unterscheidung auf der Handlungsebene zwischen den Jugendlichen nicht getroffen, sondern J. Flo erlebt, wie ein ‚Gleichheitsdiskurs' hergestellt wird. Für J. Flo stehen die MitschülerInnen im positiven Gegenhorizont, wie insbesondere anhand der abschließenden Evaluation „*und das find' ich toll*" (17) deutlich wird. Der ‚Gleichheitsdiskurs' findet zwischen den Jugendlichen statt, nicht zwischen SchülerInnen und LehrerInnen, wie dies in der Gruppe *Mikrofon* der Fall ist. Iwanna exemplifiziert die Ausführungen von J. Flo anhand der Aufhebung der Geschlechtertrennung:

[System, Passage Gleichheitsdiskurs: 18-28]

Iwanna: Naja und das ist das beste, wenn man sich mit einem Jungen besser versteht //Pute: Ja// als mit eine Mädchen //J. Flo: Ja//, wenn man so auf den Hof anschaut //I: Ja//, dann sieht man, merkt man dis, dass die Mädchen verstehn sich unter sich nich so gut. Aber so, Mädchen und Jungs könn sich gut verstehn. ((Handwerksgeräusche im Schulhaus)) Eigentlich muss das umgekehrt sein, aber (.) das ist auch nich schlimm mehr, wenn das (so rum) ist. (8)

Die Aufhebung einer Trennung zwischen den Geschlechtern wird von Iwanna sehr positiv gesehen („*das ist das beste*"). Indem Iwanna die Szenerie auf dem Hof beobachtet („*so auf den Hof anschaut*"), wird deutlich, dass sich die Auflösung ehemals normativer Vorstellungen auf den außerunterrichtlichen Bereich bezieht. Dass es für Iwanna um die Umkehrung von Geschlechternormen geht, zeigt sich insbesondere in ihrem Kommentar, dass das Verhältnis „umgekehrt sein" müsste, die Gruppe nun aber neue Möglichkeiten gefunden hat, sodass die Rollenumkehrung positiv erlebt („*nich schlimm*") wird. Der neue Umgang mit Rollen und Normen betrifft auch das Verhältnis der Mädchen untereinander. In dieser Hinsicht beziehen sich Konflikte auf die Normvorstellung, dass Mädchen sich untereinander gut verstehen müssten. Das Heraustreten aus der Beobachterinnenperspektive, den Iwanna anhand des Wechsels von ‚*sieht man*' in ‚*merkt man*' dokumentiert, könnte ein Hinweis darauf sein, dass auch Iwanna in Auseinandersetzungen mit anderen Mädchen verstrickt ist, diese demzufolge ‚merkt'.

Die Gruppe *System* arbeitet also an dieser Stelle das Geschlechterverhältnis und Gruppenstrukturen außerhalb des Unterrichts heraus: In der peer group sind Freundschaften zu Jungen von Vorteil, während die Mädchen keine gemeinsame freundschaftliche Ebene finden. Dieses positive Verhältnis zu den Jungen außerhalb des Unterrichts, also im SchülerInnensein der peer group, kontrastiert mit der Beziehung zu den Jungen im Unterricht, in der kommunikativen Rollenbeziehung, wie J. Flo nun verdeutlicht:

[System, Passage Klassensprecher: 1-19}

J. Flo: Naja mit den Klassensprechern geht es uns auch nicht so gut. Unsere, also aus unserer Klasse sind die Klassensprecher die größten Chaoten, die wurden ausgewählt.

Iwanna: Wer?

J. Flo: Bomme und André. (5) Alles läuft bei uns irgendwie schief. Kein Tafelamt, kein Ordnungsdienst, kein, keine normalen Klassensprecher (3) na ja und die Lehrer kommen immer zu spät, fast immer

Iwanna: ja so oft und keine fünf Minuten Unterricht. (2)

J. Flo: Aber mich nervt am meisten, wenn wir, wenn wir Arbeitslehre haben oder WPA[28], dann, also unsere beiden Lehrerinnen, Frau G und Frau K,

28 WPA steht für Wahlpflichtangebot: Kochen, Nähen, Werken etc. bilden die Wahlpflichtangebote.

die stehen hinter der Glastür und quatschen sich voll und wir müssen da vor der Tür stehen und warten.

Pute: Das kann bis eine halben Stunde dauern. (.)

J. Flo initiiert diesen thematischen Wechsel im Anschluss an Iwanna nach einer Pause von acht Sekunden. Der unvermutete Übergang zu den Klassensprechern weist auf die mehrdeutige Beziehungsebene der Mädchen zu den Jungen hin. Während eine Beziehung zu den Jungen sich außerhalb des Unterrichts als vorteilhaft erweisen kann, werden zwei Jungen, die sich als Klassensprecher dem institutionellen Regelwerk in besonderer Weise verpflichtet fühlen müssten, als ‚Störfaktoren' ausgemacht, als die *„größten Chaoten"* (3f.), die sie vom Unterricht abhalten. Die Klassensprecher erfüllen nicht die an sie gerichteten sozialen Erwartungen der dominanten Moral, denn sie handeln nicht normorientiert. Schulische Rituale, die den reibungslosen Ablauf der Unterrichtsorganisation sicherstellen, wie das *Tafelamt* oder der *Ordnungsdienst*, werden nicht ausgeführt[29]. Die Mädchen der Gruppe *System* fordern (wie auch die Gruppen *Fördern* und *Sprecher* dieses Typus) die Einhaltung dessen, was ihrer Ansicht nach zur Durchführung des Unterrichts gehört, ein. Probleme entstehen in dieser Gruppe dann, wenn die Trennung zwischen SchülerInnenrolle und SchülerInnensein, zwischen dominanten moralischen Prinzipien und der peer group gefährdet scheint. Den Klassensprechern wird die Rolle des verlängerten Arms der LehrerInnen zugedacht, in der Auffassung von J. Flo haben sie die Institution Schule zu vertreten. Stattdessen vertreten diese Jugendlichen die SchülerInnen, die sich *sekundär* an die Schule anpassen, worüber sich J. Flo empört. Zudem sind diejenigen, die den Unterricht stören, männlich. Im Gegensatz zur Gruppe *Schlüssel*, deren Mädchen den negativen Ruf der Jungen übernehmen (*„so schlimm wie wir"*), distanzieren sich die Mädchen der Gruppe *System* von diesen Jugendlichen, sofern es um einen reibungslosen Unterricht geht. Sie ziehen also eine Grenze zwischen konjunktiver Existenz in der peer group (SchülerInnensein) und kommunikativen, also rollenförmigen Beziehungen während des Unterrichts (SchülerInnenrolle).

Die von den Mädchen vollzogene Differenzierung zwischen rollenförmigem und habituellem Handeln wird nicht nur von einigen männlichen Jugendlichen gestört, sondern von den Lehrkräften selbst missachtet. Die LehrerInnen halten sich nicht an die Regeln, sondern erscheinen entweder zu spät zum Unterricht oder führen vor den Augen der SchülerInnen (durch eine Glastür[30] zu beo-

29 Nach Bohnsack (2003) und Wagner-Willi (2003) handelt es sich hierbei um kommunikative Rituale, die institutionalisierte Verfahrensabläufe in die jeweilige Handlungspraxis einbindet. Diese stehen im Gegensatz zu den konjunktiven Ritualen, die auf der Grundlage einer gemeinsam gelebten Praxis entstehen (vgl. Kap. A.2).

30 Erläuterung: Am Anfang des Ganges zu den Schulräumen, in denen Arbeitslehre unterrichtet wird, befindet sich eine Glastür als Zwischentür.

bachtende) Gespräche. Über die Erwähnung der Glastür erhält die Erzählung eine starke Metaphorik: Obwohl die Lehrerinnen und die SchülerInnen sich gegenseitig beobachten können, ist keine Kommunikation zwischen ihnen möglich. Die Lehrerinnen bleiben in Distanz zu den SchülerInnen und halten sie von ihrem Erfahrungsraum fern. Gleichzeitig kann in dieser Zeit weder der Raum des Unterrichts aufgesucht werden, noch irgendeine andere, den Unterricht betreffende Vorbereitung stattfinden, da die SchülerInnen während der Unterrichtszeit von den Lehrerinnen ‚ausgesperrt' werden. Gemeinsam mit der Gruppe *Sprecher* dokumentiert sich auch in diesem Fall, dass die nicht-offene Kommunikation zwischen LehrerInnen und SchülerInnen den Jugendlichen zum Problem geworden ist. In beiden Fällen entfalten sich keine Erfahrungsräume im Sinne eines kommunikativen Aushandelns von Prinzipien bzw. der kommunikativen Bewältigung schulischer Anforderungen. Pute und Iwanna weisen dabei auf die zeitliche Dimension derartiger nicht strukturierter Situationen hin, die fast eine ganze Schulstunde betragen, denn die Unterrichtseinheiten an dieser Schule belaufen sich auf jeweils 40 Minuten.

Pute setzt ihren Redebeitrag mit einer weiteren, nicht erfüllten Versprechung seitens der LehrerInnen fort:

```
[System, Passage Entscheidungen: 20-35]

Pute:     Naja, das is ja auch so, WPA is ja
          eigentlich unsere Entscheidung, unser Fach
          eben, das wir auswählen, das find ich
          eigentlich nich so in Ordnung, dass die das
          dann für uns machen. Die wissen ja gar nich,
          was wir nehmen wollen oder für was wir uns
          dann interessieren. Bei mir war das auch so,
          wir sind zusammen z.B. in Kochen und ähm ich
          war ein Tag nich da, nächsten Tag kam sie
          dann zu mir: „Ja wir sind Kochen." Und ich
          so: „was?" @(.)@ Mhm

J. Flo:   Naja, aber was sollen wir denn bitteschön
          hier entscheiden? Wir können ja nicht sagen,
          ja wir wollen Sport dreimal die Woche haben
          und das und das viermal die Woche.

Pute:     Oder Sport gar nich. @(.)@
```

Pute kritisiert, dass sie die verheißene Wahlmöglichkeit innerhalb des Wahlpflichtangebots (WPA) nicht wahrnehmen konnte, da sie am betreffenden Tag, an dem sie sich ein Fach hätte aussuchen können, gefehlt hat[31] und daraufhin

31 Innerhalb der Rekonstruktion der Erzählungen geht es nicht um den faktischen Wahrheitsgehalt, das heißt, wie lange die SchülerInnen tatsächlich Zeit hatten, sich in die Listen einzutragen.

von den Lehrkräften eingeteilt wurde. Während für Pute wichtig ist, dass die Interessen und Bedürfnisse der Jugendlichen nicht übergangen werden, hat J. Flo sich damit abgefunden, dass die Institution Schule nicht auf die individuellen Bedürfnisse der Jugendlichen hinsichtlich der Fächerkombination eingehen kann, wie sie anhand der ansonsten von ihr gewünschten Erhöhung der Sportstundenzahl exemplifiziert. J. Flo suspendiert Interessen auf der individuellen Ebene zugunsten eines reibungslosen schulorganisatorischen Ablaufs. Eine derartige Orientierung am institutionellen Regelwerk lässt sich auch anhand der Erfahrungen der Gruppe mit der Schulsozialarbeit rekonstruieren.

Schulsozialarbeit

In dieser Gruppe wird die Schulsozialarbeit nicht von den Jugendlichen thematisiert, sondern von der Forscherin in den Diskurs eingebracht. Im Vergleich zu den Gruppen, die sich *sekundär* an die Schule anpassen, kann dies bereits ein Dokument sein, dass in dieser Gruppe weniger Erfahrungen mit der Schulsozialarbeit gesammelt werden. Trotz dieser geringeren eigenen Erfahrungen profitiert die Gruppe im innerschulischen Bereich von der Schulsozialarbeit. In den nachschulischen Arbeitsgemeinschaften kommt es allerdings zu geschlechtsspezifischen Differenzen. Der Orientierungsrahmen der Gruppe kommt am Beispiel der Schulsozialarbeit noch einmal in prägnanter Weise zum Ausdruck.

Die Diskussionsleiterin knüpft zunächst daran an, die Gruppe bereits in der Schulstation gesehen zu haben. Iwanna und Pute stimmen mit dem Hinweis zu, dass es sich dabei um Schulstunden handelte, in denen Unterricht ausfiel. Daraufhin stellt die Diskussionsleiterin folgende Frage:

[System, Passage Schulsozialarbeit: 1-24]

I: Aber äh sonst, wie nutzt ihr die Schulstation, wie ist der Kontakt von euch dorthin?

J.Flo: Also wir benutzen die sonst gar nicht. Nur wenn die Stunden ausfallen. Aber ansonsten benutzen die Jungs die Schulstation. Weil wenn sich jemand schlecht benimmt in der Klasse dann schmeißt der Lehrer oder die Lehrerin ihn raus und dann darf er in die Schulstation.

Pute: Ja bitte.

J. Flo: Manchmal dürfen die das nich, manchmal müssen die im Flur stehen, aber meistens gehen die in die Schulstation und (4) oder wenn ich, wenn ich zum Beispiel manchmal zu spät komme, //I: Ja// hatte ich einen Termin oder so. Ich will doch nicht in in der Mitte des Stundes reinplatzen da und sagen „Tschuldigung, tschuldigung." Dann sitze ich in der Schulstation und ich warte bis es klingelt und dann gehe ich hoch und keiner hat mich gesehen. (2) Aber die tragen dis doch immer ein in der Schulstation wer da war und (5)

Die sich bereits weiter oben andeutende geschlechtsspezifische Distinktion zwischen den Jungen, die den Unterricht stören und den Mädchen, die dem Unterricht folgen wollen, lässt sich mit Bezug auf die Schulstation in pointierter Weise rekonstruieren. Denn in der Wahrnehmung von J. Flo – unter Validierung durch Pute – wird die Schulstation außerhalb von Unterrichtsausfall ausschließlich von den Jungen in Anspruch genommen. Die LehrerInnen selektieren die Jugendlichen geschlechtsspezifisch, denn nur die Jungen fallen durch Regelübertretungen auf. Ein Junge zu sein heißt demnach, potenziell außerhalb des schulischen Regelwerks zu agieren, *schlechtes Benehmen* zu zeigen. Die Schulstation verhilft den LehrerInnen, einen reibungsloseren Unterricht durchzuführen, denn die Schüler, die gegen Regeln verstoßen, können an die Schulsozialarbeit verwiesen werden. Auch für die Schülerinnen scheint diese Praxis zu einer angenehmeren Atmosphäre beizutragen, wie sich in Putes Kommentar „*ja bitte*" (11) dokumentiert. Gleichzeitig unterstreicht diese Form der Validierung des Gesagten die wahrgenommene Ritualisierung der Handlungspraxis: die Bearbeitung des Übergangs von den Mechanismen der institutionellen Selektion („Rauswurf") zu einem institutionalisierten Freiraum, dem Bedürfnis des Jugendlichen („*dann darf er*"). Die Stellung von Pute innerhalb der Gruppe wird ebenfalls deutlich: Pute kann zwar nicht auf den Hintergrund der Migration als gemeinsame Erfahrung zurückblicken, ihre Orientierung an den Regeln der Institution Schule steht jedoch im Gruppenkonsens, sodass von einem gemeinsamen Orientierungsrahmen gesprochen werden kann.

Dass die LehrerInnen, nachdem sie einen Jugendlichen aus dem Unterricht gewiesen haben, keinen Zugang mehr zu den Jugendlichen haben, zeigt die Fortsetzung der Erzählung von J. Flo. Denn obwohl die LehrerInnen teilweise anordnen, die Schulstation nicht aufzusuchen, sondern auf dem Flur, das heißt vor der Klassentür, zu stehen, halten sich die meisten Schüler nicht daran. Sie verlassen allerdings nicht die Schule, sondern suchen die SchulsozialarbeiterInnen auf.

Wenn J. Flo aufgrund von außerschulischen Terminen[32] später zur Schule kommt, hat sie die Möglichkeit, sich in der Schulstation aufzuhalten, um die

32 Aus den weiteren Erzählungen von J. Flo lässt sich entnehmen, dass es sich hierbei um Arzttermine oder um Trainingsstunden bei ihrem Tennistrainer handelt.

Zeit bis zur nächsten Schulstunde zu überbrücken. Da J. Flo den Unterricht durch ihre Verspätung nicht stören möchte, „*nicht ...reinplatzen*“ (18), dokumentiert sie wiederum die Funktionszuweisung an die Schulstation, nicht in Opposition zur Institution Schule zu stehen, sondern das schulische Regelsystem zu stützen, funktionsfähig zu machen und zu erhalten. Ein entscheidender Vorteil des Aufenthalts in der Schulstation besteht für J. Flo darin, dass ihr Aufenthalt schriftlich registriert wird. Obwohl sie während dieser Zeit vom unterrichtenden Lehrer nicht gesehen wird („*keiner hat mich gesehen*“, 21f.), gilt sie in der Institution als anwesend; auf dem Zeugnis werden demzufolge keine Fehlstunden vermerkt. Die Schulsozialarbeit dient für J. Flo zur Vermittlung zwischen außerinstitutionellem Freiraum und der Institution Schule, unter Gewährleistung und Wahrung der schulischen Regelungen.

Als J. Flo ihre Erzählung durch eine Pause konkludiert (fünf Sekunden), elaboriert Pute die geschlechtsspezifische Nutzung der Schulstationsangebote:

[System, Passage Schulsozialarbeit: 25-41]

Pute: Naja letztens hab ich einen Zettel gesehen,
da sollte auch was angeboten werden, so für
Mädchen, Schminken war das, glaub ich. Also
es gibt auch manche Sachen für #Mädchen#

J. Flo: #Ja, ja#
Schminken.
#Dazu konnte man sich melden.#

Iwanna: #Das niemand nicht macht. O#der Badminton

Pute: Aber da ist niemand hingegangen @(2)@.

J. Flo: Also ich wollte mich letztens anmelden zum
Mofa-Kurs, das wollte ich gerne machen,
aber da bin ich nicht genommen worden. (3)

I: Könnt Ihr den Mofa-Kurs in der Schule
belegen?

Iwanna: Ja, aber nur vier Plätze es gibt immer.

Pute: Und die bekommen die Jungs.

J. Flo: Pech gehabt @(.)@.

Die Schulstation wird – in der Wahrnehmung der Gruppe *System* – während des Unterrichts zwar häufig von den männlichen Schülern genutzt, die Angebote der SchulsozialarbeiterInnen außerhalb des Unterrichts sind geschlechtsspezifisch allerdings auch an die Mädchen gerichtet, denn es existieren gesonderte Angebote für Mädchen wie ‚Schminken‘ oder ‚Badminton‘. In parallel-fokussierter Weise machen die Mädchen deutlich, dass sie derartige Angebote nicht nutzen („*niemand nicht macht*“, 32/„*niemand hingegangen*“, 33). Wenn J. Flo nun ausführt, dass sie einen Mofa-Kurs belegen wollte, stehen sich geschlechtsspezifisch konnotierte Aktivitäten (geschlechtstypische Vorstellungen des Common Sense) gegenüber: *Schminken* für die Mädchen und *Mofafahren* für die Jungen. An den für Mädchen ausgewiesenen Angeboten ist die Gruppe nicht interessiert und gegenüber den allen offenstehenden Arbeitsgemeinschaften (wie der ‚Mofa-Arbeitsgemeinschaft‘) fühlen sie sich geschlechtsspezifisch benachteiligt („*und die bekommen die Jungs*“, 40). Während die männlichen Jugendlichen der Gruppen *Weg* und *Chillig* herausarbeiten, dass sie im Rahmen der Schulsozialarbeit bzw. in der Schulstation andersartige und für sie neue Erfahrungen sammeln, ist dies den Mädchen nicht möglich. Die Mädchen werden scheinbar zu sehr auf gewohnte Alltagshorizonte und Handlungsweisen (z.B. Schminken) verwiesen, von denen sie nicht profitieren. Demgegenüber erweitern die Jungen mit den Angeboten der Schulsozialarbeit und der Arbeitsgemeinschaften ihr Handlungsrepertoire.

Im Kontrast zur Gruppe *Fördern* wissen die Mädchen der Gruppe *System* dennoch von positiven eigenen Erfahrungen in der Schulstation zu berichten, die sie während der Unterrichtszeit bzw. bei Unterrichtsausfall erleben:

[System, Passage Schulsozialarbeit: 42-58]

42 J.Flo: Oder wir sitzen in der Schulstation

43 Pute: Sitzen, #Zeitung# anhörn

44 J.Flo: #Musik# anhörn

45 Pute: @ Äh anhörn, haha, angucken @ oder Musik
46 hören, ja n bißchen quatschen auch. (2)

47 J.Flo: Mit Heik**o**!

48 Iwanna: Ja.

49 Pute: @((zustimmende Laute))@ (2)

50 Iwanna: Mhm

51 J. Flo: Mir gefällt das, weil wir könn die Heiko und
52 die Sibylle da vollquatschen und @die@ die
53 hörn uns immer #zu#.

54 Pute: #Wir# können alles erzählen,
55 was wir was wir

56 J.Flo: zum #Reden#

57 Pute: #erzählen# wollen //I:Mhm// und die hörn
58 uns zu. (1) Und das äh das find ich gut.

J. Flo bringt eine weitere, abschließende Proposition zur Schulsozialarbeit ein („*sitzen in der Schulstation*"), die sie gemeinsam mit Pute elaboriert. Während zielgruppenspezifische Angebote oder Arbeitsgemeinschaften von den Mädchen nicht genutzt werden bzw. nicht am Bedarf der Mädchen orientiert sind, ist das in die Schule sozialräumlich integrierte Schulstationsangebot dennoch im schulischen Alltag der Mädchen präsent und kontrastiert mit dem Unterricht. Die möglichen Aktivitäten in der Schulstation sind nicht schulisch überformt (Aufgaben für ein Unterrichtsfach erledigen beispielsweise) oder von den SozialarbeiterInnen gesteuert, sondern von den Jugendlichen im Rahmen der sozialräumlichen und materiellen Angebote der Schulstation frei wählbar. In einer sehr vagen Interpretation könnte der Versprecher von Pute, „*Zeitung anhörn*" (43), ein Hinweis auf die interaktiven, kollektiven Möglichkeiten in der Schulstation sein, nämlich sofort in einen Austausch über das in einer Zeitung oder Zeitschrift[33] Entdeckte mit den MitschülerInnen treten zu können. Ihre Verbesserung in „*angucken*" (45) könnte als Kontrast zum schulisch geforderten ‚Lesen' verstanden werden. Pute, die im Gegensatz zu J. Flo und Iwanna den Schulstoff nicht einfach findet, profitiert von der basalen Ausrichtung der Schulstation („gucken" vor „Lesen") in Bezug auf Bereiche, in denen sie verunsichert ist[34]. Auf der Suche nach Verständigung mit Erwachsenen zeigen sich Gemeinsamkeiten mit der Gruppe *Mikrofon*. Auch in der Gruppe *System* findet der männliche Schulsozialarbeiter gesondert Erwähnung. Die lautmalerische Erwähnung des Schulsozialarbeiters weist auf adoleszenzspezifische Möglichkeiten hin, die Grenzen austestende und probende Erfahrungen beinhalten können. Die Interaktionen mit den SchulsozialarbeiterInnen kontrastieren maximal mit den LehrerInnen, die – wie weiter oben ausgeführt – hinter Glastüren ohne die SchülerInnen (inter)agieren. Demgegenüber stehen die SchulsozialarbeiterInnen im positiven Gegenhorizont der Gruppe, denn sie horen den Jugendlichen „*immer zu*" (53). Unabhängig von bestimmten Themen können die Jugendlichen „*alles erzählen*" (54), sodass es zu einer kollektiv geteilten positiven Evaluation der Schulsozialarbeit kommt.

Nachtrag

Iwanna verließ zum Schuljahr 2000/2001 die H-Schule und wechselte auf eine Gesamtschule. J. Flo bat mich am 05.04.2001 – sie besuchte zwischenzeitlich die 10. Klasse – ihr einen neuen Fragebogen auszuhändigen, da sie den ersten Bogen „*nicht richtig*" ausgefüllt habe. Auf diesem Fragebogen kreuzt J. Flo an, dass sie den Realschulabschluss auf der Hauptschule anstrebt (Zu-

33 In der Schulstation liegen Jugendzeitschriften wie z.B. „Bravo" aus, teilweise ist auch eine Tageszeitung („BZ") vorhanden.

34 In der Passage *Eltern* beschwert sich Pute, dass ihr Vater sie bei der Schulnote „3" bereits kritisiert, da sie doch „nur" auf einer Hauptschule mit leichtem Schulstoff sei.

satzbemerkung). Ferner gibt sie an, dass sie sich bereits vor dem Unterricht in der Schulstation aufhält und sie außerschulische Probleme mit den SchulsozialarbeiterInnen besprechen konnte. Auch hat sie zwischenzeitlich an der Schülerkonfliktlotsenausbildung („Mediation“) teilgenommen.

Zusammenfassung der zentralen Komponenten des Orientierungsrahmens

- Die Mädchen der Gruppe System orientieren sich an der dominanten Moral (*primäre Anpassung*) und bewerten den Schulbesuch unter dem Aspekt der beruflichen Qualifikation. Sie antizipieren ihren schulischen Abschluss einschließlich der nachschulischen Zukunft und entfalten die Orientierungen auf der Basis ihrer Erfahrungen (*erfahrungsbasierte* Enaktierungen).
- Die Zukunftsorientierung geht einher mit dem Versuch ihrer Realisierung in der Handlungspraxis durch Verlassen der Schule. In diesem Zusammenhang setzen sich die Mädchen auch mit der Erwartungshaltung ihres Herkunftsmilieus auseinander und migrationsbedingten Abstiegserfahrungen.
- Die Gruppe zeichnet sich durch die Fähigkeit der analytischen Durchdringung von Sachverhalten aus, die auch bei eigener Verwobenheit in Interaktionen Distanz ermöglicht (etwa in Bezug auf das Herkunftsmilieu).
- Die Mädchen bewältigen die (schulische) Alltagskommunikation, indem sie die unterschiedlichen sozialen Identitäten in der Schule voneinander trennen. So erleben sie die Existenz in der peer group als vorteilhaft, denn in ihr sind ethnische, soziale und geschlechtsspezifische Differenzen aufgehoben, es kommt zu einem ‚Gleichheitsdiskurs‘, zu einem übergreifenden konjunktiven Erfahrungsraum. Ein derartiger Erfahrungsraum hat in der kommunikativen Bewältigung der Schülerinnenrolle keine Gültigkeit. Hier sind es insbesondere die Jungen, die nicht in der Lage sind, rollenförmiges von habituellem Handeln zu trennen, sodass die Klassenkameraden die an sie gerichteten sozialen Erwartungen nicht erfüllen. Die Klassensprecher vertreten in den Augen der Gruppe die peer group und nicht die schulische Organisation, sodass sie der an sie gestellten (Rollen-) Anforderung nicht gerecht werden.
- Diejenigen, die vom schulischen Rollenhandeln abweichen, sind ausschließlich Jungen. Weiblichkeit wird zu einem Synonym für eine bessere Qualität des Unterrichts.
- Zugunsten eines reibungslosen schulorganisatorischen Ablaufs werden Interessen auf der individuellen Ebene teilweise suspendiert.
- Eine fehlende Möglichkeit der kommunikativen Auseinandersetzung zeigt sich nicht nur im Milieu der Jugendlichen, sondern teilweise auch in der Beziehung zwischen LehrerInnen und SchülerInnen. Die LehrerInnen

führen während des Unterrichts Gespräche hinter einer ‚Glastür', sodass eine offene Kommunikation nicht möglich ist.

- Die *Schulsozialarbeit* wird nicht auf das Handlungssystem der peer group bezogen (wie von den Gruppen der *sekundären Anpassung*), sondern auf die schulische Organisation. Demzufolge ist die Schulstation primär dafür zuständig, das schulische Regelsystem zu stützen, funktionsfähig zu machen und zu erhalten sowie einen reibungslosen schulorganisatorischen Ablauf zu gewährleisten und sich um diejenigen zu kümmern, die sich den Rollenanforderungen entziehen: die Jungen.
- Die im nachschulischen Bereich angesiedelten geschlechtsspezifisch orientierten Angebote der SchulsozialarbeiterInnen für Mädchen (Schminken, Badminton) werden nicht besucht. In einer gemischtgeschlechtlichen Arbeitsgemeinschaft (Mofakurs) erhalten sie keinen Platz. Die Mädchen sind eher an Angeboten interessiert, die in der Vorstellung des Common Sense mit männlichen Handlungsweisen attribuiert werden. Diese Erfahrungen erscheinen den Mädchen jedoch schwer zugänglich.
- Die im Rahmen von Unterrichtsausfall in der Schulstation gesammelten Erfahrungen der Gruppe stehen im positiven Gegenhorizont. Sie verweisen auf konjunktive sowie (meta-)kommunikative Beziehungsmöglichkeiten zwischen SchülerInnen und SchulsozialarbeiterInnen einschließlich adoleszenzspezifischer Entwicklungsvorgänge. Auch die Formen der (Selbst-)Beschäftigung in der Schulstation gestalten sich als interaktive und kollektive Prozesse.

3.4 Primäre Anpassung: Zusammenfassung und Diskussion

Wie anhand der Falldarstellungen (*Diskursbeschreibungen*) sichtbar wird, lässt sich der Umgang mit bzw. die Aneignung von den Angeboten der Schulsozialarbeit durch die Jugendlichen nur im Zusammenhang ihrer aktuellen schulischen Situation und der aus dieser resultierenden Bewältigung von Schule verstehen. Daher werden zunächst – wie schon bei der Zusammenfassung des Typus *sekundäre Anpassung* – die Orientierungsmuster der Jugendlichen des Typus *primäre Anpassung* verdichtet dargestellt und miteinander verglichen sowie anschließend ihre Erfahrungen und Auseinandersetzungen mit der Schulsozialarbeit darauf bezogen.

Selbstverortung/Schulalltag

Den drei Gruppen des Typus: *primäre Anpassung* gemeinsam ist die Orientierung an den Prinzipien der dominanten Kultur mit ihrer Ausdifferenzierung in organisierte bzw. rollenförmige Sozialbeziehungen. Die Realisierung dieser

Orientierung in die Handlungspraxis (Enaktierung) ist in allen drei Gruppen prekär, da die Jugendlichen erleben, dass das schulische Milieu insgesamt von den dominanten moralischen Prinzipien abweicht oder sich die LehrerInnen nicht an diesen orientieren. In der Kommunikation zwischen LehrerInnen und SchülerInnen dokumentieren sich in allen drei Gruppen Schwierigkeiten. Die Gruppe *Fördern* erlebt keine Formen gelingender Kommunikation im Unterricht. Sarah und Barbara fühlen sich beständigen Angriffen auf ihre psychische Integrität in Form von „Degradierungszeremonien“ (Garfinkel 1977), die von den LehrerInnen ausgehen, ausgesetzt und diskreditiert. Umsetzungsmöglichkeiten eigenständiger Orientierungen sieht die Gruppe nicht bzw. Realisierungsmöglichkeiten werden fremdattribuiert. Während die Gruppe *Fördern* die Interaktion ausschließlich von den LehrerInnen ausgehend erlebt und tendenziell in eine Opferhaltung gerät, geht es in der Gruppe *Sprecher* um wechselseitige Anerkennung und eine Verständigungsorientierung zwischen LehrerInnen und SchülerInnen. Sie sehen sich nicht einem generalisierten ‚unfähigen‘ Lehrkörper gegenüber, sondern identifizieren positive (jüngere LehrerInnen) und negative (ältere LehrerInnen) Kommunikationsbeispiele, gelingende und misslingende Verständigung zwischen LehrerInnen und SchülerInnen. Beispiele für nicht gelingende Verständigungsformen gehen sowohl in der Gruppe *Sprecher* als auch in der Gruppe *System* mit einem Kommunikationsverlust einher. Der Verlust kommunikativer Verständigung findet seinen Ausdruck in der Gruppe *Sprecher* beispielsweise darin, dass eine Lehrerin die Klasse weinend verlässt, eine andere Lehrerin den Schulleiter zur Erteilung eines Rauchverbots hinzuziehen möchte sowie inhaltliche Auseinandersetzungen auf der formalen Ebene mit disziplinarischen Mitteln (Tadel) geführt werden. Die Gruppe *System* berichtet, dass die LehrerInnen nicht zum Unterricht erscheinen oder während der Unterrichtszeit untereinander Gespräche führen, an denen die SchülerInnen nicht teilnehmen. Ihren metaphorischen Höhepunkt findet die nicht-offene Kommunikation in dieser Gruppe am Beispiel einer Glastür, hinter der die SchülerInnen ihre LehrerInnen beobachten, ohne in einen Austausch mit ihnen treten zu können. Allen Beispielen gemeinsam ist es, dass kein kommunikatives Aushandeln über Regeln, Grenzen, Prinzipien oder Unterrichtsthemen stattfindet. Konfliktlösungen werden in diesen Beispielen nicht diskursiv, sondern restriktiv und formalisiert herbeigeführt. Der damit einhergehende Verlust an Kommunikation wird den Jugendlichen zum Problem. Im Unterschied zu den Gruppen der *sekundären Anpassung* suchen sie die Stellungnahme der LehrerInnen nicht in aktionistischer Weise zu erzwingen, sondern sind weiterhin an einer kommunikativen Verständigung orientiert. Neben der Suche nach bzw. Orientierung an voraussetzungsvoller metakommunikativer Verständigung in Diskussionen, in denen die verschiedenen – von der Gruppe *Sprecher* auch generationsspezifisch identifizierten – Standpunkte ausgetauscht werden, wünscht und sucht die Gruppe Formen des voraussetzungslosen kollektiven Miteinanders zwischen

SchülerInnen und LehrerInnen. Ein derartiges Miteinander ohne vorherige wechselseitige Interpretation dokumentiert sich im „*Spaß*", den die SchülerInnen einfordern. In Beispielen der Umsetzung dieser Orientierung in Handlung geht es um die kollektive Abwehr von Erfahrungen der Degradierung. Um mit derartigen Erfahrungen umzugehen, entwickeln die Jugendlichen kollektive Rituale, in denen die Fremdidentifizierung der SchülerInnen als „Opfer" spielerisch von den LehrerInnen aufgegriffen werden soll, in einer verbalen Provokation ohne Ernstcharakter („*Spaß*"). Die Überschneidung und wechselseitige Konstituierung von „Interaktionscodes der kommunikativen Ordnung des Unterrichts und der [konjunktiven, C.S.] Gleichaltrigenkultur" (Kalthoff/Kelle 2000, S. 691) kommen in prägnanter Weise zum Ausdruck. Während die Mädchen der Gruppe *Fördern* das Aufgreifen jugendsprachlicher Konventionen als besonders schwere Form von (ethnischer) Diskriminierung erleben (wenn die Lehrer beispielsweise den Ausdruck „*Bimbo*" gegenüber einem Jugendlichen gebrauchen), geht es in der Gruppe *Sprecher* um einen Gegenpol zur Rollendistanz, wie sie die Gruppen *Schlüssel*, *Chillig* und *Weg* der *sekundären Anpassung* praktizieren. Der Gegenpol oder Gegenhorizont zur Rollendistanz ist dann gegeben, wenn sich ein Miteinander, also ein Interaktionsmodus, den Goffman (1973) auch als „Euphorie" bezeichnet, zwischen LehrerInnen und SchülerInnen in Form von „Spaß" ausbildet. Dabei werden die Rolle der LehrerInnen und ihre Autorität zu keiner Zeit in Frage gestellt. Dennoch birgt die Orientierung eine Problematik in sich, da die unterschiedlichen milieuspezifischen Erfahrungsräume von LehrerInnen und SchülerInnen negiert werden. Diejenigen Jugendlichen, die sich nicht an Rollenbeziehungen orientieren, stehen im negativen Gegenhorizont der Gruppen *Sprecher* und *System*.

SchülerInnensein in der peer group und SchülerInnenrolle

Die Gruppen *Sprecher* und *System* zeichnet gemeinsam aus, dass sie den *konjunktiven* vom *kommunikativen* Erfahrungsmodus differenzieren und somit in der Lage sind, das SchülerInnensein von der SchülerInnenrolle zu trennen. Sowohl in der Gruppe *Sprecher* als auch in der Gruppe *System* steht die Existenz in der peer group im positiven Gegenhorizont. Den primären Rahmen in der Gruppe *System* bilden die Gemeinsamkeiten trotz Differenzen, sodass in der peer group Unterschiede der Herkunft, des Alters und des Geschlechts bearbeitet und überwunden werden können. In der Gruppe *Sprecher* stehen die kollektiven Erfahrungen jenseits von Planbarkeit und Zweckrationalität im Vordergrund. Für Jamal aus der Gruppe *Sprecher* erweitert sich hierbei auch der außerschulische Aktionsradius. Die peer group steht außerhalb jeglicher institutioneller Rahmung, sei es durch das Jugendhaus oder durch die Schule. Dies ist nur ein sehr vager Hinweis[35] auf eine in der Geschlechterforschung

35 Der Hinweis bedarf empirischer Validierung und ist nicht Gegenstand dieser Arbeit.

beschriebene geschlechtsspezifische Funktion der peer group, die insbesondere Jungen erweiterte Handlungsspielräume mit einem zunehmenden Bewegungsradius eröffnen würde (vgl. Schön 1999).

Diesen positiven kollektiven Erfahrungen in der peer group steht in beiden Gruppen die Distanz zu den MitschülerInnen in der SchülerInnenrolle gegenüber. Während in der peer group das Miteinander und die Gleichartigkeit der Erfahrungen relevant sind, weisen die Jugendlichen in der Orientierung an der SchülerInnenrolle auf die Verschiedenartigkeit der Erfahrungen hin. In der Gruppe *Sprecher* werden die *„Freunde“* zu den *„Leuten“*, mit denen aufgrund von inhomogenen Erfahrungshintergründen keine Gemeinsamkeit hergestellt werden kann und die Beziehungen nicht auf Gleichartigkeit, sondern auf der Macht der älteren Jugendlichen gegenüber den jüngeren SchülerInnen beruhen. In der Ausübung der SchülerInnenrolle besteht weder Einigkeit noch verfügen die Jugendlichen über eine handlungspraktische Sicherheit, denn *„hier ist jeder so für sich allein“* wie Jamal äußert. In der Gruppe *System* symbolisieren die Klassensprecher die Abweichung von der Schülerrolle und damit den Prinzipien der dominanten Moral. Die Klassensprecher werden als Erfüllungsgehilfen der Durchsetzung der Regeln und Prinzipien der dominanten Moral gedacht. Stattdessen entpuppen diese sich als die *„größten Chaoten“*, die einen reibungslosen Ablauf der Unterrichtsorganisation verhindern und nicht fördern. Die Klassensprecher stärken die Hinterbühnenaktivitäten anstelle der Vorderbühne. Die Fähigkeit zur Trennung der Erfahrungsmodi von *SchülerInnenrolle* und *SchülerInnensein*, die einhergeht mit distanziert-theoretischen Reflexionsmöglichkeiten hilft den Gruppen *Sprecher* und *System* bei der Orientierung an den dominanten moralischen Prinzipien.

In der Gruppe *Fördern* existiert eine derartige Trennung zwischen SchülerInnenrolle und SchülerInnensein zur Bewältigung des Schulbesuchs nicht. Stattdessen erleben die Mädchen einen Prozess des Ablösens von einer Rollenorientierung und des Hineingleitens in für sie neuartige Erfahrungen der peer group, das die LehrerInnen zu verantworten haben. So nehmen es sich die LehrerInnen beispielsweise nicht *„zu Herzen“*, dass die Jugendlichen beginnen zu rauchen, sondern normalisieren den Konsum von Zigaretten und Drogen durch Ignoranz. Die Art und Weise der Negation von Verantwortungsübernahme und Selbstbestimmungsrechten konnte in der komparativen Analyse als *fiktive Individuierung* rekonstruiert werden.

Fiktive, handlungspraktische und theoretische Individuierung

Eine *fiktive Individuierung* konnte nur in der Gruppe *Fördern* rekonstruiert werden. Die Gruppe *Fördern* verortet sich nicht in zeitlicher Hinsicht und ein eigenständiges biografisches Engagement mit einer Übernahme von Verantwortung für das eigene Handeln ist nicht existent. Die *fiktive Individuierung* steht im Kontrast zu den Gruppen der *sekundären Anpassung*, die sich *prak-*

tisch individuieren und zur Gruppe *System*, die in der Lage ist, Entscheidungssituationen theoretisch durchzuspielen und sich *theoretisch individuiert*. Die gedankenexperimentelle Antizipation versetzt die Mitglieder der Gruppe *System* nicht nur in die Lage, in der Zukunft liegende Entscheidungssituationen zu erwägen, sondern beinhaltet auch eine Aufstiegsorientierung. Die Aufstiegsorientierung dokumentieren Iwanna und J. Flo, die beide beabsichtigen, die Schule zu verlassen, um einen Realschulabschluss zu erlangen. Im Gegensatz zu den Gruppen der *sekundären Anpassung* setzen sie sich mit der strukturell-hierarchischen Stellung der Hauptschule im Schulsystem auseinander. Im gruppeninternen Vergleich mit ihrer Mitschülerin Pute und in der komparativen Analyse mit den anderen Gruppen bestätigt sich die bildungsmilieutypische Verortung hinsichtlich der Ausbildung von biografisch relevanten Orientierungsmustern. Die von Ralf Bohnsack herausgearbeitete Bildungsmilieutypik (1989, vgl. Kap. A.2 dieser Arbeit) hat auch in diesem Fall Gültigkeit, denn Iwanna und J. Flo verfügen beide über einen Erfahrungshintergrund als Gymnasiastinnen in ihren Herkunftsländern und ihr Herkunftsmilieu besteht aus AkademikerInnen. Im Gegensatz zur *praktischen Individuierung* von Lehrlingen konnte für GymnasiastInnen eine *theoretische Individuierung* rekonstruiert werden (Bohnsack 1989, S. 205). Der Migrationshintergrund führt nach den hier vorliegenden Erhebungen zu einer Verschärfung der Bedingungen, unter denen die Gruppe *System* sich theoretisch individuiert.

Die Gruppe *Sprecher* nimmt eine Zwischenstellung ein. Auf der Ebene des intentionalen Ausdruckssinns kann ein zeitliches biografisches Engagement angenommen werden, denn insbesondere Jamal zeigt eine Zielorientierung und will einen Realschulabschluss (auf der Hauptschule) ablegen. Eine Planung berufsbiografischer Möglichkeiten oder gedankenexperimentelle Auseinandersetzungen erfolgen allerdings nicht. Es fehlt an Sozialisationsinstanzen, die eine reflexive Kontinuitätssicherung zur berufsbiografischen Individuierung ermöglichen, denn Jamal würde gerne mehr darüber erfahren, „*was kommt*“[36]. Die Absicht einer Selbstverortung in zeitlicher Hinsicht (über zeitliche im Gegensatz zu den räumlichen Metaphern der Gruppen der *sekundären Anpassung*) bringt auch Anna zum Ausdruck. Beispielsweise möchte Anna darlegen, dass die schulischen Lehrmaterialien älter seien als sie selbst. Sie wählt jedoch eine Jahresangabe, die nach ihrer Geburt liegt. Anna erweckt nicht den Eindruck einer selbstsicheren zeitlichen Verortung und eines eigenständigen biografischen Engagements, sondern erzeugt eine Diffusion innerhalb des Diskurses. Es fehlt der Gruppe an handlungspraktischen Sicherheiten im Rahmen der Orientierung an den Prinzipien der dominanten Moral, sodass es im Verlauf des Diskurses wiederholt zu stereotypen Identifizierungen mit

36 Während des Einzelinterviews mit Jamal (im Anschluss an die Gruppendiskussion) erzählt er, dass seine Mutter einen Schulabschluss nachholt und er mit ihr Schulerfahrungen austauschen kann. Gleichzeitig teilt er mit seiner Mutter die berufsbiografische Unsicherheit.

der dominanten Moral kommt. In dieser Hinsicht gewinnt die Schulsozialarbeit an Relevanz.

Schulsozialarbeit/Beziehung SchülerInnen – SozialarbeiterInnen

Innerhalb der drei vorgestellten Gruppen der *primären Anpassung* erhält die Schulsozialarbeit einen wesentlich geringeren Stellenwert als in den Gruppen des ersten Typus (*sekundäre Anpassung*). Die Erfahrungen der Jugendlichen mit der Schulsozialarbeit beziehen sich teilweise auf Aufenthalte in der Schulstation, die aufgrund von Unterrichtsausfällen zustande kommen und nicht auf problematischen Situationen beruhen. Die SchülerInnen, für die das Schulstationsangebot „ursächlich angelegt ist" (Konzeption, S. 3), nämlich SchülerInnen „mit Problemen im schulischen, sozialen und/oder emotionalen Bereich" (ebd.) sind überwiegend innerhalb des Typus *sekundäre Anpassung* zu finden. Dennoch ist die Nutzung oder Nicht-Nutzung (*Fördern*) der Angebote der Schulsozialarbeit auch in diesem Typus dort evident, wo zentrale Komponenten des Orientierungsrahmens thematisiert werden. Den drei Gruppen gemeinsam ist, dass die Schulsozialarbeit im primären Rahmen der institutionell- schulischen *Vorderbühne* wahrgenommen und damit den Regeln und Prinzipien der dominanten Moral zugerechnet wird. Da in der Orientierung an der SchülerInnenrolle Schwierigkeiten oder auch Unsicherheiten auftreten, suchen die Jugendlichen Unterstützung durch die SchulsozialarbeiterInnen. In den Gruppen *Sprecher* und *System* gewinnt die Schulsozialarbeit in Bezug auf die Enaktierung der SchülerInnenrolle an Bedeutung.

→ Schulsozialarbeit dient zuvorderst der Unterstützung der SchülerInnenrolle (kommunikativer Erfahrungsmodus), weniger dem SchülerInnensein (konjunktiver Erfahrungsmodus).

Trotz der anders gearteten Nutzung und Funktion der Schulstation für die SchülerInnen des Typus *primäre Anpassung*, geht es typenübergreifend um Prozesse der Identitätsfindung und Identifikation. Wie innerhalb des Typus *sekundäre Anpassung* sehen sich auch die Jugendlichen der Gruppe *Sprecher* mit Fremdmoralisierung und Etikettierung konfrontiert. Insbesondere Anna (Gruppe *Sprecher*) hat Schwierigkeiten, unter dem Druck von Fremdmoralisierung zu eigenständigen Bewertungsmaßstäben zu finden. Vor dem Hintergrund einer daraus resultierenden Ungewissheit ihrer sozialen Identität als Hauptschülerin verhilft ihr ein Gespräch mit der Schulsozialarbeiterin zu eigener Handlungssicherheit und stärkt sie in der Abwehr von Degradierung und Etikettierung. Anna führt keinen aktionistischen Kampf um handlungspraktische Autonomie wie die Gruppen der *sekundären Anpassung*, sondern nutzt die diskursiven Möglichkeiten der Schulstation zur Identitätsfindung. Darüber hinaus bietet die Schulsozialarbeit nicht nur individuelle Unterstützung, sondern die Schule selbst wird zum Tätigkeitsfeld der Schulsozialarbeit und durch diese qualifiziert. Die durch die Schulsozialarbeit bewirkte Qualifikation der Schule findet ihren Höhepunkt in der Äußerung von Anna, „*dass unsere Schule sich eben [über die Schulsozialarbeit und die Cafeteria, C.S.] weiter gebildet hat*“ und damit auch der Identifikation mit der Schule dient.

→ Schulsozialarbeit stärkt die individuelle Identitätsfindung sowie die kollektive Identifikation mit der Schule.

Anhand der Gruppen *Sprecher* und *System* lässt sich rekonstruieren, dass die Lehrkräfte alleine nicht in der Lage sind, den institutionell organisierten Bildungsauftrag zu sichern. Den LehrerInnen und SchulsozialarbeiterInnen werden von den SchülerInnen gemeinsame Zielsetzungen zugedacht, die es kooperativ zu verwirklichen gilt. Im Gegensatz zur *sekundären Anpassung* steht nicht ein Kampf gegen die LehrerInnen oder das schulische Unterleben im Vordergrund, sondern die Veränderung schulischer Sanktions- und Regulationsmechanismen zugunsten einer kooperativen Praxis oder auch Verwirklichung einer Verständigungsorientierung. Im Vergleich zwischen den Gruppen *Sprecher* und *System* treten wiederum die beiden Komponenten von individueller und kollektiver Unterstützung durch die Schulsozialarbeit hervor. Neben der Qualifikation, die die gesamte Schule betrifft, geht es Jamal (Gruppe Sprecher) um die individuelle Qualifikation. Er nutzt die Schulsozialarbeit, um eine *Verständigungsorientierung* zu enaktieren. Die Schulsozialarbeit (be)stärkt die Jugendlichen darin, das Verhältnis zwischen LehrerInnen und SchülerInnen nicht auf formale Regeln und die Ausschöpfung disziplinarischer Mittel zur Einhaltung derselben zu reduzieren. Durch den Einbezug der SchulsozialarbeiterInnen gelingt es in einzelnen Situationen, dass die LehrerInnen beispielsweise die Vergabe eines Tadels überdenken. Die SchulsozialarbeiterInnen machen auf das Spannungsverhältnis zwischen „schulischem *Verantwortungsraum* und schulischem *Machtraum*“ (Braun/Wetzel 2000, S. 134) aufmerksam. Sie vertreten die Interessen der Jugendlichen, erweisen sich als ihr Sprachrohr oder ‚Anwalt‘. Es lässt sich jedoch nicht sagen, ob die stellvertretenden Deutungen des SchülerInnenverhaltens durch die SchulsozialarbeiterInnen den LehrerInnen neue, erweiterte Interaktionsformen ermöglichen oder es sich um einzelne Interventionen durch die SozialarbeiterInnen handelt. Eine Erhöhung von schulischer Entscheidungskompetenz sowie eine Übernahme von Verantwortung für bestimmte Aufgabenbereiche ist in keiner der Gruppen vorhanden. Auf der Einstellungsebene ergibt sich in diesem Zusammenhang folgendes Bild: Die SchulsprecherInnen sehen die soziale Machtverteilung weiterhin von der dominanten Moral her bestimmt („*es wird sich nichts ändern*“), ebenso die Gruppe System („*was sollen wir denn bitteschön hier entscheiden*“?); und die Gruppe Fördern erfährt Restriktionen („*da dürfen wir auch nich immer ran*“) oder Desinteresse der LehrerInnen („*die kümmern sich nich drum*“).

> → Die Schulsozialarbeit erweitert die meta-kommunikativen Verständigungsmöglichkeiten zwischen LehrerInnen und SchülerInnen. Sie wirkt einer Reduktion des Verhältnisses auf eine durch Macht und Hierarchie gekennzeichnete Kommunikation entgegen. Die Befunde weisen allerdings darauf hin, dass die soziale Machtverteilung weiterhin als ungleich erfahren wird. Die Entscheidungs- und Selbstbestimmungskompetenz der Jugendlichen innerhalb der Schule verändert sich nicht generell, sodass von einzelnen Interventionen der SchulsozialarbeiterInnen auszugehen ist.

Die Gruppe *Sprecher* bezieht die Schulsozialarbeit auf das offizielle Curriculum und nutzt die Schulsozialarbeit als meta-kommunikatives Verständigungsangebot. Bei Anna und Jamal (Gruppe *Sprecher*) steht das Subjekt bzw. die Intersubjektivität im Vordergrund und nicht die Sozialräumlichkeit des Angebots. In der Tendenz lässt sich festhalten, dass die Gruppen der *sekundären Anpassung* die Schulsozialarbeit eher in räumlichen Metaphern in den Diskurs einbringen und weniger die Gruppen der *primären Anpassung*. Allerdings wird auch in den Gruppen der *primären Anpassung* (*Sprecher* und *System*) der Gleichzeitigkeit zwischen „Subjekt“ und „Ort“ im Handeln der Sozialen Arbeit (vgl. Winkler 1988) Ausdruck verliehen. In der Gruppe *System* ist es die partielle sozialräumliche Trennung zwischen Mädchen, die dem Unterricht folgen und Jungen, die den Unterricht stören. Der Aufenthalt der Jungen in der Schulstation verbessert die reibungslose Durchführung des Unterrichts. Die Jungen werden im Unterricht als Stör- und Konfliktfaktor ausgemacht. Derartige Störungen liegen im Zuständigkeitsbereich der Schulsozialarbeit, sodass die Mädchen der Gruppe *System* der Schulsozialarbeit eine generelle Zuständigkeit für die Jungen zusprechen. Interessanterweise unterstellen die Mädchen auch den LehrerInnen eine Unterscheidung in zwei Geschlechterkulturen. Derartige geschlechtsspezifische Identifikationen lassen sich typenübergreifend rekonstruieren: In der Gruppe *Schlüssel* bringen die Mädchen ihre Empfindung mit einer den Eltern zugeschriebenen Wahrnehmung zur Deckungsgleichheit: Nach den Erzählungen der Mädchen würden Eltern ihre Töchter nur auf eine Schule mit einem „*guten Ruf*“ schicken. Auch hier enthalten die Äußerungen der Mädchen die Implikation, dass die schulische Qualität in einem Zusammenhang mit dem Geschlecht der SchülerInnen stehen würde. Eine Dichotomie zwischen den Geschlechtern kann in der peer group überwunden werden („*alle sind gleich*“, Gruppe System), in der kommunikativ organisierten Unterrichtssituation kommt es zu geschlechtsspezifischen Abgrenzungen. Neben dem positiven Effekt, dass die den Jungen zugeschriebene Expressivität nicht nur gemaßregelt, sondern in die Schulsozialarbeit überführt bzw. dort bearbeitbar wird, kommt es eventuell zu einer Reinszenierung schulischer Selektionsmechanismen, die gemäß empirischer Befunde insbesondere Jungen (be)trifft (vgl. Preuss-Lausitz 2003). Die Erzählungen der Mädchen aus der Gruppe *System* beziehen sich nicht auf eine strukturelle Absprache zwischen LehrerInnen und SchülerInnen, geschlechterspezifisch getrennte Unterrichtssituationen herbeizuführen, sondern zielen auf die Prozesse der *sekundären Anpassung* bzw. Rollendistanz. Auch in den Gruppen der *primären Anpassung* zeigt sich demzufolge, dass die Schulsozialarbeit Formen der *sekundären Anpassung* institutionalisiert.

> → Die Schulsozialarbeit trägt zur Störungsfreiheit des Unterrichtsablaufs bei. Von einigen Mädchen werden ausschließlich die Jungen als Stör- und Konfliktfaktoren ausgemacht, sodass die Kategorie des Geschlechts in der Orientierung an der SchülerInnenrolle einen Stellenwert erhält. Die Mädchen der Gruppe System erklären die Schulsozialarbeit zuständig für rollendistante Verhaltensweisen.

Der Zugang zur Schulstation ist in den Gruppen nicht gleichermaßen gegeben. Es wird deutlich, dass die Aneignung der Angebote weniger von den Regeln und Prinzipien der Institution Schule strukturiert wird, sondern handlungsorientiert ist und ein gewisses Maß an Eigenständigkeit und Rollensouveränität von den SchülerInnen erfordert. So gelangen die Schülerinnen (Gruppe *Fördern*), die eine explizite Regelvorgabe und Entscheidungskompetenz von Seiten der LehrerInnen erwarten, nicht in die Schulstation. Der Kontakt zur Schulstation wird beeinträchtigt durch unklare Zuständigkeiten. Ein Zusammenhang zwischen dem Zeitpunkt der Gruppendiskussion (neun Monate nach der Implementierung des Angebots in die Schule) und der unklaren Zugangsregelung lässt sich nur in geschlechtsspezifischer Hinsicht ausmachen, da die zum gleichen Zeitpunkt interviewten Jungen (z.B. die in dieser Arbeit nicht vorgestellte Gruppe *Stärke*) über vielfältige Erfahrungen und (bereits ritualisierte) Zugangsmöglichkeiten verfügten. Einerseits werden SchülerInnen, die an offiziellen Regeln und Zuweisungskriterien jenseits von Regelüberschreitungen orientiert sind (nach meinen Erhebungen sind eher die Mädchen betroffen), tendenziell benachteiligt; andererseits findet hierin auch die Unabhängigkeit des Systems *Schulsozialarbeit* ihren Ausdruck.

> → Der Zugang zur Schulstation ist unabhängig von den ansonsten geltenden Regeln der Institution Schule. Er gestaltet sich im Wesentlichen aus der Handlungspraxis heraus, die nicht regellos ist, sondern ein gewisses Maß an Eigenverantwortlichkeit von den Jugendlichen erfordert.

In der Orientierung an der SchülerInnenrolle profitieren die Mädchen der Gruppe *System* von der Schulsozialarbeit. Für das SchülerInnensein gilt dies nicht in gleicher Weise, wie in der komparativen Analyse mit dem Typus *sekundäre Anpassung* erkennbar wird. In den Gruppen *Weg* und *Chillig* berichten die männlichen Jugendlichen, wie sie in der Schulstation neuartige, andere (*„was Anderes“*) Erfahrungen sammeln, zu denen sie bisher keinen Zugang hatten. Mit Unterstützung der SchulsozialarbeiterInnen kommt es zur Erweiterung ihres jeweiligen Erfahrungsraums und damit zu einer (beginnenden) Veränderung ihrer Orientierungsrahmen. Im Gegensatz dazu bringen die Mädchen (Gruppen *Fördern* und *System*) eine gewisse Trivialität und Reizarmut der Angebote zum Ausdruck, die die Schule über den Unterricht hinausgehend anbietet. So verweist die Gruppe *Fördern* darauf, dass *„sowieso keiner [Tischtennis, C.S.] spielt, weil jeder weiß das schon“* und die *System-Mädchen* berichten, dass sich niemand für die nur an Mädchen gerichteten Angebote der SchulsozialarbeiterInnen (Schminken, Badminton) angemeldet hat. Stattdessen favorisieren sie einen Mofa-Kurs, der ihnen allerdings verwehrt bleibt, da z.B. J. Flo keinen Platz erhielt. Die Ablehnung wird von der Gruppe mit der Zugehörigkeit zum weiblichen Geschlecht begründet. In dieser Gegenüberstellung dokumentieren die Mädchen, dass sie nach Angeboten suchen, die nicht mit ihren Alltagsgewohnheiten verbunden bleiben, sondern darüber hinausgehen und ihnen neue – auch gegengeschlechtlich konnotierte – (Handlungs-) Kontexte eröffnen. Die Mädchen beziehen sich auf die Schule als Raum für soziale Erfahrungen, und zwar auch der neuen, anregenden, verfremdenden und herausfordernden Erfahrungen. Auf den Aspekt der Veränderung von Handlungsmustern und Gewohnheiten in einer „Schule als Erfahrungsraum“ verweist auch Hartmut von Hentig:

> „Wenn Schule ein Raum für Erfahrung werden soll, dann immer auch ein Raum für die Erfahrung von Alternativen, ein Raum, in dem wir uns von dominierenden Erfahrungen – wenigstens zeitweilig – befreien können, ein Ort, an dem man sich anderen Vorstellungen als den eigenen aussetzt, an dem man sich die Mühe macht, Maßstäbe zu finden und gründlich zu prüfen“ (von Hentig 1973, S. 73)[37].

→ Die über den Unterricht hinausgehenden geschlechtsspezifischen Angebote der Schule und der Schulsozialarbeit eröffnen den Mädchen (im Gegensatz zu den Jungen) keine neuen Handlungs- bzw. Erfahrungsräume, sondern sind stark an ihren Alltagsgewohnheiten orientiert.

Neben den bereits erwähnten expliziten Beschreibungen und Bewertungen, mit denen die Jugendlichen das Schulstationsangebot im Kontrast zum Unterricht charakterisieren, bilden die folgenden Aktivitäten einen kollektiven Erfahrungsbestand innerhalb des Typus: *„Spielen“; „Quatschen“, „bewegen kann man sich“; „Musik hören“; „die hörn uns immer zu (...) das find ich gut“; „die können wir voll quatschen“; „Zeitung anhörn (...) haha angucken“.*

37 Von Hentig stellt in seiner „Schule als Erfahrungsraum“ zwar keinen Bezug zur Sozialpädagogik her, dennoch lassen sich Verbindungen erkennen: vgl. zur Ausarbeitung der Anknüpfungspunkte Mack 1999, S. 199ff. sowie Kap. A.2 dieser Arbeit.

Die Erfahrungen der Jugendlichen in der Schulstation (im Rahmen von Unterrichtsausfall z.B.) sind überwiegend kollektiver und zweckfreier Natur. Bewegungsbedürfnissen können die Jugendlichen in aktiver Raumaneignung nachgehen und einen unkontrollierten Ort der „Geselligkeit" (Sting, vgl. Kap. A.2) bzw. „konjunktiver Erfahrung" (Bohnsack) finden. Eine „entwicklungsoffene Balance zwischen Ruhe und Bewegung" (Braun/Wetzel 2000, S. 105) ist gegeben. Neben der Beziehung zu MitschülerInnen, die in der Schulstation nicht mehr an Alters- bzw. Klassenstufen ausgerichtet ist, ist der persönliche Bezug zu den SchulsozialarbeiterInnen von Bedeutung. Im Gegensatz zu den LehrerInnen, die „*tratschen*" (Gruppe *Fördern*) und sich untereinander „*voll quatschen*" (Gruppe *System*), können die Jugendlichen die SchulsozialarbeiterInnen „*voll quatschen*" und finden Gehör. Für die Jugendlichen geht es weniger um soziale Hilfe oder Beratung, sondern vorrangig um eine zuverlässige Begegnungsmöglichkeit mit Erwachsenen, die sich im Gegensatz zu den LehrerInnen durch Verschwiegenheit auszeichnen. Die Begegnung zwischen SchülerInnen und SchulsozialarbeiterInnen steht in maximalem Kontrast zur beschriebenen nicht-offenen Kommunikation, dem teilweisen Kommunikationsverlust zwischen SchülerInnen und LehrerInnen.

→ Die Jugendlichen finden in der Schulstation einen Ort zwischen Ruhe und Bewegung, an dem sowohl zweckfreie Erfahrungen mit anderen Jugendlichen gesammelt werden können, als auch die SchulsozialarbeiterInnen als signifikante Andere wahrgenommen werden.

4 Etablierung eines Grenzbereichs zwischen peer-Milieu und Institution: Beobachtungsprotokolle und Praxisberichte im Vergleich

In der Analyse der Gruppendiskussionen zeichnet sich bereits ab, dass die Schulstation Entlastung von moralischer Degradierung bietet und Möglichkeiten für die Herstellung habitueller Sicherheiten, Handlungsfreiräume und Bewältigungsstrategien schafft. Diese Funktion der Schulsozialarbeit soll auf der Grundlage *teilnehmender Beobachtung* konturiert werden. Auf diese Weise wird es möglich, auch den „*Handlungskontext*" (Bohnsack 2003. S. 21, H.i.O.), die Reaktionen, Handlungsweisen und Handlungsmethoden seitens der SchulsozialarbeiterInnen in die Analyse einzubeziehen. Die Beobachtung der *Praxis* der SchulsozialarbeiterInnen wird darüber hinaus mit ihren Stellungnahmen – also der *Darstellung* der Praxis – im Rahmen der halbjährlichen Praxisberichte verglichen.

Die aus 30 Protokollen teilnehmender Beobachtung ausgewählten *zwei Protokolle*[1] stehen beispielhaft für Szenen in der Schulstation, wie sie in ähnlicher Weise mehrfach beobachtet werden konnten. Die Sequenzen sollen den Leser bzw. die Leserin in die Lage versetzen, zwei Möglichkeiten der Inanspruchnahme der Schulstation durch die SchülerInnen besser nachvollziehen zu können. Vom allgemeinen Beobachtungsbefund her wichtig zu wissen ist es, dass die Schulstation von Mädchen und Jungen aller Jahrgangsstufen genutzt wird. Vielfältige Gründe führen die SchülerInnen in die Schulstation. Neben den bereits ritualisierten Verweisen aus dem Unterricht, wie sie schon aus den Gruppendiskussionen erkennbar sind, suchen die Jugendlichen die SchulsozialarbeiterInnen in Eigeninitiative auf oder halten sich im Rahmen von Unterrichtsausfall in der Schulstation auf. Auch das Vorgehen im Rahmen von Kriseninterventionen konnte beobachtet werden, wie beispielsweise einer Schülerin geholfen wurde, als deren alleinerziehende Mutter nicht nach Hause kam.

In den Beobachtungsprotokollen dominieren die Handlungsweisen: *Spielen, Musik hören, Gespräche mit anderen Jugendlichen oder den SchulsozialarbeiterInnen* oder auch das *Nichtstun*. Im Gegensatz zum Unterricht stehen den Jugendlichen Bewegungsmöglichkeiten zur Verfügung und sie können sich frei entscheiden, wo sie sitzen möchten und oftmals auch, womit und wie

---

1 Weitere Beobachtungsprotokolle und ihre Interpretationen finden sich in der Originalfassung der Dissertation und können bei Interesse über die Autorin angefordert werden.

sie sich beschäftigen. Keine zielgerichteten ‚linearen' Aktivitäten dominieren in der Schulstation, sondern zirkuläre, rituelle, teilweise in sich selbst kreisende Handlungen. Die SchulsozialarbeiterInnen werden über das Nichtstun der Jugendlichen mit einem anders gearteten zeitlichen Verständnis konfrontiert, das sie zulassen. Die SozialarbeiterInnen überlassen es den Jugendlichen, bei Bedarf auszuwählen, mit wem der in der Schulstation Beschäftigten sie sprechen möchten. Sowohl die Jungen als auch die Mädchen fragen selten danach, in den Beratungsraum der Schulstation zu gehen, sondern bringen ihre Anliegen im Hauptraum der Schulstation zur Sprache (auch im Falle der Krisenintervention). Sie nutzen die Kollektivität in der Schulstation bzw. erhalten eine *Garantie für Reaktion(en)*. Auf der Ebene der beobachteten Aneignungspraktiken der Jugendlichen fällt der Bezug zur Schulstation als „Sozialraum" bzw. (kollektiver) Erfahrungsraum auf.

Grenzüberschreitende Kommunikation in der peer group

Neben den institutionellen Möglichkeiten und Grenzen, die von den SchülerInnen erfahren und auf ihre Konsistenz hin getestet werden, sind weitere milieuspezifische Grenzen, beispielsweise das Verhältnis zum anderen Geschlecht, von großer Bedeutung für die Jugendlichen. Die Überschreitung derartiger Grenzen in Form von Provokationen steht im Mittelpunkt der folgenden Beobachtungen in der Schulstation. Zum Leseverständnis der Protokolle ist zu beachten, dass die Jugendlichen und die LehrerInnen mit Buchstaben[2] gekennzeichnet werden. Lediglich die SchulsozialarbeiterInnen werden mit ihren codierten Namen aufgeführt: Inge, Sibylle und Heiko.

[Donnerstag, 17.02.2000: 10.00 Uhr: Beobachtungsbeispiel 1]

Zusammenfassung von Erläuterungen der Schulsozialarbeiterin Sibylle, die ich an diesem Tag erhielt und Kontextwissen zum Verständnis des Protokolls: In der von mir beobachteten 3. Schulstunde hält sich die neue 7. Klasse in der Schulstation auf, deren SchülerInnen erst seit dem gerade begonnenen Schulhalbjahr die H-Schule besuchen[3]: 19 SchülerInnen sind nach nicht bestandenem Probehalbjahr von der Realschule auf die H-Schule gewechselt. Am Morgen des Beobachtungstages waren die Jugendlichen erstmalig zum Kennenlernen des Angebotes in der Schulstation. Am gleichen Tag vergaß der Klassenlehrer, seine Klasse während eines Stundenausfalls aufzuteilen, sodass die SchülerInnen während des Beobachtungszeitraums anwesend sind. Zuvor hatte der Lehrer die SchulsozialarbeiterInnen gefragt, ‚ob die Kinder' – so die Schulsozialarbeiterin – in der Schulstation bleiben können:

2 Ein kleines „m" kennzeichnet das männliche Geschlecht, ein „f" steht für das weibliche Geschlecht.

3 Die ursprünglichen drei 7. Klassen waren bereits aufgrund des hohen Krankenstandes im Lehrerkollegium auf zwei Klassen aufgeteilt worden. Das Lehrerkollegium wurde aktuell um zwei neue Lehrer erweitert. Einer von ihnen – ein junger Lehrer – hat die neue 7. Klasse übernommen.

Ich setze mich an den Besprechungstisch, sodass ich den ganzen Raum überblicken kann und zähle acht Jungen und sieben Mädchen in der Schulstation. In der Mitte des Raumes ist das Jakkolo-Spiel aufgebaut. Daneben stehen Sibylle und die Praktikantin[4] und schauen den Jugendlichen beim Spiel zu. Von weitem ist der Kicker aus dem Nachbarraum zu hören, aus der Stereoanlage ertönt der Sender KISS FM. [Auslassung]

10.10 Uhr: Einer der Jugendlichen, Am, der beim Jakkolo-Spiel gerade nicht an der Reihe ist, öffnet das mittlere der drei Fenster, bleibt am geöffneten Fenster stehen und fächelt sich Luft mit der Hand zu (sein Gesicht ist gerötet, er war zuvor gerade beim Kicker-Spiel im Nachbarraum). Kurz darauf tauchen vor dem Fenster augenscheinlich Personen auf, denn es sind schnalzende Geräusche und Stimmen zu hören. Zwar befindet sich die Schulstation im Erdgeschoss, das Fenstersims ist allerdings so hoch, dass unmittelbar vor dem Fenster stehende Personen nicht in die Schulstation blicken können (und von meiner sitzenden Position aus nicht erkennbar sind). Das draußen Gesagte ist für mich nicht zu verstehen, denn neben der Musik aus der Stereoanlage bildet das ‚Klacken' der runden Holzplättchen, das entsteht, sobald diese an die Bande des Spieltisches oder sich gegenseitig anschlagen, eine zusätzliche Geräuschkulisse. Außer Am tritt nun auch Bm von drinnen an das Fenster und beugt sich hinaus: In diesem Augenblick wird eine Hand im geöffneten Fenster sichtbar. In der – über den Kopf einer der draußen stehenden Personen – geführten Hand befindet sich eine brennende Zigarette, deren Mundstück in Richtung der Jugendlichen, die drinnen am Fenster stehen, gelenkt wird. Als Bm sich derart in Richtung der Zigarette beugt, dass er von drinnen an der Zigarette ‚ziehen' könnte, sie also mit dem Mund für ihn erreichbar wird, zieht die Person die Zigarette zentimeterweise / ein wenig weg, sodass Bm die Zigarette nicht erreichen kann. Aufgrund der niedrigen Außentemperaturen wird gleichzeitig sein Atem sichtbar, der die Illusion von ‚Rauch' entstehen lässt. Sein Mitschüler Am beginnt zu lachen und sagt: ‚Und schön (betont) inhalieren!' Das Jakkolo-Spiel ist so im Raum positioniert, dass diejenigen, die die runden Holzscheiben in die Tore befördern, dem Fenster den Rücken zukehren. Während die Jugendlichen am Fenster sind, probiert Sibylle gerade ihr ‚Glück beim Spiel', sodass sich Am und Bm schräg hinter ihr befinden. Die Praktikantin sitzt inzwischen bei Df auf der Couch, die damit beschäftigt ist, ein Diktat zu berichtigen. Auf den Kommentar von Am hin, dreht sich Sibylle um, tritt an das Fenster heran, sagt etwas, schließt das Fenster und geht zur Tür. Bevor sie die Schulstation verlässt sagt sie, (an mich gerichtet?): ‚Ja, ja, heute ist Donnerstag'. Als Sibylle draußen ist, treten mehrere der Jugendlichen an das Fenster. Einer von ihnen fragt Bm: ‚Ist deine Freundin da draußen?', woraufhin dieser mit einem langgestreckten ‚ne:::' antwortet und hinterher schiebt: ‚die sind mir zu klein'. Am beginnt laut (*und provozierend wirkend*) zu lachen, fängt an sich zu krümmen, faltet eine Hand zur Faust und schlägt sie mehrmals in seine andere geöffnete Hand, während er tänzelnde Bewegungen macht. Bm läuft einige Schritte auf Am zu, berührt ihn allerdings nicht, sondern geht dicht an ihm vorbei und zur Stereoanlage, neben der einige CD-Hüllen liegen, die er sich anschaut und zur Musik des gerade gespielten Songs summt. Bm wendet sich daraufhin mit der (laut gestellten) Frage an Ef: ‚Warum haben die Frauen denn so kleine Füße?'. Die Mitschülerin, Ef, erwidert sehr kurz etwas (....) und Bm löst grinsend

4 Es handelt sich um die Schulsozialarbeiterin, Sibylle, und eine Praktikantin im Anerkennungsjahr der Sozialen Arbeit.

die ‚Rätselfrage' auf: ‚Damit die Frauen gut an den Herd kommen', läuft auf die Couch zu und lässt sich lachend fallen. Ef gibt ein verächtliches ‚hahaha' von sich und wendet sich weiterhin dem Jakkolo-Spiel zu. Wenig später kommt Sibylle mit drei SchülerInnen wieder herein, es sind Tf, Lf und Cm [8. Klasse]. Weder Lf noch Tf oder Cm sagen etwas, als sie die Schulstation betreten. Tf zieht lautstark Luft durch die Nase hoch. Als die Praktikantin Tf fragt: ‚Brauchst du ein Taschentuch?' antwortet sie sofort: ‚Mir ist nicht zu helfen' und geht schnurstracks auf die Sitzecke zu. Bevor sie sich mit einigem Abstand zu den dort befindlichen Siebentklässlern setzt, meint sie: ‚so viel toy auf einen Haufen hab ich ja noch nie gesehen'. Anschließend greift sie sich eine der dort liegenden Zeitschriften („Bravo") und blättert diese derartig schnell durch, dass sie nicht den Eindruck hinterlässt, sie würde lesen. Ihre dicke Jacke behält sie an.

Cm geht zum linken Fenster und lehnt sich mit dem Rücken an Fensterbrett und Heizkörper an und wärmt seine Hände am Heizkörper auf bzw. legt seine Hände auf die Heizung. Er scheint niemanden anzusehen, sondern in die Luft zu gucken. Auch er sowie Lf, die zunächst in der Nähe des Spieltisches stehen bleibt, behalten ihre Jacken an. Als der Hängeneststuhl frei wird, nimmt Lf dort Platz und beginnt hin und her zu schwingen. Kurze Zeit später fragt sie mich: ‚Wirst du nun Schminken anbieten?' Als ich dies verneine, ergänzt Sibylle, die gerade die aktuelle Zahl der anwesenden SchülerInnen in der Statistik einträgt: ‚Das ist doch Claudia, du verwechselst sie mit Tatjana, Schminken bietet Tatjana [die Praktikantin] an. Sie sitzt da drüben.' Mit einem ‚ach so' verlässt Lf den Hängeneststuhl und geht zu Tatjana.

Als Am das Fenster der Schulstation öffnet, kann er aufgrund der Lage des Raumes auch in Kontakt zu MitschülerInnen treten, die sich vor dem Eingang des Schulgebäudes aufhalten. Dabei ist nicht zu sagen, ob Am die MitschülerInnen bereits vorher entdeckt hatte oder erst nachdem er am geöffneten Fenster stand. Da sich in diesem Augenblick ausschließlich SchülerInnen der 7. Klasse in der Schulstation befinden, kann die Klassenzentrierung auf diese Weise quasi überwunden werden. Gleichzeitig wird – metaphorisch anmutend – etwas darüber hinaus gehendes deutlich: Während sich die SchülerInnen der 7. Klasse auf Geheiß ihres Lehrers in der Schulstation aufhalten, sie sich also an eine institutionelle Absprache halten, nähern sich die vor dem Eingang stehenden Jugendlichen dem Ort der Schulsozialarbeit sozusagen selbstbestimmt und indirekt an. Das heißt, es bleibt zunächst unklar, ob sie gerade Unterricht schwänzen, ob sie von einer Lehrkraft aus dem Unterricht gewiesen wurden oder ob sie später mit dem Unterricht beginnen. Sofern die Jugendlichen vor der Schule – aber noch auf dem Schulgelände – rauchen, widersetzen sie sich den Regeln der Institution Schule, nicht den Regeln der Schulsozialarbeit. Als Am versucht, aus dem Fenster heraus die Zigarette eines Mitschülers oder einer Mitschülerin zu erreichen, riskiert er, die auch in der Schulstation geltende Regel[5] des Rauchverbots zu überschreiten. Da er die Zigarette jedoch nicht

5 In der Schulstation existieren zwei Regeln, an die sich die SchülerInnen zu halten haben: 1. Rauchverbot; 2. Die Lautstärke der Stereoanlage darf nur in Absprache mit den SchulsozialarbeiterInnen verändert werden (Kontextwissen aus Gesprächen mit den SchulsozialarbeiterInnen).

erreicht, bleibt die in der Schulsozialarbeit institutionalisierte Norm gewahrt. Gleichzeitig gelingt die grenzüberschreitende Kommunikation in der peer group. Im Rahmen des Spiels mit der Grenze kommt es in der Interaktion zwischen Am und Bm zu einer Potenzierung von Grenzüberschreitungen, bzw. zu einer Potenzierung von Aktivitäten auf der Grenze in dreifacher Hinsicht. Zum einen verwischen sie die Grenzen zwischen ihrer Anwesenheit und ihrer Abwesenheit in der Schulstation. Während sie sich körperlich in der Schulstation befinden, orientieren sie sich kommunikativ nach draußen, indem sie Kontakt zu den vor der Schule stehenden MitschülerInnen aufnehmen. Zum anderen bewegt sich Bm auf der Grenze zur Überschreitung des Rauchverbots, ohne es wirklich zu übertreten. Durch die Verwischung der Grenze zwischen Atem und Rauch kommt es zu einem ‚als-ob-Rauchen', dass durch den Ausspruch von Am ‚schön inhalieren' noch verstärkt wird. Schließlich bearbeiten Am und Bm gleichzeitig das Spannungsverhältnis zum anderen Geschlecht, denn vor dem Fenster befinden sich Mädchen. Es handelt sich um ein Spiel mit Grenzen, das keinen zweckgerichteten Charakter aufweist. Das Angebot der Schulsozialarbeit ist derartig niedrigschwellig, dass dieselben Akteure gleichzeitig sowohl zur Schule gehören als auch nicht. Eine Trennung in juristischem/funktionalem Sinne ist für sie nicht gegeben, für die Jugendlichen zählt ihr grenzüberschreitendes SchülerInnensein.

Die SchulsozialarbeiterInnen ignorieren die Grenzüberschreitungen und die damit verbundenen Provokationen systematisch. Da sie die Überschreitungen nicht ins System hineinholen, handelt es sich aus deren Sicht eventuell auch gar nicht um eine Überschreitung, da Grenzen nicht wirklich, sondern nur symbolisch überschritten werden.

Als Sibylle die Schulstation verlassen hat, verhandeln die Jugendlichen nicht über den Versuch von Bm, zu rauchen, sondern über den gegengeschlechtlichen Kontakt zu den sich noch draußen befindlichen weiblichen Jugendlichen. Indem Bm die Frage eines Mitschülers, ob sich seine Freundin vor dem Fenster befinden würde, nicht nur verneint, sondern mit dem Hinweis, sie sei „*zu klein*" kommentiert, stellt er heraus, dass er der Erfahrene ist. Sowohl die Frage eines Mitschülers an Bm als auch dessen Antwort zeigen, dass die Grenzüberschreitung eine mindestens doppelte ist. Die Mädchen sind ihm im Hinblick auf seine Erfahrungen, die hier auch den erotisch-sexuellen Bereich betreffen, nicht gewachsen. Sie sind noch nicht reif genug, ‚*die sind mir zu klein*'. [Es erscheint fraglich, dass er sich auf die reale Körpergröße der Mitschülerinnen bezieht. Zwar ist Tf sehr klein, Lf ist allerdings größer als Bm.]

Die Grenzüberschreitung bzw. Kontaktaufnahme zum anderen Geschlecht vollzieht sich im Modus einer Degradierung, die von Bm aufgegriffen wird. Die Jungen bestätigen sich hierdurch wechselseitig in ihrer ‚Coolness' gegenüber dem weiblichen Geschlecht. Frauen oder Mädchen sind gemäß der Auslegung von Bm in ihrer Entwicklung zurückgeblieben und haben

‚praktischerweise kleine Füße', was sie zum Stehen am Herd prädestiniert. Sowohl durch die Äußerung selbst, als auch durch die Lautstärke des Gesagten, ist hiermit insbesondere auch eine Provokation der in der Schulstation tätigen Frauen verbunden. Denn die Sozialarbeiterinnen werden ihrer professionellen Rolle enthoben und als eine ‚Mutter am Herd' degradiert.

Als Sibylle mit Tf, Lf und Cm in die Schulstation zurückkehrt, überlassen Cm und Lf – indem sie nichts sagen – Tf die ‚Begrüßung' in der Schulstation. In der Verweigerung des Grußes dokumentiert sich eine Verletzung elementarer Regeln der Reziprozität. Tf wendet sich niemandem zu, sondern lenkt umgekehrt die Aufmerksamkeit auf sich, denn sie zieht geräuschvoll Luft durch die Nase ein. Die Frage der Praktikantin, ob sie ein Taschentuch benötigt, weist eine Doppelstruktur auf: Es handelt sich um ein Hilfsangebot, das zugleich Disziplin, Ordnung und gutes Benehmen wiederherstellt bzw. dieses latent anmahnt. Die Ambivalenz Sozialer Arbeit, zwischen Hilfe und Kontrolle zu handeln, dokumentiert sich hierin andeutungsweise[6]. Die Antwort von Tf ‚*mir ist nicht zu helfen*' zeigt neben einer negativen Bewertung der eigenen Person die Anspielung auf den Anspruch einer Hilfeleistung seitens der Sozialarbeit und deren Zurückweisung. Tf dokumentiert damit, dass sie die Schulstation nicht wegen des Hilfsangebots aufsucht. Moralisch übliche Konventionen werden auch in der Schulstation auf ihre Gültigkeit hin befragt. Gleichzeitig weist Tf die in der Frage implizierte Disziplinierung zurück[7].

Während es in den Klassenräumen üblich ist, dass die SchülerInnen feste Sitzplätze einnehmen, können die Jugendlichen in der Schulstation frei entscheiden, wo und wie sie sitzen oder sich bewegen möchten. Auch die Herstellung von Unterrichtsbereitschaft, die sich für einige LehrerInnen unter anderem darin zeigt, dass die SchülerInnen ihre Jacken ausziehen (siehe z.B. Beobachtungsprotokoll vom 07.12.1999), gilt in der Schulstation nicht. Dort existiert keine derartige Absprache. Indem Tf und die anderen ihre Jacken anbehalten, dokumentiert sich, dass sie die Schulstation als einen Grenzbereich, einen Bereich der Oszillation zwischen innen und außen begreifen. Sie befinden sich weder richtig innerhalb der Institution Schule noch ganz und gar außerhalb[8]. In unbewusster Weise wird der nicht vorhandene Zwang, sich räumlich eindeutig fixieren zu müssen, durch die Ausstattung der Schulstation unterstützt. Der an späterer Stelle im Protokoll erwähnte ‚Hängeneststuhl' ist

---

6 In diesem Zusammenhang ist z.B. ein weiteres Protokoll zu erwähnen, worin beobachtet wurde, in welcher Weise die SchulsozialarbeiterInnen einigen SchülerInnen bei Klassenarbeiten geholfen haben. Im Rahmen dieses Protokolls wird evident, inwiefern die Tätigkeit der SchulsozialarbeiterInnen im Rahmen der ‚Kontrollinstanz' Schule ausbalanciert und mit eigenen Handlungsakzenten versehen wird – Protokoll vom 01.06.1999, S. 4.

7 In diesem Fall kann es natürlich auch eine Rolle gespielt haben, dass die Praktikantin die Frage gestellt hat und von *Tf* deshalb noch *ausgetestet* werden muss.

8 Durch die Bekleidung der Jugendlichen erfolgt an diesem Tag allerdings noch eine weitere Distinktion: Da niemand von den SchülerInnen der 7. Klasse eine Jacke in der Schulstation trägt, bleiben die älteren SchülerInnen bereits rein optisch erkennbar.

eine Möglichkeit zu sitzen und zugleich zu oszillieren, also sich innerhalb des Raumes nicht festlegen zu müssen. Für die darin implizierte Unsicherheit der eigenen Orientierungsstruktur bemerkt Winkler:

„Wenn die Einbindung in eine kollektive soziale Praxis fehlt, kann man den ursprünglichen Lebensort [das Herkunftsmilieu, C.S.] nicht aufgeben; man ist auf ihn als Grundlage der eigenen Existenz verwiesen. So bleibt nur die Möglichkeit, dem Individuum ein *Oszillieren zwischen innen und außen* zu eröffnen (...)" (Winkler 1988, S. 318).

Die Möglichkeit, ‚hinein' und ‚hinaus' zu gehen, die Schulsozialarbeit gleichzeitig innerhalb und außerhalb der Institution Schule definieren zu können und damit Grenzbereiche zu thematisieren, bildet für die Jugendlichen ein konstitutives Element, das der Raum für sie zur Verfügung stellt. Diese wesentliche Funktion der Schulsozialarbeit wird in Anlehnung an Winkler (1988, S. 318) als *Oszillation* bezeichnet. Durch das Aufsuchen eines anderen Ortes – in diesem Fall des Ortes der Schulsozialarbeit – wird die Möglichkeit eröffnet, zwischen *innen* und *außen* zu *oszillieren*. Winkler beschreibt diesen Vorgang als maßgeblich für sozialpädagogisches Ortshandeln generell und nicht nur in Bezug auf die Schulsozialarbeit. Die von ihm herausgearbeitete Parallelität zwischen ‚Ort' und ‚Situation', erweist sich dabei als paradigmatisch für die vorliegende Analyse:

„Die Aneignung des Ortes läßt sich nämlich situationstheoretisch konkretisiert beschreiben; so gilt, daß das sozialpädagogische Handeln zwar seinen Schwerpunkt in der Errichtung und Einrichtung von Orten hat, seine letzte und unmittelbare Wirklichkeit jedoch in Situationen findet" (Winkler 1988, S. 324).

Tf positioniert sich nicht nur gegenüber der Praktikantin, sondern auch gegenüber den MitschülerInnen der 7. Klasse. Es ist fraglich, ob die MitschülerInnen verstehen, was Tf mit ‚toy' meint. Es scheint weniger um die Etablierung eines konjunktiven Erfahrungsraums mit den jüngeren MitschülerInnen zu gehen, als darum, ihren eigenen Erfahrungsraum abzugrenzen. Andererseits spricht Tf so laut, dass auch ich sie verstehe, obwohl sie sich auf der anderen Seite des Raumes befindet. Tf kann also davon ausgehen, dass nicht nur die SchülerInnen, die auf der Couch sitzen, sie hören. (Tf kennt mich und meine Funktion, sie nahm mit MitschülerInnen im Oktober 1999 an einer Gruppendiskussion teil.)

Aus dem Vergleich mit der Gruppendiskussion lässt sich vermuten, dass Tf den Begriff ‚toy' in zweierlei Hinsicht einsetzt: Tf beherrscht den Sprachgebrauch beziehungsweise Jargon der Graffiti-Szene (Kontextwissen aus der Gruppendiskussion). ‚Toy' ist in dieser Szene ein abwertender Begriff für einen Anfänger oder einen schlechten Writer. Da sich in der Schulstation gerade die ‚Schulanfänger' der Hauptschule befinden, grenzt sich Tf von ihnen ab. Sie macht deutlich, dass sie ihnen überlegen ist und dass diese jüngeren SchülerInnen auch noch keine Ahnung haben, von dem, was sie erwartet. Sie stecken sozusagen noch – im immanenten Sinne des Wortes – in der Spielphase. Tf beteiligt sich nicht am Jakkolo-Spiel (das die SchulsozialarbeiterInnen neben anderen Spielen im November 1999 gekauft hatten und zeitweise in der Schulstation aufbauen) und unterstreicht diese Orientierung somit zusätzlich.

Während innerhalb des Unterrichts das Thema und die Art der Beschäftigung vorgegeben werden, ist dies in der Schulstation nicht der Fall. Allerdings bildet auch das Lesen einer Zeitschrift nicht vorrangig eine Beschäftigung für Tf, sondern wird auf die Anderen bezogen, da sie den Inhalt der Zeitschrift durch das schnelle Blättern wahrscheinlich gar nicht wahrnehmen kann und somit demonstrative Distanz einnimmt. Gleichzeitig erinnert das schnelle Blättern auch an eine Form des Suchens, ein Zugehen auf etwas und ein Zurückweichen im selben Augenblick. Sowohl Tf als auch Cm, der das Nichtstun am Heizkörper pflegt, konterkarieren das Prinzip des in der Schule geforderten Engagements. Für die Möglichkeit, sich den Anforderungen der Institution Schule zu entziehen, wird ihnen Raum zur Verfügung gestellt, der sie gleichzeitig in der Institution hält (Paradoxie).

Sofern der Besprechungstisch als institutionalisiertes (Beratungs-)Angebot einer „face–to–face"–Interaktionsmöglichkeit mit den SchulsozialarbeiterInnen interpretiert werden kann, nehmen Tf und Cm die größtmögliche Distanz zu diesem Angebot ein, da sie sich in die gegenüberliegende Ecke des Raumes zurückziehen. Im Gegensatz dazu sucht sich Lf eine Position dazwischen: Sie wählt den ‚Hängeneststuhl', eine Position zwischen Rückzug und Ansprache, zwischen innen und außen, wie bereits weiter oben erwähnt. Von dort aus nimmt sie dann auch Kontakt zu den Erwachsenen im Raum auf und erkundigt sich nach einem Angebot, das die Praktikantin vorbereiten will.

Direkt im Anschluss an diese Situation wendet sich die Schulsozialarbeiterin Sibylle an mich:

[Donnerstag, 17.02.2000: 10.15 – 10.20 Uhr: Beobachtungsbeispiel 1.2]

Sibylle wendet sich mir zu: ‚Wir können ja nicht ewig hinterher rennen, aber als ich die drei jetzt draußen gesehen habe, bin ich doch rausgegangen. Als ich rausgekommen bin, haben sie mir gesagt, ‚wir wollten doch gerade kommen' ((Sibylle ahmt den Tonfall der Schüler nach)). Das ist überhaupt schwierig mit der Freiwilligkeit, wir betonen ja immer wieder, dass unser Angebot freiwillig ist. Aber beispielsweise nach Schulschluss entsteht häufig eine regelrechte Bahnhofsatmosphäre, dauernd gehen Schüler rein und raus. Da sitze ich zum Beispiel und will mit einigen etwas spielen, aber dauernd werden wir unterbrochen. Da habe ich neulich auch schon einige angesprochen und gesagt, dass sie ja gerne kommen können, aber dann auch bitte drinnen bleiben.' In diesem Augenblick geht die Tür auf, Zm guckt herein und fragt: ‚Ist Heiko da?' Als Sibylle verneint und sagt, dass er beim Kicker ist, schließt er die Tür sofort wieder. Ich erkundige mich: ‚Und donnerstags ist zur Zeit besonders viel los?'

Sibylle: ‚Naja, donnerstags ist Arbeitslehre und das ist immer so eine Sache. Da entscheidet sich dann, wie unser Tag werden wird. Wenn es im Arbeitslehre-Unterricht ruhig bleibt, bleibt es hier auch ruhig. Die Drei sind ja auch gerade wieder aus der Arbeitslehre rausgeflogen. Cm ist nicht in einem Kurs mit Tf und Lf. Sie müssen sich draußen getroffen haben. Er meinte ganz trocken zu mir, dass er bei Herrn K gepupt hätte. Zur Zeit ist es sowieso sehr schwierig, hier Ordnung reinzukriegen. Durch die fünf dauerkranken Lehrer wird alles auf Sparflamme gehalten. Die WPA, s[9] finden nicht mehr statt, es kann nur noch die Pflichtstundenzahl abgehalten werden. Alle Klassen, also auch die 10. Klassen, haben höchstens sechs Schulstunden [Spätestens um 13.05 Uhr haben zu diesem Zeitpunkt sowohl SchülerInnen als auch LehrerInnen Schulschluss, Hinzufügung C.S.]. Die 10. Klassen warten jetzt sowieso nur noch das Ende der Schulzeit ab.‘

In der Erklärung, die Sibylle mir gegenüber abgibt, werden keine pädagogischen Prinzipien formuliert, sondern zwei Orientierungen zum Ausdruck gebracht: Es geht darum, gemeinsam etwas zu spielen und im Raum zu bleiben. Die Jugendlichen werden unter Aufsicht beschäftigt. Möglicherweise ist es ein sinnvolles pädagogisches Prinzip, die Jugendlichen hier nicht mit schulpädagogischen Prinzipien zu konfrontieren. Stattdessen können die SchülerInnen selbst entscheiden, ob sie die Schulstation dem Innen- oder dem Außenbereich zuordnen, dem konjunktiven oder dem kommunikativen Bezugssystem. In dem Anliegen der SchulsozialarbeiterInnen, die Grenzen fließend zu gestalten, stoßen sie allerdings auf eine Handlungsparadoxie bzw. Schwierigkeit, die dem eigenen Anspruch auf Kontinuität widerspricht. Von der Schulsozialarbeiterin wird das von ihr gesehene Dilemma in dem Terminus ‚Bahnhofsatmosphäre‘ problematisiert. Die Atmosphäre eines Bahnhofs ist dadurch gekennzeichnet, dass die Reisenden sich in der Regel nicht kennen, keinen Kontakt zueinander herstellen und füreinander keine signifikanten Anderen sind. Die Herstellung von Kontakt in der Schulstation mit relevanten InteraktionspartnerInnen soll demgegenüber konstitutiver Bestandteil der Schulstationsarbeit sein, den die Schulsozialarbeiterin durch das andauernde Kommen und Gehen der SchülerInnen gefährdet sieht. Aus diesem Grund wünscht sich die Schulsozialarbeiterin ‚Ordnung‘. Mit ‚Ordnung‘ kann (wie der Kontext der Äußerungen zeigt) zum einen gemeint sein, dass eine Oszillation zwischen drinnen und draußen nicht vorgesehen ist und die SchülerInnen kontinuierlich in der Schulstation bleiben. Damit wendet sich die Schulsozialarbeiterin allerdings gegen das herausgearbeitete konstitutive Element des Oszillierens, welches der Raum für die SchülerInnen bietet, eine niedrigschwellige Angebotsform der Integration. Zum anderen kann ‚Ordnung‘ bedeuten, dass grundlegende Klarheit darüber verschafft werden soll, ob die SchülerInnen anwesend sind oder nicht. Die Doppelposition, in die Soziale Arbeit gerät, nämlich zu bewahren und zu verändern, erweist sich als paradoxe Handlungssituation zwischen Kontinuität und Pendelbewegung. Während der Ausführungen von Sibylle wird ihr Gesagtes auf der Handlungsebene noch unterstrichen, denn in diesem Augenblick geht die Tür auf, weil ein Jugendlicher den Schulsozialarbeiter sucht.

Im nun folgenden Beobachtungsausschnitt geht es neben einer Grenzüberschreitung vor allem um die damit verbundene Reaktion der Schulsozial-

9 Wahlpflichtangebote

arbeiterInnen. Hierbei war es möglich, sowohl das Geschehen selbst als auch die späteren Erklärungen (Theoretisierungen) der SchulsozialarbeiterInnen zu beobachten und zusätzlich die schriftlichen Berichte der SozialpädagogInnen einzubeziehen.

Der Zugang zur Schulstation und das Prinzip der Reziprozität

Anhand der Gruppendiskussionen konnte rekonstruiert werden, dass die Jugendlichen die Schulstation häufig während des Unterrichts aufsuchen. Zur Legitimation ihres Aufenthalts fordern sie oftmals in aktiver Weise ein Delegieren an die Schulsozialarbeit durch die jeweils unterrichtende Lehrkraft heraus. Zu Beginn der Implementierung des Schulstationsprojekts an der Schule erhielten die SchülerInnen so genannte ‚Laufzettel', sofern ein Lehrer bzw. eine Lehrerin einzelne Jugendliche zur Schulstation schickte. Auf dem Zettel wurde neben dem Namen des Schülers/der Schülerin und dem Vermerk der Klassenstufe jeweils angekreuzt, ob es sich um ein Problem zwischen LehrerIn und SchülerIn (L-S), zwischen SchülerIn und SchülerIn (S-S) oder um ein individuelles Anliegen (S) handelte. Da die LehrerInnen häufig vergaßen, die Zettel mitzugeben und sich auf der anderen Seite immer wieder SchülerInnen in der Schulstation aufhielten, ohne zuvor im Unterricht gewesen zu sein, wurde ein derartiges Delegations- und Kontrollsystem schnell aufgegeben[10]. Besonders interessant war daher, zu beobachten, ob sich der Aufenthalt in der Schulstation dennoch in grundsätzlicher Abhängigkeit von den Regeln und Prinzipien der Institution gestaltete oder ob sich in der Schulstation neben den Regeln der Schulordnung eigene Regeln im Sinne einer Systemeigenständigkeit etablierten.

[Montag, 29.05.2000: 9.00 Uhr: Beobachtungsbeispiel 2.1]

Zu Beginn der 2. Schulstunde, um 9.00 Uhr, befinden sich nur Inge und ich in der Schulstation. Ich sitze bei Inge [der Schulsozialarbeiterin] am Besprechungstisch und trinke den Kaffee, den sie mir gerade eingegossen hat. Inge bereitet noch etwas für den heutigen Mediationskurs vor [der ab 11.10 Uhr beginnen wird und jeweils zwei Schulstunden dauert]. Die Tür geht auf und drei Schülerinnen aus der 9. Klasse, Af, Bf und Cf kommen herein. Sie bleiben in der Mitte des Raumes stehen und Af sagt: ‚Wir haben gerade bei Herrn D und schreiben eine Klassenarbeit. Weil wir aber nicht da warn, sollen wir die Arbeit nachschreiben.' Cf ergänzt: ‚Und deswegen hat uns Herr D geschickt.' Inge erlaubt ihnen, zu bleiben. Bf erkundigt sich: ‚Kann ich eine CD in die Stereoanlage einlegen?' Inge: ‚Ja, das kannst du von mir aus machen.'

Die drei Mädchen setzen sich auf die linke Sitzgruppe, nehmen sich das im Regal befindliche Kartenspiel *Uno* und beginnen zu spielen.

Einen Augenblick später kommt Heiko herein, setzt sich an den Besprechungstisch zu Inge und mir und sagt: ‚Die Mädchen der 7. Klasse terrorisieren sich regelrecht untereinander, aber die erzählen kaum etwas.' Inge: ‚Ja, an die kommen wir überhaupt nicht heran.'

10 Vgl. Bericht vom 01.10.1998 bis 15.07.1999, S. 5.

In diesem Moment kommen drei Schüler, Fm, Bm und Km herein. Ohne ein Wort zu sagen oder in die Richtung von Heiko und Inge zu schauen, setzen sie sich sofort auf die rechte Sitzgruppe am Fenster. Heiko fragt sie quer über den Raum hinweg: ‚Wieso seid ihr hier?' Nacheinander nennen sie die Namen ihrer Lehrer, bei denen sie gerade Unterricht haben (ein Schüler aus der Klasse 8.1 / zwei Schüler aus der Klasse 8.2, wie sich nun für mich herausstellt). Fm spricht mit sehr hoher Stimme. Heiko: ‚Und die haben euch geschickt, ja?' Die Schüler gucken Heiko an und sagen nichts. ‚Ich gehe nämlich jetzt zu Herrn G und Herrn U und frage nach' fährt Heiko fort und verlässt den Raum. Fm lümmelt sich auf dem Sofa und rutscht tief herunter. Km sitzt nicht angelehnt mit seinem Rucksack auf dem Rücken und beteiligt sich wenig am Gespräch mit Bm und Fm. Bm, der keine Tasche bei sich hat und sich anlehnt, trägt einen Verband um seine rechte Hand. Bm und Fm, der immer noch mit Fistelstimme spricht, lachen während der Unterhaltung immer wieder auf. Dabei gucken die drei Jugendlichen weder zu ihren am Nachbartisch befindlichen Mitschülerinnen noch zu Inge oder mir. Umgekehrt sieht auch Inge nicht zu den Schülern. [Auslassung]

Als Heiko fast 10 Minuten später zurückkommt, geht er direkt auf die Schüler zu, stellt sich breitbeinig vor sie, wendet sich zuerst an Km und sagt mit lauter Stimme: ‚Raus, Km, du verarschst heute alle hier. Du hast Schulverbot, du weißt warum!' Dabei zeigt er mit ausgestrecktem Arm in Richtung der Tür. Zu Fm gewandt: ‚Und du hast dich in der letzten Stunde abgemeldet mit der Begründung, hier ein dringendes Problem besprechen zu müssen. Warst du in der letzten Stunde hier?' Heiko blickt seine Kollegin Inge fragend an. Diese schüttelt den Kopf. Fm daraufhin: ‚Ich habe das Problem mit ihm da besprochen' und zeigt auf Bm. Heiko: ‚Du gehst jetzt zurück in den Unterricht.' Fm: ‚Was, ich soll jetzt wirklich zurück in den Unterricht?' Km ist aufgestanden, steht mit dem Blick zur Tür und leicht gebückter Haltung. Die Tür wird von draußen geöffnet, Df und Nf kommen herein und lassen die Tür ein wenig geöffnet. Sie gucken in die Richtung von Heiko, der ihnen den Rücken zukehrt und gehen auf den Hängeneststuhl zu, in den sich Nf setzt und Df, mit einer Hand an die Stange des Stuhls fassend, neben ihrer Mitschülerin stehen bleibt. Zu dem dritten Schüler, Bm, sagt Heiko: ‚Und du bist der einzige, der hier bleiben darf. Herr U hat mir gesagt, dass du etwas im Unterricht nicht mitmachen kannst.' Trotzdem steht Bm gemeinsam mit Fm auf. Bevor die beiden den Raum verlassen, meint Bm zu Km: ‚Du musst doch gehen.' Viel langsamer als seine Mitschüler folgt Km ihnen nach. Heiko schließt die Tür hinter den Schülern, kommt an den Besprechungstisch und setzt sich neben mich.

Während die drei Mädchen unbehelligt in der Schulstation bleiben dürfen und die dortigen Möglichkeiten (spielen, Musik hören) nutzen können, veranlasst das Auftreten der männlichen Jugendlichen den Schulsozialarbeiter, die Rechtmäßigkeit des Aufenthalts in der Schulstation zu kontrollieren. Im Gegensatz zu den männlichen Jugendlichen halten sich die Mädchen an fundamentale Prinzipien der Reziprozität, wie sie sich beispielsweise in Begrüßungsformen zeigen. Die Jungen verweigern sich jeglicher Form der Reziprozität, denn sie grüßen weder die SchulsozialarbeiterInnen, noch nehmen sie in irgend einer Weise Kontakt zu ihnen auf, um ihren Aufenthalt in der Schulstation zu legitimieren, wie es die Mädchen getan haben.

Der Schulsozialarbeiter überprüft, ob die jeweils gerade unterrichtenden Lehrer über den Aufenthalt der Jugendlichen in der Schulstation informiert sind bzw. ob die Lehrer den Aufenthalt veranlasst haben. Der Zugang wird also nicht grundsätzlich von einer nachgeprüften Erlaubnis abhängig gemacht, sondern Heiko bezieht sich (in diesem Fall) nur dann auf die Regeln der Schulordnung (die formal ja auch in der Schulstation gelten), wenn bestimmte Formen der Kooperation bzw. der Reziprozität nicht eingehalten werden[11].

Als Heiko Km aus der Schulstation weist, zieht er als Begründung ein bereits ausgesprochenes Schulverbot heran. Ein Schulverbot lässt dem Schulsozialarbeiter keine andere Wahl, denn ein Schulverweis erstreckt sich auch auf die Schulstation (Auskunft von Sibylle, Protokoll vom 25.05.1999). Trotzdem stellt der Schulsozialarbeiter in seiner Reaktion nicht das Schulverbot in den Vordergrund. Der Schulsozialarbeiter thematisiert das zuvor Geschehene in keiner Weise. Der Prozess, der zum Schulverbot geführt hat, ist irrelevant, wodurch sich der Schulsozialarbeiter gleichzeitig weitestgehend aus dem Geschehen heraushält und Km die Verantwortung zuweist (‚du weißt warum'). Seine einzige Deutung des Verhaltens beschränkt sich auf den zentralen Begriff des *Verarschens*. Da Km *alle verarscht*, bezieht der Schulsozialarbeiter sich mit ein. Indem der Schulsozialarbeiter die empfundene *Verarschung* vor das Schulverbot stellt, deutet sich an, dass es dem Schulsozialarbeiter vor allem um die Art und Weise der Handlungspraxis geht, in der sich Km nicht an die bereits benannten Konventionen des alltäglichen Miteinanders – auch im Sinne eines *fair play* – orientiert. Stattdessen missachtet er kulturell allgemeingültige Regeln derart bzw. sucht er auch keine Kommunikationsbasis, sodass eine Kommunikationsgrundlage in der Schulstation für den Schulsozialarbeiter nicht gegeben ist. Nicht die Regeln der Schule bilden in der Interaktion den dominanten Rahmen, sondern Heiko interessiert, wie sich der Schüler in der aktuellen Situation aufführt und darstellt. Bereits der Stellenwert des Rituals der Begrüßung im Sinne der Ermöglichung einer gemeinsamen Alltagspraxis, gibt einen Hinweis darauf, dass auf Provokationen in der Schulstation nicht mit einer machtstrukturierten Kommunikation geantwortet wird. Interessanterweise nutzt Km die Schulstation trotz des Schulverweises als Zufluchtsort und verlässt die Schule nicht einfach. Die wesentliche Anlauffunktion, die die Schulstation für die Jugendlichen darstellt, wird hierdurch nochmals unterstrichen.

---

11 In einer Besprechung mit den SchulsozialarbeiterInnen im Rahmen der Rückmeldung meiner Ergebnisse am Montag, 23.09.2002, erläuterte mir eine Schulsozialarbeiterin, dass sie in Abhängigkeit der Kenntnis der SchülerInnen handeln, sie kennen ‚ihre Pappenheimer'. Sie verweist damit auf die Gültigkeitskriterien der Praxis, die sie von den Gültigkeitskriterien der Wissenschaft abgrenzt. In der wissenschaftlichen Herangehensweise könne ein durch den Interaktionsverlauf gegebener Kontext im Rahmen einzelner Beobachtungen nicht rekonstruiert werden. In der Beobachtung steht nicht Genese der Orientierung im Vordergrund, sondern die Suche nach Homologien in konkreten Situationen: „Dieses Gerichtetsein auf Dokumentarisches, dieses Erfassen des Homologen an verschiedenen Sinnzusammenhängen ist etwas Eigentümliches, das weder mit Addition noch mit Synthese, auch nicht mit bloßer Abstraktion gemeinsamer Merkmale verwechselt werden darf" (Mannheim 1964, S. 121, zit. nach: Bohnsack 2003, S. 203).

Der Schulsozialarbeiter versucht darüber hinaus, den Raum davor zu bewahren, dass er auf die Funktion des Unterlaufens von institutionellen Erfordernissen reduziert wird, so muss auch Fm zurück in den Unterricht. Die Schulsozialarbeit soll kein eigener Bestandteil der Subkultur der Jugendlichen werden. Die Schüler widersprechen dem Schulsozialarbeiter in keiner Weise. Zwar zeigt sich Fm ungläubig gegenüber der Aufforderung, in den Unterricht zurückzukehren, belässt es jedoch dabei. Im Gegenteil solidarisiert sich Bm mit dem Schulsozialarbeiter, indem er die Aufforderung des Schulsozialarbeiters aufgreift und noch einmal verstärkt: *‚Du musst doch gehen'*. Es geht nun wohl darum, dass die Jugendlichen sich in diesem Augenblick eindeutig in einer schwachen Position sehen oder aber sie haben ein Einsehen in die Notwendigkeit minimaler Regeln.

Schulsozialarbeit und die biografische Deutungsarbeit

In der Fortsetzung des Beobachtungsprotokolls findet ein kollegialer Austausch zwischen den SchulsozialarbeiterInnen über die Ereignisse am Vormittag statt. Sie beziehen sich auf die Jugendlichen, die sich am Vormittag in der Schulstation aufhielten:

[Montag, 29.05.2000: 5. Schulstunde, 12.25 Uhr: Beobachtungsbeispiel 2.2]

Zu Beginn der fünften Schulstunde befinden sich Inge, Sibylle, Heiko und ich in der Schulstation. SchülerInnen sind nicht anwesend. Die SchulsozialarbeiterInnen beginnen, sich über SchülerInnen, die beiden neuen Lehrer an der Schule und bisherige Vorkommnisse des Tages auszutauschen. Dabei sitzen wir alle am Besprechungstisch. Ich habe meinen Stuhl etwas mehr abgerückt, um eine günstige Beobachterinnenperspektive einnehmen zu können.

Inge wendet sich an Heiko: ‚Was war denn heute mit Km los?' Heiko: ‚Der hat Frau L dermaßen angepöbelt, dass sie ihn zu Herrn Schulleiter geschickt hat. Herr Schulleiter hat daraufhin für den heutigen Tag einen Schulverweis ausgesprochen.' Inge: ‚Na seine Eltern dürfen davon bestimmt nichts erfahren.' Heiko: ‚Nein, der wird gar nicht gewusst haben, wo er hingehen soll, deshalb ist er in der Schule geblieben und auch in die Schulstation gekommen.' Sibylle und Inge stimmen Heiko zu. Sibylle: ‚Ich habe ja die Eltern schon einmal auf einem Elternabend gesehen.' Sibylle fährt fort, dass Mitschüler von Km ihr gegenüber geäußert haben, ‚der ist doch bei den Zeugen'. Auf ihre Nachfrage hin hat Km die Mitgliedschaft strikt verneint, für seine Eltern jedoch nicht. Sie fährt fort, dass sie sich vorstellen könne, dass seine Eltern ihn schlagen, da Km auch schon einmal Striemen auf der Haut hatte. Sie hatte Km daraufhin angesprochen, ‚das hat er dann abgetan und gesagt, dass er Sado Maso mache.' Heiko teilt die Einschätzung von Sibylle und sieht besondere Schwierigkeiten, mit der Familie ins Gespräch zu kommen, wenn sie Mitglieder der Zeugen Jehovas sind. Inge hält sich in der Gesprächssituation weitgehend zurück, sie nickt ab und zu. Schließlich bietet Sibylle an, ein Gespräch mit der Lehrerin zu führen. Heiko und Inge stimmen ihr zu.

Heiko: ‚Und Fm wird auch immer dünner. Er kifft ja täglich, aber was der heute noch genommen haben könnte, weiß ich nicht. Inge vergewissert sich, ob er die hohe

Stimmlage meine. Heiko: ‚Ja, das klang fast wie Helium, da muss ich mich demnächst mal bei unseren Spezies erkundigen, was in der Szene zur Zeit so In ist.‘

Inge: Wie war denn dein Gespräch mit der Mutter gewesen?

Heiko: ‚Ich habe das Gespräch gegenüber Fm eröffnet, dass es darum geht, ihm zu helfen und dass er an der Situation keinerlei Schuld hat.‘ Es ist aufgrund von sprachlichen Problemen schwierig gewesen, die Mutter zu verstehen. Frau L (der Lehrerin) ging es auch so. Die Mutter kommt von den Philippinen und lebt seit 14 Jahren in Deutschland. Sie hat ihren Mann immer versorgt und geht putzen. Fm hat noch einen fünfjährigen Bruder. Ihr Mann soll dann angefangen haben zu trinken, und es ist immer schwieriger geworden, sodass sie ihn rausgeschmissen hat. ‚Er taucht aber immer wieder auf. Fm verschwindet, wenn er ihn sieht. Jetzt macht Fm Hanteltraining. Er trainiert sich Muskeln an, um sich an seinem Vater zu rächen.‘ Während Heiko erzählt, lehnt er sich im Stuhl zurück, faltet seine Hände auf seinem Kopf ineinander, sodass seine Ellenbogen jeweils links und rechts vom Kopf einen spitzen Winkel bilden.

Heiko berichtet weiter: Die Mutter erwähnte im Gespräch, dass Fm bereits zwei Einzelfallhilfen hatte. ‚Ich werde mal Kontakt zum Jugendamt aufnehmen und den Sachverhalt zunächst auf Expertenebene besprechen, um zu erfahren, was damals Anlass für die Hilfe war und was zum Abbruch geführt hat.‘ Fm hat geäußert, dass er keine Hilfe braucht. ‚Ich habe meinen Eindruck gegenübergestellt und Fm gebeten, sich zu überlegen, ob er sich eine Einzelfallhilfe vorstellen kann.‘ Die Mutter hat in dem Gespräch Ängste geäußert, die Kinder könnten ihr weggenommen werden. ‚Ich habe das Gefühl, dass mir noch wichtige Informationen fehlen, die bestimmt im Jugendamt vorliegen. Dort muss ja der bisherige Hilfeverlauf dokumentiert sein. Ich habe nicht herausbekommen, was zum Abbruch der damaligen Hilfe geführt hat.‘

Inge bekräftigt, dass das Gespräch mit dem Jugendamt eine günstige Gelegenheit sein wird, um mehr zu erfahren. Heiko: ‚Mal sehen, denn der Hilfekatalog gibt ja auch nicht viel mehr her als Einzelfall- oder Familienhilfe.‘

Sibylle: ‚Aber vielleicht klärt sich ja einiges.‘ Heiko: ‚Ja, mal schauen.‘

Für die Erklärung des Verhaltens der Jugendlichen am Vormittag werden familiale Hintergründe der Schüler erörtert. Es erfolgt keine Klärung, was sich im schulischen Raum ereignet und dokumentiert, wie sich die Interaktionen in ihrem Prozess gestaltet haben (zum Beispiel: Was hat die Lehrerin veranlasst, Km zum Schulleiter und nicht zur Schulstation zu schicken?). Auf das Delegieren des Schülers durch die Lehrerin an das schulisch-hierarchische System (den Schulleiter) erfolgt eine *Attribuierung* an das familiale System und die individualbiografische Entwicklung des Jugendlichen. Der Anteil des Redens über die Schüler dominiert in diesem Fall gegenüber dem Reden mit den Schülern. Dieser Austausch ist jedoch folgenreich, denn er dient neben der Reflexion zugleich der Vernetzungsarbeit und Kooperation, die zunächst auf Expertenebene stattfinden soll (bei Km: die Lehrerin/bei Fm: das Jugendamt). Eine kooperative Zusammenarbeit ist beabsichtigt, insbesondere mit dem „damit verbundenen Anspruch, Einzelfälle nicht selbst bearbeiten zu müssen“ (Deinet 2003, S. 13).

Nach den Erfahrungen der teilnehmenden Beobachtung handelt es sich um ein wiederkehrendes Muster innerhalb der Schulstationsarbeit, dass die Probleme der Jugendlichen ursächlich auf die Relation zwischen Herkunftsmilieu und der Institution Schule bezogen werden (vgl. zu dieser Aufgabenwahrnehmung in der theoretischen Diskussion über Schulsozialarbeit auch Homfeldt 2000 und Kap. B.1). Auch mir gegenüber wurden die biografischen Hintergründe der SchülerInnen erläutert. So erfuhr ich z.B., nachdem die Schülerin Sf in der Schulstation war, sie sei phasenweise sehr depressiv mit autoaggresiven Tendenzen und zudem Tochter einer alkoholkranken Mutter[12]. In den Berichten der SchulsozialarbeiterInnen kann hinsichtlich der Berücksichtigung der verschiedenen Lebenswelten, in deren Schnittpunkt die Jugendlichen sich befinden, eine Entwicklung rekonstruiert werden:

„Basis einer ziel- und erfolgsorientierten schulbezogenen Sozialarbeit mit all ihren schwierigen und komplexen Einzelfällen war und ist das Prinzip einer ganzheitlichen Sicht des Schülers/der Schülerin als Person in sehr engem Zusammenhang mit der Lebensweltorientierung, also der Berücksichtigung von Familie, Schule, Freizeit, Peer-group, Sozialisation, sozialer Herkunft u.a." (Jahresbericht: 01.09.1999 bis 19.07.2000, S. 1f.).

Das Paradigma der Lebensweltorientierung in der Sozialen Arbeit (vgl. Kap. A.2) wird von den SchulsozialarbeiterInnen zu diesem Zeitpunkt auf die Konflikte der SchülerInnen zwischen den unterschiedlichen Lebenswelten bezogen, sodass der gesamte soziale Kontext Berücksichtigung findet, wie es vom theoretischen Konzept ausgehend vorgesehen ist. Ungefähr ein halbes Jahr später vermerken die SchulsozialarbeiterInnen:

„Durch die nunmehr zweijährige intensive Zusammenarbeit mit einem Großteil der Schülerschaft sehen wir die Richtigkeit der ganzheitlichen Sicht des Schülers/der Schülerin und das Prinzip der Lebensweltorientierung bestätigt. In der Regel bestand die Ursache für ein auffälliges, norm- und grenzverletzendes Verhalten sowie Verweigerung in der Schule in den negativen und entwicklungshemmenden Einflüssen und Störungen in den Familien und dem weiteren sozialen Umfeld" (Halbjahresbericht: 04.09.2000 bis 02.02.2001, S.3).

In der Tendenz dient das Konzept der Lebensweltorientierung nunmehr verstärkt der Orientierung an den biografischen Hintergründen der Jugendlichen. Ihre Auffälligkeiten erscheinen dabei als „*individuell*", sodass der vormals intendierte Einbezug des gesamten sozialen Kontextes hier also ansatzweise in die Common-Sense-Konzeption der Kausalität zwischen individualbiografischer Entwicklung und schulischen ‚Auffälligkeiten' oder ‚Grenzverletzungen' transformiert wird. Eine mögliche Erklärung für eine *Reduktion von Komplexität* kann darin gesehen werden, dass die Jugendlichen die Angebote der Schulstation zu diesem Zeitpunkt aus der Sicht der SchulsozialarbeiterInnen stark in Anspruch nehmen:

„Der Anteil der Präventivarbeit ist deutlich reduziert. Die täglich neu entstehenden Problemfelder verlangen zu einem Großteil eine Stand-by-Reaktion. Die große und täglich neu

12 Teilnehmende Beobachtung vom 08.06.2000.

entstehende Bedarfslage für sozialpädagogisches Eingreifen und Handeln vereinnahmt mehr Zeit und Personal als ursprünglich gedacht. Wir möchten uns nicht als schnelle Eingreiftruppe sehen, obwohl die sich oft überstürzenden Ereignisse unter und mit den Schüler/innen an dieser Hauptschule (Hervorhebung C.S.) häufig kein anderes Handeln zulassen. Die Nachwirkungen unseres Engagements sind leider oft sehr kurz" (Halbjahresbericht vom 04.09.2000 bis 02.02.2001, S. 4).

Ein explizites Handlungsziel der SchulsozialarbeiterInnen ist die „Präventivarbeit"[13] (vgl. auch Konzeption, S. 4). Im negativen Gegenhorizont der intendierten Prävention stehen „Stand-by-Reaktion(en)". Die SchulsozialarbeiterInnen beabsichtigen, den Formen der *sekundären Anpassung* an die Schule vorzubeugen. Stattdessen können sie oftmals nur darauf reagieren. Eine derartige reaktive Arbeitsweise wird den SchulsozialarbeiterInnen zum Problem und findet ihren besonderen Ausdruck darin, dass sie sich abgewertet „als schnelle Eingreiftruppe sehen". Den kollektiven Prozessen „unter und mit den Schüler/innen" verorten sie sich in kollektiver Weise als „Truppe" gegenüber. Ein methodisches Handlungsrepertoire kommt in dieser Beschreibung der Arbeit nicht zur Geltung (wie die SozialarbeiterInnen selbst beklagen).

Zum System Schule nehmen die SozialarbeiterInnen Distanz ein. Ihre Formulierung „an dieser Hauptschule" unterstreicht, dass die Schulstation dem schulischen System nicht zugehörig ist und es sich um einen exterritorialen Ort handelt. Darüber hinaus verweist diese Formulierung im Rahmen ihrer Kontextualisierung der „Ereignisse unter und mit den Schüler/innen" auf die Bildung eines spezifischen (und ausgegrenzten) Milieus an der Schule hin. In bezug auf die kollektiven Prozesse droht die Fachlichkeit der SozialarbeiterInnen zu *verschwimmen*, auf die Einzelfallarbeit bezogen gilt dies nicht, wie sich in der komparativen Analyse herausstellt. Denn im gleichen Bericht heißt es:

„Verstärkt hat sich (...) die Einzelfallarbeit mit einer großen Gruppe von Schüler/innen. In vielen Fällen kennen wir nunmehr die sozialen Biografien, die aktuellen Familien- und Lebensverhältnisse und können in Zusammenarbeit mit allen Beteiligten an einer Entspannung und positiven Entwicklung arbeiten" (Halbjahresbericht vom 04.09.2000 bis 02.02.2001, S. 3f.).

Ihre Fachlichkeit und professionelle Sicherheit gewinnen die SchulsozialarbeiterInnen demnach nicht über einen strukturellen Bezug auf die Schule und die kollektiven schulischen Prozesse, sondern über eine Orientierung am Einzelfall. Wie die SchulsozialarbeiterInnen im Bericht dokumentieren, arbeiten sie nicht „*mit einer großen Gruppe von SchülerInnen*", sondern beziehen sich auf die große Gruppe in „*Einzelfallarbeit*". Während die SchulsozialarbeiterInnen mit Bezug auf die kollektiven schulischen Prozesse keine Arbeitserfolge benennen, führt die Einzelfallarbeit bzw. die daraus resultierende „*Zusammenarbeit mit allen Beteiligten*" zu „*einer Entspannung und positiven Entwicklung*". Die SchulsozialarbeiterInnen verorten sich innerhalb der ehe-

13 „Lebensweltorientierte Soziale Arbeit ist bestimmt durch die Maximen der Prävention, (...)" (Thiersch 1998, S. 86).

mals klassischen Methodentrias der Sozialen Arbeit (Einzelfallarbeit, Gruppenarbeit, Gemeinwesenarbeit) [vgl. Kap. D.1].

Auch in der unmittelbaren Kooperation mit den Lehrkräften beziehen sich die SchulsozialarbeiterInnen weniger strukturell auf die Schule, sondern eher auf die individualbiografischen Hintergründe der SchülerInnen:

„Häufig können wir unsere Erkenntnisse über den persönlichen und familiären Hintergrund, die eventuellen Ursachen für sein/ihr Verhalten zum besseren Verständnis für die Lehrer/innen darlegen (...)“ (Halbjahresbericht vom 04.09.2000 bis 02.02.2001).

Die SchulsozialarbeiterInnen beziehen sich weder auf die Phase der Adoleszenzkrise oder auf jugendkulturelles Wissen noch auf schulische Interaktionszusammenhänge, sondern verorten ihre Professionalität im Rahmen einer biografietheoretischen Sichtweise. Auf der einen Seite unterstreichen sie ihr vom System Schule deutlich abgrenzbares Aufgabenverständnis, das ihrer neutralen Position zugute kommt. Auf der anderen Seite werden die Ursachen für das Verhalten der Jugendlichen nicht im Wechselspiel der verschiedenen Handlungssysteme, in dessen Schnittpunkt die Jugendlichen agieren, betrachtet, sondern ausschließlich auf das Herkunftsmilieu der Jugendlichen bezogen. Im Gegensatz dazu heben Bolay u.a. die Bereitstellung von jugendtheoretischem Wissen durch SozialpädagogInnen für die Schule hervor:

„Angesichts einer häufig fehlenden sozialwissenschaftlichen und sozialpädagogischen Fundierung der Qualifikation der Lehrer/innen hat sie (die Schulsozialarbeit, C. S.) die Aufgabe, vor allem *jugendtheoretisches* und *jugendkulturelles* Wissen in die Schule zu vermitteln“ (Bolay u.a. 1999, S. 23).

Allerdings geht es auch in dieser Aufgabenwahrnehmung um die Bereitstellung von Wissen und weniger um einen diskursiven Austausch zwischen den Professionen (und den professionsbedingten unterschiedlichen Sichtweisen). Gleichzeitig wird in der Betonung des jugendtheoretischen Wissens von den konkreten Erfahrungen der Jugendlichen und den schulischen Prozessverläufen abstrahiert. Die Relation zwischen Herkunftsmilieu und schulischem Milieu wird nicht zum Gegenstand der Reflexion.

Während die protokollierten Interaktionen zwischen SchulsozialarbeiterInnen und SchülerInnen frei sind von kausalen Zuschreibungen, deuten die SozialarbeiterInnen das Verhalten der Jugendlichen sowohl in Gesprächen mit der Forscherin als auch in Zusammenarbeit mit den LehrerInnen kausalanalytisch auf die Herkunftsmilieus der Jugendlichen bezogen.

→ Das heißt, es existiert eine Diskrepanz zwischen der alltäglichen Handlungspraxis der SchulsozialarbeiterInnen und der legitimatorischen Darstellung ihrer Arbeit. Die protokollierten Interaktionen zwischen SchulsozialarbeiterInnen und SchülerInnen sind frei von kausalen Zuschreibungen und sowohl die Art und Weise der Darstellung als auch Selbstdarstellung bleibt den Jugendlichen überlassen. Die schriftlichen Berichte der SchulsozialarbeiterInnen dienen in der Außendarstellung letztendlich auch der zukünftigen Sicherung der Schulstationsarbeit. In diesen Berichten rekurrieren die SozialarbeiterInnen auf eine Rhetorik des Common Sense. Demnach ginge es in ihrer Arbeit um die Identifizierung problematischen Verhaltens der SchülerInnen, das ursächlich familienbiografisch bedingt wäre. Auch in Gesprächen mit den LehrerInnen fällt eine derartige Rhetorik auf[14]. Die SchulsozialarbeiterInnen wahren die Neutralität der Schulstation, bestätigen die LehrerInnen allerdings hinsichtlich der benannten Theorien des Common Sense. Spekulativ lässt sich hier fragen, inwieweit die legitimatorische Darstellung als eine Art ‚Entgegenkommen' den LehrerInnen gegenüber zu interpretieren ist, da diese Argumentation vom Einfluss der Schule auf dieses Problemverhalten (bzw. von der Relation zwischen Herkunftsmilieu und schulischem Milieu als ‚Ursachen' dieses Problemverhaltens) vollständig abstrahiert und die Lehrkräfte somit von jeglicher Reflexion auf die eigene Praxis entlastet.

14 Solche Gespräche wurden ebenfalls protokolliert.

Teil D: Diskussion.
Die Bedeutung des Schulstationsangebots für die Jugendlichen

Auf der Grundlage der detaillierten Fallanalysen in den Kapiteln C.2 und C.3 und der in ihnen wiedergegebenen Originalstimmen in Gestalt der Sequenzen aus den Transkripten der Gruppendiskussionen, ergänzt durch die Auszüge aus den Beobachtungsberichten, sollte es möglich geworden sein, die „authentischen Stimmen der Betroffenen" (Grunwald/Thiersch 2001, S. 1146) – wie sie von Hans Thiersch und Klaus Grunwald im Rahmen einer lebensweltorientierten Forschung bisher vermisst wurden – zu Wort kommen zu lassen und Einblick in die schulischen Erlebniszusammenhänge und Handlungspraxen der jeweiligen Gruppe zu gewinnen. Um die auf der Grundlage der Fallanalysen gewonnenen Resultate zur Schulsozialarbeit zu konturieren, werde ich die Ergebnisse zusammenfassend in den sozialpädagogischen Gegenstandsbereich, insbesondere der Schulsozialarbeit, einordnen. Die vorliegende Untersuchung erlaubt dabei konkrete Einblicke in äußerst subtile Zusammenhänge, nämlich in den Zusammenhang zwischen kommunikativen (schulisch-programmatischen) und konjunktiven Wissensbeständen (der peer group) und ermöglicht Antworten auf die bisher unterbelichtete Frage, welchen Beitrag Schulsozialarbeit in diesem Gefüge leisten kann. Der Vergleich zwischen den programmatisch festgelegten Zielen mit der Handlungspraxis der Jugendlichen, ihren handlungsleitenden *(Wert-) Haltungen* stellt den Gewinn einer an der dokumentarischen Methode orientierten Evaluationsforschung dar. Die in diesem Kapitel ausgesprochenen Handlungsempfehlungen beruhen im Sinne eines responsiven Vorgehens auf Gesprächen mit den relevanten Beteiligtengruppen, in denen das empirische Material und die Interpretationen zugänglich gemacht wurden. Neben Gesprächsrunden mit den SchulsozialarbeiterInnen wurden im Rahmen einer Schulzirkelveranstaltung am 17.03.2004 die Ergebnisse der Arbeit mit dem Lehrerkollegium, dem Schulleiter, den SchulsozialarbeiterInnen, einer Vertreterin der Erziehungs- und Familienberatung des Jugendamtes, zwei Vertretern des Allgemeinen Sozialpädagogischen Dienstes, einem Vertreter der Senatsschulverwaltung, Polizisten und einem freien Träger der Jugendhilfe, der in der Schule ein „Coolness-Training" für SchülerInnen anbietet, diskutiert.

Schulische Milieubildung

Die Ergebnisse der Analyse verweisen auf Prozesse von gesellschaftlicher Exklusion, auf Segmentierungsprozesse nach hierarchisch gestaffelten Schulformen und Abschlüssen in deutschen Schulen und zwar insbesondere auf „(...) die Existenz von Schulen, die heruntergestufte bzw. relegierte SchülerInnen aufnehmen, das Versetzungs- und Klassenwiederholungsprinzip" (Thimm 1999, S. 189). Auf einer anderen Ebene können die zugrunde liegenden Erfahrungen der Jugendlichen auch als eine Überlagerung von Trennungs- bzw. Bewegungsprozessen verstanden werden, und zwar sowohl hinsichtlich von Ortswechseln (Wohnungswechsel der Familie, Migration etc.) als auch in Bezug auf familiär wechselnde Bezugssysteme (Trennung der Eltern, Aufnahme in einer Jugendhilfeeinrichtung etc.), die teilweise mit Schulwechseln verbunden sind. Derartige Prozesse führen zu einer „Verschärfung der Adoleszenzkrise“ (Schäffer 1996, S. 66), sodass anlässlich von negativer Fremddefinition Techniken der Identitätssicherung an Bedeutung gewinnen (vgl. Thiersch 1976 in Thimm 1999, S. 65). Das eigentliche Problem der Jugendlichen der vorliegenden Untersuchung ist nicht der Hauptschulbesuch als solcher,

> „sondern die zwar damit verbundene, aber wesentlich komplexere Erfahrung der Ausgrenzung im Alltag der Ortsgesellschaft“ (Bohnsack 1989, S. 84)[1],

die sich insbesondere in der Auseinandersetzung aller von mir untersuchten Gruppen (einzige Ausnahme: Gruppe *System*) mit dem *Ruf* der Schule dokumentiert. Bevor Soziale Arbeit (an Schulen) Handlungsziele benennen und Handlungsmethoden auswählen kann, ist es für eine *reflexionseröffnende Verständigung* (vgl. Braun/Wetzel 2000, S. 25) erforderlich, einen verstehenden Zugang zu den Lebenswelten der SchülerInnen (vgl. Mack 2002, S. 427f.) und sich vollziehenden Prozessen der Milieubildung zu entwickeln. Um also auf das Konfligieren von Milieus in der Institution Schule eingehen zu können, sind die

> „Prozesse der Milieubildung, die sich (...) real bereits schon vollziehen, mit Substanz zu versehen und je kontextspezifisch (zu) differenzieren (...). Erst auf diese Weise können dann auch Anschlussmöglichkeiten für eine sozialpädagogische Intervention identifiziert werden“ (Bohnsack 1998, S. 96).

Das Schulleben lässt sich demnach aus sozialpädagogischer Perspektive nicht nur „als *offene schulische Milieubildung*“ (Braun/Wetzel 2000, S. 92) verstehen, sondern Soziale Arbeit muss die bereits stattfindenden Prozesse der Milieubildung mit dem pädagogischen Prinzip der *offenen Milieubildung* kontextspezifisch vermitteln und kann in einem zweiten Schritt dementsprechende Interaktionszusammenhänge gestalten. Im Fall der untersuchten Schule bedeutet dies beispielsweise, dass die Prozesse der Genese von Orientierungen *sekundärer* und *primärer Anpassung* zuerst zu identifizieren sind, um darauf aufbauend milieubezogene Angebote entwickeln zu können. Dazu gehört auch die Notwendigkeit, einer *amoralischen Haltung*[2] Jugendlicher nicht mit moralisierenden pädagogischen Zuschreibungen zu begegnen. Während der schulische Unterricht und die Kommunikation mit den LehrerInnen der untersuchten Schule im Zuge der Milieukonstitution durch Ausgrenzungs- und De-

---

1 Das Zitat bezieht sich nicht auf den Hauptschulbesuch einer von Ralf Bohnsack untersuchten männlichen Gruppe (*Orient*), deren Mitglieder 17–21 Jahre alt sind und im Notwohngebiet einer fränkischen Kleinstadt leben, sondern auf deren Erfahrungen aufgrund von (langjähriger) Arbeitslosigkeit. Dass die Ausführungen auch auf die von mir untersuchten Jugendlichen zutreffen, zeigt, dass es sich nicht um ein spezielles Problem dieser Schule, sondern um eine (Bildungs-) Milieuproblematik handelt.

2 Die Jugendlichen unterziehen ihr Verhalten keiner moralischen Wertung.

gradierungsprozesse gekennzeichnet ist, eröffnet die Schulsozialarbeit Möglichkeiten der – für die Konstitution persönlicher Identität notwendigen – *sekundären* Anpassung, die von Ausgrenzungs- und Degradierungserfahrungen entlastet ist. Schulsozialarbeit schafft somit neue Perspektiven, den Teufelskreis von Kriminalisierungsprozessen zu durchbrechen. Betrachtet man jedoch das, was die SchulsozialarbeiterInnen explizit als Einschätzung und Bewertung der Schulstationsarbeit formulieren, so theoretisieren sie über ihre eigene Praxis nicht gemäß der rekonstruierten Weise. Stattdessen erklären die SchulstationsmitarbeiterInnen problematisches Verhalten der SchülerInnen mit Schwierigkeiten innerhalb der Herkunftsmilieus. Die Arbeit wird in der Außendarstellung eher auf individuelle Phänomene hin ausgerichtet[3]. Es existiert eine Diskrepanz zwischen der Praxis der SchulsozialarbeiterInnen einerseits und deren legitimatorischer Darstellung andererseits. Auf einer theoretischen Ebene wird den Jugendlichen unterstellt, dass sie „die Bildungsaspiration, die biographischen Orientierungen und die Präferenzen des Lebensstandards" (Bohnsack 2000, S. 323) mit den schulischen VertreterInnen der dominanten moralischen Prinzipien teilen. Sofern die SchulsozialarbeiterInnen ausschließlich nach individualspezifischen Hintergründen für das „*Fehl*"verhalten der Jugendlichen suchen, besteht die Gefahr der Konstruktion einer *totalen Identität* (vgl. Kap. A.2). Gemäß der Gruppendiskussionen ist dies allerdings nicht der Fall, was dafür spricht, dass die Jugendlichen sich nicht mit einer derartigen Praxis konfrontiert sehen. Das Potential von Schulsozialarbeit, nicht nur individualspezifisch zu arbeiten, sondern vor allem auch milieuspezifisch, scheint bisher weder ausreichend bewusst noch ausgeschöpft zu sein. Hierauf gehe ich im Folgenden genauer ein.

Erfahrungen mit der Schulstation und der Schule im Vergleich

Eine auf der dokumentarischen Methode beruhende Evaluationsforschung ermöglichte einen empirischen Zugang zu den *Werthaltungen* und *–orientierungen* (vgl. Bohnsack/Nentwig-Gesemann 2005) der SchülerInnen, die jenseits der formellen, schulisch-zweckrationalen Programmatik realisiert werden. Die beiden identifizierten Typen der *sekundären* und *primären Anpassung* erhalten ihre Konturen über den Vergleich der impliziten Wissensbestände der Jugendlichen. Unter Zusammenfassung der als zentral identifizierten *Werthaltungen* lassen sich die folgenden unterschiedlichen Erfahrungsräume zueinander in Beziehung setzen, innerhalb derer die Schulstation einen je spezifischen Stellenwert erhält:

---

3 Vgl. Zielgruppen und die Auffächerung der Problemlagen in Kap. B.1, in der Ursachen für „Interaktions-, Beziehungs- und Aufmerksamkeitsstörungen" (Konzeption, S. 3) benannt werden.

Gruppe	Schulischer Erfahrungsraum der Gruppe	Primäre Rahmung der Schulstation
Schlüssel (gemischtgeschl.)	*Kontrakulturelle Orientierung*: Orientierungssuche in Umkehrung der Außenperspektive; Unsicherheit der eigenen Orientierungsstruktur, beständige Provokationen → Ausgrenzungserfahrungen	Exterritorialer Raum (sozialräumlicher Bezug); Entlastung von Degradierung → Handlungsfreiraum; metaphorischer Höhepunkt: Anfertigung von Hausschlüsseln für die Schulstation → nicht länger auf Provokationen angewiesen sein
Mikrofon (weibl.)	*Subkulturelle Orientierung*: selbstverständliche moralische Praxis jenseits der dominanten Moral; dennoch: Erfahrung von moralischer Degradierung (Gerüchte, Etikettierung als Hure)	Beziehungsebene zu den SozialarbeiterInnen (pädagogischer Bezug); Neutralität der Schulstation; Verschwiegenheit der SchulsozialarbeiterInnen; Einübung in die weibliche Rolle; metaphorischer Höhepunkt: Schulstation ersetzt „*Mülltonne*“
Chillig (männl.)	*Subkulturelle Orientierung*: Schule als Probebühne für kriminelle Handlungen; generelle Verstrickung in kriminalisierungsfähiges Handeln (Anspannung)	Sozialräumlicher Aufforderungscharakter der Schulstation; Entspannung; *Chillen* in der Schulstation anstelle von „Klauen“ im Supermarkt
Weg *(männl.)*	*Subkulturelle Orientierung*: Schwänzen; konfrontative Abkehr von der Schülerrolle	Sozialraum und SozialarbeiterInnen als signifikante Andere; erstmalige Auseinandersetzung mit der Schullaufbahn → Antizipation des Besuchs eines Schulverweigererprojektes
Fördern (weibl.)	Primäre Anpassung und eine *Abstiegserfahrung*: „immer-mehr-runter-rutschen“ → retrogressive Milieubildung; Ausgrenzungserfahrungen → aktive Opferhaltung	Schulstation wird nicht erreicht, kann die Probleme zwischen LehrerInnen und SchülerInnen nicht minimieren → aktive Opferhaltung
Sprecher (gemischtgeschl.)	Primäre Anpassung und *Vermittlungsorientierung*: Trennung von peer-Milieu und Schülerrolle; Schwierigkeiten der Enaktierung der Schülerrolle; Orientierung an kommunikativer Verständigung mit den LehrerInnen	Unterstützung bei der Enaktierung der Schülerrolle; Aufwertung der Schule durch Schulsozialarbeit; „Qualifizierung des Settings“; Verbesserung des Schulklimas
System (weibl.)	Primäre Anpassung und *Zukunftsorientierung*: Schulbesuch unter dem Aspekt der beruflichen Qualifikation; Trennung von persönlicher und sozialer Identität bzw. Trennung von SchülerInnenrolle und SchülerInnensein (peer-Milieu)	Zuständigkeit für Reibungslosigkeit des schulorganisatorischen Ablaufs und Regelsystems; geschlechtsspezifische Benachteiligung bei Arbeitsgemeinschaften; Verbesserung des Schulklimas

Ein zentrales Ergebnis der vorliegenden Studie tritt in der tabellarischen Zusammenfassung in konturierter Weise hervor: Die Schulsozialarbeit zeichnet sich durch eine integrierende und orientierende Funktion aus. Bemerkenswerterweise profitieren SchülerInnen beider Typen von den Angeboten der Schulstation, und zwar insbesondere diejenigen mit massiven Ausgrenzungserfahrungen. Stigmatisierungen treten nicht nur zurück, sondern es kommt hinzu, dass die Jugendlichen einen neuen Standort und damit eine neue Perspektive einnehmen können. Ein derartiges Zusammenwirken von Raum und Erfahrungsraum bringen Böhnisch/Münchmeier zum Ausdruck, wenn sie auf die

> „besondere sozialräumliche Dimension (einer personalen Orientierung verweisen): Man muss Personen begegnen, muß wissen, wo sie sind, wie man sie treffen kann, zu wem sie gehören. Personen symbolisieren Spielräume, Gelegenheitsstrukturen, Perspektiven" (Böhnisch/Münchmeier 1993, S. 56).

Die vielfach geforderte „doppelte Öffnung" der Schule durch die Implementierung von Angeboten der Jugendhilfe in der Schule (vgl. z.B. Bettmer/Maykus u.a. 2002, S. 39/Olk u.a. 2000, S. 191), die sowohl den Unterricht als auch das Umfeld der Schule einbezieht, erhält somit auf der Basis meiner Erhebungen eine neue Konnotation. Denn eine „doppelte Öffnung" der Schule ist in der Konzeption der Schulstation (vgl. Kap. B.1) nicht vorgesehen, stattdessen wird sie von den Jugendlichen der *sekundären Anpassung* in der Handlungspraxis hergestellt über Prozesse des *Oszillierens*, auf die ich noch eingehen werde. Bei den Jugendlichen der *primären Anpassung* konnte eine derartige „doppelte Öffnung" nicht rekonstruiert werden. Die Jugendlichen der *primären Anpassung* fordern eine Öffnung des Unterrichts ein. Die Öffnung wird im Gegensatz zu den Jugendlichen der *sekundären Anpassung* nicht auf aktionistischem Wege herausgefordert, sondern vorwiegend in kommunikativen Aushandlungsprozessen zwischen LehrerInnen und SchülerInnen unter Einbezug der SozialarbeiterInnen gesucht. Die handlungspraktische Herstellung der Öffnung der Schule innerhalb des Typus der *sekundären Anpassung* verweist auf die Bedeutung des *Ortshandelns* in der Sozialpädagogik.

Ortshandeln als Integration und Orientierung für die Jugendlichen der sekundären Anpassung

Die Jugendlichen der Orientierung an *sekundärer Anpassung* machen die Erfahrung, dass es *„ganz cool mit den Räumen"* ist. Dies weist auf die Möglichkeit der jugendgemäßen *Eroberung*[4] der Schulstation hin, eine Form der Jugendhilfe, die „sich überwiegend in frei gestaltbaren Räumen mit geringerem (Vor-) Strukturierungsgrad entfaltet" (Bettmer/Maykus u.a. 2002, S. 13). Die zentrale Bedeutung des Raumes wurde ebenfalls in den Studien zur Schulsozialarbeit an Hauptschulen von Bolay u.a. herausgearbeitet, die

> „als Schlüsselkategorie einer fachlich und qualitativ angemessenen Schulsozialarbeit beschrieben und in seiner Bedeutung als ‚Bühne' für Probehandeln und Gruppenerlebnisse pointiert" wurde (Bolay u.a. 2003, S. 60 sowie bereits Bolay u.a. 1999).

---

4 vgl. zur Eroberung von Räumen: Winkler 1988, S. 308.

Darüber hinaus lässt sich in den Erzählungen der Jugendlichen an der von mir untersuchten Schule auch ein von Michael Winkler herausgearbeitetes Verhältnis zwischen Subjekt und Ort erkennen, das er in Anlehnung an Siegfried Bernfelds Vorstellungen vom „sozialen Ort“ in der Pädagogik als „*Ortshandeln*“ bezeichnet (Winkler 2000, S. 613): Gemäß Winkler erhält der Ort auch dadurch eine sozialpädagogische Bedeutung, indem er die Jugendlichen „in eine veränderte soziale Position“ – eine höhersymbolische Perspektivität der konjunktiven Erfahrung – bringt und im immanenten Sinne des Wortes zu einer *Stellungnahme* herausfordert (Winkler 1988, S. 294). Im pädagogischen *Ortshandeln* wird von einer Selbsttätigkeit der Kinder und Jugendlichen ausgegangen, die sich „durch ihre eigenen Aktivitäten entwickeln und verändern“ (Winkler 2000, S. 614), „wobei sich Beziehungen zu bedeutungsvollen Anderen kaum vermeiden lassen“, da die Jugendlichen in der Aneignung der Situationen auf andere Personen verwiesen sind (Winkler 2003, S. 22). Besonders bemerkenswert erscheint mir im Hinblick auf meine Daten die Vielschichtigkeit von (habituellen) Stellungnahmen in Gestalt des Umganges mit und Überschreitens von Grenzen durch die Jugendlichen, in welcher die Schulstation sowohl im Hinblick auf die Grenzen zwischen den Geschlechtern, die Grenzen institutioneller Reglementierungen, die Grenzen der Kommunikation zwischen LehrerInnen und SchülerInnen an Relevanz gewinnt. Während die Thematik der Grenzen im Verhältnis zwischen Jugendhilfe und Schule häufig im Zusammenhang eines strukturellen Spannungsverhältnisses von zwei Systemzusammenhängen mit „relativ unbeweglichen institutionellen Strukturen“ erörtert wird (Bettmer/Maykus u.a. 2002, S. 31), die systembedingt einander gegenüberstehen, gewinnt in der *Handlungspraxis* der SchülerInnen Dynamik und Prozessualität an Bedeutung. Für die Jugendlichen eröffnen sich neue Möglichkeiten durch das „Alternieren“ (Winkler 1988, S. 319) zwischen den Orten bzw. Systemen und die jeweils damit in Zusammenhang stehenden kommunikativen und konjunktiven Wissensbestände der Schule und der peer group. Den Jugendlichen wird es möglich, zwischen der inneren Sphäre der peer group und der äußeren Sphäre der Schule, mit Hilfe des neutralen Bereichs der Schulstation zu *oszillieren* (vgl. Winkler 1988, S. 318). Die Jugendlichen erleben die Schulstation nicht im primären Rahmen von Segregation, sondern als einen *neutralen Ort*, der „alternative Handlungsmöglichkeiten, ‚funktionale Äquivalente‘“ (Thiersch 1995, S. 154) bietet („*geht man nich klauen oder so, sondern spielt Kicker, Dart (...) sonst würden wir schwänzen, dann würden wir nich da sitzen, (...) würden wieder irgendwelche Scheiße bauen*“). Die Schulstation entspricht weder einer Vorder- noch einer Hinterbühne und kann nicht den Sozialisationsinstanzen der Eltern, Schule oder peer group zugerechnet werden, sodass sie eine *integrative Zwischenstellung* einnimmt (vgl. Bolay u.a. 2003, S. 50).

Im Vergleich mit den Jugendlichen der primären Anpassung wird allerdings deutlich, dass die Schulstation von ihnen zwar ebenfalls als neutraler

Ort erlebt wird, damit allerdings auch exklusiv bleibt. Schulische Räume werden im Kontrast zur Schulstation umso reglementierter und überwachter empfunden („*Wir dürfen nich an die Computer ran, ohne dass n Lehrer uns dabei auf die Finger guckt. (...) Wir kriegen so viel Verbote hier*".)

Der wesentliche Befund des *Oszillierens* findet sich im Rahmen von Begleitforschung zu Schulstationsarbeit bisher nicht. So heißt es bei Christiane Nevermann[5], dass

> „eine ‚Schulstation' auch die Gefahr in sich birgt, daß anstelle der angestrebten ‚Integration über integrierende Verhaltensförderung' eine leicht gängige Segregation in der Schule praktiziert wird" (Nevermann 1996, S. 111).

In diesem Zitat geht es um das Verhältnis zwischen der Institution Schule und der Institution Schulsozialarbeit, um das Ausloten des Bereichs zwischen dem Ende von schulischer Arbeit und dem Beginn von Schulsozialarbeit und einer damit verbundenen potentiellen indirekten Verwicklung der Schulsozialarbeit in eine Praxis der Segregation von SchülerInnen aus der Schule bzw. dem Unterricht. Die Entscheidung für einen Aufenthalt in der Schulstation obliegt zunächst der unterrichtenden Lehrkraft. Daneben berücksichtigt Christiane Nevermann auch die SchülerInnen in ihrer Eigentätigkeit:

> „Grundsätzlich ist es durchaus möglich, daß Schülerinnen und Schüler vor dem Unterricht in der Schulstation Zuflucht suchen und dann erst einmal auch finden. Wenn das so ist, scheint der eigentliche pädagogische Zweck der Einrichtung in diesem Augenblick verfehlt. Im Überdenken erweist sich solch ein Urteil allerdings als keineswegs eindeutig. Beispielsweise würde ein Schüler, der den Weg in die Schulstation bewußt als willkommene Gelegenheit zum Unterrichtsvermeiden erlebt und nutzt, eigentätig und vielleicht auch sehr selbständig handeln" (Nevermann 1999, S. 67).

Die Überlegungen zur Praxis der Schulstationsarbeit abstrahieren vom Definitionsprozess der schulischen Akteure. So wird das Aufsuchen der Schulstation durch SchülerInnen während des Unterrichts als „bewußt(e)" Unterrichtsvermeidung angenommen. Selbstverständlich spielt die an einer Schule beschlossene Zugangsregelung zur Schulstation eine Rolle (vgl. Nevermann 1999, S. 86), allerdings ist auch in diesem Zusammenhang die Art und Weise des handlungspraktischen Umgangs mit derartigen Regelungen durch die schulischen Akteure zu rekonstruieren.

Wenn Ralf Bohnsack mit Bezug auf van Genepp und Victor Turner äußert: „Jugend ist die liminale Phase par excellence" (Bohnsack 2004), so liegt ein übergreifendes Merkmal für die Jugendlichen der *sekundären Anpassung* darin, dass die Schulstation selbst eine liminale Übergangssituation[6], einen Schwellenzustand des *Oszillierens* bzw. ein Zwischenstadium darstellt.

---

5 Es handelt sich um Befunde zur Grundschule. Zur Hauptschule liegen mir keine empirischen Daten vor.

6 Vgl. zu liminalen Übergangssituationen zwischen Pause und Unterricht in der Schule: Wagner-Willi 2004.

Gleichwohl gibt es fundamentale – unabhängig vom *Oszillieren* geltende – Regeln der Kommunikation, die in der Schulstation einzuhalten sind (z.B. Herstellung von Reziprozität durch Begrüßung, Plausibilität für den Grund eines Aufenthalts in der Schulstation im Sinne von basalen Kompetenzen des alltäglichen Miteinanders). Die positiv erlebte *Freiwilligkeit* der Annahme von Angeboten der Schulsozialarbeit im Kontrast zur Schule findet ebenfalls Eingang in den Diskussionen. So betont der Jugendliche *Lette* (Gruppe *Chillig*), dass nicht die SchulsozialarbeiterInnen mit den Jugendlichen reden, sondern sie es sind, die mit den SozialarbeiterInnen sprechen „wollen". Das heißt, die Jugendlichen der *sekundären Anpassung* treffen über die sozialräumliche Gelegenheit auf relevante Erwachsene, weshalb das *Ortshandeln* nicht unabhängig vom pädagogischen Bezug[7] gesehen werden kann.

Sekundäre/primäre Anpassung und pädagogischer Bezug

Der pädagogische Bezug zwischen SchülerInnen und SozialarbeiterInnen ist vor allem dadurch gekennzeichnet, dass die Auseinandersetzung der Jugendlichen mit der Schule weniger auf Vertrautheit denn auf Fremdheit basiert. Aufgrund der großen Differenzen zwischen dem peer-Milieu und dem Milieu der LehrerInnen (als VertreterInnen der dominanten Moral) erhält die der Schulsozialarbeit nachgesagte „Übersetzungsfunktion" (Homfeldt/Schulze-Krüdener 2001) einen hohen Stellenwert. Häufig werden die SozialarbeiterInnen dabei der Differenzen gewahr. In den Gruppendiskussionen ließ sich allerdings keine Kommunikation über Differenzen zwischen LehrerInnen und SchülerInnen[8] unter Einbezug der SozialarbeiterInnen rekonstruieren. Stattdessen berichten die Jugendlichen typenübergreifend, wie die SozialarbeiterInnen stellvertretend für sie agieren und mit den LehrerInnen sprechen (und für die SchülerInnen Partei ergreifen). Inwiefern die von den Jugendlichen erfahrenen Kommunikationsvermeidungsstrategien der LehrerInnen überwunden werden können, bleibt unklar. Im Gegensatz zum *aktionistischen Fremderkennen* (Nohl 2001, S. 266) der Jugendlichen der *sekundären Anpassung*, geht es denen der *primären Anpassung* um die kommunikative Bewältigung

7 Der Begriff des „pädagogischen Bezugs" geht auf Hermann Nohl zurück, der ihn in den 1920er Jahren als Voraussetzung für eine jugendgerechte Schule entwarf (vgl. Nohl 1988). Nohl hob im „pädagogischen Bezug" die interaktionistische Dimension der Begegnung von LehrerInnen und SchülerInnen in der Schule jenseits von Rollen hervor. In der dieser Arbeit zugrundeliegenden metatheoretischen Begrifflichkeit ging es ihm um die pädagogische Dimension des Zusammenwirkens von notwendigen kommunikativ-rollenförmigen Kompetenzen und der Eröffnung von Alternativen in der konjunktiven Beziehung, jenseits des Modells vom zweckrationalen Handeln im Sinne einer handlungspraktischen „Teilhabe des Jugendlichen an der Thematik des Erwachsenseins" (Böhnisch 1998, S. 162).

8 Dies gilt nicht für Differenzen zwischen SchülerInnen. Hierzu wurden Gesprächsrunden mit SchülerInnen, LehrerInnen und SozialarbeiterInnen erwähnt sowie teilnehmend beobachtet.

der Kontraste, mit denen sie in ihrer Erfahrungswelt konfrontiert werden: „*Also mir hat jetz Inge [eine Schulsozialarbeiterin] erklärt* (...)".

Würde man nur die explizite Bewertungsebene der SchülerInnen betrachten, so könnte mit Bolay[9] festgestellt werden, dass

> „die Schüler/innen (...) nur schwer Worte dafür (fanden), was das Spezifische der Schulsozialarbeiterin im Vergleich zu Lehrer/innen ausmacht" (Bolay u.a. 2003, S. 50f.).

Es ließ sich jedoch in eindrücklicher Weise rekonstruieren, an welchen Stellen im Diskurs die Jugendlichen sich in theoretisch-reflexiver Weise mit der Schule und der Schulsozialarbeit auseinander setzen. Während die Erzählungen der Jugendlichen, die auf den Unterricht bezogen sind, von diversen Aktionismen zeugen, beginnen die Jugendlichen im Kontext der Schulstation bzw. der Erwähnung von Gesprächen mit den SchulsozialarbeiterInnen, sich in theoretisch-reflexiver Weise mit ihren Belangen auseinander zu setzen. Das kann ein Hinweis auf eine *reflexionseröffnende Verständigung* (vgl. Braun/Wetzel 2000, S. 25) sein, die in Interaktion mit den SozialpädagogInnen entsteht.

Wie wichtig es für die SchülerInnen ist, auf ein gemischtgeschlechtliches Team der SchulsozialarbeiterInnen zu treffen, lässt sich den Gruppendiskussionen und der teilnehmenden Beobachtung ebenfalls entnehmen. Der Schulsozialarbeiter erhält sowohl bei den Mädchen als auch bei den Jungen eine herausragende Stellung hinsichtlich ihrer jeweiligen Belange. So identifizieren die männlichen Jugendlichen ihn als einen der ihrigen („*der ist einer von uns*")[10]. Auf dieser Basis von empfundener Gemeinsamkeit nehmen die Jugendlichen dann auch Ratschläge an bzw. entdecken neue Handlungsoptionen, die sie selbsttätig umsetzen wollen („*wir müssen die Ratschläge nicht befolgen, wir könn. Und die Ratschläge sind gut*"). Die Mädchen finden eine Möglichkeit, den erlebten Stress in der Beziehungsaufnahme zu Jungen in der Entwicklung zwischen Kindheit und Erwachsensein auf metaphorischem Wege zu bearbeiten. So machen die Mädchen der Gruppe *Mikrofon* während der Gruppendiskussion dem Schulsozialarbeiter eine Liebeserklärung, die sie ihm anschließend vorspielen möchten. Hier können sie sich gegengeschlechtlich ausprobieren, ohne um die Reaktion fürchten zu müssen. An derartigen Beispielen werden die (sozial-) pädagogischen Gestaltungsmöglichkeiten der „*kulturellen Kontakte*" (Liebau 1987, S. 93) deutlich.

Neben einem *autonomen Selbstdarstellungsrecht* der Akteure (vgl. Braun/Wetzel 2000) gehört es zum Handlungsrepertoire der SozialarbeiterInnen, dass sie als „ ‚bare Münze' (...) nehmen" (Braun/Wetzel 2000, S. 240),

---

9 Es handelt sich um die wissenschaftliche Begleitung des *‚Stuttgarter Modells' Sozialarbeit an Hauptschulen.*

10 Teilweise gelingt es den Jugendlichen, die weiterhin vorhandene natürliche Fremdheit (aufgrund des Alters und der Position) zwischen dem Schulsozialarbeiter und ihnen anzuerkennen.

was die Jugendlichen sagen und diese damit in ihren „Selbstverständigungsbemühungen wirklich ernst“ nehmen (ebd.). Da die SozialarbeiterInnen in Interaktion mit den Jugendlichen zunächst auf der immanenten Ebene auf sie eingehen, trennen sie die kommunikative Ebene von einer konjunktiven Beziehung zu den Jugendlichen erfolgreich. Die SchulsozialarbeiterInnen werten provokatives Verhalten in der Regel nicht als Provokation, sodass die Jugendlichen der *kontrakulturellen Orientierung*, im Gegensatz zu den ausführlich erzählten Reaktionen der Lehrkräfte, nicht auf die Reaktionen der SozialarbeiterInnen eingehen. Die SchülerInnen haben erlebt, dass deren Reaktionen für sie nicht interessant sind. In der Schulstation sind die Jugendlichen der *kontrakulturellen Orientierung* nicht auf Provokationen angewiesen.

Vor dem Hintergrund der sich abzeichnenden Veränderungen der Erfahrungshintergründe der Jugendlichen entsteht die Frage, inwiefern sich die aufgezeigten Selbstthematisierungen der Jugendlichen und die Prozesse von *Identitätsbildung* als *Bildungsprozesse* aus sozialpädagogischer Perspektive charakterisieren lassen.

Betreuung und/oder Bildung?

Im Rahmen der teilnehmenden Beobachtung konnte als ein grundlegendes Merkmal in der Schulstation die Beschäftigung der Jugendlichen unter Aufsicht rekonstruiert werden, eine – so scheint es zunächst – „Betreuung als Dienstleistung der Jugendhilfe in der Schule“ (Nörber 2003, S. 26). In den Berichten der SchulsozialarbeiterInnen verorten sich diese im theoretischen Kontext der *Lebensweltorientierung*, eine Unterscheidung zwischen Betreuung und Bildung wird nicht vorgenommen. Wie bereits in den Kapiteln A.1 und A.2 herausgearbeitet wurde, wird neben einer Betreuungsdiskussion in der Jugendhilfe auch ein Diskurs um den Beitrag der Jugendhilfe zu Bildungsprozessen geführt.

Meine Ergebnisse im Hinblick auf die Orientierung an *sekundärer Anpassung* lassen sich am treffendsten mit dem von Böhnisch/Schröer geprägten Begriff des „wilden Lernens“ (2001, S. 186) fassen:

> „Neben den Schulen und von ihnen ausgegrenzt, quer durch die Einrichtungen der Jugendarbeit und der Übergangshilfen, haben sich die tabuisierten Welten ‚wilden Lernens‘ ausgebreitet. Sie entwickeln sich nach Lehrplänen, welche durch die Gesetzmäßigkeiten der (...) Subkultur (...) bestimmt sind. Da sie als Formen Abweichenden Verhaltens gelten, kommt niemandem so schnell in den Sinn, sie als Lernformen anzuerkennen“ (Böhnisch/Schröer 2001, S. 186).

Dies gilt nach der von mir rekonstruierten Unterscheidung zwischen Sub- und Kontrakultur auch für die Jugendlichen der *kontrakulturellen Orientierung*, die ‚lernen‘ „Sanktionen und Strafen als ‚Anerkennung‘ ihres Tuns“ zu empfinden (ebd., S. 187). Im Vordergrund stehen hier die Bedingungen der Herstellung existenzieller Sicherheit, der kollektiven Einbindung der Jugendlichen. Die Problematik derartiger handlungsleitender Wissensbestände liegt nun darin,

„dass diese Formen des ‚wilden Lernens' sich nicht nur dem institutionellen Blick des Bildungswesens entziehen, sondern eben auch nicht als ‚Lernen' erkannt und anerkannt werden" (ebd., S. 187f.).

Wie sich beim Typus der *sekundären Anpassung* (in den Gruppendiskussionen und der teilnehmenden Beobachtung) dokumentiert, wird die Schulstation einerseits von den Jugendlichen in *wilde Lernprozesse* integriert, andererseits initiiert sie gleichzeitig „Anerkennungssituationen als ‚funktionale Äquivalente'" (ebd., S. 188) gegenüber den *wilden Lernprozessen*. Das bedeutet, dass es in der Sozialpädagogik nicht nur um die Kenntnisnahme und Anerkennung der Vielfältigkeit von Lernprozessen geht, sondern ein zentraler sozialpädagogischer Aspekt des Heranwachsens im bildungstheoretischen Diskurs auch unter dem Diktum der Veränderung oder Transformation von Orientierungsrahmen[11] steht. So zeichnet sich eine wesentliche Veränderung des Orientierungsrahmens bei den Jugendlichen der *kontrakulturellen* Orientierung beispielsweise dadurch ab, dass sie in der Schulstation nicht den primären Rahmen der Orientierungssuche im Widerstand benötigen, eine Gegenreaktion bzw. ein *Gegen*über herausfordern, sondern sich *Hausschlüssel* für einen eigenständigen Zugang zur Schulstation (fiktiv) wünschen. Bisherige alltagspraktische Erfahrungen verändern sich somit, es finden Lernprozesse statt.

In den Gruppen der primären Anpassung bringen die SchülerInnen die Schulstation explizit mit Bildung in Verbindung. Anna (Gruppe *Sprecher*) weist darauf hin, „*dass unsere Schule sich eben weiter gebildet hat*", seitdem die Schulstation existiert. Sowohl innerhalb des Typus der primären als auch innerhalb des Typus der sekundären Anpassung geben die Diskurse der SchülerInnen Hinweise auf einen Beitrag der Schulsozialarbeit zur Bearbeitung der Widersprüche zwischen differierenden moralischen Prinzipien des peer-Milieus sowie der Schule und einer Orientierungshilfe für die Jugendlichen. Während die SchulsozialarbeiterInnen sowohl auf das SchülerInnensein als auch auf die SchülerInnenrolle eingehen, ist in der Jugendhilfe

„die Einsicht (...) noch zu schwach, Konzeptentwicklung *auch* auf Schule, genauer: auf junge Menschen in ihrer Schülerrolle auszurichten" (Thimm 1999c, S. 102).

Inwiefern Schule und Schulsozialarbeit sich in der Ermöglichung und Gestaltung von Bildungsprozessen auf einem gemeinsamen Weg befinden, ist die Arbeit abschließender Gegenstand.

11 Vgl. zum Bildungsbegriff als Transformation von Orientierungsrahmen: Nohl 2003.

Schulsozialarbeit und Schule auf einem gemeinsamen Weg?

Eine Schulstation – so zeigt die Untersuchung – muss in einen Schulentwicklungsprozess integriert sein, wenn schulische Defizite abgebaut werden und die „Unterrichtsfähigkeit des Schülers/der Schülerin durch das Auffangen von Konflikten und Stresssituationen und die Reduktion psychischer Problemlagen“ (Konzeption, S. 4) wiederhergestellt werden sollen. Von zentraler Bedeutung erwies sich, dass die Schulstation als zentrale, leicht zu erreichende Anlaufstelle im Schulgebäude für alle SchülerInnen präsent ist und insbesondere von SchülerInnen, die die Schule teilweise nur stundenweise oder gar nicht besuchen, angenommen wird. Die Schulsozialarbeit hat sich als eigenständiges System etabliert und verhält sich neutral zu den Sozialisationsinstanzen der Schule, Eltern und peer group. Eine Veränderung des Unterrichts, der alltäglichen schulpädagogischen Arbeit, findet während des Erhebungszeitraums jedoch nicht statt, sodass Schule und Soziale Arbeit in einen Gegensatz geraten. Die kollektiven Erfahrungen der Jugendlichen in der Schulstation stehen im Kontrast zum Unterricht, der nach dem FachlehrerInnenprinzip gemäß eines Stundenplans im Frontalunterricht nach Jahrgangsklassen organisiert ist. Die schulischen Strukturen werden über Wege der Rollendistanz nicht infrage gestellt, sondern letztendlich gestärkt. Eine individualpädagogische Bezugnahme der SozialarbeiterInnen auf die familialen Hintergründe der SchülerInnen lässt die schulische Ebene ebenfalls ausgeblendet. Die Moderation eines beständigen Austauschs zwischen Schülerschaft und Lehrerkollegium durch die SchulsozialarbeiterInnen unter Berücksichtigung der schulischen Prozesse ist zu empfehlen. Dies kann auch den Einsatz technischer Möglichkeiten beinhalten, beispielsweise Videoaufzeichnungen während des Unterrichts. Diese Methode fand in der Zeit nach den empirischen Erhebungen verstärkt Anwendung. Hierdurch gelang es, mit Gruppen bzw. ganzen Schulklassen das Unterrichtsgeschehen bzw. Aktivitäten während des Unterrichts zu reflektieren, bis dahin Unentdecktes zu sehen.

Die von den Jugendlichen auf verschiedene Weise thematisierte Kollektivität in der Schulstation im Kontrast zur Vereinzelung im Unterricht wurde ebenfalls zum Diskussionsgegenstand. Eine in der Fallstudie rekonstruierte Vereinzelung im Unterricht betrifft sowohl die SchülerInnen („*hier herrscht kein Einklang*“ oder „*hier ist jeder für sich allein*“) als auch – aus der Sicht der Jugendlichen – die LehrerInnen „*außerdem sind die Lehrer, ich mein, da sitzen dann dreißig Kinder vor denen* (...)“. Es ist zu empfehlen – und wurde vom Lehrerkollegium der untersuchten Schule zwischenzeitlich eingefordert[12] – dass in Schulstunden stets zwei LehrerInnen für die SchülerInnen da sind und verstärkt gruppenunterrichtliche Arbeitsverfahren gewählt werden. *Raum* für eigenständige moralische Bewertungen soll ermöglicht werden, damit es nicht länger heißt „*wir können nach Hause gehen, die haben für uns kein Platz*“.

12 Schulzirkel am 17.03.2004

Der bereits während des Erhebungszeitraums praktizierte Einbezug von LehrerInnen in die Schulstationsarbeit über Ermäßigungsstunden wird an der untersuchten Schule kritisch gesehen. Die Schulstation als ‚lehrerfreie Zone' und niedrigschwelliges Angebot für Jugendliche der *sub-* und insbesondere *kontrakulturellen* Orientierung setzt ihre Neutralität aufs Spiel. Die SchulsozialarbeiterInnen haben für die direkte Mitarbeit in der Schulstation Lehrkräfte ausgewählt, die insbesondere bei den Jugendlichen der *sekundären Anpassung* anerkannt sind und somit als Multiplikatoren fungieren können.

Trotz einiger Umsetzungsschwierigkeiten des Schulstationsansatzes, die vor allem schulorganisatorischer Natur sind, ließen sich eine Fülle von positiven Aspekten rekonstruieren, die Schule und Jugendhilfe ermutigen sollte, sich auf einen gemeinsamen Weg zu begeben, auf dem sozialpädagogische Angebote für Schulentwicklungsprozesse integraler Bestandteil sind. Sozialpädagogische Aktivitäten lassen sich am besten in den Schulalltag integrieren, je mehr „sich Schule und Unterrichtsbetrieb insgesamt in einem umfassenden Veränderungsprozeß befinden" (Olk/Hartnuß 1999, S. 80)[13]. In diesem Zusammenhang liefert die Arbeit Argumente gegen Aussonderung und Auslese. Formen individueller Förderung, wie sie auch im Nachklang der PISA-Studien gefordert werden, sind notwendig. Schule und Jugendhilfe stehen vor gemeinsamen Herausforderungen, „die sie nur durch eine gemeinsame Organisation des Lernens und Lebens im öffentlichen Raum bewältigen können" (BMFSFJ 2002, S. 162).

Ausblick

Die auf der Basis von Gruppendiskussionen und teilnehmender Beobachtung gewonnenen Erkenntnisse dieser Studie leisten einen Beitrag im Hinblick auf die Möglichkeiten, Chancen und Grenzen einer Kooperation von Jugendhilfe und Schule. Mit der methodischen Vorgehensweise der *komparativen Analyse* (vgl. Kap. D.2) ließen sich zwei Typen von Orientierungen ausarbeiten, die als *sekundäre* und als *primäre Anpassung* rekonstruiert werden konnten. Auffallend war das Ergebnis, dass die Jugendlichen an der untersuchten Schule typenübergreifend einen *retrogressiven* Milieubildungsprozess beschreiben. Sowohl der Vergleich mit weiteren Hauptschulen als auch anderen Schultypen sowie ein Stadt-Land-Vergleich könnte Aufschluss darüber geben, ob es sich hierbei um ein zu verallgemeinerndes Phänomen von Hauptschulen in Großstädten handelt. Gleichzeitig wäre es notwendig, zu untersuchen, inwiefern Kooperationen zwischen Jugendhilfe und Schule überhaupt auf Milieubildungsprozesse eingehen. Je weiter sich die Jugendlichen der von mir untersuchten Schule bereits von den Anforderungen und Prinzipien des schulischen

13 Vgl. auch Mack 2002, S. 437: „Beides, Lernen und sozialpädagogische Unterstützung kann nicht in getrennte Arbeitsbereiche der Schule verlagert werden, beides muss vielmehr miteinander verbunden und aufeinander abgestimmt werden."

Systems entfernt hatten (*sekundäre Anpassung*), desto stärker bildete sich für die Jugendlichen die Erfahrbarkeit neuer sozialräumlicher Bezüge durch das Schulstationsangebot aus. In diesem Zusammenhang ist es besonders interessant, dass die beiden von mir identifizierten differierenden Orientierungen der *sekundären* und *primären Anpassung* weder geschlechts- noch altersspezifisch eindeutig zugeordnet werden konnten. Hierin zeigt sich die Notwendigkeit, dass es beispielsweise nicht ausreicht, geschlechtsspezifische Angebote[14] zu machen. Vielmehr müssen zunächst einmal die Erfahrungen und Orientierungen der Jugendlichen identifiziert werden, um bedarfsgerechte Angebote zu entwickeln. Insbesondere die Jugendlichen der *sub-* und *kontrakulturellen Orientierung* führen vor Augen, was es heißen kann, Jugendhilfe- und Schulentwicklung in einer lebensweltorientierten Perspektive miteinander zu verzahnen. Zwar beinhaltet das ‚Andocken' einer Schulstation an die Institution Schule die Chance des respektvollen Anschlusses an den Sinngehalt des Handelns, die Individuierungsprozesse und die Eigenproduktivität von Jugendlichen, allerdings werden hierdurch – wie ich in den Fallanalysen ausführlich dargestellt habe – die schulischen Strukturen nicht infrage gestellt. Um auch bildungsferne Jugendliche erreichen zu können, erweisen sich die Überlegungen zu einer *praxeologischen Pädagogik* (vgl. Liebau 1987) von Bedeutung und sind stärker in die schul- und jugendhilfepolitische Diskussion einzubeziehen. Folgende weitere Fragen ziehen die Ergebnisse meiner Arbeit nach sich:

- Welchen Stellenwert erhalten die konjunktiven Erfahrungen von Jugendlichen in unterschiedlichen Projekten der Kooperation von Jugendhilfe und Schule? Wie werden Identitäts*bildungs*prozesse, Selbsttätigkeit, Partizipation und Verantwortungsübernahme unterstützt? Auf der Grundlage meiner Ergebnisse würde es sich anbieten, auch Projekte für ‚*schulverweigernde*' Jugendliche in eine komparative Analyse (den durchzuführenden Vergleich) einzubeziehen, um den Grad von Exklusions- und Integrationserfahrungen der Jugendlichen im Kontext von Angeboten der Jugendhilfe besser bestimmen zu können[15].
- Sowohl in den Gruppendiskussionen als auch in den Beobachtungsprotokollen fällt auf, wie die Jugendlichen entscheiden können, *wann*, *wie lange* und auch *worüber* sie mit den SchulsozialarbeiterInnen sprechen möchten. Die Gespräche zeichnen sich insgesamt durch einen sehr *informellen* Charakter aus, es handelt sich um ein offenes, niedrigschwelliges Angebot. Auf der Basis der Gespräche finden auch Kooperationen mit

14 Wie gezeigt werden konnte, sind geschlechtsspezifische Angebote teilweise geschlechtsstereotypisierend, z.B. Schminken für Mädchen. Pädagogische Angebote, die auf eine Geschlechtsrollenflexibilisierung eingehen, scheinen für die Identitätsentwicklung der Jugendlichen angebracht zu sein.

15 So antizipiert die Gruppe *Weg* erstmalig die Schullaufbahn, als sich der Besuch eines Projektes für schulverweigernde Jugendliche abzeichnet.

einzelnen LehrerInnen oder JugendamtsmitarbeiterInnen statt. Zur Verbesserung von Kooperationsbeziehungen könnte es aufschlussreich sein, die jeweiligen *natürlichen* Gespräche zu analysieren. Es würden demzufolge keine Gruppendiskussionen initiiert, sondern reale Gespräche[16] (z.B. zwischen einer Schulsozialarbeiterin und einem Schüler) aufgezeichnet werden. Es könnten daraufhin nicht nur unterschiedliche Kommunikationsstile bzw. Typen ermittelt werden, sondern auch die professionelle Entscheidung zwischen der Erbringung einer Hilfeleistung oder der Absehung davon (Entscheidung zwischen Hilfe und Nicht-Hilfe) wäre empirisch rekonstruierbar. Das heißt, dass erkennbar werden könnte, wie sich die Gespräche gestalten und wann SchulsozialarbeiterInnen Kontakt zu LehrerInnen, Eltern oder JugendamtsmitarbeiterInnen aufnehmen. Wann sehen sich SchulsozialarbeiterInnen veranlasst, mit den genannten Instanzen zu kooperieren oder *Hilfe zur Erziehung* (gem. §§ 27ff. KJHG) in Erwägung zu ziehen? Wie werden *Hilfeplanungsprozesse* mit den Jugendlichen eingeleitet und wie werden die Jugendlichen beteiligt?

- Durch die Entstehung von Ganztagsschulen wird Schulsozialarbeit vor weitere Herausforderungen gestellt. Wie wird Schulsozialarbeit in den unterschiedlichen Ganztagsschulformen integriert (gebundene Ganztagschule/offene Ganztagsschule)?
- Wie werden Verantwortungsübernahme und selbsttätiges Lernen von Kindern und Jugendlichen in unterschiedlichen Angeboten von Schulsozialarbeit (Mediation, Schülerzeitung, Schülerfirma) gefördert?
- Schließlich wird es im Rahmen von Qualitätssicherung gemäß §81 KJHG verstärkt darum gehen, dass PraktikerInnen und ForscherInnen gemeinsam Kriterien der Ausgestaltung von Kommunikation zwischen Forschung und Praxis entwickeln, um aufgrund von Forschungsbefunden Veränderungen vorzunehmen. Es gilt dabei, in *produktiver* Weise mit den Systemdifferenzen von Forschung und Praxis umzugehen und offensiv auf den Zusammenhang von Forschung, Entwicklung und Praxis zu setzen. Nachfolgende Studien könnten dazu beitragen, Bilder des Gelingens der Praxis zwischen Schule und Jugendhilfe zu zeichnen.

16 Vgl. hierzu die Durchführung und Interpretation von Tischgesprächen in Familien: Bohnsack 2003 sowie die Interaktionsanalyse eines Beratungsgesprächs zwischen einer Sozialarbeiterin und einer Klientin: Schütze 1994 b.

Teil E: Anhang

1 Abkürzungsverzeichnis

C.S.	Claudia Streblow
H.i.O.	Hervorhebung im Original
H.v.m.	Hervorhebung von mir
I	die Interviewerin
i. V. m.	in Verbindung mit
KJHG	Kinder- und Jugendhilfegesetz
zz.	zurzeit

2 Zentrale Begriffe in den Fallanalysen nach der dokumentarischen Methode

Proposition	Der Begriff geht auf Harold Garfinkel zurück (vgl. Bohnsack 2003, S. 125, 135): Semantischer Gehalt oder Orientierungsgehalt, der in theoretisierenden, beschreibenden oder erzählenden alltäglichen Darstellungen zum Ausdruck gebracht wird. In Gruppendiskussionen wird in einer „Anschlussproposition (...) der Rahmen einer Proposition erweitert oder ergänzt. Es kann auch zu einer Verschiebung des Fokus kommen und häufig zu einer Elaboration der Proposition" (Weller 2003, S. 104 mit Bezug auf Przyborski).
Enaktierung	Prozesse der Umsetzung von Orientierungen in Alltagshandeln (vgl. Bohnsack 2003, S. 136)
Gegenhorizonte, negative und positive	Negative und positive Gegenhorizonte (neg. GH und pos. GH) sowie deren Enaktierungspotentiale bilden die Komponenten bzw. den Rahmen des Erfahrungsraums einer Gruppe. „Zwischen diesen Komponenten bzw. innerhalb dieses Rahmens ist die von diesem Erfahrungsraum getragene Orientierungsfigur gleichsam aufgespannt" (Bohnsack 2003, S. 136).

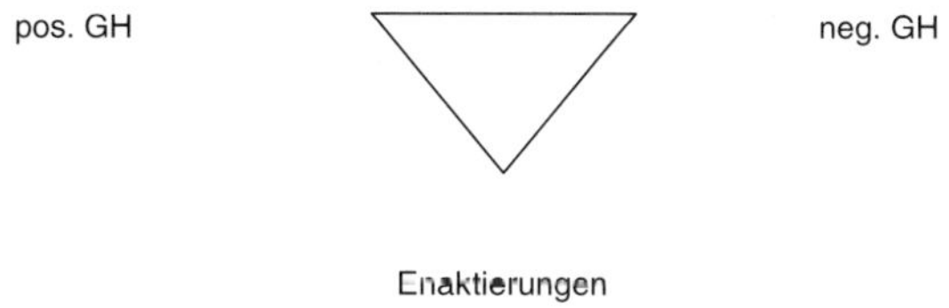

Exteriorität	Nicht aus gemeinsamem Erleben resultierend, aus Miteinanderverbundensein (konjunktiver Erfahrungsraum), sondern dem Individuum äußerlich, fremden Gesetzen, Zwängen oder Fremderwartungen unterworfen. Eine gesellschaftliche Vorgabe kann dann als *heteronom*, *exterior* oder *objektiv* erfahren werden, „wenn sie mit eben jenen Merkmalen der Exteriorität und des Zwanges im Durkheimschen Sinne versehen" ist (Bohnsack 2003, S. 108). Sowohl das, was als heteronome gesellschaftliche Tatsache erfahren wird als auch die (kollektive) Verarbeitung dieser (kollektiven) Erfahrung sind milieuspezifisch verschieden ausgeprägt und gewinnen innerhalb des kollektiven Erfahrungsraums unterschiedliche Bedeutungen.
Indexikalität	Sprachliche Äußerungen sind *indexikal*, „d.h. sie sind lediglich Indikatoren für, Hinweise auf Bedeutungen, Bedeutungsgehalte" (Bohnsack 2003, S. 19 mit Bezug auf Harold Garfinkel).

3 Richtlinien der Transkription

vgl. zu den Richtlinien der Transkription: Bohnsack 2003, S. 235:

# # # #	Beginn und Ende eine Überlappung/gleichzeitiges Sprechen innerhalb der Raute-Zeichen
(.)	sehr kurze Pause
(3)	Anzahl der Sekunden, die eine Pause dauert
<u>nein</u>	betont
nein	laut (in Relation zur üblichen Lautstärke des Sprechers)
°nee°	sehr leise (in Relation zur üblichen Lautstärke)
viellei-	Abbruch eines Wortes
oh=nee	Wortverschleifung
nei::n	Dehnung, die Häufigkeit vom : entspricht der Länge der Dehnung
(doch)	Unsicherheit bei der Transkription
( )	unverständliche Äußerungen, die Länge der Klammer entspricht in etwa der Dauer der unverständlichen Äußerung
((Klopfen))	Kommentar bzw. Anmerkung zu parasprachlichen, nicht-verbalen Ereignissen
@immer@	lachend gesprochen
@(.)@	kurzes Auflachen
@(3)@	3 Sek. Lachen
.	stark sinkende Intonation
;	schwach sinkende Intonation
?	stark steigende Intonation
,	schwach steigende Intonation
//I: mhm//	Hörersignal der Interviewerin, wenn das „mhm“ nicht überlappend ist. Hörersignale der GruppendiskussionsteilnehmerInnen werden dementsprechend mit deren in der Falldarstellung verwendeten Namen angegeben
...#ich# //#I: mhm#//	Hörersignal der Interviewerin, wenn das „mhm“ überlappend ist

4 Exemplarische Interpretation einer Gruppendiskussionspassage

Transkript

Gruppe:	Mikrofon
Gruppendiskussion vom:	15.12.2000
Teilnehmerinnen:	Meral, Blondi, Sylvia
Alter:	14 Jahre (alle drei)
Klasse:	8. Klasse
Passage:	Gerüchte

Meral: Ham Sie noch ein paar Fragen an uns?

I: Ähm

Meral: Weil ich weiß jetz auch gar nich, was ich erzählen soll.

I: Ihr habt jetzt die Schule hier angesprochen, vielleicht bleiben wir erst mal dabei. Was gibts denn hier noch so alles, was euch gefällt oder nicht gefällt? (.) So Beispiele, also ich kann mir immer noch nich richtig vorstellen, wie der Schulalltag so ist.

Meral: Na als ich ähm mich hier anmelden wollte und dis Freunden erzählt habe, dass ich auf die H-Schule gehen will, da ham se gleich gesagt, oh Gott, nich auf die H-Schule, dis is ne Schlägerschule //Blondi:Ja//, da wird ganz viel mit Drogen gehandelt und so und aber mir blieb keine andere Wahl, auf den andern Schulen ham se mich nich angenommen, weil ich zweimal sitzen geblieben bin und na musste ich halt auf die Schule. Und als ich dann raufgekommen bin, hab ich, also wurde ich gleich am ersten Tag, gleich schon richtig angemacht worden, aber nach vier Wochen oder so, hab hab ich mich mit den Leuten vertragen, jetz versteh ich mich eigentlich auch ganz gut mit der ganzen Schule, bloß mit m paar Mädchen, die (.) was ich nich verstehe, die neidisch sind oder so, weil ich halt mit Jungs zusammen war und die erzählen halt auch immer scheiße hinter meinem Rücken und die soll auf dieser Schule die Nummer

eins sein mit Gerüchten und dis meinte auch n
Lehrer zu mir, dass ich aufpassen soll und so

Sylvia: Ich denke mal so, was sie jetz gesagt hat, als
sie neu kam, ich kenn sie ja fast schon neun
Jahre lang schon von ner Grundschule. Ja, dis
stimmt, sie hatte schon Krach und so. Als ich
Anfang hier war, auch, also die Schule hatte
früher was mit Drogen zu tun, is jetz vielleicht
immer noch son bisschen, aber nich mehr so
schlimm und dis Schlimme daran is an der Schule,
dass diese Gerüchte immer erzählt werden und was
gar nich stimmt und dis is dis allerschlimmste
und dis is scheiße an der Schule.

Blondi: Dis geht auch auf andern Schulen rum.

Sylvia: Ja, dis spricht sich denn in Schulbezirk, hier
kennt ja jeder jeden spricht sich denn innerhalb
zwei Tagen überall rum, denn brauchst du gar
keine BZ-Zeitung mehr zu kaufen. Kannste eine Oma
fragen, ja weeßt du dis Neue? Ja **<u>klar</u>**, die hat
((phh))sie hat mit den und den gepoppt, jaja (5)
Naja, was kann man machen? (4)
Oder halt man es wird auch erzählt, ja sie und
sie is ne Schlägerbraut und vielleicht hat man
sich irgendwann mal gewehrt oder so vielleicht
stimmt dis auch alles gar nich, das man so
richtig stark ist oder so und dann komm da
irgendwelche Mädchen, die wolln dich zu-
zusammenschlagen, die denken so, du bist stark
und dabei stimmt das gar nich.

Formulierende Interpretation

05-10 *Immanente Frage der Interviewerin nach dem schulischen Alltag: Gefallen/Missfallen*

11-58 **OT: Gerüchte**

11-25 *UT: Der Schulwechsel auf die H-Schule*

Meral berichtet von der Reaktion ihrer Freunde aufgrund des Schulwechsels auf die H-Schule. Die Freunde bezeichnen die Schule als „Schlägerschule“, an der mit Drogen gehandelt wird. Da Meral bereits zweimal eine Klasse wiederholen musste, existierte keine Möglichkeit der Schulwahl. Anfänglich hatte

Meral Probleme, bereits am ersten Tag wurde sie „angemacht", später jedoch vertrug sie sich „mit den Leuten" und heute versteht sie sich „mit der ganzen Schule".

26-42 *UT: Das Schlimme an der Schule sind die Gerüchte*

Einige Mädchen verbreiten Gerüchte. Als Grund vermutet Meral, dass die Mädchen neidisch sind, weil sie „mit Jungs zusammen war". Sylvia ergänzt, dass die Gerüchte „dis allerschlimmste (...) an der Schule" sind. Sie kann Merals Erzählung bestätigen (mit dem Hinweis, dass sie Meral bereits seit neun Jahren kennt), dass man nach dem Wechsel auf die Schule zunächst Schwierigkeiten („Krach") hat.

43-50 *UT: Der Radius der Gerüchte*

Blondi weist darauf hin, dass die Gerüchte nicht nur an der H-Schule kursieren, sondern bis zu anderen Schulen verbreitet werden. Schließlich zirkulieren die Gerüchte im ganzen Schulbezirk, wie Sylvia ergänzt. Sogar eine „Oma" weiß, welche Jugendlichen miteinander „poppen".

51-58 *UT: Die Konfrontation mit der Bezeichnung als „Schlägerbraut"*

Innerhalb der peer group der Mädchen werden sie von anderen Mädchen mit der Bezeichnung „Schlägerbraut" und der Androhung von Schlägen konfrontiert.

Reflektierende Interpretation

05-10 **Immanente Frage der Interviewerin**

Die Interviewerin knüpft an die Erwähnung der Schule im Diskurs an und fordert zu Beispielerzählungen über den schulischen Alltag auf.

11-31 **Erzählung durch Meral**

Die Frage der Interviewerin versteht Meral als Detaillierungsaufforderung. Sie hat nun ein Stichwort erhalten, bei dem sie ansetzen kann. Wie die Beispielerzählung zeigt, stellt die Hauptschule für Meral weder im Leistungskontext noch im moralischen Kontext ein Problem dar. Ein Problem hat Meral jedoch mit der öffentlichen Degradierung der Schule, mit der Außenperspektive, für die an dieser Stelle die Freunde stehen. Die Freunde stempeln die Schule und damit die Jugendlichen als

„Schläger(schule)“ ab. Meral hat sich ihrem Schicksal eingefügt, da sie „keine andere Wahl“ hatte. Sie sieht sich zunächst als Spielball: „musste ich“ (19), „bin, hab ich“ (20).

Ihre ersten schulischen Erfahrungen, die der Außenperspektive der Freunde recht zu geben scheinen, werden mit dem zwischenzeitlich gewonnenen Erfahrungshintergrund kontrastiert. Für Meral kam es darauf an, sich mit den Leuten zu „vertragen“, einen Zugang zum peer-Milieu zu finden. Die anfängliche Beziehung zu den MitschülerInnen bezeichnet Meral als „vertragen“ (23), während sie sich in der aktuellen Phase mit ihnen „versteht“ (24). Die anfängliche Suche, in der noch keine Perspektivenübernahme erfolgte, ist einem perspektivenreziproken „verstehen“ gewichen. Die „Leute“ werden nun noch einmal von der „ganzen Schule“ unterschieden, bilden quasi einen Teil von ihr. Unklar bleibt, ob die Dimension der ganzen Schule (mit der sie sich versteht) sowohl die Schülerschaft als auch die Lehrerschaft meint oder ob die Schülerschaft per se die Schule bildet.

Eine Ausnahme dieser kollektiven Verstehensebene bilden ein „paar Mädchen“. Diese Mädchen verdächtigt Meral des Neids ihr gegenüber, weil sie „mit Jungs zusammen war“. Meral erlebt, wie die Phase der Adoleszenz prekär wird (im Sinne der Jugend als prekärer Existenzweise). In dieser Situation gewinnt der jugendliche Darstellungsmodus an Relevanz, Meral stilisiert ihre Selbstdarstellung als weibliche Heranwachsende, als sie darauf verweist, dass die anderen Mädchen „neidisch sind“ (26), weil sie „mit Jungs zusammen war“ (27). Um die Gefahr, moralisch degradiert zu werden, zu minimieren, rät ein Lehrer ihr, auf ihren Ruf zu achten, dass sie „aufpassen soll“ (31).

→ *Komparative Analyse:*

Im Gegensatz zu den Jungengruppen (*Chillig*, *Stärke*) scheint es Meral wichtig zu sein, dass und wie sich die Lehrer äußern.

32-42 **Validierung durch Sylvia mit erweiternder Reformulierung und Kommentierung**

Sylvia bestätigt den Wahrheitsgehalt der Äußerungen von Meral. Sie verdeutlicht der Interviewerin den konjunktiven Erfahrungsraum der Gruppe, dass die Mädchen wechselseitig füreinander sprechen können, indem sie darauf verweist, Meral bereits seit neun Jahren zu kennen. Für die Gruppe tritt die Alltagspraxis an der Schule (ob oder wie viele Jugendliche Drogen konsumieren) in den Hintergrund gegenüber dem Ruf der Schule, der in den Gerüchten (als das „allerschlimmste", 41) seinen Ausdruck findet. Es handelt sich um einen fortwährenden Prozess, wie durch das „immer" (40) betont wird.

43 **Bekräftigende Erweiterung der Aussage durch Blondi**

Blondi weist auf den „Radius" der Gerüchte hin: Die Gerüchte werden auch auf anderen Schulen weitergetragen. Sie verbleiben jedoch institutionell – an Schulen gebunden – verhaftet.

44-50 **Bekräftigende Erweiterung der Aussage (Anschlussproposition) durch Erzählung von Sylvia mit abschließender rhetorischer Frage**

Dass es sich nicht um eine innerschulische Auseinandersetzung handelt, sondern um eine Auseinandersetzung mit der gesellschaftlichen Öffentlichkeit, dokumentiert Sylvia in der Anschlussproposition. Im fallinternen Vergleich zeigt sich, dass die Gruppe nicht nur die Beziehung zu den LehrerInnen nahweltlich familial definiert, sondern auch über die Schule hinaus. So hat selbst eine „Oma" (47) keinen generationsspezifisch anderen Erfahrungsraum als die Jugendlichen, sondern ist in adoleszenzspezifische Suchprozesse involviert und weiß „sie hat mit den und den gepoppt" (49). Die Grenzen zwischen innerer und äußerer Sphäre verschwimmen. Das Problem ist für Sylvia nicht lösbar, wie sich in der abschließenden Frage dokumentiert.

51-58 **Anschluss-Beispielerzählung mit Kommentar durch Sylvia**

Diesem globalisierenden Außenverhältnis stellt Sylvia ein die Mädchengruppe tangierendes Innenverhältnis gegenüber. Eine Rufschädigung bedroht die Gruppe nicht nur von *außen*, sondern auch von *innen*, denn sie werden innerhalb der peers (von anderen Mädchen) mit der Fremddefinition „Schlägerbraut" (52) konfrontiert. Zwischen verschiedenen Mädchengruppen/-cliquen existiert eine *Hackordnung*, die verhandelt werden muss. Zum einen geht es darum, dass sie selber stark sind; Stärke wird hier mit Kampf- und Aggressionsbereitschaft gleichgesetzt. Zum anderen sind sie die „Bräute", die sich um Jungen schlagen und erst ein starker Gegner ist ein richtiger Gegner.

→ *Komparative Analyse*:

Aus Sylvias Darstellung geht auch hervor, dass es sich um Einzelauseinandersetzungen handelt („wolln dich zusammenschlagen", nicht: uns). In den Gruppen der männlichen Jugendlichen stehen im Gegensatz dazu die Gruppenauseinandersetzungen im Vordergrund (vgl. auch: Bruhns, Kirsten/Wittmann, Svendy: Mädchen in gewaltauffälligen Gruppen. In: Bachor, Ursula (Hrsg.): Mädea, Interkulturelles Zentrum für Mädchen und junge Frauen. Berlin: SPI 2000, S. 109-121). Auch wird in den älteren Jungengruppen (vor allem Gruppe *Stärke*) der schulische Ruf hinsichtlich der Chancen am Arbeitsmarkt („denn biste ganz unten") vom Ruf innerhalb des peer-Milieus unterschieden („denn biste ganz oben"): ⇒ *Entwicklungstypik, Geschlechtstypik*?

5 Grundriss: Hauptraum der Schulstation

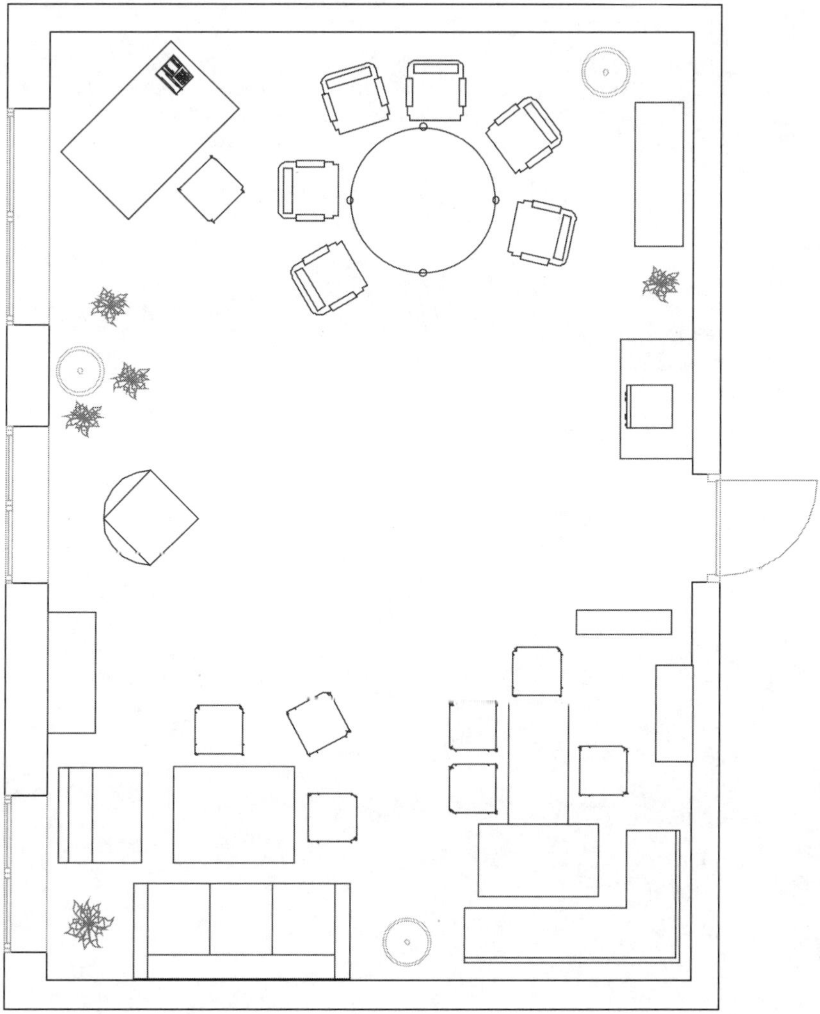

6 Fragebogen für Schülerinnen und Schüler

Ergänzungsbogen zu Interviews

Gruppe:
Kodierter Name:
Kassette/Dauer:

FBNR:
Datum:
Uhrzeit:

Diesen Bereich bitte nicht ausfüllen!

Klasse:
Wie alt bist du? Alter in Jahren: ....
männlich? □ weiblich? □
Wo wurdest du geboren? .... Staatsangehörigkeit: ....
In welchem Bezirk wohnst du? ....

Bei wem wohnst du?
Bei meinen
Eltern □
Mutter □ Vater □
Mutter und Partner(in) □
Vater und Partner(in).. □
Heim □ WG □
Sonstige Person(en) □

BERUF der Eltern: Sind deine Eltern berufstätig?
Mutter: ja □ nein □
wenn ja: sie arbeitet ganztags □ vormittags □ nachmittags □ gelegentlich □

Vater: ja □ nein □
wenn ja: er arbeitet ganztags □ vormittags □ nachmittags □ gelegentlich □

Zahl der GESCHWISTER: ...... Schwester(n) ...... Bruder/Brüder

---

An welcher Schule warst du zuletzt, bevor du an diese Schule gekommen bist?
(Bitte nur die letzte Schule angeben!)

Grundschule □
andere Hauptschule □
Realschule □
Sonderschule □
Gesamtschule □
Keine dieser Schulen, sondern ....

Willst du
den Hauptschulabschluss machen? □ den erweiterten Hauptschulabschluss machen? □
ohne Abschluss abgehen? □ den Realschulabschluss machen (Zusatzbemerkung)? □
einen BB 10 Lehrgang besuchen □
keine dieser Möglichkeiten trifft zu, sondern: ....

Mit wem verbringst du überwiegend deine Freizeit?
(bitte nur die Person angeben, mit der du meistens deine Freizeit verbringst!)

mit Freunden aus der Schule ☐
mit außerschulischen Freunden ☐
mit meiner Mutter ☐
mit meinem Vater ☐
mit meinem Freund/meiner Freundin ☐
mit meinen Geschwistern ☐
ich verbringe meine Freizeit meist alleine ☐
mit Bekannten (Erwachsenen) ☐
oder mit wem sonst?
....

Gehst du regelmäßig in einen Verein oder eine Jugendgruppe?
Ja ☐ nein ☐

Ich langweile mich
oft ☐
manchmal ☐
nie ☐

Hast du schon mal die Schule geschwänzt?
ja öfters ☐ ja manchmal ☐
nur stundenweise ☐ nein ☐

Rauchst du Zigaretten?
ja ☐
nein ☐

Trinkst du Alkohol?
ja ☐
nein ☐

Nimmst du Drogen?
ja ☐
nein ☐

Wenn du dich mal so richtig aussprechen möchtest: Mit wem kannst du das am besten?
(Bitte nur eine Person angeben. Die Person, mit der du das am besten kannst!)

Freund ☐ Freundin ☐
Vater ☐ Mutter ☐
Bruder ☐ Schwester ☐
Oma ☐ Opa ☐
Lehrer ☐ Sozialarbeiter ☐
Oder wer sonst? ....

Hast du oder hattest du Kontakt zu den Schulsozialarbeitern/zur Schulstation?
ja ☐ nein ☐
wenn ja, wie oft?
täglich ☐ wöchentlich ☐ häufig, aber unregelmäßig ☐ manchmal ☐ selten ☐

Anlass/Anlässe (mehrere Antworten möglich):
Freistunden ☐ Unterrichtsausfall ☐ Rauswurf aus dem Unterricht ☐

Befreiung vom Unterricht, z.B. Sport ☐ Nachschreiben einer Klassenarbeit ☐ Strafarbeit ☐

Besprechen eines Anliegens oder Problems ☐ Sonstiges .... (Erzähle es!)

Ich halte mich auch außerhalb der Schulzeit in der Schulstation auf:

vor dem Unterricht ja ☐ nein ☐
nach dem Unterricht ja ☐ nein ☐

Ich habe mich schon außerhalb der Schule mit einem Schulsozialarbeiter/einer Schulsozialarbeiterin getroffen:
ja ☐ (Erzähl davon!) nein ☐

Meinst du, ein Schulsozialarbeiter weiß, was du in deiner Freizeit machst?
ja ☐
nein ☐
vielleicht ☐

Wissen deine Eltern in der Regel, was du in der Freizeit machst?
ja ☐
nein ☐
vielleicht ☐

Die folgenden Fragen nur beantworten, wenn du bereits ein Anliegen/Probleme mit den Schulsozialarbeitern besprochen hast:

In dem Gespräch ☐ / den Gesprächen ☐ ging es/geht es um

schulische Angelegenheiten/Probleme ☐ (Erzähle!)
außerschulische Angelegenheiten/Probleme ☐ (Erzähle!)

Wie kam es zu dem Gespräch? zufällig (z.B. während eines Aufenthalts bei Unterrichtsausfall) ☐
vom Lehrer/Lehrerin geschickt ☐
vom Schulleiter geschickt ☐
ich wollte es ☐
ich habe meine Freundin/meinen Freund begleitet ☐
ich habe vom Schulfreund/Schulfreundin den Tipp erhalten ☐

Sonstiges ....

Ich habe eine Lösung für mein Anliegen gefunden:
ja ☐ nein ☐ dauert noch an ☐ weiß nicht ☐ (Erzähle!)

Ich konnte/kann mir aussuchen, mit wem (Schulsozialarbeiter/Schulsozialarbeiterin) ich in der Schulstation spreche:
ja ☐ nein ☐

Hast du an der Schülerkonfliktlotsenausbildung/Mediationsausbildung teilgenommen?
ja ☐ (Erzähle!) nein ☐

Literatur

Abels, Heinz: Sozialisation und Chancengleichheit. Differenzierte Erziehung am Modell der Schulsozialarbeit. Düsseldorf : Bertelsmann 1972

Arbeitsgruppe Schulforschung: Leistung und Versagen. Alltagstheorien von Schülern und Lehrern. Weinheim, München: Juventa 1980

Artelt, Cordula/Demmrich, Anke/Baumert, Jürgen: Selbstreguliertes Lernen: In: Deutsches PISA-Konsortium (Hrsg.): PISA 2000. Basiskompetenzen von Schulerinnen und Schülern im internationalen Vergleich. Opladen: Leske + Budrich 2001

Austin, John L.: Zur Theorie der Sprechakte (How to do things with Words). Stuttgart: Reclam 2002 (2)

BAG LJÄ (Bundesarbeitsgemeinschaft der Landesjugendämter): Empfehlungen zum Thema: „ Jugendhilfe und Schule", Landschaftsverband Rheinland, 1993

Balluseck, Hilde von: Wie wirkt Sozialarbeit? Evaluationsmethoden und ihre Integration in die Ausbildung. In: Soziale Arbeit. H. 5 (47. Jg.), 1998, S. 152-162

Balluseck, Hilde von: Schulstationen in Berlin. In: Soziale Arbeit. H. 7 (52. Jg.), 2003, S. 256-263

Baumert, Jürgen/Lehmann, Rainer/Lehrke, Manfred u.a.: TIMSS – Mathematisch-naturwissenschaftlicher Unterricht im internationalen Vergleich. Deskriptive Befunde. Opladen: Leske + Budrich 1997

Baur, Jörg: Kooperation Jugendhilfe – Schule. Ein Lehrerberatungskonzept zur Integration verhaltensauffälliger Schülerinnen und Schüler in Grund- und Hauptschulen. Heidelberg: Programm Ed. Schindele im Univ.-Verlag Winter 1997

Beck, Ulrich: Risikogesellschaft auf dem Weg in eine andere Moderne. Frankfurt a.M.: Suhrkamp 1986

Becker, Gerold/Bilstein, Johannes/Liebau, Eckart (Hrsg.): Räume bilden. Studien zur pädagogischen Topologie und Topographie. Seelze-Velber: Kallmeyersche Verlagsbuchhandlung 1998

Bettmer, Franz/Maykus, Stephan/Hartnuß, Birger/Prüß, Franz: „Die Angst vor dem Gesichtsverlust ..." – sind Funktionsüberschneidungen das Problem? Theoretische und empirische Klärungen zum Verhältnis von Jugendhilfe und Schule. In: Archiv für Wissenschaft und Praxis der sozialen Arbeit. H. 2 (33. Jg.), 2002, S. 12-42

BMFSFJ (Bundesministerium für Familie, Senioren, Frauen und Jugend) (Hrsg.): Elfter Kinder- und Jugendbericht. Bericht über die Lebenssituation junger Menschen und die Leistungen der Kinder- und Jugendhilfe in Deutschland. Berlin 2002

BMFSFJ (Bundesministerium für Familie, Senioren, Frauen und Jugend) (Hrsg.): Zehnter Kinder- und Jugendbericht. Bonn 1998

BMFSFJ (Bundesministerium für Familie, Senioren, Frauen und Jugend) (Hrsg.): Neunter Jugendbericht. Bericht über die Situation der Kinder und Jugendlichen und die Entwicklung der Jugendhilfe in den neuen Bundesländern. Bonn 1994

BMJFFG (Bundesministerium für Jugend, Familie, Frauen und Gesundheit): Achter Jugendbericht. Bericht über Bestrebungen und Leistungen der Jugendhilfe. Bonn 1990

Böhme, Jeanette: Schulmythen und ihre imaginäre Verbürgung durch oppositionelle Schüler. Ein Beitrag zur Etablierung erziehungswissenschaftlicher Mythosforschung. Bad Heilbrunn/Obb.: Klinkhardt, 2000

Böhnisch, Lothar/Schröer, Wolfgang: Pädagogik und Arbeitsgesellschaft. Historische Grundlagen und theoretische Ansätze für eine sozialpolitisch reflexive Pädagogik. Weinheim, München: Juventa 2001

Böhnisch, Lothar: Die soziale Verlegenheit der Schule. In: Melzer, W./Sandfuchs, U. (Hrsg.): Was Schule leistet. Funktionen und Aufgaben von Schule. Weinheim, München: Juventa, 2001a, S. 111-124

Böhnisch, Lothar: Schulische Lernkulturen als offene Milieubildungen. In: GEW Sachsen-Anhalt (Hrsg.): Innere Schulreform. Magdeburg 2001 b, S. 221-234

Böhnisch, Lothar: Abweichendes Verhalten. Eine pädagogisch-soziologische Einführung. Weinheim; München: Juventa 1999

Böhnisch, Lothar: Pädagogische Soziologie. Eine Einführung. Weinheim, München: Juventa 1996

Böhnisch, Lothar: Gespaltene Normalität: Lebensbewältigung und Sozialpädagogik an den Grenzen der Wohlfahrtsgesellschaft. Weinheim, München: Juventa 1994

Böhnisch, Lothar; Münchmeier, Richard: Pädagogik des Jugendraums: zur Begründung und Praxis einer sozialräumlichen Jugendpädagogik. Weinheim, München: Juventa 1993 (2)

Böhnisch, Lothar: Sozialpädagogik des Kindes- und Jugendalters. Weinheim und München: Juventa 1991

Bohnsack, Ralf/Nentwig-Gesemann, Iris: Dokumentarische Evaluationsforschung und Gruppendiskussionsverfahren am Beispiel einer Evaluationsstudie zu Peer-Mediation an Schulen. In: Bohnsack, R./Przyborski, A./Schäffer, B. (Hrsg.): Das Gruppendiskussionsverfahren in der sozialwissenschaftlichen Praxis. Wiesbaden: VS Verlag für Sozialwissenschaften 2005 (in Vorbereitung)

Bohnsack, Ralf: Rituale des Aktionismus bei Jugendlichen. Kommunikative und konjunktive, habitualisierte und experimentelle Rituale. In: Zeitschrift für Erziehungswissenschaft (ZfE), 6. Jg., Beiheft Nr. 2, 2004 (im Erscheinen)

Bohnsack, Ralf: Qualitative Evaluation und Handlungspraxis. Grundlagen einer dokumentarischen Evaluationsforschung. Unveröffentlichtes Manuskript 2004a

Bohnsack, Ralf: Rekonstruktive Sozialforschung: Einführung in die Methodologie und Praxis qualitativer Forschung. Opladen: Leske + Budrich 1999 (3) und 2003a (5. neu überarbeitete Auflage)

Bohnsack, Ralf: Dokumentarische Methode. Theorie und Praxis wissenssoziologischer Interpretation. In: Hug, Theo (Hrsg.) Wie kommt Wissenschaft zu Wissen? Bd. 3. Einführung in die Methodologie der Sozial- und Kulturwissenschaften. Baltmannsweiler: Schneider-Verl. Hohengehren 2001a S. 326-345

Bohnsack, Ralf: Der Habitus der „Ehre des Mannes". Geschlechtsspezifische Erfahrungsräume bei Jugendlichen türkischer Herkunft. In: Döge, P./Meuser, M.

(Hrsg.): Männlichkeit und soziale Ordnung. Neuere Beiträge zur Geschlechterforschung. Opladen: Leske + Budrich 2001b, S. 49-71

Bohnsack, Ralf: Typenbildung, Generalisierung und komparative Analyse. Grundprinzipien der dokumentarischen Methode. In: Bohnsack, R./Nentwig-Gesemann, I./Nohl, A.-M. (Hrsg.): Die dokumentarische Methode und ihre Forschungspraxis. Grundlagen qualitativer Sozialforschung. Opladen: Leske + Budrich 2001c, S. 225-252

Bohnsack, Ralf/Nentwig-Gesemann, Iris/Nohl, Arnd-Michael: Einleitung: Die dokumentarische Methode und ihre Forschungspraxis. In: dies. (Hrsg.): Die dokumentarische Methode und ihre Forschungspraxis. Grundlagen qualitativer Sozialforschung. Opladen: Leske + Budrich 2001, S. 9-26

Bohnsack, Ralf: Jugendliche als Täter und Opfer – Das Fehlen der Jugend in der Forschung zur Jugendkriminalität. In: Sander, Uwe/Vollbrecht, Ralf (Hrsg.): Jugend im 20. Jahrhundert. Sichtweisen – Orientierungen – Risiken. Neuwied, Kriftel, Berlin: Luchterhand, 2000, S. 316-336

Bohnsack, Ralf: „Milieubildung". Pädagogisches Prinzip und empirisches Phänomen. In: Böhnisch, Lothar/Rudolph, Martin/Wolf, Barbara (Hrsg.): Jugendarbeit als Lebensort. Jugendpädagogische Orientierungen zwischen Offenheit und Halt. Weinheim; München: Juventa 1998 , S. 95-112

Bohnsack, Ralf: „Orientierungsmuster": Ein Grundbegriff qualitativer Sozialforschung. In: Schmidt, F. (Hrsg.): Methodische Probleme der empirischen Erziehungswissenschaft. Baltmannsweiler: Hohengehren 1997, S. 49-61

Bohnsack, Ralf/Loos, Peter/Schaeffer, Burkhard/Städtler, Klaus/Wild, Bodo: Die Suche nach Gemeinsamkeit und die Gewalt der Gruppe, Hooligans, Musikgruppen und andere Cliquen. Opladen: Leske + Budrich, 1995 a

Bohnsack, Ralf: Auf der Suche nach habitueller Übereinstimmung. Peer-groups: Cliquen, Hooligans und Rockgruppen als Gegenstand rekonstruktiver Sozialforschung. In: Krüger, H.-H.; Marotzki, W. (Hrsg.): Erziehungswissenschaftliche Biographieforschung. Opladen: Leske und Budrich, 1995b

Bohnsack, Ralf: Generation, Milieu und Geschlecht: Ergebnisse aus Gruppendiskussionen mit Jugendlichen. Opladen: Leske + Budrich 1989

Bohnsack, Ralf/Nohl, Arnd-Michael: Jugendkulturen und Aktionismus. Eine rekonstruktive empirische Analyse am Beispiel des Breakdance. In: Merkens, Hans/ Zinnecker, Jürgen: Jahrbuch Jugendforschung. Folge 1. Opladen: Leske + Budrich 2001a, S. 17-37

Bohnsack, Ralf/Nohl, Arnd-Michael: Ethnisierung und Differenzerfahrung: Fremdheit als alltägliches und als methodologisches Problem. In: Zeitschrift für Qualitative Bildungs-, Beratungs- und Sozialforschung (ZBBS). Heft 1, 2001b, S. 15-36

Bohnsack, Ralf /Nohl, Arnd-Michael: Events, Efferveszenz und Adoleszenz: „battle" – „fight" – „party". In: Gebhardt, W./Hitzler, R./Pfadenhauer, M. (Hrsg.): Events. Soziologie des Außergewöhnlichen. Opladen: Leske + Budrich 2000, S. 77-93

Bolay, Eberhard/Flad, Carola/Gutbrod, Heiner: Sozialraumverankerte Schulsozialarbeit. Eine empirische Studie zur Kooperation von Jugendhilfe und Schule. Landeswohlfahrtsverband Württemberg-Hohenzollern (Hrsg.): Nr. 7 aus der Reihe Jugendhilfe: Konzepte für die Praxis. September 2003

Bolay, Eberhard u.a.: Materialien zur Schulsozialarbeit VII. Unterstützen, Vernetzen, Gestalten. Eine Fallstudie zur Schulsozialarbeit. Stuttgart: Landeswohlfahrtsverband Württemberg-Hohenzollern (Hrsg.) 1999

Bolay, Eberhard/Thiersch, Hans: Jugend – Schule – Jugendhilfe. Der wachsende Stellenwert von Schulsozialarbeit. In: Zeitschrift für Pädagogik und Theologie. (2) Juni 1999 (51. Jg.), S. 177-185

Bortz, Jürgen/Döring, Nicola: Forschungsmethoden und Evaluation für Sozialwissenschaftler. Berlin u.a.: Springer 1995

Bothmer, Hendrik von: Jugendsozialarbeit und Schule. Versuch einer Ortsbestimmung. In: Sozialpädagogik, H. 4, 1994, S. 177-185

Braun, Karl-Heinz/Wetzel, Konstanze: Sozialpädagogisches Handeln in der Schule. Einführung in die Grundlagen und Konzepte der Schulsozialarbeit. Neuwied, Kriftel: Luchterhand 2000

Braun, Karl-Heinz: Schule und Sozialarbeit in der Modernisierungskrise. In: Neue Praxis, H. 2. 1994. S. 107-118

Breitenbach, Eva: Mädchenfreundschaften in der Adoleszenz. Eine fallrekonstruktive Untersuchung von Gleichaltrigengruppen. Opladen: Leske + Budrich 2000

Brunner, Ewald Johannes: Schulsozialarbeit aus der Perspektive der Theorie der Selbstorganisation. In: Huschke-Rhein (Hrsg.): Systemisch-ökologische Pädagogik. Band V. Köln: Rhein-Verl. 1992, S. 68-71

Bundesarbeitsgemeinschaft Jugendaufbauwerk e. V. Bonn (Hrsg.): Bericht über den Modellversuch „Schulsozialarbeit“ am Heidehof-Gymnasium, Stuttgart (September 1973 bis November 1975). Schriften zur Schulsozialarbeit. Bonn: Bundesarbeitsgemeinschaft Jugendaufbauwerk, 1975 (Schriften zur Schulsozialarbeit Band 3)

Bundesarbeitsgemeinschaft Jugendaufbauwerk e.V. Bonn (Hrsg.): Schulsozialarbeit. Vorstudien zur wissenschaftlichen Begleitung von Modellversuchen sozialpädagogischer Jugendarbeit an Schulen. Bonn: Bundesarbeitsgemeinschaft Jugendaufbauwerk, 1975 (Schriften zur Schulsozialarbeit Band 2)

Bundesjugendkuratorium: Zukunftsfähigkeit sichern! – Für ein neues Verhältnis von Bildung und Jugendhilfe. Eine Streitschrift des Bundesjugendkuratoriums. In: Münchmeier, R./Otto, H.-U./Rabe-Kleberg, U. (Hrsg. i.A. des Bundesjungendkuratoriums): Bildung und Lebenskompetenz. Kinder- und Jugendhilfe vor neuen Aufgaben. Opladen: Leske + Budrich 2002, S. 159-183

Coelen, Thomas: „Ganztagsbildung“ – Ausbildung und Identitätsbildung von Kindern und Jugendlichen durch die Zusammenarbeit von Schulen und Jugendeinrichtungen. In: Neue Praxis. Zeitschrift für Sozialarbeit, Sozialpädagogik und Sozialpolitik. H. 1 (32. Jg.), 2002, S. 53-66

Cohen, A.K./Short, J.F.: Zur Erforschung delinquenter Subkulturen. In: Sack, F./König, R. (Hrsg.): Kriminalsoziologie. Frankfurt a. M.: Suhrkamp 1968, S. 372-359

Costin, Lela B./Raab, Erich: Schulsozialarbeit in den USA. München: Deutsches Jugendinstitut 1983 (Materialien zur Schulsozialarbeit; 10)

Cressey, Paul G: The Taxi-Dance Hall. A Socioligical Study in Commercialized Recreation and City Life. Chicago, 1932 (Montclair/New Jersey 1971)

Deinet, Ulrich: Schule und Jugendhilfe haben eigenständige Bildungsaufträge. Wie sollte ein sozialräumliche Verbindung zwischen Jugendhilfe und Schule aussehen? In: Sozial Extra. H. 2/3 (27. Jg.) 2003, S. 12-16

Deutsches PISA-Konsortium (Hrsg.): PISA 2000. Basiskompetenzen von Schulerinnen und Schülern im internationalen Vergleich. Opladen: Leske + Budrich 2001

Dewe, Bernd/Otto, Hans-Uwe: Zugänge zur Sozialpädagogik. Reflexive Wissenschaftstheorie und kognitive Identität. Weinheim und München: Juventa 1996

Dewe, Bernd/Ferchhoff, Wilfried: Professionelles soziales Handeln. Soziale Arbeit im Spannungsfeld zwischen Theorie und Praxis. Weinheim, München: Juventa 1995

Diederich, Jürgen; Tenorth, Heinz-Elmar: Theorie der Schule. Ein Studienbuch zu Geschichte, Funktionen und Gestaltung. Berlin: Cornelsen Scriptor 1997

DJI (Deutsches Jugendinstitut) (Hrsg.): Materialien zur Schulsozialarbeit. Band 5. München: Verlag Deutsches Jugendinstitut 1982

DJI (Deutsches Jugendinstitut) (Hrsg.): Schule in der Stadt. Bearbeiter: Projektgruppe Schulsozialarbeit. DJI Materialien. Band 15. Weinheim, München: Juventa 1986

Dreeben, Robert: Was wir in der Schule lernen. Frankfurt a. M.: Suhrkamp 1980

Drilling, Matthias: Schulsozialarbeit. Antworten auf veränderte Lebenswelten. Bern, Stuttgart u.a.: Paul Haupt 2002 (2)

Elsner, Grit (Hrsg.): Bericht der wissenschaftlichen Begleitung des Landesprogramms „Schuljugendarbeit in Sachsen". DJI Arbeitspapier Nr. 1-147. Deutsches Jugendinstitut e. V., März 1999

Feldhoff, Jürgen: Probleme einer organisationssoziologischen Analyse der Schule. In: Hurrelmann, Klaus (Hrsg.): Soziologie der Erziehung. Weinheim, Basel: Beltz 1974, S. 245-261

Fend, Helmut: Der Umgang mit der Schule in der Adoleszenz. Aufbau und Verlust von Lernmotivation, Selbstachtung und Empathie. Entwicklungspsychologie der Adoleszenz in der Moderne. Bern: Hans Huber 1997 (Bd.4)

Flösser, Gaby/Otto, Hans-Uwe: Kontinuität und Wandel der Jugendhilfe in den neuen Bundesländern. In: Flösser, G./Otto, H.-U./Tillmann, K.-J. (Hrsg.): Schule und Jugendhilfe. Neuorientierung im deutsch-deutschen Übergang. Opladen: Leske + Budrich 1996, S. 42-52

Fritzsche, Bettina: Pop-Fans. Studie einer Mädchenkultur. Opladen: Leske + Budrich 2003

Frommann, Anne/Kehrer, Hartmut/Liebau, Eckart: Erfahrungen mit Schulsozialarbeit: Möglichkeiten der Zusammenarbeit von Sozialpädagogik und Schule. Weinheim, München: Juventa 1987

Frommann, Anne: Schulsozialarbeit. In: Eyferth, H./Otto, H.-U./Thiersch, H. (Hrsg.): Handbuch zur Sozialarbeit/Sozialpädagogik. Neuwied: Luchterhand 1984, S. 870-881

Fuchs-Heinritz, Werner (Hrsg.): Lexikon zur Soziologie. Opladen: Westdeutscher Verlag 1995 (3)

Furtner-Kallmünzer, Maria/Hurrelmann, Klaus: Wie begründen Schüler den „Sinn" der Schule? In: Bohnsack, Fritz (Hrsg.): Sinnlosigkeit und Sinnperspektive. Die Bedeutung gewandelter Lebens- und Sinnstrukturen für die Schulkrise. Frankfurt a. M. u.a.: Diesterweg 1984, S. 14-31

Furtner-Kallmünzer, Maria: Wenn du später was werden willst. Berufsbezug und Sinn der Schule. München: DJI 1984

Gaffer, Yvonne/Liell, Christoph: Handlungstheoretische und methodologische Aspekte der dokumentarischen Interpretation jugendkultureller Praktiken. In: Bohnsack, R./Nentwig-Gesemann, I./Nohl, A.-M. a.a.O. 2001, S. 179-203

Gaffer, Yvonne: Aktionismus in der Adoleszenz. Theoretische und empirische Analysen am Beispiel von Breakdance-Gruppen. Berlin: Logos 2001

Garfinkel, Harold: Bedingungen für den Erfolg von Degradierungszeremonien. In: Lüderssen, Klaus/Sack, Fritz (Hrsg.): Seminar Abweichendes Verhalten III – Zur gesellschaftlichen Reaktion auf Kriminalität. Strafprozeß und Strafvollzug (Band 2). Frankfurt a.M.: Suhrkamp 1977, S. 31-40

Gerull, Susanne: Behördliche Maßnahmen bei drohendem Wohnungsverlust durch Mietschulden. Berlin: KBW Fachbuchverlag 2003

Giesecke, Hermann: Das Ende der Erziehung. Neue Chancen für Familie und Schule. Stuttgart: Klett-Cotta 1996

Glanzer, Werner: Schulsozialarbeit auf der Suche nach Zukunft. In: Jugendhilfe. H.1 (35. Jg.) 1997, S. 3-10

Glaser, Barney/Strauss, Anselm L.: Die Entdeckung gegenstandsbezogener Theorie – Eine Grundstrategie qualitativer Sozialforschung. In: Hopf & Weingarten (Hrsg.): Qualitative Sozialforschung. Stuttgart: Kohlhammer 1979

Goffman, Erving : Interaktion und Geschlecht. (Hrsg. und eingeleitet von Hubert A. Knoblauch). Frankfurt a.M. [u.a.]: Campus 1994

Goffman, Erving : Interaktionsrituale (Original: Interaction ritual). Über Verhalten in direkter Kommunikation. Frankfurt a. M.: Suhrkamp 1991 (2).

Goffman, Erving: Interaktion: Spaß am Spiel, Rollendistanz (Original: Encounters). München: Piper 1973

Goffman, Erving : Asyle (Original: Asylums). Über die soziale Situation psychiatrischer Patienten und anderer Insassen. Frankfurt a. M.: Suhrkamp 1972.

Goffman, Erving: Verhalten in sozialen Situationen (Original: Behavior in public places). Strukturen und Regeln der Interaktion im öffentlichen Raum. Gütersloh: Bertelsmann 1971

Goffman, Erving : Wir alle spielen Theater (Original: The presentation of self in everyday life). Die Selbstdarstellung im Alltag. München: Piper 1969

Grossmann, Wilma/Stickelmann, Bernd: Schulsozialarbeit im Schnittpunkt von Schule und Jugendhilfe – Versuch einer gesellschaftlichen Funktionsbestimmung. In: Tillmann, K.-J. (Hrsg.): a.a.O. 1982, S. 42-62

Grossmann, Wilma: Aschenputtel im Schulalltag. Historische Entwicklungen und Perspektiven von Schulsozialarbeit. Weinheim: Deutscher Studien Verlag 1987

Grossmann, Wilma/Stickelmann, Bernd: Sozialpädagogische Schule versus Schulsozialarbeit? Anmerkungen zu einem überflüssigen Streit. In: Neue Praxis. H. 1 (11. Jg.) 1981, S. 84-88

Grunwald, Klaus: Qualitätsentwicklung als Herausforderung eines professionellen sozialpädagogischen Handelns im Kontext einer Lebensweltorientierten Sozialen Arbeit. In: Grunwald, K./Thiersch, H. (Hrsg.): Praxis Lebensweltorientierter Sozialer Arbeit. Handlungszugänge und Methoden in unterschiedlichen Arbeitsfeldern. Weinheim, München: Juventa 2004, S. 467-483

Grunwald, Klaus/Thiersch, Hans: Lebensweltorientierung. In: Otto, H.-U./Thiersch, H. (Hrsg.): Handbuch Sozialarbeit/Sozialpädagogik. Neuwied, Kriftel: Luchterhand 2001 (2), S. 1136-1148

Hartmann, Susanne: Jugendhilfe und Schule – Kooperation oder Konfrontation? In: Archiv für Wissenschaft und Praxis der Sozialen Arbeit. H. 3. (29. Jg.) 1998, S. 263-274

Hartnuß, Birger: Bürgerschaftliches Engagement und Schule – Möglichkeiten und Perspektiven der Engagementförderung durch Schulsozialarbeit. In: Unsere Jugend.h.2, 2002, S. 63-72

Hasemann, Klaus/Meschenmoser, Helmut (Hrsg.): Pädagogik in Kooperation. Zur Prävention und Reduktion von Verhaltensproblemen. Baltmannsweiler: Schneider-Verl. Hohengehren 1996

Haubrich, Karin/Lüders, Christian: Qualitative Evaluationsforschung. In: Schweppe, C. (Hrsg.): Qualitative Forschung in der Sozialpädagogik. Theoretische Zusammenhänge, Forschungsfelder, Forschungsbefunde. Opladen: Leske + Budrich 2003, S. 305-330

Heiner, Maja: Evaluation. In: Otto, H.-U./Thiersch, H. (Hrsg.): Handbuch Sozialarbeit/Sozialpädagogik. Neuwied, Kriftel: Luchterhand 2001 (2), S. 481-495

Heiner, Maja (Hrsg.): Qualitätsentwicklung durch Evaluation. Freiburg i. Br.: Lambertus 1996

Heiner, Maja: Evaluation und Effektivität in der sozialen Arbeit. Modelle, Methoden, Erfahrungen. In: Oppl, U. (Hrsg.): Soziale Arbeit 2000. Freiburg i. Br.: Lambertus, 1986

Heiner, Maja: Reflexion und Evaluation methodischen Handelns in der Sozialen Arbeit. Basisregeln, Arbeitshilfen, Fallbeispiele. In: Heiner, M./Meinhold, M./ Staub-Bernasconi, S.: Methodisches Handeln in der Sozialen Arbeit. Freiburg i. Br.: Lambertus 1994, S. 102-183

Heinze, Thomas: Unterricht als soziale Situation. Zur Interaktion von Schülern und Lehrern. München 1976

Helle, Horst Jürgen: Theorie der Symbolischen Interaktion. Ein Beitrag zum Verstehenden Ansatz in Soziologie und Sozialpsychologie. Wiesbaden: Westdeutscher Verlag 2001 (3)

Helsper, Werner: Individualisierung, Individuation, Idealität: Rekonstruktion einer Fallstruktur „fiktionaler Individuierung“ in Mädchenbiographien. In: Jahrbuch für Psychoanalytische Pädagogik (4). Mainz: Matthias-Grünewald-Verl. 1992, S. 104-136

Helsper, Werner/Müller, Hermann J./Nölke, Eberhard/Combe, Arno: Jugendliche Außenseiter. Zur Rekonstruktion gescheiterter Bildungs- und Ausbildungsverläufe. Opladen: Westdeutscher Verlag 1991

Helsper, Werner: Jugendliche Gegenkultur und schulisch-bürokratische Rationalität: Zur Ambivalenz von Individualisierungs- und Informalisierungsprozessen. In: Breyvogel, W. (Hrsg.): Pädagogische Jugendforschung. Erkenntnisse und Perspektiven. Opladen: Leske + Budrich, 1989, S. 161-185

Hentig, Hartmut von: Bildung und Wissenschaft dürfen nicht instrumentalisiert werden. In: Der Tagesspiegel, 14.09.1998

Hentig, Hartmut von: Bildung. München, Wien: Carl Hanser 1996

Hentig, Hartmut von: Die Schule neu denken. Eine Übung in praktischer Vernunft. München; Wien: Carl Hanser 1993

Hentig, Hartmut von: Die Schule neu denken. Anmerkungen zum Schicksal der Bildungsreform. In: Neue Sammlung 3/1991, S. 436-448

Hentig, Hartmut von: Schule als Erfahrungsraum? Eine Übung im Konkretisieren einer pädagogischen Idee. Stuttgart: Ernst Clett 1973

Hentze, Jürgen/Ludewig, Jürgen u.a. (Hrsg.): Schulsozialarbeit mit Gütesiegel!? Schulsozialarbeit braucht Qualitätsstandards und Qualitätssicherung. Hamburg: AOL 1998

Hentze, Jürgen/Ludewig, Jürgen/Paar, Marion/Wulfers, Wilfried (Hrsg.): Wirkungen von Schulsozialarbeit. Hamburg: AOL 1997

Herriger, Norbert: Verwahrlosung. Weinheim, München: Juventa 1987

Hinte, Wolfgang: Ein Blick auf die Berliner Initiativen zur sozialräumlichen Orientierung der Jugendhilfe – Kommentierung – Einschätzung – Empfehlungen. In: Se-

natsverwaltung für Bildung, Jugend und Sport (Hrsg.): Sozialraumorientierung in der Berliner Jugendhilfe, 2003, S. 53-62
Hoffmann-Riem, Christa: Die Sozialforschung einer interpretativen Soziologie. Der Datengewinn. In: Kölner Zeitschrift für Soziologie und Sozialpsychologie. 32. Jg. 1980, S. 339-372
Hollenstein, Erich/Tillmann, Jan (Hrsg.): Schulsozialarbeit. Studium, Praxis und konzeptionelle Entwicklungen. Hannover: Blumhardt, 1999 (1. Auflage) sowie 2000 (2. Auflage)
Hollenstein, Erich: Sozialisationsprozesse in der Schule: Ein Begründungszusammenhang zur Schulsozialarbeit. In: Hollenstein, E./Tillmann, J. (Hrsg.): Schulsozialarbeit. Studium, Praxis und konzeptionelle Entwicklungen. Hannover: Blumhardt 1999 (1. Auflage), S. 81-117/2000 (2. Auflage), S. 81- 35
Homfeldt, Hans Günther et al.: Für eine sozialpädagogische Schule. Grundlagen, Probleme, Perspektiven. München: Juventa 1977
Homfeldt, Hans Günther/Schulze-Krüdener, Jörgen: Schulsozialarbeit: eine konstruktiv-kritische Bestandsaufnahme. In: Neue Praxis. H. 1 (31. Jg.) 2001, S. 9-28
Honneth, Axel: Kampf um Anerkennung. Zur moralischen Grammatik sozialer Konflikte. Frankfurt am Main: Suhrkamp 1994
Hornstein, Walter: Aufwachsen in Widersprüchen. Jugendsituation und Schule heute. Stuttgart: Beltz 1990
Hornstein, Walter: Bildungsplanung ohne sozialpädagogische Perspektive. In: Zeitschrift für Pädagogik, 17. Jg., H.3, 1971, S. 285-314
Hornstein, Walter: Erziehungswissenschaftliche Forschung und Sozialpädagogik. In: Rauschenbach, T./Thole, W. (Hrsg.): Sozialpädagogische Forschung. Gegenstand und Funktionen, Bereiche und Methoden. Weinheim, München: Juventa 1998, S. 47-80
Hübner, Peter: Überblick zum Berliner Modellversuch. In Hasemann/Meschenmoser (Hrsg.): Pädagogik in Kooperation. Zur Prävention und Reduktion von Verhaltensproblemen. Baltmannsweiler: Schneider Verlag Hohengehren 1996, S. 14-16
Hülst, Dirk: Symbol und soziologische Symboltheorie. Untersuchungen zum Symbolbegriff in Geschichte, Sprachphilosophie, Psychologie und Geschichte. Opladen: Leske + Budrich 1999
Hurrelmann, Klaus: Lebensphase Jugend. Eine Einführung in die sozialwissenschaftliche Jugendforschung. Weinheim, München: Juventa 1995 und 1997
Iben, Gerd: Schülerhilfe und Psychohygiene der Schule – Utopie einer „Sozialpädagogisch orientierten Schule“. In: Mitteilungen der Arbeitsgemeinschaft für Jugendpflege und Jugendfürsorge (AGJJ). H.57/58, 1969, S. 24-30
Institut für Sozialpädagogische Forschung Mainz (Hrsg.): Schulsozialarbeit. Eine Evaluationsstudie des Verbundkonzeptes Jugendsozialarbeit und Schule in Ludwigshafen am Rhein, Mainz 1999 (unveröffentlichter Forschungsbericht)
Jackson, Philip W.: Die Welt des Schülers. In: Edelstein, W./Hopf, D. (Hrsg.): Bedingungen des Bildungsprozesses. Stuttgart: Klett-Cotta 1973, S. 13-39
Jackson, Philip W.: Einübung in eine bürokratische Gesellschaft: Zur Funktion der sozialen Verkehrsformen im Klassenzimmer. In: Zinnecker, J. (Hrsg.): Der heimliche Lehrplan. Weinheim und Basel: Beltz 1975, S. 19-34
Kallmeyer, Werner/Schütze, Fritz: Zur Konstitution von Kommunikationsschemata der Sachverhaltsdarstellung. Dargestellt am Beispiel von Erzählungen und Be-

schreibungen. In: Wagner, D: (Hrsg.): Gesprächsanalyse. Hamburg: Rowohlt 1977, S. 159-274

Kalthoff, Herbert/Kelle, Helga: Pragmatik schulischer Ordnung. Zur Bedeutung von „Regeln“ im Schulalltag. In: Zeitschrift für Pädagogik 46, 2000, S. 691-710

Kardorff, Ernst von : Qualitative Evaluationsforschung. In: Flick, U./Kardorff, E. von/ Steinke, I. (Hrsg.): Qualitative Forschung. Ein Handbuch. Reinbek: Rohwolt 2000, S. 238-250

Kelle, Udo/Kluge, Susann: Vom Einzelfall zum Typus. Opladen: Leske + Budrich 1999

Kentler, Helmut: Droht die Verschulung der Jugendarbeit? In: deutsche Jugend.h. 7 (20 Jg.) 1972, S. 303-310

Kentler, Helmut: Verschulung der Sozialpädagogik? In: Gesamtschul-Informationen, H. 4 (4 Jg.) 1971, S. 46-51

Klawe, Willy: „Wissen, was man tut – zeigen, was man kann.“ (Selbst-)Evaluation als Instrument der Qualitätssicherung. In: Deutsche Jugend. Zeitschrift für die Jugendarbeit. H. 5 (51. Jg.) 2003, S. 202-209

Kleve, Heiko: Postmoderne Sozialarbeit. Ein systemtheoretisch-konstruktivistischer Beitrag zur Sozialarbeitswissenschaft. Aachen: Kersting 1999

Knauer, Raingard: Jugendhilfe und Schule in Bewegung. Oder die Wiederentdeckung eines alten Themas. In: Sozialmagazin. Die Zeitschrift für Soziale Arbeit. H.5 (28. Jg.) 2003, S. 12-19

Kraimer, Klaus: Schulsozialarbeit auf dem Weg zum Regelangebot. Konzepte, Handlungsstrategien, Qualitätsentwicklung für Soziale Arbeit in der Schule. In: Blätter der Wohlfahrtspflege. H. 1 (150. Jg.) 2003, S. 17-23

Krappmann, Lothar: Sozialisation in der Gruppe der Gleichaltrigen. In: Hurrelmann, K./Ulich, D. (Hrsg.): Handbuch der Sozialisationsforschung. Weinheim, Basel: Beltz 1991 (1. Auflage) und 1998 (5. Auflage)

Krappmann, Lothar: Soziologische Dimensionen der Identität: strukturelle Bedingungen für die Teilnahme an Interaktionsprozessen. Stuttgart: Klett-Cotta 2000 (9)

Kromrey, Helmut: Die Bewertung von Humandienstleistungen. Fallstricke bei der Implementations- und Wirkungsforschung sowie methodische Alternativen. In: Müller-Kohlenberg, H./Münstermann, K. (Hrsg.): Qualität von Humandienstleistungen. Evaluation und Qualitätsmanagement in Sozialer Arbeit und Gesundheitswesen. Opladen: Leske + Budrich 2000, S. 19-57

Kromrey, Helmut: Evaluation – ein vielschichtiges Konzept. Begriff und Methodik von Evaluierung und Evaluationsforschung. Empfehlungen für die Praxis. In: Sozialwissenschaften und Berufspraxis. H. 2 (24. Jg.) 2001, S. 105-131

Krüger, Heinz-Hermann: Erziehungswissenschaft in den Antinomien der Moderne. In: ders./Helsper, Werner (Hrsg.): Einführung in die Grundbegriffe und Grundfragen der Erziehungswissenschaft. Bd.I, Opladen: Leske + Budrich 1998 (3), S. 319-326

Kultusministerkonferenz: Beschluss der Kultusministerkonferenz vom 02.01.2004: Bericht über die allgemein bildenden Schulen in Ganztagsform in den Ländern in der Bundesrepublik Deutschland, Schuljahr 2002/03. IVD-DST 1933-4(20), Bonn 2004

Lamnek, Siegfried: Qualitative Sozialforschung, Band 2: Methoden und Techniken. Psychologie Verlags Union: München 1993

Landesschulamt: Das Schuljahr 2000/01 in Zahlen. Allgemeinbildende Schulen. Berlin, 31.01.2001 (1. Auflage)
Legewie, Heiner: Feldforschung und teilnehmende Beobachtung. In: Flick, U./Kardoff von, E./Keupp, H. u.a.: Handbuch qualitative Sozialforschung.: Grundlagen, Konzepte, Methoden und Anwendungen. Weinheim: Beltz, Psychologie-Verl.-Union 1995 (2), S. 89-193
Lemmermöhle, Doris: Geschlechterverhältnisse und Bildung – Überlegungen zu einer veränderten Mädchen- und Jungenbildung. In: Grossenbacher, S./Herzog, W./ Hochstrasser, F. u.a. (Hrsg.): Schule und Soziale Arbeit in gefährdeter Gesellschaft. Bern, Stuttgart: Paul Haupt 1997, S. 259-275
Liebau, Eckart/Mack, Wolfgang: Für das (Erwerbs-)Leben lernen. Die Arbeitsschule und die Erziehung zur Arbeit. In: Höke, C. (Hrsg.): Arbeit. (Schüler 2000). Seelze: Friedrich 2000, S. 38-42
Liebau, Eckart: Gesellschaftliches Subjekt und Erziehung. Zur pädagogischen Bedeutung der Sozialisationstheorien von Pierre Bourdieu und Ulrich Oevermann. Weinheim, München: Juventa 1987
Lindner, Wolfgang: Bildung in der Kinder- und Jugendhilfe. Neues Etikett, neue Mode – oder mehr? In: Sozial Extra. April 2002 (26. Jg.), S. 9-12
Lüders, Christian/Haubrich, Karin: Qualitative Evaluationsforschung. In: Schweppe, C. (Hrsg.): Qualitative Forschung in der Sozialpädagogik. Opladen: Leske + Budrich 2003, S. 305-330
Lüders, Christian: Das Programm der rekonstruktiven Sozialpädagogik. Eine Kritik seiner Prämissen und Anmerkungen zu einigen Unterschieden zwischen sozialpädagogischem Handeln und Forschen. In: Zeitschrift für Pädagogik. 39. Beiheft: Erziehung und sozialer Wandel, 1999, S. 203-219
Ludewig, Jürgen/Paar, Marion: Schulsozialarbeit. In: Fülbier, P./Münchmeier, R. (Hrsg.): Handbuch Jugendsozialarbeit. Geschichte, Grundlagen, Konzepte, Handlungsfelder, Organisation. Münster: Votum 2001, S. 517-533
Luhmann, Niklas: Die Wissenschaft der Gesellschaft. Frankfurt a. M.: Suhrkamp 1990
Maas, Henry S.: Soziale Einzelhilfe (Social Casework). In: Friedländer, W. A. /Pfaffenberger, H. (Hrsg.): Grundbegriffe und Methoden der Sozialarbeit. Neuwied, Darmstadt: Luchterhand 1969, S. 15-112
Mack, Wolfgang: Bildung und Bewältigung. Vorarbeiten zu einer Pädagogik der Jugendschule. Weinheim: Deutscher Studien Verlag 1999
Mack, Wolfgang: Lernförderung und Lebensweltorientierung. Herausforderungen für die Hauptschule nach PISA. In: Die Deutsche Schule, 94. Jahrgang, H. 4 (94. Jg.) 2002, S. 426-441
Malinowski, Peter/Herriger, Norbert: Zur Wirklichkeit der sozialpädagogischen Praxis in der Schule – empirische Ergebnisse und kontroverse Perspektiven. In: Neue Praxis. H.1 (9. Jg.) 1979, S. 67-85
Mannheim, Karl: Strukturen des Denkens, Frankfurt/Main: Suhrkamp 1980 (urspr. unveröff. Manuskripte 1922-1925)
Matza, David: Delinquenzy and Drift. New Brunswick/London: Transaction Publishers, 1990
Maykus, Stephan: Schulsozialarbeit. Macht und Gegenmacht. In: Sozialmagazin. H. 5 (28. Jg.) 2003, S. 31-42
Maykus, Stephan: Schulalltagsorientierte Sozialpädagogik. Begründung und Konzeptualisierung schulbezogener Angebote der Jugendhilfe. Eine theoretisch-empiri-

sche Bestimmung von Aufgaben der Jugendhilfe im Sozialisationsraum Schule. Frankfurt a.M., Berlin u.a.: Peter Lang 2001

Mead, George Herbert: Geist, Identität und Gesellschaft. Frankfurt a. M.: Suhrkamp 1968 (Original 1934: Mind, Self and Society, Chicago)

Meinhold, Marianne: Über Einzelfallhilfe und Case Management. In: Thole, W. (Hrsg.): Grundriss Soziale Arbeit. Ein einführendes Handbuch. Opladen: Leske + Budrich 2002, S. 509-522

Meinhold, Marianne: Wissenstransfer durch Organisationsberatung. In: Otto, H.-U./ Hirschauer, P./Thiersch, H. (Hrsg.): Zeit-Zeichen sozialer Arbeit. Neuwied, Kriftel: Luchterhand 1992, S. 95-100

Merkens, Hans: PISA – Erfolg als Kombination von Vermarktung und wissenschaftlicher Redlichkeit. In: Soziologische Revue. H. 2 (26 Jg.) April 2003, S. 183-194

Merten, Roland: Zur Binnenstruktur professionellen Handelns in der Sozialen Arbeit. In: Müller, S./Sünker. H. u.a. (Hrsg.): Soziale Arbeit. Neuwied, Kriftel: Luchterhand 2000, S. 399-416

Meuser, Michael: Repräsentation sozialer Strukturen im Wissen. Dokumentarische Methode und Habitusrekonstruktion. In: Bohnsack, R./Nentwig-Gesemann, I./ Nohl, A.-M. (Hrsg.): Die dokumentarische Methode und ihre Forschungspraxis. Grundlagen qualitativer Sozialforschung. Opladen: Leske + Budrich 2001, S. 207-221

Miller, Walter: Die Kultur der Unterschicht als ein Entstehungsmilieu für Bandendelinquenz. In: Sack, F./König, R. (Hrsg.): Kriminalsoziologie. Frankfurt a. M.: Suhrkamp 1968, S. 339-359

Mollenhauer, Klaus/Uhlendorff, Ulrich: Sozialpädagogische Diagnosen I. Über Jugendliche in schwierigen Lebenslagen. Weinheim, München: Juventa 1999 (3)

Mörschner, Marika: Sozialpädagogik und Schule. Zur Entwicklung ihrer Beziehung. München, Basel: E. Reinhardt 1988

Mühlum, Albert: Schulsozialarbeit an Hauptschulen. Ein Kooperationsmodell für Schule und Jugendhilfe. In: Archiv für Wissenschaft und Praxis der sozialen Arbeit. H. 1 (23. Jg.) 1992, S. 34-42

Mühlum, Albert/Bartholomeyczik, Sabine/Göpel, Eberhard: Sozialarbeitswissenschaft, Pflegewissenschaft, Gesundheitswissenschaft. Freiburg i. Br.: Lambertus 1997

Mühlum, Albert: Aufwachsen unter erschwerten Bedingungen: Neue Herausforderungen für Jugendhilfe und Schule. In: Soziale Arbeit. H. 7 (44. Jg.) 1995, S. 218-227

Mühlum, Albert: Schulsozialarbeit. In: Becker.Textor, I./Textor, M.R. (Hrsg.): Handbuch der Kinder- und Jugendbetreuung. Neuwied: Luchterhand 1993, S. 241-269

Müller-Kohlenberg, Hildegard: Laienkompetenz im psychosozialen Bereich. Opladen: Leske + Budrich, 1996

Münchmeier, Richard/Otto, Hans-Uwe/Rabe-Kleberg, Ursula (Hrsg. i.A. des Bundesjugendkuratoriums): Bildung und Lebenskompetenz. Kinder- und Jugendhilfe vor neuen Aufgaben. Opladen: Leske + Budrich 2002

Münchmeier, Richard: Strukturwandel der Jugendphase. In: Fülbier, Paul/Münchmeier, Richard (Hrsg.): Handbuch Jugendsozialarbeit (Band 1). Münster: Votum 2001, S. 101-113

Münchmeier, Richard: Jugend als Konstrukt. Zum Verschwimmen des Jugendkonzepts in der „Entstrukturierung" der Jugendphase – Anmerkungen zur 12. Shell-

Jugendstudie. In: Zeitschrift für Erziehungswissenschaft. H. 1, 1998 a, S. 103-118
Münchmeier, Richard: Was soll die Jugendhilfe noch alles tun? Anmerkungen zur schwierigen Lage der Jugendhilfe zwischen Sozialer Politik und Sozialer Pädagogik. In: Sozial Extra. H.5 (22. Jg.) 1998b, S. 13-15
Münchmeier, Richard/Ortmann, Friedrich: Soziale Arbeit im Wandel der Moderne. In: Grunwald, K. (Hrsg.): Alltag, Nicht-Alltägliches und die Lebenswelt. Weinheim, München: Juventa 1996, S. 141-156
Münchmeier, Richard: Institutionalisierung pädagogischer Praxis am Beispiel der Jugendarbeit. In: Zeitschrift für Pädagogik. H.3 (38. Jg.) 1992, S. 371-384
Münchmeier, Richard: Zugänge zur Geschichte der Sozialarbeit. München: Juventa 1981
Nentwig-Gesemann, Iris: Die Typenbildung der dokumentarischen Methode. In: Bohnsack, R./Nentwig-Gesemann, I./Nohl, A.-M. (Hrsg.): Die dokumentarische Methode und ihre Forschungspraxis. Grundlagen qualitativer Sozialforschung. Opladen: Leske + Budrich 2001, S. 275-300
Nevermann, Christiane: Schulstation als kooperative Einrichtung in Grundschulen. In: Hasemann, K./Meschenmoser, H. (Hrsg.): Pädagogik in Kooperation. Zur Prävention und Reduktion von Verhaltensproblemen. Hohengehren: Schneider 1996, S. 110-141
Nevermann, Christiane: Schulstationen in Praxis. Unterstützende Pädagogik im sozialen Lernfeld. Berlin: Retriever 1999
Nickel, Horst: Ökopsychologisch – ökosystemisch. In: Haarmann, D.: Wörterbuch Neue Schule. Weinheim und Basel: Beltz 1998, S. 124-130
Nieslony, Frank: Schulbegleitung und Schulsozialarbeit in den Niederlanden. In: Neue Praxis. H. 4 (28 Jg.) 1998 a, S. 350-362
Nieslony, Frank: Schulbegleitung durch Schulsozialarbeit? In: Archiv für Wissenschaft und Praxis der Sozialen Arbeit. H. 3 (29 Jg.) 1998 b, S. 252-262
Nieslony, Frank: Schulsozialarbeit in den Niederlanden. Sozialpädagogische Arbeit in Schulen des niederländischen Bildungssystems. Opladen: Leske + Budrich 1997
Nohl, Arnd-Michael: Bildung und Spontaneität. Phasen von Wandlungsprozessen in unterschiedlichen Lebensaltern in empirischer Rekonstruktion und pragmatistischer Reflexion. Habilitationsprojekt an der Otto-von-Guericke-Universität Magdeburg 2003
Nohl, Arnd-Michael: Migration und Differenzerfahrung. Junge Einheimische und Migranten im rekonstruktiven Milieuvergleich. Opladen: Leske + Budrich 2001a
Nohl, Arnd-Michael: Komparative Analyse: Forschungspraxis und Methodologie dokumentarischer Interpretation. In: Bohnsack, R./Nentwig-Gesemann, I./Nohl, A.-M. (Hrsg.): Die dokumentarische Methode und ihre Forschungspraxis. Grundlagen qualitativer Sozialforschung. Opladen: Leske + Budrich 2001b, S. 252-274
Nohl, Hermann: Die pädagogische Bewegung in Deutschland und ihre Theorie. Frankfurt a. M.: Klostermann 1988
Nörber; Martin: Die neuen Hausherren?! Vom „Reparaturbetrieb“ für soziale Problemfälle zum „Bespaßer“ im Betreuungsangebot? In: Sozialmagazin. Die Zeitschrift für Soziale Arbeit. H.5 (28. Jg.) 2003, S. 23-29
Oelerich, Gertrud: Jugendhilfe und Schule: Zur Systematisierung der Debatte. In: Flösser, G./Otto, H.-U./Tillmann, K.-J. (Hrsg.): Schule und Jugendhilfe. Neuori-

entierung im deutsch-deutschen Übergang. Opladen: Leske + Budrich, 1996, S. 222-237

Olk, Thomas/Bathke, Gustav-Wilhelm/Hartnuß, Birger: Jugendhilfe und Schule. Empirische Befunde und theoretische Reflexionen zur Schulsozialarbeit. Weinheim, München: Juventa 2000

Olk, Thomas/Hartnuß, Birger: Schulsozialarbeit auf neuen Wegen. Bedingungen und Chancen der Kooperation von Jugendhilfe und Schule am Beispiel eines Modellprogramms in Sachsen-Anhalt. In: Jugendhilfe. H. 2 (37. Jg.) 1999, S. 75-87

Paar, Marion: Wirkungen von Schulsozialarbeit. In: Jugendhilfe. H. 1 (35. Jg.) 1997, S. 50-51

Petersen, Peter: Der kleine Jena-Plan einer freien allgemeinen Volksschule. Weinheim, Basel: Beltz 2001 (62. Auflage, Original 1949)

Peukert, Detlev J.K.: Grenzen der Sozialdisziplinierung. Aufstieg und Krise der deutschen Jugendfürsorge 1878-1932. Köln: Bund-Verlag 1986

Preuss-Lausitz, Ulf: Denn sie wissen nicht, warum sie brüllen. Immer öfter heißt es: Jungen werden in der Schule benachteiligt. Stimmt das? Und wenn ja: Wie lässt es sich ändern? Der Tagesspiegel, Montag, 13.10.2003

Projektgruppe Jugendbüro und Hauptschülerarbeit: Subkultur und Familie als Orientierungsmuster. München: DJI 1977

Projektgruppe Jugendbüro: Die Lebenswelt von Hauptschülern. Ergebnisse einer Untersuchung. München: DJI 1975

Prüß, Franz/Bettmer, Franz/Hartnuß, Birger/Maykus, Stephan: Entwicklung der Kooperation von Jugendhilfe und Schule in Mecklenburg-Vorpommern (Forschungsbericht). Greifswald 2000

Prüß, Franz: Individuum und Gemeinschaft Gegensatz oder Bedingung? In: Müller, S./Sünker, H./Olk, T. (Hrsg.): Soziale Arbeit. Gesellschaftliche Bedingungen und professionelle Perspektiven. Neuwied, Kriftel: Luchterhand 2000, S. 119-135

Prüß, Franz/Makus, Stephan: Qualitätsentwicklung und Qualitätssicherung in der Schulentwicklung und in der Kooperation von Schule und Jugendhilfe. Institut für berufliche Bildung und Weiterbildung e.V. (Lehrbrief 8). Göttingen 2000

Prüß, Franz: Die Situation von Schülern in Ostdeutschland – Anforderungen an die Jugendhilfe. In: Verein für Kommunalwissenschaften e. V. (Hrsg.): Lebenslagen von Kindern und Jugendlichen im Wandel: Neue Anforderungen an Jugendhilfe und Schule. Stuttgart, Berlin. Kohlhammer 1997, S. 137ff.

Prüß, Franz/Bettmer, Franz: Schule und Jugendhilfe – neue Kooperationschancen im Osten? In: Flösser, G./Otto, H.-U./Tillmann, K.-J. (Hrsg.): Schule und Jugendhilfe. Neuorientierung im deutsch-deutschen Übergang. Opladen: Leske + Budrich 1996, S. 238-252

Przyborski, Aglaja: Formen der Sozialität und diskursive Praxis. Organisationsprinzipien von Kollektivität in Diskursen – eine empirische Rekonstruktion. Dissertation an der Fakultät für Human- und Sozialwissenschaften der Universität Wien. Dezember 2003

Raab, Erich: Die Beziehung von Jugendhilfe und Schule – Entwicklung, Konzepte und Perspektiven. In: Jugend Beruf Gesellschaft. Zeitschrift für Jugendsozialarbeit. H. 4 (50. Jg.) 1999, S. 251-255

Raab, Erich: Jugendhilfe und Schule – Kooperationsmöglichkeiten, Chancen und Grenzen. Vortragsmanuskript zur gleichlautenden Diskussionsveranstaltung des

Deutschen Berufsverbands der Sozial- und Heilpädagogen am 10. Juli 1998 in Augsburg: S. 1-10

Raab, Erich/Rademacker, Hermann: Schulsozialarbeit. Die Entwicklung eines Forschungsfeldes mit Impulsen für die Jugendhilfe. In: Diskurs H. 1 (6. Jg.) 1996, S. 28-37

Raab, Erich/Rademacker, Hermann/Winzen, Gertrud: Handbuch Schulsozialarbeit. Konzeption und Praxis sozialpädagogischer Förderung von Schülern. München: DJI Verlag 1987

Raab, Erich: Schule im sozialökologischen Kontext. In: DJI Materialien zur Schulsozialarbeit: Schule in der Stadt. München: Deutsches Jugendinstitut, 1986, S. 40-45 (Band 15)

Rademacker, Hermann: Schulsozialarbeit gegen soziale Ausgrenzung – Neue Armut und Bildung. Internetversion für www.schulsozialarbeit.ch, 2002, pdf-Datei: www.schulsozialarbeit.ch/downloads/armut.pdf. Datum des Zugriffs: 06. 05.2002

Rademacker, Hermann: Schulgesetzgebung und Jugendsozialarbeit. In: Fülbier, P./ Münchmeier, R. (Hrsg.): Handbuch Jugendsozialarbeit. Münster: Votum 2001, S. 335-348 (Band 1)

Rademacker, Hermann: Schulsozialarbeit vor neuen Herausforderungen – Bilanz und Perspektiven der Schulsozialarbeit in den alten und neuen Bundesländern. In: Schubarth, W./Kolbe, F.-U./Willems, H. (Hrsg.): Gewalt an Schulen. Ausmaß, Bedingungen und Prävention. Opladen: Leske + Budrich 1996, S. 216-247

Rademacker, Hermann: Schulsozialarbeit – was ist das? In: Erziehung und Wissenschaft. H. 12 (44. Jg.) 1992, S. 14-15

Rauschenbach, Thomas: Grenzen der Lebensweltorientierung – Sozialpädagogik auf dem Weg zu „systemischer Effizienz". Überlegungen zu den Folgen der Ökonomisierung Sozialer Arbeit. In: Zeitschrift für Pädagogik. 39. Beiheft: Erziehung und sozialer Wandel, 1999, S. 223-244

Reinert, Gerd-Bodo/Zinnecker, Jürgen (Hrsg.): Schüler im Schulbetrieb. Berichte vom Lernalltag, von Lernpausen und vom Lernen in den Pausen. Reinbek b. Hamburg: Rohwohlt 1978

Reyer, Jürgen: Von Paul Natorp zu Herman Nohl. Anmerkungen zu Christian Niemeyers Engführung der Begriffsgeschichte. In: Neue Praxis. H. 1 (29. Jg) 1999, S. 23-34

Reyer, Jürgen: Die Schule – Eine ursprünglich sozialpädagogische Einrichtung? In: Neue Praxis. 14. Jg. 1984, S. 140-153

Rösner, Ernst: Abschied von der Hauptschule. Folgen einer verfehlten Schulpolitik. Frankfurt a. M.: Fischer 1989

Sack, Fritz: Die Idee der Subkultur: Eine Berührung zwischen Anthropologie und Soziologie. In: Kölner Zeitschrift für Soziologie und Sozialpsychologie, Heft 2, 1971, S. 261-282

Salustowicz, Piotr: Schulsozialarbeit – ein Plädoyer für eine verlorene Sache? Darmstadt: Verlag für wissenschaftliche Publikationen 1986

Sanders, James R. (Hrsg.): Handbuch der Evaluationsstandards. Die Standards des ‚Joint Committeee on Standards for Educational Evaluation'. Opladen: Leske + Budrich 2000

Schäffer, Burkhard: Die Band. Stil und ästhetische Praxis im Jugendalter. Opladen: Leske + Budrich 1996

Schefold, Werner: Sozialpädagogische Forschung. Stand und Perspektiven. In: Thole, Werner (Hrsg.): Grundriss Soziale Arbeit. Ein einführendes Handbuch. Opladen: Leske + Budrich 2002, S. 875-896

Schefold, Werner: Wissenschaftliche Sozialpädagogik am Beispiel Jugendhilfeforschung. In: Thiersch, H./Grunwald, K. (Hrsg.): Zeitdiagnose Soziale Arbeit. Zur wissenschaftlichen Leistungsfähigkeit der Sozialpädagogik in Theorie und Ausbildung. Weinheim und München: Juventa 1995, S. 221-238

Schefold, Werner: Sozialwissenschaftliche Begründung von Schulsozialarbeit. In: Raab, E./Rademacker, H.: Schulsozialarbeit – Beiträge und Berichte von einer Expertentagung. Reihe DJI – Materialien zur Schulsozialarbeit Band 1. München: DJI Verlag 1981, S. 17-19

Schermer, Franz J./Weber, Angelika: Schulsozialarbeit aus Lehrersicht: Problemlagen und Veränderungserwartung. In: Archiv für Wissenschaft und Praxis der sozialen Arbeit. H. 2 (33. Jg.) 2002, S. 43-70

Schermer, Franz J.: Schulsozialarbeit: Entwicklung und Merkmale. Die Ganztagsschule, 41, 2001, S. 3-17

Schittenhelm, Karin: Junge Frauen zwischen Schule und Beruf. Laufendes Habilitationsprojekt an der Freien Universität Berlin, 2001

Schneider, Jens: Schulsozialpädagogik. München: Deutsches Jugendinstitut 1982 (Materialien zur Schulsozialarbeit, Band 5)

Schön, Elke : „... da nehm' ich meine Rollschuh' und fahr' hin ..." – Mädchen als Expertinnen ihrer sozialräumlichen Lebenswelt: zur Bedeutung der Sicht- und Erfahrensweisen 8- bis 15-jähriger Mädchen eines Stadtgebiets für die Mädchenforschung und die Mädchenpolitik. Bielefeld: Kleine 1999

Schubarth, Wilfried/Kolbe, Fritz-Ulrich/Willems, Helmut (Hrsg.): Gewalt an Schulen. Ausmaß, Bedingungen und Prävention. Reihe Schule und Gesellschaft 11. Opladen: Leske + Budrich 1996

Schütze, Fritz: Verlaufskurven des Erleidens als Forschungsgegenstand der interpretativen Soziologie. In: Krüger, H.-H.; Marotzki, W. (Hrsg.): Erziehungswissenschaftliche Biographieforschung. Opladen: Leske + Budrich 1995

Schütze, Fritz: Das Paradoxe in Felix' Leben als Ausdruck eines „wilden" Wandlungsprozesses. In: Koller, H.-C./Kokemohr, R.: Lebensgeschichte als Text: zur biographischen Artikulation problematischer Bildungsprozesse. Weinheim: Deutscher Studien Verlag 1994a

Schütze, Fritz: Ethnographie und sozialwissenschaftliche Methoden der Feldforschung. Eine mögliche methodische Orientierung in der Ausbildung und Praxis der Sozialen Arbeit? In: Groddeck, N./Schumann, M. (Hrsg.): Modernisierung Sozialer Arbeit durch Methodenentwicklung und -reflexion. Freiburg i. Br.: Lambertus 1994 b, S. 189-297

Schütze, Fritz: Die Fallanalyse. Zur wissenschaftlichen Fundierung einer klassischen Methode der Sozialen Arbeit. In: Rauschenbach, T./Ortmann, F./Karsten, M.-E. (Hrsg.): Der sozialpädagogische Blick. Lebensweltorientierte Methoden in der Sozialen Arbeit. Weinheim, München: Juventa 1993, S. 191-221

Schwarzer, Ralf (Hrsg.): Beraterlexikon: ein praktisches Nachschlagewerk für Erziehung und Unterricht. München: Kösel 1977

Segel, Gerhard: Die zentrale Rolle der Schulsozialarbeit in der zukünftigen Jugendhilfelandschaft – Eine realisierbare Utopie! In: Jugend Beruf Gesellschaft. Zeitschrift für Jugendsozialarbeit. H. 4 (50. Jg.) 1999, S. 256-260

Seithe, Mechthild: Schulsozialarbeit. In: Chassé, K.-A./Wensierski, H.-J. von (Hrsg.): Praxisfelder der sozialen Arbeit: eine Einführung. Weinheim; München: Juventa 1999, S. 76-86

Senat von Berlin: Senatsvorlage über die „gesicherte Zukunft für Schulstationen in der „Grundschule 2000". Drucksache 14/1411, 2001

Simon, Titus: Schulverweigerung. Projekte an der Schnittstelle Jugendhilfe – Schule. In: Sozialmagazin. H.5 (28. Jg.) 2003, S. 48-50

Simon, Titus/Uhlig, Steffen: Schulverweigerung. Muster – Hypothesen – Handlungsfelder. Opladen: Leske + Budrich 2002

Singe, Georg: „Schul Soziale Arbeit" (sic!). Anmerkungen zu neuen Kooperationsformen zwischen Jugendhilfe und Schule. In: Unsere Jugend.h. 7/8 (53. Jg.) 2001, S. 343-347

Stake, Robet E.: Standards-based and responsive evaluation. Thousand Oaks: Sage Publications 2004

Staufer, Jochen/Stickelmann, Bernd (Hrsg.): Klient Schule? „Erfahrungen machen" im Spannungsfeld zwischen Jugendhilfe und Schule. Reinheim: Verlag Jugend und Politik 1984

Stickelmann, Bernd: Wie die Wirklichkeit sozialpädagogisch wird. Über sozialpädagogisches Forschen als Erzeugen von Wirklichkeit. In: Rauschenbach, T./Ortmann, F./ Karsten, M.-E. (Hrsg.): Der sozialpädagogische Blick. Lebensweltorientierte Methoden in der sozialen Arbeit. Weinheim, München: Juventa 1993, S. 175-190

Sting, Stephan: Zwischen dumm und klug. Perspektiven sozialer Bildung in der Wissensgesellschaft. In: Neue Praxis. Zeitschrift für Sozialarbeit, Sozialpädagogik und Sozialpolitik. H. 3 (32 Jg.) 2002, S. 231-241

Stockmann, Reinhard: Evaluation in Deutschland. In: Stockmann, Reinhard (Hrsg.): Evaluationsforschung. Grundlagen und ausgewählte Forschungsfelder. Opladen: Leske + Budrich 2000, S. 11-40

Strauss, Anselm/Corbin, Juliet: Grounded theory: Grundlagen qualitativer Sozialforschung. Weinheim: Beltz, Psychologie-Verlags-Union 1996 (orig. 1990: Basics of qualitative research)

Streblow, Claudia: „Ich war den ganzen Tag in der Schulstation". Wildes Lernen in einem Schulsozialarbeits-Projekt mit schulmüden Jugendlichen. In: Sozial Extra. H. 2/3 (27. Jg.) 2003a, S. 21-26

Streblow, Claudia: Hauptschule als „Jugendschule"? Rezension zu: Wolfgang Mack: Bildung und Bewältigung. Vorarbeiten zu einer Pädagogik der Jugendschule. Weinheim: Deutscher Studien Verlag, 1999. In: Sozial Extra. H. 2/3 (27. Jg.) 2003b, S. 53f.

Sykes, Gresham M./Matza, David: Techniken der Neutralisierung: Eine Theorie der Delinquenz. In: Sack, F./König, R. (Hrsg.): Kriminalsoziologie. Frankfurt a.M.: Akademische Verlagsgesellschaft 1968, S. 360-371

Tegethoff, Hans Georg: Primärgruppen und Individualisierung. Ein Vorschlag zur Rekonzeptualisierung der Gruppenforschung. In: ZSE, H. 3 (21.Jg.) 2001, S. 279-297

Thiersch, Hans: Positionsbestimmungen der Sozialen Arbeit. Gesellschaftspolitik, Theorie und Ausbildung. Weinheim; München: Juventa 2002

Thiersch, Hans: Bildung – alte und neue Aufgaben der Sozialen Arbeit. In: Münchmeier, R. u.a., a.a.O. 2002 a, S. 57-71

Thiersch, Hans: Lebensweltorientierte Jugendsozialarbeit. In: Fülbier, Paul/Münchmeier, Richard (Hrsg.): Handbuch Jugendsozialarbeit. Geschichte, Grundlagen, Konzepte, Handlungsfelder, Organisation. Münster: Votum 2001, S. 777-789 (Band 2)

Thiersch, Hans: Lebensweltorientierung in der Sozialen Arbeit – als radikalisiertes Programm. Eine Skizze. In: Müller, S./Sünker, H./Olk, T. (Hrsg.): Soziale Arbeit. Gesellschaftliche Bedingungen und professionelle Perspektiven. Neuwied, Kriftel: Luchterhand 2000 S. 529-545

Thiersch, Hans: Lebensweltorientierte Soziale Arbeit. Aufgaben der Praxis im sozialen Wandel. Weinheim, München: Juventa 1995 (2)

Thiersch, Hans: Die Erfahrung der Wirklichkeit. Perspektiven einer alltagsorientierten Sozialpädagogik. Weinheim, München: Juventa 1986

Thiersch, Hans: Die Entwicklung der Erziehungswissenschaft (Grundfragen der Erziehungswissenschaft; Bd. 2). München: Juventa 1978

Thimm, Karlheinz: Schulverweigerung. Herausforderung für Schule und Soziale Arbeit. In: Soziale Arbeit. H. 1 (51. Jg.) 2002, S. 9-16

Thimm, Karlheinz : Schulverweigerung – Totalausstieg – „Unbeschulbarkeit“ Jugendlicher. Zur Begründung eines neuen Verhältnisses von Sozialpädagogik und Schule. Dissertation an der Technischen Universität Berlin, 1999 a. Erschienen im Oktober 2000 im Votum Verlag

Thimm, Karlheinz: Schule und Jugendhilfe. Bedingungen und Ebenen der Kooperation. In: Soziale Arbeit. H.4 (48. Jg.) 1999 b, S. 119-128

Thimm, Karlheinz: Kooperation ist Pflicht – keine Kür. Die Landeskooperationsstelle Schule – Jugendhilfe im Land Brandenburg. In: Jugendhilfe. H. 2 (37 Jg.) 1999c, S. 96-104

Thimm, Karlheinz: Schulverdrossenheit und Schulverweigerung: Phänomene – Hintergründe und Ursachen – Alternativen in der Kooperation von Schule und Jugendhilfe. Berlin: Wissenschaft und Technik 1998

Thole, Werner: „Wir lassen uns unsere Weltsicht nicht verwirren“. Rekonstruktive, qualitative Sozialforschung und Soziale Arbeit – Reflexionen über eine ambivalente Beziehung. In: Schweppe, C. (Hrsg.); Qualitative Forschung in der Sozialpädagogik. Opladen: Leske + Budrich 2003, S. 43-65

Thole, Werner: Die Sozialpädagogik und ihre Forschung. Sinn und Kontur einer empirisch informierten Theorie der Sozialpädagogik. In: Neue Praxis. Zeitschrift für Sozialarbeit, Sozialpädagogik und Sozialpolitik. H. 3 (29. Jg.) 1999, S. 224-244

Tillmann, Klaus-Jürgen: Sozialisation – soziales Lernen – Erziehung oder: Schule ist mehr als Fachunterricht. In: Frommelt, B./Klemm, K./Rösner, E./Tillmann, K.-J. (Hrsg.): Schule am Ausgang des 20. Jahrhunderts. Gesellschaftliche Ungleichheit, Modernisierung und Steuerungsprobleme im Prozeß der Schulentwicklung. Weinheim und München: Juventa 2000, S. 133-146

Tillmann, Klaus-Jürgen: Sozialisationstheorien: Eine Einführung in den Zusammenhang von Gesellschaft, Institution und Subjektwerdung. Reinbek bei Hamburg: Rowohlt-Taschenbuch-Verl. 1999 (9)

Tillmann, Klaus-Jürgen (Hrsg.): Schulsozialarbeit. Problemfelder und Erfahrungen aus der Praxis. München: Juventa 1982

Tillmann, Klaus-Jürgen (Hrsg.): Sozialpädagogik in der Schule. Neue Ansätze und Modelle. München: Juventa 1976

Turner, Ralph H.: Rollenübernahme: Prozeß versus Konformität. In: Auwärter, M. (Hrsg.): Seminar: Kommunikation, Interaktion, Identität. Frankfurt a. M.: Suhrkamp 1976, S. 115-139

Turner, Victor: Vom Ritual zum Theater. Der Ernst des menschlichen Spiels. Frankfurt a. M.: Suhrkamp 1995

Uhlig, Steffen: Wir benötigen vor allem neue Beziehungsangebote. Schulverweigerung und Handlungsoptionen. In: Sozial Extra. H. 2/3 (27. Jg.) 2003, S. 27-31

Wagner-Willi, Monika: Zwischen Vorder- und Hinterbühne – Rituelle Praxen von Kindern beim Übergang von der Pause zum Unterricht. Dissertation an der Freien Universität Berlin, 2004 (im Erscheinen)

Weber, Georg/Hillebrandt, Frank: Soziale Hilfe – ein Teilsystem der Gesellschaft? Wissenssoziologische und systemtheoretische Überlegungen. Opladen, Wiesbaden: Westdeutscher Verlag 1999

Weber, Max: Soziologische Grundbegriffe (5. Auflage mit einer Einführung von Johannes Winckelmann). Tübingen: Mohr (1921) 1981

Wellendorf, Franz: Schule und Identität: Thesen zur schulischen Sozialisation. In: Hurrelmann, K. (Hrsg.): Soziologie der Erziehung. Weinheim, Basel: Beltz 1974, S. 343-361

Weller, Wivian: HipHop in Sao Paulo und Berlin. Ästhetische Praxis und Ausgrenzungserfahrungen junger schwarzer und Migranten. Opladen: Leske + Budrich 2003

Wensierski, Hans-Jürgen von: Rekonstruktive Sozialpädagogik im intermediären Feld eines Wissenschaft-Praxis-Diskurses. Das Beispiel Praxisforschung. In: Schweppe, C. (Hrsg.): Qualitative Forschung in der Sozialpädagogik. Opladen: Leske + Budrich 2003, S. 67-90

Wensierski, Hans-Jürgen von: Rekonstruktive Sozialpädagogik . In: Jakob, G./Wensierski von, J. (Hrsg.): Rekonstruktive Sozialpädagogik – Konzepte und Methoden soialpädagogischen Verstehens in Forschung und Praxis. Weinheim, München: Juventa 1997, S. 7-22

Widmer, Thomas: Qualität der Evaluation – Wenn Wissenschaft zur praktischen Kunst wird. In: Stockmann, R. (Hrsg.): Evaluationsforschung. Grundlagen und ausgewählte Forschungsfelder. Opladen: Leske + Budrich 2004, S. 83-109

Willis, Paul: Spaß am Widerstand – Gegenkultur in der Arbeiterschule. Frankfurt a. M.: Syndikat 1979

Winkler, Michael: Theorie der Sozialpädagogik – eine Rekonstruktion. In: Zeitschrift für Sozialpädagogik. H.1 (1. Jg.) 2003, S. 7-24

Winkler, Michael: Bildung und Erziehung in der Jugendhilfe. Vorsichtige Bemerkungen eines notorischen Skeptikers. In: Müller, S./Sünker, H./Olk, T. (Hrsg.): Soziale Arbeit. Gesellschaftliche Bedingungen und professionelle Perspektiven. Neuwied, Kriftel: Luchterhand 2000, S. 595-619

Winkler, Michael: Eine Theorie der Sozialpädagogik. Über Erziehung als Rekonstruktion der Subjektivität. Stuttgart: Klett-Cotta 1988

Wolff, Stephan/Scheffer, Thomas: Begleitende Evaluation in sozialen Einrichtungen. In: Schweppe, C. (Hrsg.): Qualitative Forschung in der Sozialpädagogik. Opladen: Leske + Budrich 2003, S. 331-351

Wörterbuch Soziale Arbeit: Aufgabenfelder, Praxisfelder, Begriffe und Methoden der Sozialarbeit/Sozialpädagogik. Kreft, Dieter; Mielenz, Ingrid (Hrsg.). Weinheim: Beltz, 1996 (4)

Wottawa, Heinrich/Thierau, Heike: Lehrbuch Evaluation. Bern: Hans Huber 1998 (2)
Wulf, Christoph: Mimesis. In: Gebauer, G./Kamper, D./Lenzen, D. u.a.: Historische Anthropologie. Zum Problem der Humanwissenschaften heute oder Versuche einer Neubegründung. Reinbek: Rohwolt 1989, S. 83-125
Wulfers, Wilfried: Schulsozialarbeit. Ein Beitrag zur Öffnung, Humanisierung und Demokratisierung der Schule. Hamburg: AOL 1996 (5)
Yinger, J. Milton: Contraculture and Subculture. In: American Sociological Review. Volume 25, Number 5, 1960, S. 625-635
Youniss, James: Moral, kommunikative Beziehungen und die Entwicklung der Reziprozität. In: Edelstein, W./Habermas, J. (Hrsg.): Soziale Interaktion und soziales Verstehen. Frankfurt a. M.: Suhrkamp 1984, S. 34-60
Ziehlke, Brigitte: „Fehlgeleitete Machos“ und „frühreife Lolitas“ – Geschlechtstypische Unterschiede der Jugenddevianz. In: Tillmann, K.-J. (Hrsg.): Jugend weiblich – Jugend männlich. Sozialisation, Geschlecht und Identität. Opladen: Leske + Budrich, 1992
Zinnecker, Jürgen: Selbstsozialisation. Essay über ein aktuelles Konzept. In: Zeitschrift für Sozialisation und Erziehungswissenschaft (ZSE), H.3 (20. Jg.) 2000, S. 272-290
Zinnecker, Jürgen: Zur Modernisierung von Jugend in Europa. Adoleszente Bildungsgeschichten im Gesellschaftsvergleich. In: Combe, A./Helsper, W. (Hrsg.): Hermeneutische Jugendforschung. Opladen: Westdeutscher Verlag 1991, S. 71-98
Zinnecker, Jürgen: Jugendkultur 1940-1985. Opladen: Leske + Budrich 1987
Zinnecker, Jürgen: Die Schule als Hinterbühne oder Nachrichten aus dem Unterleben der Schüler. In: Reinert, G. B./Zinnecker, J. (Hrsg.): Schüler im Schulbetrieb. Berichte und Bilder vom Lernalltag, von Lernpausen und vom Lernen in den Pausen. Reinbek bei Hamburg: Rowohlt 1978, S. 29-121